国家社科基金
GUOJIA SHEKE JIJIN HOUQI ZIZHU XIANGMU
后期资助项目

高新技术企业 "六位一体" 创新驱动 要素体系与路径模式

The "Six-in-One" Innovation Driving Factor System and Path Model of High-tech Enterprises

李子彪 等著

中国财经出版传媒集团

经济科学出版社
Economic Science Press

国家社科基金后期资助项目
出版说明

    后期资助项目是国家社科基金设立的一类重要项目，旨在鼓励广大社科研究者潜心治学，支持基础研究多出优秀成果。它是经过严格评审，从接近完成的科研成果中遴选立项的。为扩大后期资助项目的影响，更好地推动学术发展，促进成果转化，全国哲学社会科学工作办公室按照"统一设计、统一标识、统一版式、形成系列"的总体要求，组织出版国家社科基金后期资助项目成果。

全国哲学社会科学工作办公室

前　　言

　　党的十八大、十九大报告明确提出坚定不移地实施创新驱动发展战略，突出了创新在经济发展中的重要作用，标志着我国经济发展已经进入以"创新驱动"为主题的新阶段，这一战略落实的抓手无疑是高新技术产业的创新发展。众所周知，分析和研究高新技术企业创新发展的可持续发展路径和影响因素，是实现高新技术产业创新驱动和增长的必由之路。然而，当前我国高新技术企业创新驱动发展形势虽不乏亮点，但整体仍不容乐观，诸多核心技术仍受制于国外领先企业，企业的技术创新发展路径不甚清晰，企业创新驱动发展机制不甚明确，导致企业创新效果达不到国家和社会需求。这一现象也导致了我国高新技术产业创新发展动力不足、机制不畅，进而影响和阻碍了我国创新驱动发展战略的实施。

　　在这样的背景下，课题组展开对高新技术企业创新驱动发展方面的研究，试图从微观上找到实施创新驱动发展战略的钥匙。通过研究发现，关于高新技术企业创新驱动发展的文献存在以下几个特征：一是针对某一要素对企业创新绩效的影响研究；二是针对企业创新绩效的投入产出效果和效率的比较研究；三是针对高新技术企业生命周期的研究；四是针对高新技术企业创新绩效的具体地域的实证研究；五是高新技术企业内部运营机制的研究。上述研究在一定程度上解决了某些现实问题，也给出了非常丰富的管理启示，但是对高新技术企业实施创新驱动的机制和过程，以及高新技术企业创新驱动的要素体系仍难以回答。

　　基于此，课题组以高新技术企业创新驱动要素体系与路径模式为选题，展开研究高新技术企业的创新驱动要素体系和具体的创新驱动路径。创新是多个行为主体参与，多重环节构成的复杂系统过程。课题组认为，从系统的角度分析高新技术企业创新发展是科学的和行之有效的视角。研究总体布局采用了"发现问题—提出理论—实证理论"的思路。首先，通过对国内外相关文献的梳理，将创新驱动相关影响要素系统归纳为六个方面，即人力资本特性、企业资金来源、技术获取途径、政府激励政策、研发合作模式以及国际化程度，提出创新驱动的"六位一体"创新要素体系，使我们对创新驱动要素有一个全面的认识与理解。其次，针对上述六方面创新驱动要素分别界定其概念和内涵，提出具体的要素驱动创新的过程模型，使用实证研究的方法，运用2014年至2016年《国家高新技术产业开发区企业统计报表》中河北省高新技术企业样本数据进行两阶段分层回归和Bootstrap回归分析，考虑到科技创新具有积累效应，从短期和长期两个维度分别探索了各创新驱动要素对企业创新的驱动路径，明晰了各创新要素的内部作用机理，使我们对高新技术企业创新驱动的内部驱动过程有了更加清楚的理解。最后，注重创新的系统特性和全面、协同创新的理念，研究创新驱动"六位一体"各要素之间相互支撑，共同作用于企业创新驱动的过程。认为各创新驱动要素之间存在差异且彼此交互发挥作用，协同驱动高新技术企业实施创新，并认为创新驱动"六位一体"的协同发展是探索我国高新技术企业创新驱动发展模式的方向。

本书即将完工时得到国家社科基金后期资助项目（18FGL010）资助，也彰显了研究的价值。本书在以下三个方面取得创新：第一，提出一个完善的创新驱动要素体系模型，即"六位一体"的创新驱动要素体系，包含人力资本特性、企业资金来源、技术获取途径、政府激励政策、研发合作模式和国际化程度六个主体要素；第二，运用实证研究的方法，构建模型，探索各要素驱动创新的作用路径，打开各要素驱动企业创新的内部过程的"黑箱"；第三，分析了各创新驱动要素之间的驱动效应差异以及各要素之间的交互协同效应，为企业和政府协调各创新驱动要素之间的关系提供合理建议与对策，特别是针对河北省给出了依靠高新技术企业实施创新驱动发展的具体建议。

参与研究和书稿撰写的还有团队成员于建朝、梁博、刘爽、赵菁菁、王楠、徐英华、李炜，在此一并表示感谢。本书在撰写过程中参考了国内外诸多专家的成果，有的已经在参考文献中列出，但难免有所疏忽、遗漏，在此对已列出的和未列出的专家一并表示感谢。特别要感谢经济科学出版社的申先菊编辑和她的同人，对本书提出了大量修改意见和建议。由于时间仓促，书中难免有瑕疵，请各位读者批评指正。

目　　录

第 1 章 绪 论

1.1 问题的提出

迈克尔·波特（1990）提出国家竞争优势理论的四个阶段：要素驱动阶段、投资驱动阶段、创新驱动阶段、财富驱动阶段。需要说明的是，从 GDP 构成要素来看，我国整体国民经济仍处于投资驱动阶段。党的十七大报告提出加快转变经济发展方式，提高自主创新能力，把增强自主创新能力贯彻到现代化建设各个方面。党的十八大报告将实施"创新驱动发展战略"放在国家发展全局的核心位置。"创新驱动发展"战略是新常态下党中央提出的重要社会经济发展战略。此外，党的十九大报告也提出，创新是引领发展的第一动力，是建设现代化经济体系的战略支撑，报告中 10 余次提到科技、50 余次强调创新。由此反映出实施创新驱动发展战略，是我国经济发展进入新阶段后的重大发展战略，同时也是我国经济发展转向新的发展方式的重要标志。

面对我国经济社会出现的新特点，即在新常态背景下，如何实现更好更快的发展？党的十八大报告明确提出：实施创新驱动发展战略。新常态下依靠要素驱动和投资驱动已不能满足国际间的激烈竞争，不足以形成明显的国家竞争优势。我国应对新常态挑战需要贯彻实施创新驱动发展战略，从国家战略层面围绕创新进行布局，建立成熟完善的创新体系，以机制建设保障创新成果的市场转化，发挥各创新参与者的积极性和职能，提高产业的市场化能力和成果转移转化能力，从而抢占新一轮科技革命浪潮的制高点。完善科研管理体系，加大实施科技专项力度以突破重大技术瓶颈，搭建科技平台的基础设施，发挥科技产业集聚效应，促进科技服务集团化发展。大力完善创新软环境的相关配套，为科技进步提供宽松的法律环境，加强知识产权保护，促使创新资源高效配置和集聚，形成大众创业、万众创新的创新型社会。

而从国际范围来看，创新驱动经济转型发展也已成为世界突出的特征之一。不管是大量的理论研究还是实践经验的总结都为我国走上创新驱动经济发展道路提供了方向和指导。然而国内学者对创新驱动的探索是近些年才开始的，相关研究并不十分丰富，尤其对于创新驱动要素的系统研究较为缺乏。在此背景下，中国创新驱动战略的实施有哪些理论可依？又有何实现路径可循？这些问题亟待研究。本书试图在前人研究的基础之上，以高新技术企业创新过程的一般演化路径为分析模型，探索创新驱动各要素对企业产生作用的传导路径以及各要素驱动效应的差异。

1.2 研究意义

理论方面，本研究对于全面探索高新技术企业创新驱动过程的传导机制与内部作用路径提供了理论支撑。在梳理归纳高新技术企业人力资本特性、企业资金来源、技术获取途径、政府激励政策、研发合作模式以及国际化程度六类创新驱动要素特征的前提下，首次提出"六位一体"创新驱动模型，并深入探索"六位一体"创新驱动要素对企业创新的传导机制与内部过程，挖掘和验证在这个过程中可能发挥重要作用的中介变量和调节变量，争取逐步打开"六位一体"创新驱动要素作用于企业创新的内部"黑箱"。"六位一体"创新驱动要素对于企业创新的影响可能并不是一个简单的直接过程，而是需要经过企业内部多个中间环节的复杂过程，并受企业内部多种情境的影响。因此，本研究对于探索高新技术企业"六位一体"创新驱动过程的传导机制与内部作用路径提供了理论支撑。

实践方面，为地方政府制定并优化创新政策组合以及形成企业最佳创新管理实践提供科学指导与重要参考。本书的研究成果，在宏观层面上有利于全面实施创新驱动发展战略，贯彻落实"双创"战略决策，加快推动新旧动能持续转换，充分释放全社会创新创业潜能，持续推进创新型国家和世界科技强国建设。微观层面上，本研究打开创新驱动的内部"黑箱"，并采用河北省高新技术企业的相关数据进行实证分析，分别测度出"六位一体"创新驱动要素的不同特征对高新技术企业创新的不同影响，这将有利于企业把握内在规律，调整企业发展战略，形成有效促进企业创新的最优资源配置组合，达到企业最佳创新管理实践，并为地方政府制定并优化创新政策的组合提供科学指导与重要参考。

1.3 研究目标、研究内容和创新点

1.3.1 研究目标

本书旨在借助创新驱动的相关理论基础，整合、构建能够全面深入地解释高新技术企业创新驱动机制的理论框架，提出高新技术企业"六位一体"创新驱动影响要素整体框架，即人力资本特性、企业资金来源、技术获取途径、政府激励政策、研发合作模式和国际化程度六个主体要素，并详细探析"六位一体"创新驱动要素对高新技术企业创新驱动的内在作用机理，明晰不同的主体要素特征和类别对企业创新的影响程度差异，鉴别各主体要素对企业创新驱动的中介作用路径，以及不同情境因素的调节效应下的作用机制。运用 Bootstrap 回归和两阶段分层回归方法分析河北省高新技术企业调查数据，以验证"六位一体"创新驱动主体要素对高新技术企业创新的驱动机制，并从长期和短期两个维度进行对比分析以验证研究结果的可靠性，最后分析"六位一体"创新驱动要素的协同效应，为各级政府制定最优的政策组合，为企业采取有效的创新发展战略提供有效建议和参考。

1.3.2 研究内容

党的十八大和十九大报告都明确提出，实施创新驱动发展战略，大力发展我国高新技术产业是当前发展的重中之重。高新技术产业创新发展的本质是无数个高新技术企业创新绩效提升的过程，因此探寻高新技术企业技术创新的过程、模式和影响要素，是实现高新技术企业创新绩效提升的前提。课题组通过研究发现，鲜有文献对高新技术企业创新驱动要素进行成体系的研究，同时对单方面要素展开的研究，其模型设计也因数据限制抽掉诸多变量，使结果难以指导实践。

基于此，课题组试图研究提炼高新技术企业创新驱动的全要素体系，在研究过程中以创新驱动理论为基础，通过文献梳理法整理高新技术企业创新驱动影响要素，采用实证研究方法，使用 2014—2016 年《国家高新技术产业开发区企业统计报表》原始数据并辅以高新技术产业开发区问卷

调查，研究影响高新技术企业创新驱动的要素和作用机制，以揭示创新驱动发展战略下高新技术企业创新驱动的基本特征及规律，丰富创新驱动理论。本书的内容大致可以分为以下四部分：

第一部分包含第1章，是对本书的选题背景、研究目标及意义、创新点、研究内容及结构安排等问题进行比较系统的介绍，说明了本研究的理论意义和实践价值。

第二部分包含第2章和第3章，是基于已有创新驱动理论基础与文献进行的梳理，对高新技术企业的创新驱动要素进行归纳总结，提炼出本书的高新技术企业"六位一体"创新驱动要素体系，即人力资本特性、企业资金来源、技术获取途径、政府激励政策、研发合作模式和国际化程度六个主体要素。本书认为这六大创新要素驱动了高新技术企业的创新，进而提出高新技术企业"六位一体"创新驱动整体框架，并且基于此视角对河北省高新技术企业的创新情况进行态势分析，为下文的详细路径分析梳理好脉络，指明研究方向。

第三部分包含第4章至第9章，该部分从人力资本特性、企业资金来源、技术获取途径、政府激励政策、研发合作模式和国际化程度六个驱动要素视角具体实证探索"六位一体"创新驱动要素对高新技术企业创新驱动的内在作用机理，将各驱动要素进一步细分，明晰不同的主体要素特征和类别对企业创新的影响程度差异，鉴别提出各驱动要素对企业创新驱动的中介作用路径，以及不同情境因素的调节效应下的作用机制，并从长期（2014—2016年）和短期（2016年）两个层面对比验证，以期为各级政府制定最优的政策组合，为企业采取有效的创新发展战略提供有效建议和参考。

第四部分包含第10章和第11章，该部分针对高新技术企业"六位一体"创新驱动路径对高新技术企业创新驱动效应产生的线性影响和差异展开了研究，并进一步深入分析人力资本、外部来源资金、内外部技术获取、激励政策、研发合作以及国际化水平之间的协同效应，考虑多路径之间的交互溢出影响规律，以期为产业优化创新资源配置和进行创新范式转型探索独特、有效的多样化创新路径。

该成果全面提炼了高新技术企业创新驱动要素体系，使我们对高新技术企业创新驱动的内部过程有了更加全面的认识，为全面探索高新技术企业创新驱动过程的传导机制与内部作用提供了理论支撑，为地方政府优化创新政策组合，为企业制定创新战略提供了科学指导。

1.3.3 关键创新点

本书的研究成果具有一定的理论和实践意义，对于实践界和学术界解决社会问题有一定的启示，同时也丰富了高新技术企业创新驱动领域的研究。本书的创新之处主要体现在以下几个方面。

（1）提炼归纳出完善的高新技术企业创新驱动"六位一体"要素体系。该成果在对国内外以往研究文献梳理的基础上，结合前期研究，将影响高新技术企业创新驱动的要素整理归类为六大类，即人力资本特性、企业资金来源、技术获取途径、政府激励政策、研发合作模式和国际化程度六个主体要素，并提出了较为完善的"六位一体"创新驱动要素体系，对创新驱动要素及其之间的关系进行了全面的总结和分析。

（2）分别研究各要素对企业创新绩效驱动的路径模式。该成果明晰了人力资本特性、企业资金来源、技术获取途径、政府激励政策、研发合作模式和国际化程度六个要素驱动创新的作用机理过程，挖掘和验证在这个过程中可能发挥重要作用的中介变量和调节变量，使我们对高新技术企业创新驱动的驱动过程有了更加清楚的认识，打开了企业微观层面的驱动创新绩效的"黑箱"。

（3）探究"六位一体"创新驱动各路径对高新技术企业创新驱动效应的线性差异和协同效应。该成果进一步深入分析人力资本、外部来源资金、内外部技术获取、激励政策、研发合作以及国际化水平各驱动路径之间的协同交互效应。考虑多路径之间的交互溢出效应，以期为产业优化创新资源配置和进行创新范式转型探索独特、有效的多样化创新路径。

1.4 研究方法、技术路线

1.4.1 研究方法

（1）文献梳理分析法。课题组首先从两个方面入手：一是观察实践，通过前期研究和相关课题研究，找到研究切入点；二是通过阅读、整理和总结本领域相关的中英文文献，发现研究问题，提炼影响高新技术企业创新驱动的各个方面，通过归类，提出驱动高新技术企业创新的六大要素，即人力资本特性、企业资金来源、技术获取途径、政府激励政策、研发合作模式以及国际化程度。

（2）实证研究方法。该成果使用实证研究的方法，首先通过梳理文献和前期研究，把创新驱动要素细化，提出创新驱动影响要素对企业创新绩效作用的过程，并提出假设、构建概念模型，再以河北省高新技术企业为研究样本，采用 2014 年至 2016 年《国家高新技术产业开发区企业统计报表》中对各高新技术企业的相关统计数据为测算数据，运用 SPSS 22.0 软件对相关指标变量进行两阶段分层回归和 Bootstrap 回归分析，得出结论。另外，还结合 EViews 9.0 软件对河北省高新技术企业 2013—2017 年的面板数据进行了回归分析，以探索不同驱动路径之间的协同效应。

（3）对比分析法。考虑到高新技术企业"六位一体"各创新驱动要素作用到企业创新绩效上可能具有时间上的滞后性，因此该成果分别对 2014 年和 2016 年存续的河北省高新技术企业样本数据进行综合回归分析，同时对 2016 年高新技术企业当年发展状态进行假设检验，通过对比分析两次实证结果，以验证研究结果是否稳定，进一步剖析差异出现的原因，保证研究的可靠性。

1.4.2　技术路线

依据前面有关研究意义、研究内容、方法等的介绍，并结合本研究的目的，制成本书具体的技术路线，如图 1.1 所示。

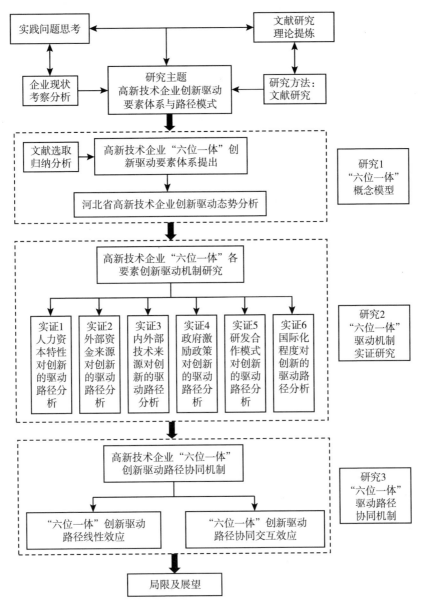

图 1.1　本研究技术路线

第2章　高新技术企业创新驱动要素系统的提出

2.1　高新技术企业界定

　　高新技术是对产品和产业中技术含量和技术水平经过评价后得到的描述性结论，一个相对的、动态的和区域性的概念[1]。1971年《技术与国际贸易》最早提到高新技术，直到1983年美国第一定义高新技术为："使用或包含尖端方法或仪器用途的技术。"我国国家科技成果办公室认为：高新技术是建立在综合科学研究基础之上的、处于当代科技前沿的，对于发展生产力、促进社会文明和增强国家实力起先导作用的新技术群[2]。高新技术企业（high-tech enterprises）一词源于美国，国外学者在产业层面对其进行了界定，即按照企业所属产业是否是高新技术产业来认定[3]。不同国家对高新技术企业的界定标准各有不同[4]。目前西方国家和一些国际性组织界定高新技术企业的方法和标准逐渐统一，即采用产业或技术领域，以及产品属性这两方面标准中的一个或两个来界定。划分高技术产业或技术领域的依据有很多，如经济合作与发展组织（organization for economic co-operation and development，OECD）将研究与试验发展（R&D）强度（R&D费用/销售收入）作为界定高技术产业的标准，并于1997年划定九个行业为高新技术行业：航空航天、计算机办公自动化、电子通信、医药、科学仪器、电气机械、化学、非电气机械和军事装备。西方国家标准工业分类（SIC）则认为高新技术企业科技人员数量应该至少是普通制造业企业的5倍，R&D强度要比一般企业高出10~20倍。相比于国外，我国对高新技术企业的认定较晚。2008年4月14日，科技部、财政部、国家税务总局根据《中华人民共和国企业所得税法》《中华人民共和国企业所得税法实施条例》有关规定，联合发布了《高新技术企业认定管理办法》（以下简称《办法》）。《办法》对我国高新技术企业认定标准做了明确规定，对企业是否拥有核心自主知识产权、产品（服务）是否在特定技术领域、科研人员的比例、企业 R&D 费用总量、高新技术产品（服务）收入比重，以及企业 R&D 组织管理水平、科技成果转化能力等具体指标都有着具体要求。在我国，高新技术企业就是指从事《国家重点支持的高新技术领域内》规定的范围内的研发、生产或者技术服务，形成企业自身的知识产权，并开展相关的经营活动，具有独立法人资格的经济单位。

钟田丽等认为，高新技术企业是指建立在高新技术基础之上，拥有密集的知识、技术、人才的经济实体。与传统成熟企业相比，高新技术企业具有创新性、高风险性、高投入、知识技术密集等特征[5]；刘叶云等认为，高新技术企业是指从事高新技术的持续研究、开发与技术成果转化，形成企业核心自主知识产权，并以此为基础开展经营活动的知识密集、技术密集的经济实体[6]。我国目前确定的重点高新技术领域主要为电子与信息技术、生物和新医药技术、航空航天技术、新材料技术、高技术服务业、新能源与节能技术、资源与环境技术和高新技术改造传统产业，共八大类[7]。2016 年 3 月，科技部、财政部、国家税务总局联合发布了经修订的《高新技术企业认定管理办法》以及《国家重点支持的高新技术领域》，重新对科技人员、企业经营、高新技术产品等多项内容做出具体要求：（1）企业从事研发和相关技术创新活动的科技人员占企业当年职工总数的比例不低于 10%。（2）企业近三个会计年度的研究开发费用总额占同期销售收入总额比例符合如下要求：最近一年销售收入小于 5000 万元（含）的企业，比例不低于 5%；最近一年销售收入在 5000 万元至 2 亿元（含）的企业，比例不低于 4%；最近一年销售收入在 2 亿元以上的企业，比例不低于 3%。其中，企业在中国境内发生的研究开发费用总额占全部研究开发费用总额的比例不低于 60%。（3）近一年高新技术产品（服务）收入占企业同期总收入的比例不低于 60%[8]。

2.2　创新的理论基础

2.2.1　创新内涵及理论

古典经济学认为创新是经济系统以外的因素，对经济产生重大影响却又不属于经济的一部分。熊彼特在 1912 年引入创新，区别于发明[9]，并将创新划分为五个不同的类型：新产品、新工艺、新的供应源、开辟新市场、新的企业组织方式[10]。他在《经济周期》一书中把创新定义为"在经济生活的范围内以不一样的方式做事"[11]。

创新理论（innovation theory）起源于古典经济学家熊彼特对创新的定义。熊彼特的一个重要思想认为，创新是生产体系中要素和条件的重新组合，受市场需求与研发部门的驱使，企业不断引进新技术、开发新产品、拓展新市场、调整产业结构等均是企业创新；同时对生产要素的不断重新组合也是对旧资本的不断破坏，通过频繁的破坏与重新组合，实现创新发展。在创新理论提出后，各国学者分别从资源基础理论、经济学理论、管理理论出发，对创新概念加以界定。从资源基础理论考虑，创新改变了资源的产出。学者德鲁克认为创新是通过赋予资源新的能力，使其成为更有效的资源，进而发挥新作用并创造财富。进一步考虑，创新改变产出并满足市场需求，打破了原来的经济均衡，产生脱离均衡的移动，进一步影响市场经济。因而从经济学理论考虑，学者提出创新是通过改变生产来满足市场需要。而从管理理论考虑，学者认为创新作为一项重要的管理功能显著影响企业的创新绩效，因而被引入企业管理中。大多数学者都认为创新是一个新的理念或行为的实行，而且认为创新可以是一个新的产品、新的服务、新的技术或是新的管理方法[12]，其核心就是创新不仅可以产生新技术并实现商业化，还能在上述过程中改善组织管理与服务。因此，创新包含技术创新，也包含组织服务和管理制度的创新。

企业创新理论（firm innovation theory）来源于创新领域的鼻祖约瑟夫·熊彼特。他认为企业创新就是将一种关于生产要素的新组合引入生产体系。企业创新理论就是在此基础上衍生而来。企业创新理论系统全面地阐述了企业创新的多种原因、多种形式以及影响企业创新绩效的诸多因素，是论述企业科技活动支出的重要理论基础之一。随着经济社会的发展，对企业创新要求的提高，企业创新理论也在不断发生着变化，为企业管理者进行创新活动指明方向，提供帮助。

2.2.2 创新的影响因素

一直以来，对以创新型企业为主的高新技术企业而言，创新是其发展的主要推动力，是实行差异化竞争，提升企业核心竞争力，获得竞争优势的重要手段。为了使自己的产品或服务能够获得更大的国际市场，高新技术企业开始重视如何更有效率地提升自己的创新能力。然而影响企业创新的因素非常复杂,通过对以往文献的梳理及研究经验,我们可以从企业内部与外部两个层面分析影响创新实现的因素。一般来说,企业内部因素主要包括企业规模、学习能力、创新氛围及研发投入等,外部环境因素主要包括政策环境、社会网络关系及国际化等。

1. 企业内部因素

(1) 企业规模。早在 1943 年,熊彼特就发现,市场集中度越高、规模越大的企业拥有更好的创新效果,但是,企业规模与创新绩效衡量指标的不同组合导致目前企业规模对创新绩效的影响研究中存在不同的结论。胡义东等学者通过分析发现企业规模显著正向影响创新产出,企业规模的扩张将显著增加企业新产品销售收入[13];张玉臣利用最小二乘法分析高新技术企业规模与创新绩效的关系发现适时扩大企业规模可以更好地提高创新绩效[14];周洁等学者分析外资高新技术企业时得出完全相反的结论,外资高新技术企业的规模负向影响企业创新绩效[15];蔡等对中国台湾制造业分析得出企业规模与研发支出间存在"U"形关系[16],而严圣艳等从资产总额、员工人数以及销售值三个层面利用面板回归模型分析高新技术企业规模与创新绩效关系得出资产总额与员工人数表征的企业规模与创新绩效之间呈现倒"U"形关系,销售值表征的企业规模正向影响创新绩效[17]。

(2) 学习能力。企业通过提高组织的学习能力来为企业创新绩效的产生提供持续的动力,组织学习显著正向影响企业创新绩效。谢洪明等学者指出,组织的学习能力越高,企业中的隐性知识越明朗,越能促进企业技术创新绩效提高[18]。任爱莲进一步指出不同开放创新模式下,学习能力对创新绩效影响不同,学习能力越高对供应商、科研院所开放的创新绩效越高,对其他影响不显著[19]。创新依靠知识,其本质就是组织不断学习新的知识并且创造新知识的过程。施放等学者认为组织知识获取与知识利用显著促进创新绩效的提升[20];熊捷等学者认为显性知识获取与隐性知识获取均显著正向影响创新绩效[21];陈学光等学者通过对杭州高新技术企业的研究发现,企业知识搜索深度与广度均显著正向影响创新绩效[22];殷俊杰等学者通过研究不仅证实了上述结论,他们还进一步发现知识跨界搜索均衡可以规避创新风险,在均衡状态下提升企业创新绩效[23]。

(3) 创新氛围。创新氛围浓厚的组织重视对员工的创新引导、技术引导,鼓励员工创新以取得更高的创新绩效,团队的创新氛围显著促进企业的创新绩效[24]。苏晓华等通过分析创业导向与创新绩效的关系发现创业导向的先动性与创新性促进企业创新绩效的提高[25]；吴三清等学者发现组织创新氛围不仅显著正向影响企业创新绩效，并且在组织学习与创新绩效间起到正向调节作用。也有相关研究发现创新氛围通过特定的中介变量作用于创新绩效[26]，王金凤等利用回归模型分析创新氛围与创新绩效，得出创新氛围通过提高企业的创新意愿影响企业的创新绩效[27]；李京勋等通过分析创新导向、双元创新与创新绩效的关系发现创新导向正向影响利用式创新与探索式创新，进而影响创新绩效[28]。企业良好的创新氛围往往基于一定企业文化的存在，耿合江基于问卷调查，提出企业文化、知识获取与创新绩效间关系的假设模型，结果表明企业文化对企业短期及长期绩效均有显著正向促进作用，同时企业文化对知识获取具有一定促进作用[29]。孙丽华的研究同样表明创新型企业文化和支持型企业文化对创新绩效具有正向影响[30]。

（4）研发投入。自熊彼特开始，国内外学者广泛关注创新投入对创新绩效的影响。企业人力资本、经费、研究发展等要素的不断投入是企业实现技术创新获取创新绩效的重要方式，企业的技术创新依赖于企业的资源禀赋。就研发投入而言，在组织功能完整良好的基础上，R&D 投入显著促进企业创新绩效。解学梅等学者从长期均衡角度分析研发投入与创新绩效的关系时发现企业 R&D 资本投入和 R&D 人员投入均显著正向影响创新绩效[31]。孙慧、冯文娜等学者通过分析高新技术企业的调查数据同样证实了人员与资本对创新绩效的影响[32-33]。马文聪等学者对新兴产业的研究中发现研发经费投入、研发人员投入强度及人员培训对企业创新绩效具有显著正向影响[34]。但也有学者提出质疑，张玉臣等学者通过对研发投入失效现象的分析证实盲目地增加科研经费与人员的投入难以提高企业创新绩效[35]；孙文松等结合知识溢出发现，员工平均 R&D 投入与知识溢出共同影响企业创新绩效[36]。

基于上述研究成果不难看出，企业对科研人员的投入是研发投入的重要组成部分。人作为企业中最具能动性的因素，对其进行适当的资本投入是提升企业创新能力的重要举措。高素质人力资本以其能动性、决定性显著影响产业创新能力。内生经济增长理论认为，人力资本是促进技术进步的关键性要素之一，人力资本能够通过创造新技术或者增强消化吸收与应用现有技术的能力来促进生产率增长[37]。国内的大部分学者都曾就高新技术企业人力资本与创新绩效的关系进行相关研究，主要结论有以下两种：一部分实证研究结果表明，人力资本投入显著正向影响创新绩效。孙德梅等以中国 31 个省级高新技术企业为研究对象，通过研究技术溢出与创新绩效发现 FDI 带来的人力资本显著提升企业创新绩效[38]；朱思文等从知识资本角度研究发现人力资本显著正向影响企业创新绩效[39]；朱建民等从显性与隐性的角度出发分析得出，显性与隐性人力资本及其交互项对创新绩效的提升作用明显，且隐性人力资本对创新绩效的作用更强[40]；邹艳等通过研究智力资本与创新绩效的关系发现人力资本直接正向影响企业创新绩效[41]。但是也有一部分研究表明，人力资本投入不一定显著正向影响创新绩效。冯文娜的研究表明人力资本投入对创新产出的直接影响不显著，对创新绩效具有较弱的负向影响[33]。曹勇等以我国电子与通信设备制造业为研究对象，实证分析了 1995—2008 年的面板数据发现，人力资本投入对产出绩效的不同指标影响存在差异，人力资本投入对主营业务收入存在显著正向影响，却对新产品销售份额存在显著负向影响[42]。

2. 企业外部因素

（1）政策环境。近年来，中国企业正处在经济转型的关键时期，有待通过培育创新能力增强竞争优势，后发国家企业在市场上存在需求不足、资源积累与掌控不足的劣势，为了克服后发劣势，企业不仅需要采取正确的追赶策略，更需要获得一定的外部支持。而政府作为市场中重要的利益相关主体之一，能够对市场进行一定程度的干预和调节，通过相关政策等行政手段来支持企业创新活动。国内外许多实证研究表明，政府支持对创新绩效有着不可忽视的作用，一些学者从宏观层面对政府财政支持整体与企业创新之间的关系进行了考察，发现政府支持整体上确实能够促进企业创新。例如，马哈穆德和鲁芬的研究也肯定了政府支持对于企业创新的推动作用，特别是对于创新能力较薄弱的发展中国家而言，政府可以通过集中控制经济和政治来刺激企业开展创新活动，推动国家创新水平的提高[43]。加勒特－琼斯利用澳大利亚地方政府和企业 1980—2000 年长达 20 年的数据进行分析，结果表明，州政府通过投资建设创新产业集群、知识共享平台等一系列政策，营造了良好的创新环境，显著地推动了国家创新体系的发展和企业创新活动的进行[44]。此外，古利平等[45]、吴延兵[46]的研究也发现，政府是推动我国国家创新体系发展的主要力量，政府支持对我国工业产业创新水平有显著的积极影响。

多数研究从财政补贴及税收减免等角度反映政府政策，政府补助与税收优惠是目前我国对高新技术企业最为常用的激励工具。政府补助直接补贴企业的研发活动，其效果更容易观测；而税收优惠管理灵活，能够干预市场、控制成本，鼓励企业积极参与研发活动而提高企业创新产出。王一卉基于中国高技术企业面板数据分析了政府补贴对企业研发创新活动的作用，适当的政府补贴会提高创新绩效[47]。古贺研究证实日本政府对高技术企业创新投入的激励政策正向影响企业规模[48]。樊琦等实证研究表明政府 R&D 补贴投入每增加 1%，全国专利创新数量将增加 0.724%[49]。同样，徐小阳认为，政府 R&D 投入对企业研发投入和专利授权量增长具有显著关系[50]。孙慧等学者利用固定效应模型分析政府补贴与创新绩效的关系发现政府补贴显著促进创新绩效提升，说明政府以补贴形式促使企业进行创新活动的有效性[32]。李维安等学者以民营上市公司为研究对象分析发现税收优惠在一定程度上通过创新投入的中介作用提升了企业创新绩效[51]；张玉臣等学者指出，现有研究结果在税收优惠影响创新绩效方面存在夸大性，税收优惠只在高分位点显著推动创新绩效[14]。也有学者同时考量了两种激励政策对创新绩效的影响。周海涛等发现政府补助与税收优惠对创新绩效均有正向激励作用[52]；而郑春美等学者发现政府补助显著正向促进企业专利数和创新销售的产出，税收优惠对企业创新销售存在弱的反向抑制影响[53]。

（2）社会关系网络。任何企业都是嵌入其所处的各种各样的关系网络中，并且企业所获资源在某种程度上受到网络的影响和制约，企业资源异质性在一定程度上影响创新绩效，网络为企业获得异质性资源提供便利，进而影响企业创新绩效。目前关于企业关系网络与创新绩效关系研究主要集中在网络镶嵌性、网络位置方面。简兆权等学者分别就关系镶嵌和结构镶嵌两个方面研究网络镶嵌性对创新绩效的影响，研究结果显示关系镶嵌和结构镶嵌对创新绩效存在显著正向影响[54]，张悦等学者利用 Meta 分析法同样证实了上述结论[55]。进一步而言，李卫宁等通过研究关系镶嵌中网络互惠与创新绩效的关系得出网络互惠程度正向影响创新绩效[56]，谢洪明等研究发现同样证实网络互惠程度显著正向影响创新绩效，而施放等的研究发现，关系嵌入中的网络强度对创新绩效的影响关系不显著[20]。谢洪明等的研究也验证了结构镶嵌中网络规模正向促进企业的创新绩效[57]；谢洪明等通过研究广东省高新技术企业的数据分析发现，结构嵌入中的网络密度对创新绩效呈现显著正向影响，还能通过组织学习的中介作用间接影响创新绩效[18]；常红锦等利用回归分析研究发现结构嵌入中网络异质性对创新绩效有正向促进作用，网络密度在二者间起正向调节作用[58]。

在开放式创新背景下，新的科学技术产生越来越快，企业单单依靠自身内部研发难以实现创新需要的知识变革[59]，需要增强与其他主体的研发合作，充分利用企业边界之外的知识源，如顾客、供应商、大学和科研机构等，获取自身所不具备的各类异质性知识，最大化实现企业创新产出。关于处在创新网络不同位置主体间的合作与创新绩效，国内外许多学者进行了大量实证研究。温（2010）考察了与不同合作伙伴间进行合作创新对于企业绩效的影响，发现合作伙伴具有不同的经验或知名度等资源，因此与他们合作会对企业绩效产生不同的影响，而且通过合作创新企业不仅可以提升自己的绩效，顾客或供应商等合作伙伴也可以从中受益[60]。汤姆林森（2010）对英国制造业企业实证研究，发现企业合作创新强度与创新绩效正相关[61]。康（2012）通过实证证明了企业技术合作对创新绩效有显著影响，并且这种显著关系受到政府扶持基金的影响[62]。沈（Shin）等（2016）对韩国生物技术产业的研究表明，纵向研发联盟对技术创新绩效有正向的影响，而横向研发联盟与技术创新绩效之间之所以会产生倒"U"形的关系是由于竞争的影响所造成的[63]。王龙伟等（2011）对 141 家企业调查样本进行实证分析，结果表明合作研发会显著提高企业的创新绩效，且治理机制对其起调节作用[64]。张运生等（2016）以中国 74 家整车制造企业为研究对象，考察了集成创新企业与零部件开发商之间不同合作创新类型与治理结构的匹配机制及对集成创新企业自主创新绩效的影响机理[65]。杨冬梅（2017）基于山东省 246 家高新技术企业 2012—2014 年的科技创新研发合作以及研发活动绩效的相关数据，采用层次调节回归分析的方法验证企业与高校等非营利性机构之间的科技研发合作可以显著提高企业的活动绩效[66]。

（3）国际化程度。经济全球化使得我国企业不断通过国际化战略追求竞争优势。通过国际市场的开拓，企业获得更为廉价的资源，从而降低了生产与创新成本，提高创新能力。罗杰斯提出，对于高技术产业来说，所属企业的创新能力大部分都是较强的，因此，企业在寻求开拓海外市场的时候，不仅能通过对创新产品的出口获得丰厚利润，而且也更加容易进行国内外技术知识的转移，这样就能促进创新绩效的提高[67]。许多学者从不同角度探讨了企业国际化程度与创新绩效间的关系，研究成果丰富且结论各不相同。目前关于国际化与企业绩效之间的关系主要有以下几种观点：正相关、负相关、倒"U"形（企业绩效随着国际化的加深先升后降）、"U"形（企业绩效随着国际化的加深先降后升）和"S"形。格兰特对 304 家英国企业进行实证研究，在控制产业特征、企业规模、资本结构等其他绩效影响因素的情况下，对国际化程度和企业绩效进行回归分析，得出国际化与企业绩效正相关[68]。柯林斯通过对美国财富 150 家大企业的业绩与国际化程度的比较分析，得出在发达国家，开辟国际业务的国际化企业与国内企业的绩效没有较大差异，但在发展中国家，开辟国际业务的国际化企业绩效明显低于国内企业[69]。希特等认为，具有较高国际化水平的企业并不一定会经历绩效的下滑，他们对 295 家美国企业进行实证研究发现国际化程度与企业绩效对于产品高度多元化的企业为正向线性，对于适度多元化的企业则为倒"U"形，而对于非多元化企业则呈"U"形[70]。蒋等（2005）对我国台湾上市企业的研究以及李（2005）对美国服务企业的实证研究，均证实了水平"S"形曲线关系的存在[71]。国内学者针对国际化程度与企业创新绩效间的关系也做了一定研究。李梅从企业资源角度，实证了企业的海外研发活动显著促进了企业创新绩效的提升，但受到企业冗余资源的负向调节作用[72]。马丕玉以 163 家具有出口业务的上市公司为样本，研究证明了国际化程度与销售净利润间存在较为显著的正相关系[73]。徐晨等学者以北京地区 ICT 产业和制造产业为研究样本，发现海外制造、海外合作创新等国际化行为对企业创新成果均有正向影响[74]。

2.3 创新驱动的理论基础

2.3.1 创新驱动基本内涵

著名管理学家迈克尔·波特[75]在《国家竞争优势》一书中，提出了国家竞争优势理论的四个阶段，分别是：生产要素驱动竞争阶段、投资驱动竞争阶段、创新驱动竞争阶段和财富驱动竞争阶段。波特是最早使用创新驱动这个概念的，而且国家竞争优势的四阶段理论是从产业角度出发提出来的，波特认为处在不同阶段产业结构也应该是不同的。他还进一步指出，"经济社会保持可持续发展的唯一有效战略路径便是依靠创新驱动"。在随后的研究中，波特也对创新驱动的阶段性产业特征做了研究和阐述，并在其著名的波特"钻石模型"中，将创新驱动的决定因素归结为政府及机会、产业支撑、市场需求、市场要素、企业。我国学者洪银兴[76]认为创新驱动是利用知识、技术、企业组织制度和商业模式等创新要素对现有的资本、劳动力、物质资源等有形要素进行新组合，以创新的知识和技术改造物质资本、提高劳动者素质和科学管理。刘志彪[77]也认为创新驱动与资源或资本投入驱动并不是相互对立的，其强调创新驱动是针对模仿和学习驱动而言，是生产率驱动或者是技术进步驱动。此外，在知识经济的时代背景下，创新驱动已经由原来封闭的、单一的、技术的、人造环境的创新，向全球配置创新资源、区域合作创新、非技术性创新、生态自组织系统等创新模式演进，即创新驱动系统更加开放，包含的内容更为广泛，涉及的内涵也更为丰富[78]。综合来讲，创新驱动是指以知识、技术、制度、管理等创新要素为经济发展主要推动力的资源合理高效配置的一种方式，是区别于传统要素驱动的战略选择。

2.3.2 创新驱动的研究现状

我国关于创新驱动的研究始于 1990 年。在 2008 年的全球金融危机爆发以后，全球经济转入萧条，学术界开始对经济发展模式进行反思，对创新驱动的研究逐渐升温。2012 年党的十八大召开，正式提出实施创新驱动发展战略，由此，对于创新驱动发展的相关研究开始出现"井喷式"的增长。2013 年对于创新驱动的研究热度达到最高峰，共有 2211 篇学术成果发表。随后几年，对于创新驱动的研究热度也都保持在高位，截止到 2017 年，共有 10366 篇关于创新驱动的论文发表，如图 2.1 所示。

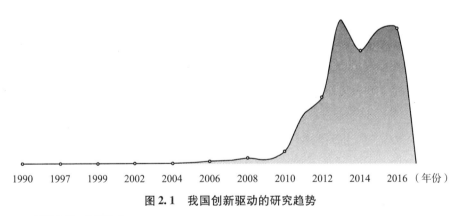

图 2.1　我国创新驱动的研究趋势

资料来源：百度学术。

创新驱动从 1990 年开始出现相关研究，2013 年达到最热，至今共有 10366 篇相关论文。

随着研究的不断深入，出现了越来越多与创新驱动相关的研究热点，形成了庞大的研究网络，主要包括科技创新、发展战略、转型发展、自主创新、技术创新以及新兴产业等，图 2.2 所示是高相关的研究点及其研究走势。此外，创新驱动的跨学科研究发展迅猛，已深入应用经济学、科学技术史等多个学科，并衍生出多个交叉学科主题，图2.3所示的理论经济学、应用经济学、科学技术史、政治学、法学、教育学五大学科。

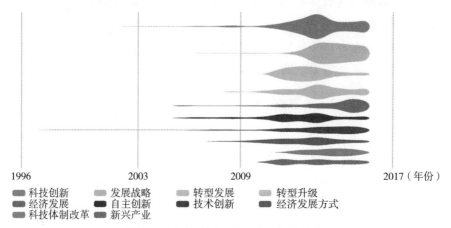

图2.2　我国创新驱动研究的关联研究

资料来源：百度学术可视化分析。

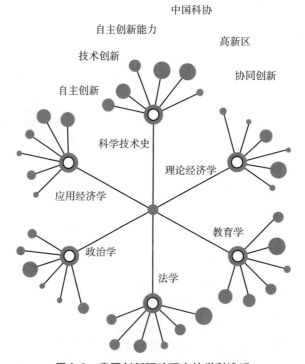

图2.3　我国创新驱动研究的学科渗透

资料来源：百度学术。

在创新驱动研究进程中，我国涌现出了许多科学研究学者，他们都为创新驱动研究领域的发展做出了突出贡献，其中，大量优秀文献源自以下学者，他们推动并引领着学科的发展与进步，如图 2.4 所示。

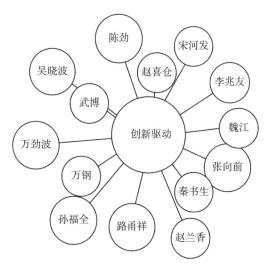

图 2.4　我国创新驱动研究的相关学者

资料来源：百度学术可视化分析。

本书对我国从事创新驱动研究的相关研究机构也进行了分析，由图 2.5 可以看出，我国众多研究机构在创新驱动领域成果斐然，图中为高发文量的研究机构，共有 178 篇相关论文。其中，国家知识产权总局、中国科学技术发展战略研究院以及中国科学院科技政策与管理科学研究所起到了先锋作用，推动了整个创新驱动领域的相关研究。

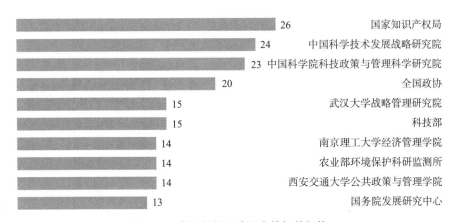

图 2.5　我国创新驱动研究的相关机构

资料来源：百度学术。

2.3.3　创新驱动要素

国内有关从创新驱动要素角度对创新驱动动力进行研究的文献大部分都没有明确提出"创新驱动要素"，而且大多数只叙及部分的影响要素。国内有学者从企业角度研究了创新型企业成长的驱动因素，李建钢[79]通过对中兴公司的案例研究分析了创新驱动力的构成，其中，技术、市场、管理、组织创新是中兴公司成长为创新型企业最为关键的驱动要素，而技术又处于核心位置。殷群[80]研究了苹果、三星、华为三个世界型公司，发现企业家精神、高效创新团队、独特经营策略是最重要的影响要素。倪鹏飞[81]在研究构建城市创新系统模型时采用了结构化的方程模型，研究发现，对科技创新具有基础综合性作用的是公共制度，内部平台发挥着间接而非关键作用，资源禀赋、市场环境、创新主体、全球联系、公共制度、内部平台这六个影响因素相互协同共同作用决定了一个城市的创新能力。杨冬梅[82]等在研究创新型城市的过程中，把创新主体因素、创新资源因素、创新制度因素、创新文化因素作为构成创新型城市的内部要素。

也有学者将驱动创新的影响因素进行分类研究。申文青[83]提出探讨创新驱动发展的要素对我国当前城市转型发展是十分必要的，通过研究，他将驱动因素分为外部驱动力（区位环境、市场需求、政府驱动）与内部驱动力（技术创新、产业集群）。国内外相关的最新研究成果很大部分聚焦于要素之间的关系，以及对建设创新型城市经济的影响上。这些研究多是在对创新型国家的发展所进行的经验总结，通过归纳分析将创新驱动的要素分为外部驱动要素与内部驱动要素[84]。通过文献分析发现，对于创新要素的分类有很多，不同的学者由于研究角度和目的不同，分类的标准与结果也有差异。

2.3.4　创新驱动的作用机制

对创新驱动作用机制的研究多数都基于技术创新的视角，将技术创新视为创新驱动的核心[76]，一方面，技术创新可以提高生产效率，提高产品或服务的供给量，从供给层面促进经济增长；另一方面，技术创新可以提高产品或服务的质量和差异性来满足更广的市场需求，从需求方面促进经济增长。新古典经济增长理论和内生增长理论都赋予技术进步以崇高的地位，将其与劳动、资本并列作为影响经济增长的重要变量，而创新活动又是影响技术进步最为重要的因素，因此创新驱动将会通过技术进步影响经济增长，具体来讲，创新驱动可细分为技术创新、制度创新和管理创新，技术创新会影响科学技术进步，制度创新和管理创新会影响资源配置效率，而科学技术进步和资源配置效率的提高会促进技术进步，进而对经济增长产生影响[85]。李俊江[86]以制造业竞争优势为出发点，从两个方面对创新驱动的作用机制进行了论述：一方面，其认为技术创新是制造业发展的不竭动力，随着技术的进步，生产效率不断提高，技术创新将取代部分低成本劳动力和自然资源，产出的增长将主要依靠人员资本的投入，因此发展模式将不再仅仅关注于生产的扩张，更多的在于加大创新能力和科研能力的培养与投入；另一方面，随着经济全球化的推进，市场竞争逐步由产品外在的差异性向产品内涵的差异性转移，贸易保护形式也从传统方式逐渐向技术壁垒演进，以创新驱动为契机的制造业不但可以促进产品科技含量、产品外观、产品实用差异与特性的不断更新，以形成一定程度的市场垄断，还可以积极应对其他国家各种形式的贸易保护，以弱化汇率、成本等要素变动所产生的竞争冲击，进而提升国际竞争力。

2.4　以往研究的局限

为充分了解创新领域以往研究的焦点以及研究主题的演化，本研究基于 Citespace 软件，以 CNKI 数据库的核心期刊为数据检索源，将"创新影响因素"作为关键词进行检索，搜索时间设置为 1998—2018 年近 20 年的数据。另外设置 Year per slice = 1，Top N = 100，得到创新的驱动因素知识图谱，如图 2.6 所示。

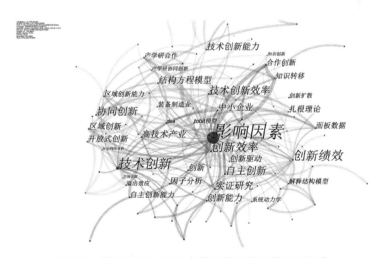

图 2.6　基于 1998—2018 年的关键词共现的知识图谱

由图 2.6 可看出，关于创新影响因素的研究主要从企业、产业层面着手，从技术要素层面展开，多围绕技术创新、技术创新效率、创新绩效和创新能力，还有部分研究从知识转移、合作创新、产学研协同创新、自主创新、知识创新等单方面因素进行解析，而探索创新驱动要素整体体系的研究文献并不多。通过阅读前人文献，可以发现，有部分文献就创新驱动论创新驱动，还有部分文献仅以创新驱动为背景，研究的是经济的发展与转型。这样就阻断了创新驱动多要素的关系，导致研究者不能有一个全面的认识。这种片段式研究和局部认知与企业创新实践的系统整体运作不一致，结果可能使我们无法发现现有创新驱动多要素之间的协同效应，不仅无法指导创新实践，还会影响创新系统整体效用的发挥，对于深刻理解、正确把握创新系统的客观规律和动力机制也会产生阻碍。

如何提升技术能力已成为企业发展面临的重要问题。在当今开放式创新的背景下，知识技术资源的流动性日益增强，再加上技术创新的日益复杂性和跨学科性，使得单个企业的"封闭式"经营难以完成创新所需的技术研究开发，无法满足企业的创新需求。只有加强同外界各创新主体的合作交流，拓宽技术来源渠道，实现不同主体间技术知识的转移，提升内部学习能力，增强对外界技术知识的吸收能力并内化于自身创新成果，才能实现企业更好地发展。在社会创新网络中，处在不同网络位置的企业或研究机构间的合作对创新具有显著正向作用，不同利益主体的合作通常以资源共享或优势互补为前提，在合作过程中不仅能帮助企业节约成本，实现资本、技术、人才、信息等有效创新资源的互补与共享，还能帮助企业突破原有创新方式，提升双方的创新水平。然而，对企业来说，关注外部技术引进及学习固然重要，但同时也要注重提升企业内部研发水平。企业内部劳动力个体所拥有的知识、技术、能力通过影响技术创新促使产业（组织）发明技术、革新制度，因而产业（组织）创新的基础最终依赖于产业（组织）内的个体。同时，资金是高新技术企业创新的"血液"，充足的资金支持是企业创新活动得以顺利开展及实现的前提和保障，科技创新与资本投入相结合，是企业突破创新瓶颈、充分释放创新潜能、提升创新绩效的重要途径。对于发展中国家企业而言，在自身技术不断改进的基础上，政府的宏观调控及政策刺激对推动国家创新水平的提高尤为重要。近年来，随着国内经济不断发展，世界科技不断进步，我国开始实施"走出去"战略，鼓励企业走出国门，参与国际竞争，提升自身核心竞争力。

基于此，本书的研究目的是探索创新驱动发展的路径模式，进而寻求增强创新驱动的新动力。创新离不开要素，尽管不同学者在相关研究中提到的要素有所不同，但总体来说，一些共识性的要素得到学者们的一致青睐，却并没有一个完整的体系对这些要素进行归纳与分类，本书从微观层面上建立了创新驱动的"六位一体"创新要素系统模型。

2.5 创新驱动"六位一体"要素体系的提出

20 世纪 30 年代，美国学者沃尔升（Walsh，1935）首次提出了人力资本的概念，他指出人力资本是指凝聚在劳动力身上的知识、技能及所表现出来的能力[87]。人力资本与物质资本相对应，并且具有一定的经济价值，是促进经济增长的主要因素。美国经济学家舒尔茨（Schultz，1960）等从投资学的角度明确提出人力资本的概念，认为劳动者的知识、技能和体力构成体现在劳动者身上的人力资本，它们由投资形成，能够在经济活动中获得收益并且持续增值[88]。我国学者认为人力资本是由投资形成的高级劳动力，个体所表现的知识、技术、信息、能力与劳动力互相独立，其作为独立商品参与市场交换，不仅能增加商品效用，还能分享收益。丁栋虹指出人力资本是劳动力个体所表现的专业知识和技能，并且能使劳动者获得报酬；孙淑军则认为人力资本是劳动力个体综合体现出的知识、技能、教养等，并且能提高生产率[87]；华猛指出人力资本是劳动力个体所有教育、经验、遗传、工作生活态度等因素凝聚于个体所表现的隐性知识和技能。人力资本作为一种特殊的资本，是智力劳动者智力与体力因素的综合价值体现，它以人的劳动力作为使用价值直接投入经济运行，并对剩余价值形成起决定作用[88]。对于从事产品研究开发及生产的高新技术企业来说，人力资本作为关键投入品，对企业各方面都产生显著影响，最终效果就是企业经济效益的变化，而经济效益的变化主要依赖企业的不断创新。人力资本作为促进技术进步的关键要素，能够通过创造新技术或者增强消化吸收与应用现有技术的能力来促进生产率增长[37]。

资本结构（capital structure）是指企业全部资本中，债务资本与权益资本的相互占比关系。高新技术企业与生俱来的高投入、高风险、高收益特点，决定了其在资本结构选择上与一般企业有所不同。张军华实证研究了高新技术中小企业资本结构、资产结构与企业绩效的相互关系，研究发现，相比于外源融资，我国高新技术中小企业更偏好于内源融资[89]。周艳菊，邹飞，王宗润利用面板数据模型分析了 126 家沪市 A 股上市的高新技术企业创新能力与资本结构之间的相互关系。研究结果显示，R&D 经费投入和专利申请量与资本结构负相关，R&D 人员投入和专利授权量与资本结构正相关，而企业盈利能力在此关系中起调节作用[90]。在对资本形式（capital form）的研究中，当前学者探讨了风险资本、智力资本、社会资本、人力资本等资本形式对企业业绩、创新能力、经济增长、资本结构等方面的相互影响。龙勇、张合、刘珂阐述了风险资本可以通过优化企业治理机构、参与企业投资后管理、监督企业投资行为等增值服务，进而促进企业技术创新能力的提高[91]。曾萍、邓腾智、宋铁波将动态能力作为中介变量，经过实证检验发现，社会资本对企业创新的影响程度大小依次为业务社会资本、制度社会资本、技术社会资本[92]。

当前，学术界关于合作研发的概念界定没有一个统一的说法，大部分定义为研发合作（R&D cooperation）或合作研发（cooperative R&D）、技术联盟（technical alliance）、研发联合体（R&D consortia）、研究合伙（research partnership）等。但是可以明确的是，研发合作的本质是两个或两个以上的合作方在分工的过程中发生的一系列创新活动，因此研发合作的核心本质其实就是创新。本书认为研发合作是指至少两个以上的独立组织为了长远的战略目标，采取某一种甚至多种具体合作方式，出于共享成果、获得资源或知识的动机，与其他企业、政府机构、中介机构以及研究机构或高等院校等组织之间发生的联合创新行为，在明确的合作规则与程序约束（正式契约与非正式契约）下，以优势互补或资源共享为前提，追求合作双方的共赢。合作研发可按股权特点分为股权式合作研发和契约式合作研发，契约式合作研发具有广泛的形式，涵盖了对外委托合作研发、非股权非委托合作研发等活动形式[93]。我国学者杨梅英等按研发合作的对象不同将科技创新研发投入合作划分为三类：横向合作（与竞争对手和其他企业合作）、纵向合作（与供应商和客户合作）、社会合作（与高校和科研院所合作）[94]。横向合作研发一般是指企业与所在行业内其他企业进行合作研发，合作的企业在技术创新链条上处于同一环节。纵向合作研发模式是指企业与供应商和用户进行合作研发，可以在技术研发早期获得相关的技术信息，从而巩固本企业的市场地位，增强其竞争能力。产学研合作主要是指在技术研发过程中，企业与大学、科研机构合作进行技术研发，大学和科研机构的科技研究力量较强，致力于技术研发，企业致力于把技术研发成果推向市场，并把市场需求反馈给院校和科研机构。之后学者姚潇颖按合作对象将产学研合作模式细分为产—学合作、产—研合作，同时指出按合作方式可分为技术转让、联合研发、咨询服务、人才培养、非正式交流、设备共享和其他[95]。企业与产业和非产业伙伴的合作作为企业创新绩效的重要驱动力已被广泛接受[96]。合作可以刺激创新，因为它允许访问外部资源和知识，而这可能是企业内部所缺乏的[97]。在开放式创新背景下，新的科学技术产生越来越快，企业单单依靠自身内部研发难以实现创新需要的知识变革[59]，需要增强与其他主体的研发合作，充分利用企业边界之外的知识源，如顾客、供应商、大学和科研机构等，获取自身所不具备的各类异质性知识，最大化实现企业创新产出。

新经济增长理论认为技术进步和创新是一个国家经济发展的推动力[98]，同时也是产业发展的重要支撑。随着技术进步与复杂性的增强，已有国内外学者关注多种技术来源如何影响创新绩效，技术来源可大致分为内部技术来源和外部技术来源。关于外部技术来源与企业创新绩效，冯锋基于高技术产业面板数据，运用SFA实证分析法，就国内技术购买、国外技术引进和三资企业科技活动溢出对创新产出的影响进行研究，结果发现，国内技术购买和三资企业科技活动是促进我国高技术产业专利产出的重要外部技术力量，而国外技术引进能显著提高以新产品销售收入为产出的创新效率[99]。李武威以我国2003—2008年大中型高技术企业的面板数据为样本对包括R&D投入和非R&D投入在内的技术创新资源投入对我国高技术企业产品创新绩效的影响进行了实证分析，发现技术改造、技术引进、消化吸收对提升我国高技术企业产品创新绩效具有显著的直接正向影响[100]。另外，有学者将内外部技术来源放在同一框架内加以研究，刘焕鹏、严太华对我国1998—2011年28个省（区、市）高技术产业的面板数据进行分析，结果表明，自主研发与技术引进对创新绩效具有显著的正向影响，但自主研发对创新绩效的影响强于技术引进；技术引进与创新绩效呈显著的"U"形关系[101]。吴延兵、李莉认为自主研发、直接技术引进对我国创新能力和经济增长均有长期的积极推动作用[102]。唐盛的研究发现，在技术创新绩效以新产品销售收入为衡量标准时，国外技术引进与自主研发都对技术创新产出绩效产生了显著的促进作用，此外，自主研发对技术创新产出绩效影响程度要高于其他技术投入变量，而国内技术购买对新产品销售收入的影响不显著[103]。

政府激励是国家为实现一定目标而采取的政策手段和措施。国内外许多实证研究表明，政策对创新绩效有着不可忽视的作用。迪特尔·恩斯特（Dieter Ernst）[104]等通过对尼日利亚地区制造业的研究指出该国的能源政策对企业的创新活动有着显著影响。贝格尔斯迪科和科内特[105]的研究指出荷兰对企业和高校合作研究的资助政策有效地提升了技术成果的溢出效应，促进了行业技术水平的提高。兰乔（Lanjouw）和莫迪（Mody）[106]发现政府对特定技术产品给予优惠政策将促进相关专利的使用。一些学者从宏观层面对政府财政支持整体与企业创新之间的关系进行了考察，发现政府支持整体上确实能够促进企业创新[105-106]。但姚洋和章奇基于 39 个行业 37769 个工业企业样本的实证研究也发现，公共研究机构的 R&D 支出对企业的技术效率有负影响，由此说明政府所主导的科研开发对企业技术效率的提高要么没起作用，要么起到了负面的作用。之所以出现这种情况，是因为政府更倾向于支持公共研究机构，造成公共研究机构 R&D 支出所占比例过大，从而给企业技术创新带来了两个方面的不利影响：一方面，公共研究机构习惯于按照政府的期望，将资源大量地投入具有先进性但可能缺乏市场价值的技术研发中，结果造成企业技术效率低下；另一方面，政府 R&D 支持的总量是有限的，公共研究机构所占用的 R&D 资源越多，企业可获得的 R&D 资源就越少，资源的缺乏也会造成企业的技术创新效率不高[107]。

关于企业国际化的定义不能一概而论，作为其衍生概念的国际化程度自然不能同一而论。企业国际化程度不是一个新概念，20 世纪 80 年代起相关学者就开始对其进行研究[68]，但对于国际化程度这一概念，研究者并未给出明确定义，只是将其作为描述企业参与国际化活动程度的衡量指标，有学者直接认为国际化等同于国际化程度。杨忠认为国际化程度是指企业国际化经营过程中的国际市场涉足程度[108]。经济全球化促使越来越多的企业开始实施"走出去"的国际化战略，企业的国际化问题在理论界日益得到重视。许多学者从不同角度探讨了企业国际化程度与创新绩效间的关系。海本禄[109]等证实国际化程度在企业创新与绩效间存在重要调节作用，国际化程度高的企业具有更高的创新收益，高照军[110]基于不同创新模式，从组织学习的视角同样证实了这一结论。李梅[111]、吴航[112]分别从国际研发及国际市场机会多样性的角度分析国际化对创新绩效的促进作用。更多学者则基于企业性质[113]、制度环境[114]、研发管理[115]等情境因素考虑国际化程度与创新绩效间的正向关系。然而也有学者得出不同的结论，肖鹏[116]发现国际化广度正向促进创新绩效，而国际化深度与创新绩效负相关。关于国际化程度的测量，通过梳理文献发现，企业外国销售额占总销售额的百分比是使用频率最高的测量指标。卡帕尔（Capar）[117]在对 258 家美国国际化企业的研究中使用外国销售额占总销售额的百分比（FSTS）测量企业国际化程度；布伊格斯（Buigues）[118]在对 100 家大型跨国公司国际化的研究中使用外国销售额占总销售额的百分比（FSTS）、外国资产占总资产的百分比（FATA）、外国雇员人数占总雇员人数的百分比

（FETE）和海外子公司占总子公司数的百分比（OSTS）4 个指标测量企业的国际化程度；阿尔滕塔斯（Altintas）[119]使用 FSTS、FATA 和 FETE 3 个指标测量新创企业国际化程度。

基于以上理论分析，本书提出创新驱动"六位一体"要素系统模型（见图 2.7）。

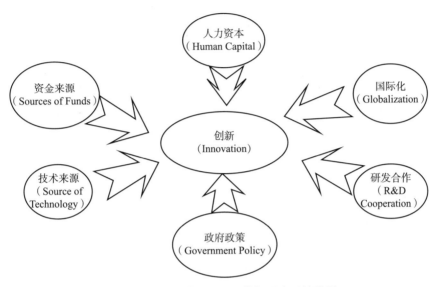

图 2.7 创新驱动"六位一体"要素系统模型

第3章 河北省高新技术企业"六位一体"创新驱动态势分析

京津冀协同发展上升为国家战略,《京津冀协同发展规划纲要》明确提出打造以北京为核心的世界级城市群的战略重点。但河北省在整体中经济实力最弱,产业结构落后,某些方面甚至呈现"断崖式"的差距,尚未形成创新引领、技术密集、价值高端的经济结构。区域协同发展的关键是协同创新,如何提高河北省的创新能力以提升京津冀创新的协同度,这对于促进三地一体化发展意义重大,而企业作为技术创新的主体,对于实施以科技创新为核心的全面创新具有强有力的推动作用。因此,本书选取河北省高新技术企业为研究对象展开研究。为了更好地呈现河北省高新技术企业创新发展情况,本章对2014—2016年存续的879家河北省高新技术企业创新产出、人力资本特性、资本来源、技术来源、政府激励政策、合作研发以及国际化程度六个方面的现状进行了分析。

3.1 河北省高新技术企业创新产出现状分析

3.1.1 河北省高新技术企业技术产出情况

2014—2016年河北省高新技术企业技术产出逐年上涨(见图3.1)。具体分析:2014年河北省879家高新技术企业发明专利申请量总计1929项;而2015年达到了2158项,比上年增加229项,增长11.87%;2016年增长至2484项,同比增长326项,增幅为15.11%,增速较上年提高了3.24个百分点。

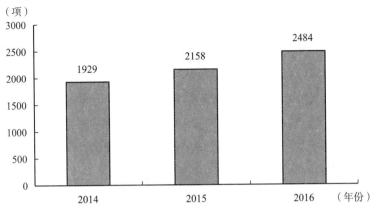

（项）

图 3.1　2014—2016 年河北省高新技术企业技术产出情况

3.1.2　河北省高新技术企业新产品产出情况

三年以来，河北省高新技术企业新产品产出得到显著提高（见图 3.2）。具体分析：2014 年河北省 879 家高新技术企业新产品销售收入总计 182904646.2 千元；而 2015 年达到了 188707291.1 千元，比上年增加 5802644.9 千元，增长 3.17%；2016 年增长至 269677155.1 千元，同比增长 42.91%，增速较上年提高了 39.74 个百分点。

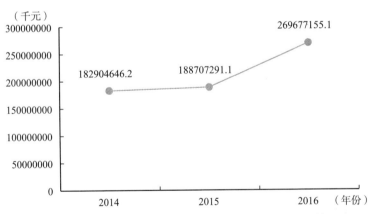

（千元）

图 3.2　2014—2016 年河北省高新技术企业新产品产出情况

3.1.3　河北省高新技术企业论文产出情况

河北省高新技术企业近两年论文发表量增长显著（见图 3.3）。2014 年期末河北省高新技术企业论文总产出为 2296 篇；2015 年论文总产出为

2528 篇，在此基础上增加了 232 篇，增幅为 10%；2016 年高新技术企业论文产出略微下降，降为 2401 篇，相对于 2015 年下降了 127 篇，但是相对于 2014 年增加了 105 篇。总体上，河北省高新技术企业论文产出总体呈上涨趋势。

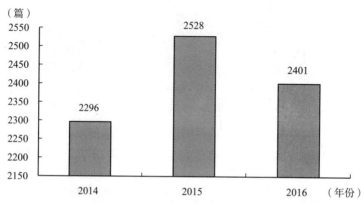

图 3.3　2014—2016 年河北省高新技术企业论文产出情况

3.2　河北省高新技术企业人力资本特性现状分析

3.2.1　河北省高新技术企业人力资本投入情况

如图 3.4 所示，2014 年河北省高新技术企业人力资本投入中，本科及以上学历人员为 66942 人，2015 年增长至 68262 人，较上年增长了 1.97%，2016 年增长至 69663 人，较上年增长了 2.05%；2014 年河北省高新技术企业人力资本投入中，拥有海外背景的留学归国人员为 473 人，2015 年增长至 529 人，较上年增长了 11.84%，2016 年下降为 397 人，较上年减少了 24.95%；2014 年河北省高新技术企业人力资本投入中，拥有中级职称及以上的人员为 28577 人，2015 年下降为 27138 人，较上年下降了 5.04%，2016 年增长至 28622 人，较上年增长了 5.47%；2014 年河北省高新技术企业人力资本投入中，参加科技项目人员为 69061 人，2015 年增长至 71460 人，较上年增长了 3.47%，2016 年增长至 84869 人，较上年增长了 18.76%。

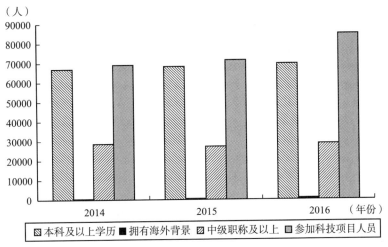

（人）

本科及以上学历　拥有海外背景　中级职称及以上　参加科技项目人员

图 3.4　2014—2016 年河北省高新技术企业人力资本投入情况

3.2.2　河北省高新技术企业科技活动人员情况

如图 3.5 所示，河北省高新技术企业直接参加科技活动的研发人员数量在逐年减少。2014 年河北省高新技术企业参加研发活动的科技人员数量为 99941 人；到 2015 年，科技活动人员降为 97890 人，下降了 2051 人，下降了 2.05%；但是到了 2016 年，河北省高新技术企业中参加科技活动人员的数量急剧下降为 96424 人，比 2015 年减少了 1466 人，下降了 1.49%，而相较于 2014 年更是下降了 3.52%。

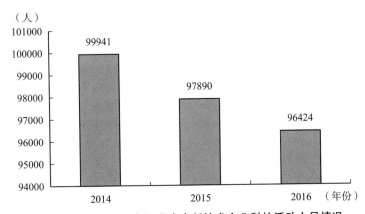

（人）

图 3.5　2014—2016 年河北省高新技术企业科技活动人员情况

3.3 河北省高新技术企业资本来源现状分析

表3.1展现了2014—2016年河北省高新技术企业资本来源情况。整体来看，2015年河北省503家高新技术企业共计吸收了2931.69亿元的资本，比2014年增加1052.09亿元，增长55.97%；2016年河北省503家高新技术企业共计吸收了3354.59亿元的资本，比2015年增加422.89亿元，增长14.43%，增速有所放缓，但整体总量仍在增加。

从划分资本来源来看：（1）实收资本的总量在增加，但是增速有所下滑，由2015年的27.09%下降为2016年的18.07%，下降了9.02个百分点；另外，实收资本占资本总量的比重同样在降低，由2014年的32.02%下降为2016年的26.9235%，但依然是高新技术企业吸收资本的主要方式。（2）债务资本的增速下滑明显，2016年增速同比下滑56.95个百分点；但债务资本占资本总量稳中有升，2016年比2014年环比增加5.21个百分点，达到了企业资本总量的72.73%。可以看出，债务资本依然是河北省高新技术企业的最大资本来源。（3）财政补贴的增速较为明显，2016年河北省高新技术企业得到的财政补贴同比增长24.10%，比上一年增加21.16个百分点。不难看出，河北省政府增加了财政补贴力度，对高新技术企业的扶持力度逐渐加大。（4）值得一提的是，河北省高新技术企业吸纳风险资本的增速惊人，2016年风险资本同比增长550.26%，比2015年增加400.26个百分点。同时，风险资本占资本总量的比重也在逐年加大。可见，风险资本越来越受高新技术企业青睐。

表3.1   **2014—2016年河北省高新技术企业资本来源情况**

年份	项目	实收资本	债务资本	财政补贴	风险资本	总计
2014	收入金额（亿元）	601.89	1269.20	8.47	0.04	1879.60
	比上年增长（%）	—	—	—	—	—
	占总量比重（%）	32.0221	67.5252	0.4504	0.0023	—
2015	收入金额（亿元）	764.92	2157.95	8.71	0.11	2931.69
	比上年增长（%）	27.09	70.02	2.94	150.00	55.97
	占总量比重（%）	26.0913	73.6077	0.2973	0.0038	—

年份	项目	实收资本	债务资本	财政补贴	风险资本	总计
2016	收入金额（亿元）	903.17	2439.89	10.81	0.72	3354.59
	比上年增长（%）	18.07	13.07	24.10	550.26	14.43
	占总量比重（%）	26.9235	72.7328	0.3224	0.0213	—

3.4 河北省高新技术企业不同技术来源发展现状分析

3.4.1 河北省高新技术企业科技资本投入情况

表3.2展现了2014—2016年河北省503家高新技术企业科技活动投入情况。总体来看：企业科技活动投入总量不断增加，2015年相对于2014年增加约9.9亿元，增长7.94%；2016年相对于2015年增加约11.91亿元，增长8.78%，增速较上年提高0.84个百分点。

从划分投入渠道来看：（1）纵向分析。对于高新技术企业科技活动内部投入而言，2015年和2016年分别同比增长7.20%、8.36%；对于高新技术企业科技活动外部投入而言，2015年和2016年分别同比增长19.99%、14.80%。可以看出，无论是科技活动内部投入还是科技活动外部投入，其总量都在不断增加。（2）横向分析。由表3.2可以看出，内部投入仍然是企业科技活动资金流向的主要渠道，而企业科技活动外部投入的占比正在逐步提高，由2014年的5.81%增至2016年的6.81%。图3.6更加明显地体现了该比例的变化。科技活动外部投入的提高，与国家倡导产学研合作有密切关系。

表3.2　　2014—2016年河北省高新技术企业科技活动投入情况　单位：亿元

项目	2014年	2015年	2016年
科技活动内部投入	118.48	127.01	137.63
科技活动外部投入	7.31	8.77	10.07
总计	125.79	135.79	147.69

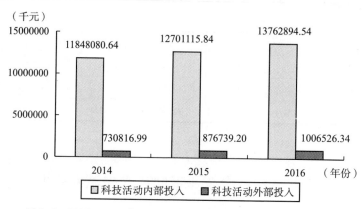

图 3.6 2014—2016 年河北省高新技术企业科技活动投入比例

3.4.2 河北省高新技术企业技术来源情况

在技术来源中，自主研发一直占比最大，但近几年持续减少（见表 3.3）。2014 年自主研发投入 209.75 亿元，2015 年减少为 194.86 亿元，2016 年持续降低为 174.90 亿元；2015 年合作研发投入相比于 2014 年的 7.84 亿元，明显减少，降至 4.27 亿元，2016 年增加到 746693.89 千元；境外技术引进也在 2015 年锐减，占比从 15% 降至 0.8%，2016 年有所增长；2014 年境内技术购买投入 18.80 亿元，2015 年减少 29.4%，2016 年增长至 28.28 亿元。

表 3.3　　　　2014—2016 年河北省高新技术企业技术来源情况

年份	项目	自主研发	境外技术引进	境内技术购买	合作研发	总计
2014	收入金额（亿元）	209.76	3.77	18.80	7.85	240.18
	比上年增长（%）	—	—	—	—	—
	占总量比重（%）	87.33	15.70	7.82	3.26	—
2015	收入金额（亿元）	194.87	1.76	13.27	4.28	214.18
	比上年增长（%）	−7.09	−53.23	−29.4	−45.52	—
	占总量比重（%）	90.98	0.8	6.19	1.99	—
2016	收入金额（亿元）	174.91	0.55	28.28	7.47	211.21
	比上年增长（%）	−10.24	−68.91	113.04	74.62	—
	占总量比重（%）	82.81	2.60	13.39	3.54	—

3.5 河北省高新技术企业不同政府激励政策发展现状分析

3.5.1 河北省政府财政激励政策扶持情况

如图 3.7 所示，2014 年政府对河北省高新技术企业的直接补贴金额为 262153.5 万元，而到了 2015 年，补贴金额下降到了 8.47 亿元，下降了 67.7%，2016 年获得的政府补贴有略微的上升为 11.73 亿元，说明政府对河北省高新技术企业整体的直接补贴力度在下调；另外，在高新技术企业所得税税收减免上，却表现出较平缓的上升趋势，由 2014 年的 19.75 亿元上升到 2016 年的 23.80 亿元，三年间，上升了 20.5%；而研发加计扣除所得税税收减免在三年间有所上升，但又有所波动，整体间也表现出略微的上升趋势，从 2014 年的 3.20 亿元，上升到 2016 年的 4.76 亿元，上升了 48.6%。总体来看，政府补贴力度在逐年减小，高新技术企业所得税税收减免和研发加计扣除所占比例越来越大。可见，政府政策扶持的重心在发生偏移，逐年减小对高新技术企业的直接补贴，缓慢加大对研发活动的税收减免力度。政府这一财政激励政策的调整，是否更有利于高新技术企业的创新产出，有待于我们进一步的实证分析，来验证其合理性。

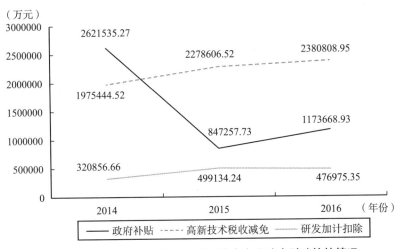

图 3.7 2014—2016 年河北省高新技术企业政府财政扶持情况

3.5.2　河北省高新技术企业所有权性质获得政府资助情况

如图 3.8 所示，河北省高新技术企业中国企获得的政府直接补贴逐年增加，已由 2014 年企业平均 179.1 万元，增加到 2016 年的企业平均 337.8 万元，上升了 88.6%，而对于非国营企业来说，平均企业获得的政府直接补助由 2014 年的 419.7 万元下降到 2016 年的 136.9 万元，下降了 67.4%，说明政府补贴更倾向于国有企业，政府在补贴的过程中存在选择性偏好。高新技术企业税收减免和研发加计扣除所得税税收减免对于高新技术企业是否国有影响不大，都保持逐年递增的趋势。综上所述，政府对于企业所有权性质是否为国有表现出的选择性偏好是否合理，这也是本书所要考虑的因素。

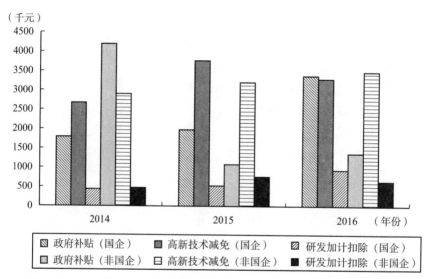

图 3.8　2014—2016 年河北省高新技术企业所有权性质获得政府资助情况

3.6　河北省高新技术企业不同合作研发发展现状分析

3.6.1　河北省高新技术企业合作研发情况

如图 3.9 所示，2014—2016 年河北省高新技术企业合作研发情况有所不同。首先，从企业与研究机构的合作（产研合作）情况来看，2014 年河北省高新技术企业对境内研究机构的科技活动经费支出合计为

389158.08 千元；2015 年企业产研合作经费支出为 297339.86 千元，同比上年下降 9181.8 万元，降幅为 23.59%；2016 年企业产研合作经费继续降至 278084.59 千元，较上年下降 1925.5 万元，降幅为 6.48%。其次，从企业与高等院校的合作（产学合作）情况来看，2014 年河北省高新技术企业对境内高等学校的科技活动经费支出合计为 160587.08 千元；2015 年企业产学合作经费支出为 6732.4 万元，同比上年下降 9326.2 万元，降幅为 58.08%；2016 年企业产学合作经费持续降至 4272.8 万元，较上年下降 2459.6 万元，降幅为 36.53%。再次，从企业与境外机构的合作（境外合作）情况来看，2014 年河北省高新技术企业对境外的科技活动经费支出合计为 1115.9 万元；2015 年企业境外合作经费支出为 1179.7 万元，同比上年增长 63.8 万元，增幅为 5.73%；2016 年企业境外合作经费进一步增至 6960.5 万元，较上年增加 57807.01 千元，增幅极为明显。最后，从企业与政府机构的合作（产政合作）情况来看，2014 年河北省高新技术企业使用来自政府部门的科技活动资金合计为 2.94 亿元；2015 年企业产政合作经费支出为 3.74 亿元，同比上年增加 7986.3 万元，增幅为 27.07%；2016 年企业产政合作经费出现下降，降至 3.38 亿元，较上年下降 3621.9 万元，降幅为 9.66%。

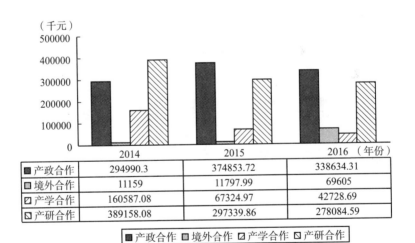

图 3.9　2014—2016 年河北省高新技术企业合作研发情况

如图 3.10 所示，2014—2016 年这三年来，河北省企业与研究机构、高校的合作程度逐年降低，与政府之间的合作程度在 2016 年也有所下降，但是与境外机构的合作却逐渐火热，尤其是 2016 年河北省境外合作经费增至 2015 年的 6 倍，由此推测，河北省高新技术企业境外合作绩效明显。

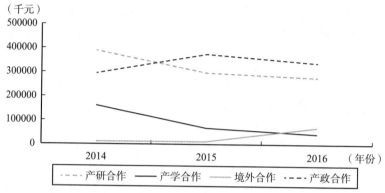

图 3.10　2014—2016 年河北省高新技术企业合作研发发展趋势

3.6.2　河北省高新技术企业合作网络投入情况

如图 3.11 所示，2014—2016 年河北省高新技术企业合作网络投入情况有所差异。从产学研合作来看，2014 年河北省高新技术企业对境内研究机构和高等院校支出为 1.885 亿元，2015 年增长至 2.35 亿元，涨幅为 24.81%，2016 年大幅增长至 5.74 亿元，涨幅高达 144%；从技术合作来看，2014 年河北省高新技术企业技术合同成交额为 5.68 亿元，2015 年降为 3.92 亿元，降低了 30.81%，2016 年增长至 4.02 亿元，涨幅为 2.48%。

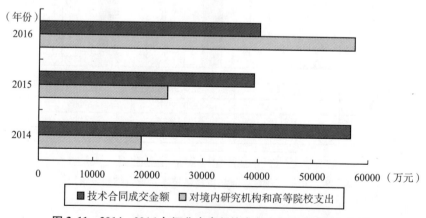

图 3.11　2014—2016 年河北省高新技术企业合作网络投入概况

总体来看，河北省高新技术企业创新发展仍然处于较快发展阶段，人力资本投入、合作经费投入总体上呈现持续增长的态势，科技创新产出不断增加，总体创新绩效仍有很大提升空间。

3.7 河北省高新技术企业不同国际化程度发展现状分析

3.7.1 河北省高新技术企业海外出口情况

如图 3.12 所示，2014—2016 年河北省高新技术企业海外出口情况差距非常明显。2014 年河北省高新技术企业出口总额为 422.74 亿元，2015 年企业出口总额为 359.91 亿元，同比上年下降 62.83 亿元，降幅为14.86%。而 2016 年企业出口总额显著增长至 2038.34 亿元，较上年增长1678.43 亿元，增幅高达 466.35%。总体来看，河北省高新技术企业在海外出口方面取得较大突破。

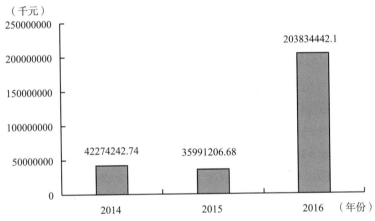

图 3.12　2014—2016 年河北省高新技术企业海外出口概况

3.7.2 河北省高新技术企业海外人才情况

如图 3.13 所示，2014 年河北省高新技术企业引进海外人才共计 862人，2015 年高新技术企业引进海外人才共计 1004 人，同比增长 142 人，涨幅 16.47%。2016 年高新技术企业引进海外人才共计 1395 人，相较2015 年增加 391 人，涨幅为 38.94%。总体来看，河北省高新技术企业在引进海外人才方面呈稳步上升趋势。

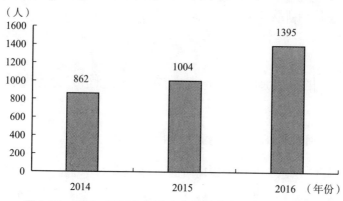

图 3.13　2014—2016 年河北省高新技术企业海外人才概况

3.7.3　河北省高新技术企业海外研发情况

如图 3.14 所示，2014 年河北省高新技术企业设立海外研发机构共 857 所，2015 年设立 912 所，同比上年增加 55 所，涨幅为 6.4%。2016 年高新技术企业设立海外研发机构共 509 所，相较 2015 年减少 403 所，降幅为 44.1%。总体来看，河北省高新技术企业在海外研发方面呈现一定下降趋势。

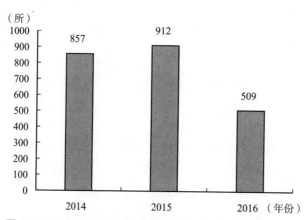

图 3.14　2014—2016 年河北省高新技术企业海外研发情况

第4章 人力资本特性对高新技术企业创新驱动机制研究

4.1 人力资本特性理论基础与本章研究假设

4.1.1 人力资本内涵

越来越多的经济学家对经济增长理论不断进行探索，他们意识到资本所包含的内容应该更加丰富。从现有研究成果不难看出，大多数学者认同人力资本是凝聚于劳动力本身无形、抽象的技能、知识、经验、能力等要素。可以说，人力资本是与物质资本相对立的非物质资本，其表现形式为智力劳动者数量及质量而非体力劳动者数量及质量，是通过人力资本投资凝聚于个体本身的知识、技能、健康状况等因素。

4.1.2 高新技术企业人力资本特性分类

对于高新技术企业而言，其迅猛发展的动因无外乎知识创新、技术创新和管理创新，而这种创新的主体和本源却是掌握着知识和创新知识的人[120]，人力资本已经成为高新技术企业生存和发展的关键。高新技术企业与传统企业相比，最大区别在于，它是建立在知识的基础之上的，人力资本是最重要的生产要素。对于企业人力资本特性则有更多的研究，大部分的观点认为，人力资本特性包括与员工关联在一起的知识、技能、天赋、才能、经验、智慧力、判断力，以及经验、创造力、解决问题的能力、领导能力、企业家精神等才能、受教育程度、与工作密切相关的解决方案、工作评估和心理评估、创新与反应能力，甚至包括体力、健康等。借鉴OECD《堪培拉手册》对人员的国际分类标准（按教育、按职业）及刘胜军等人的研究，我们从知识型人力资本和经验型人力资本两个维度对高新技术企业人力资本特性进行研究。

1. 知识型人力资本

高新技术企业内，知识型人力资本是团队学识的体现，通过对现有文献总结分析发现，学者多用教育水平的高低彰显人力资本的知识，包括人均受教育年限和人力资本学历。进一步考量人力资本受教育质量，李建军等研究人力资本特征与高新技术企业研发投入时利用企业员工的平均学历反映人力资本[121]，杨晶晶、陶卉欣等选择本科及以上学历从业人数占从业总人数比例反映人力资本[122-123]，张婷等选择大专及以上学历从业人数占从业总人数比例反映人力资本[124]。

2. 经验型人力资本

高新技术企业内，经验型人力资本更侧重反映企业人力资本的技能。研究出口、人力资本与企业创新绩效时，余凡、杜江等选择了技能水平、工作技能反映人力资本[125-126]；部分学者利用职称反映企业人力资本技能，李培楠等选择具备中级以上职称人员反映人力资本技能[127]；龙建辉等利用专业技术人才数量反映企业人力资本技能[128]，巴特斯曼（Bartelsman）等选择科技活动人员反映人力资本技能[129]；同时也有学者选择科研领域工作经验衡量人力资本技能。

通过总结我们发现，现有研究通常使用受教育年限和学历高低反映人力资本知识水平，使用职称、科技人员、工作经验等反映人力资本技能水平。但随着全球创新网络的逐步形成，现有研究没有考量人力资本受教育背景，所以本书在现有研究的基础上，考虑到学历高低在一定程度上能够反映受教育年限，从受教育水平和受教育背景两个层面选择学历水平和海外背景作为反映人力资本知识的特性，选择专业水平和研发经验作为反映人力资本技能的特性。分别从人力资本学历水平、海外背景、专业水平和研发经验四个特性研究高新技术企业人力资本特性对创新绩效的影响；从"知识—技术—产品"的视角，分析人力资本特性对创新绩效的作用机制，验证"知识存量—技术水平"在人力资本特性与创新绩效间的多重中介作用；此外，考虑到技术创新日益复杂，企业处在与高校、研发机构、企业紧密合作的创新网络中，因此进一步引入产学研合作和技术合作，分析其对影响机制的调节作用。

4.1.3 人力资本特性对企业创新绩效的作用机理分析

1. 学历水平对企业创新绩效的机理分析

企业人力资本的学历水平是解释一个企业创新水平的重要因素。因为创新是一种高知识、高技术的投入，需要具备思维活跃、敏感度高的人才参与，而教育会增加一个人的信息和技术存量，包括对机会的认知和追求[130]。受教育水平越高，生产能力越强，更容易产生新观点和新产品，更容易开发、模仿以及应用新技术。内生经济增长理论认为，企业从业人员的受教育水平会促进企业技术创新从而带来技术外溢。基于此，本书提出如下假设。

H_{1a}：企业人力资本学历水平越高，企业创新绩效越高。

2. 海外背景对企业创新绩效的机理分析

留学人员是中国人才结构中的高端人才，一般掌握先进的科学知识、管理经验和前沿科技信息，是国家经济社会建设中的一支重要力量[131]。随着中国经济的蓬勃发展、创业环境的有效改善以及人才引进政策的频繁出台，留学归国人员逐年增多，渗透入社会各个领域。多数拥有海外背景的人员经过国外的学习工作锻炼，具备了专业化能力、创意化思维和全球化视野，成为重要的国际化人才。《中国海归创业发展报告（2012）》指出拥有海外背景的人力资本有助于培养企业整体的创新意识，进一步培育企业科技创新。国内学者王雪莉等发现海外背景作为一种特殊的职能背景，对企业创新绩效具有显著正向影响[132]；海外背景在作为特殊职能背景的同时，往往包含一定的行业和教育经历，能够在一定程度上反映人力资本的认知特征，是企业创新绩效的重要影响因素。基于此，本书提出如下假设。

H_{1b}：企业海外背景人力资本越多，企业创新绩效越高。

3. 专业水平对企业创新绩效的机理分析

随着信息化、自动化程度日益提高，企业创新对劳动力素质和技能的要求越来越高，对操作者的专业能力有较高的要求，其专业能力基础决定了未来的创新行为，企业创新最终能否成功很大程度上依赖于人力资本的专业能力和水平。卢茨·施奈德以德国制造企业为对象，检验了人力资本对创新绩效的影响后发现，员工的专业水平越高，企业产品创新绩效越高[133]；张梅以高新技术上市公司为研究对象，利用 DEA - Tobit 两阶段模型分析高新技术企业的创新绩效影响因素得出，高新技术上市公司人员专业水平与创新绩效正相关，说明员工专业水平越高，越能发挥自身技术优势，有利于公司创新发展[134]。他们凭借自身所拥有的专业知识、创造能力和经验积累，可以发现已有产品工艺过程、产品设计等存在的问题与局限，凭借自身对技术发展前沿的洞察与预测，提出技术创新设想并运用专业知识和实践经验，将设想转化为技术成果，推进新产品、新服务的研究与发展。基于此，本书提出如下假设。

H_{1c}：企业人力资本专业水平越高，企业创新绩效越高。

4. 经验对企业创新绩效的机理分析

研发经验是组织的一种传记性特征，同学历、技术等一样会影响企业的创新绩效。姜秀珍等通过构建团队人力资本与团队创新的结构方程模型研究发现，研发经验对团队创新绩效的影响是正向显著的[135]。富有研发经验、拥有独一无二技能的员工不但能为自身获取较高的收益，同时也成为企业和组织创新竞争优势的来源。企业技术人员凭借自身所拥有的专业知识、创造能力和经验积累，可以发现已有产品工艺过程、产品设计等存在的问题与局限，推进新产品、新服务的研究与发展。基于此，本书提出如下假设。

H_{1d}：企业人力资本研发经验越丰富，企业创新绩效越高。

4.1.4 知识存量与技术水平的中介作用机理

1. 学历水平影响创新绩效的中介效应

舒尔茨（Schultz，1961）和韦尔奇（Welch，1970）等阐释的人力资本理论认为，教育是提高人力资本最基本和最主要的途径，个体通过接受教育增加了知识信息和技术存量，因而有利于提高企业创新绩效。一方面，高学历人力资本有更强的认知能力、学习能力，能够配置知识资源，促进知识生产。员工受教育水平越高，其接受、破解和理解信息的能力越高，能快速理解并掌握新的技能，同时，员工在学校的知识存量到了企业能够产生知识溢出或技术带动作用，有助于产生新技术。另一方面，由于具有更高层次的人际关系，以及经过长时间的学习而锻炼出的更强的信息搜索能力，高学历的员工更容易获得及时、有价值的技术信息，这有利于提高企业进行技术研发的可能性。钱晓烨等通过研究人力资本与我国区域创新的关系发现，与中等或初等教育水平的劳动者相比，高等教育水平的劳动者对企业技术水平的促进效应更大[136]。

企业的技术水平反映了企业开发新产品和新工艺的能力，或改进原有产品和工艺的能力。技术能力对企业创新绩效的作用较大，与技术能力较低的企业相比，技术能力高的企业其创新绩效更高，企业技术水平显著影响企业创新绩效。李光泗等研究技术能力、技术进步与企业创新绩效的关系发现，技术创新能力新产品创新其是发明创新均产生显著正向影响[137]。一方面，企业技术水平越高，越有助于企业创建新的技术知识结构，并推动企业将所开发出的技术知识推广成新的行业标准或未来产品创新的主导设计方案，从而使企业以最快的速度向消费者推出新的产品和服务，获取首动优势[138]；另一方面，在产品创新过程中，必须对技术知识存量进行操作和激活，技术能力水平越高，对技术知识存量的操作能力越强，其在工艺创新及产品创新中的作用使得具有较高技术能力的企业能创造更高的绩效。基于此，本书提出如下假设。

H_{2a-1}：人力资本学历水平通过技术水平的中介效应影响企业创新绩效；

H_{2a-2}：人力资本学历水平通过"知识存量—技术水平"中介链影响企业创新绩效。

2. 海外背景影响创新绩效的中介效应

与本土人才相比，海归人才在技术创新方面具有天然优势。海归人才可以通过在发达国家的科学和技术训练掌握先进的知识和技能。罗思平、于永达聚焦于中国光伏产业的实证研究发现，相较于外国直接投资和贸易等其他国际技术转移方式，海归对企业技术水平的促进作用较为显著[139]。乔杜里通过研究发现，与非海归人才相比，海归人才能创造更多的专利技术[140]。李平等认为海外留学归国人员往往拥有先进的技术和理念，具有跟踪世界高新技术发展趋势的能力，对中国技术创新具有显著的推动作用[141]，而且海归人员本身也认为自己具有技术突破性创新优势。拥有海外背景的人力资本不仅显著推动了企业的技术进步，而且为企业获取国外先进技术和知识提供了良好的载体。布鲁斯法利克（Bruce Fallick）等认为海归人才跨国流动是知识转移的主要渠道，同时海归人才流动导致的知识溢出效应大大促进企业技术创新水平提高[142]。杨河清和陈怡安通过研究发现：作为国际知识转移的新渠道，海外回流人员对中国知识溢出效应有显著影响并能促进中国技术进步；而且当海归回流量跨越某一门槛值，海归回流的知识溢出效应会呈现跃升、加速态势[143]。基于此，本书提出如下假设。

H_{2b-1}：海外背景资本通过技术水平的中介效应影响企业创新绩效；

H_{2b-2}：海外背景资本通过"知识存量—技术水平"中介链影响企业创新绩效。

3. 专业水平影响创新绩效的中介效应

企业人力资本的专业水平一定程度上体现了企业研发能力的高低，是企业技术开发阶段的重要保障。许爱顺、罗鄂湘以我国中小板制造业上市公司为研究对象，通过研究人力资本与企业创新能力的关系发现，人力资本的专业水平显著促进中小企业专利申请数量的增加[144]；企业人力资本专业水平的积累与开发不仅影响企业自主创新绩效，而且影响企业技术吸收后二次创新活动。在技术引进过程中，企业人力资本专业水平的高低与积累速度影响企业的技术学习能力，进而影响企业的技术创新绩效。在创新思想向创新行为转变过程中，企业员工拥有的专业知识和技能是技术创新行为顺利实施的保证。知识是企业获取竞争优势和提高经济效益的关键资源，而技术能力的本质是负载于企业中所有内在知识存量的总和[145]。汉森（Hansen et al.）等认为不可复制的和不可替代的专业知识资源能够嵌入组织程序中，推动企业技术水平的提升[146]。基于此，本书提出如下假设。

H_{2c-1}：人力资本专业水平通过技术水平的中介效应影响企业创新绩效；

H_{2c-2}：人力资本专业水平通过"知识存量—技术水平"中介链影响企业创新绩效。

4. 研发经验影响创新绩效的中介效应

员工先前研发经验中所积累的顾客问题知识、市场服务方式知识、市场知识造就了员工的"知识链"[147]，组织中存在的职业经验信息，能够反映成员的知识储备、观点及思想倾向。司训练等通过研究智力资本与自主创新能力之间的关系发现，企业员工的研发经验对技术开发能力的影响最大，员工积累的研发经验越丰富，越容易捕捉创新点，促进企业技术进步，提升企业技术水平[148]。基于此，本书提出如下假设。

H_{2d-1}：人力资本工作经验通过技术水平的中介效应影响企业创新绩效；

H_{2d-2}：人力资本工作经验通过"知识存量—技术水平"中介链影响企业创新绩效。

4.1.5 产学研合作与技术合作的调节效应机理

1. 产学研合作的调节效应分析

产学研合作是基于信任、承诺和沟通建立起来的指向知识创造的社会网络，这个网络为企业提供了丰富的外部知识接收源，有利于企业获取新知识，对内部知识进行快速更迭。强交互紧密度的产学研合作关系不仅有助于增强合作双方的"信任"与"忠诚"，减少合作关系的内部冲突与破坏，降低知识外部转移过程中的不确定性，而且有助于企业节约搜寻新的合作对象以及建立关系所需的时间和成本。所以，企业建立的产学研合作关系数量越多，交互紧密度越强，接触到的外部知识转移机会就越多，知识转移的成功率和效率就越高，就越有助于企业获取新知识，有助于企业与外部合作者达成共同研发的意愿，推进共同研究和开发进程，完成企业知识创新[149]。基于此，本书提出如下假设。

H_{3a-1}：产学研合作在人力资本学历水平对知识存量的影响过程中起正向调节作用；

H_{3b-1}：产学研合作在人力资本海外背景对知识存量的影响过程中起正向调节作用；

H_{3c-1}：产学研合作在人力资本专业水平对知识存量的影响过程中起正向调节作用；

H_{3d-1}：产学研合作在人力资本研发经验对知识存量的影响过程中起正向调节作用。

当前，中国大多数企业仅依靠内部创新资源是难以应对科技快速发展带来的挑战的，产学研合作成为企业提高创新能力的重要选择。从社会网络角度来看，随着合作节点的增加、互动紧密度的提高、信任的增强，产学研合作为企业技术创新能力的提升提供了渠道优势和信息优势，为企业接触最新科学发明和前沿突破性技术提供了途径。在这些合作中，企业研发人员可以通过内部会议和讨论，与公共科研机构共建研究中心实现人员驻地研究，这极大增加了企业获得突破性技术的机会。基于此，本书提出如下假设。

H_{3a-2}：产学研合作在人力资本学历水平对技术水平的影响过程中起正向调节作用；

H_{3b-2}：产学研合作在人力资本海外背景对技术水平的影响过程中起正向调节作用；

H_{3c-2}：产学研合作在人力资本专业水平对技术水平的影响过程中起正向调节作用；

H_{3d-2}：产学研合作在人力资本研发经验对技术水平的影响过程中起正向调节作用。

2. 技术合作的调节效应分析

随着经济全球化的不断发展，创新环境的不确定性逐渐加剧，企业技术更加复杂，使得单个企业的创新能力难以满足发展所需，为了获取新产品创意或新产品技术，网络状态下，企业的创新技术不断融合，合作创新趋于普遍化。企业间的合作关系能促进企业内部创新，并且这种外部资源是企业内部创新过程的重要补充，企业通过价值链内部资源和信息的交流与协作，有利于出现生产、组织以及关键性知识转移的合作效应，从而有利于产生高水平的产品和过程创新[150]。从知识理论来看，知识是企业的基础资源和主要投入，技术合作为企业学习开发新知识提供了渠道[151]，企业通过不断的技术合作更容易掌握外部新知识和技术，进而改进下游产品创新的过程，促进创新绩效的提高。同时技术合作实现了企业间知识转移和共享，企业获得的新知识或技术的异质性更强，有助于企业提高创新能力进而提升创新绩效[152]。创新源理论指出，企业通过技术合作可以接触外部创新源，引导企业进行合作创新，与客户、供应商、竞争对手及其他非市场主体所组成的网络和联盟是创新的关键来源。由于知识吸收和传递的易达性、知识库的异质性以及企业间互惠信任的存在，垂直技术合作对企业创新绩效的影响基本呈现出正向的积极影响。网络理论指出，企业通过技术合作完善了外围网络关系，补充了企业社会资本，为企业创新提供了新的空间。网络组织在推动企业创新上具有独特的优势，表现为：知识外溢、学习共享机制有利于创新的传播；资源整合、规模经济机制有利于降低创新成本；有效配合"内部化"交易有利于降低创新风险。基于此，本书提出如下假设。

H_{4a}：技术合作在人力资本学历水平对企业创新绩效的影响过程中起正向调节作用；

H_{4b}：技术合作在人力资本海外背景对企业创新绩效的影响过程中起正向调节作用；

H_{4c}：技术合作在人力资本专业水平对企业创新绩效的影响过程中起正向调节作用；

H_{4d}：技术合作在人力资本研发经验对企业创新绩效的影响过程中起正向调节作用。

4.1.6 人力资本特性对高新技术企业创新驱动机制的理论模型

基于上述假设，本书构建了高新技术人力资本来源影响创新绩效的机制模型，即人力资本特性通过知识存量与技术水平的中介作用对创新绩效产生影响，同时产学研合作与技术合作在人力资本特性与知识存量和技术水平之间存在调节作用（见图4.1）。

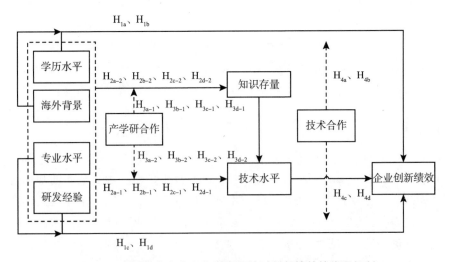

图4.1　高新技术企业人力资本特性对创新绩效的作用机制

4.2 样本、数据及计量模型设计

4.2.1 样本数据来源与数据选择

本书以河北省高新技术产业开发区企业中经省级认定、各国家高新技术产业开发区批准入区的高新技术企业为研究样本，采用 2014—2016 年《国家高新技术产业开发区企业统计报表》中的相关统计数据为研究变量，数据源自科技部火炬高技术产业开发中心，采用的是已验收数据，要经过主管部门的审计，保证了其真实性。然后剔除重要指标数据为空、填写明显错误的数据（报告期内企业销售收入为 0，企业注册年份缺失，数值型变量出现字符、理应为正数的数据出现负数抑或缺失）、比值没意义的数据（企业年研发支出与年销售收入的比值大于 1，不合乎常理，应予以删除）、企业年龄小于 1 的企业（因为这样的企业经营还未稳定，各项指标往往出现异常，影响整体分析结果）。

通过上述条件筛选，考虑到创新产出的时间滞后性，本书首先筛选出 2014—2016 年一直存在的高新技术企业 503 家，对理论假设进行验证；为了方便对比时间滞后性对假设结果的影响，进一步筛选出 2016 年河北省 832 家高新技术企业，对两次实证结果进行比较分析。涉及行业包括生物医药、电子信息、新材料、高端技术装备制造、航空航天等国家重点支持的高新技术领域。

4.2.2 变量选取

1. 被解释变量

创新绩效。本书采用报告年度内企业新产品销售收入来衡量企业的创新绩效。通过文献整理分析可以发现，由于学者的研究目的不同，样本企业属性不同等，创新绩效的衡量很难统一。虽然利用专利数据的做法比较广泛，但是，因为专利在反映创新成果的质量和市场化水平方面存在明显不足，所以本书引入新产品销售收入作为创新绩效的衡量指标以反映创新成果的市场价值。

2. 解释变量

（1）学历水平。本书采用报告年度内企业从业人员中拥有本科及以上学历人员数量来衡量企业人力资本的学历水平。

（2）海外背景。本书采用报告年度内企业从业人员中出国学习、取得学位的归国人员数量来衡量企业人力资本海外背景。

（3）专业水平。专业水平指企业从业人员的职称高低。本书采用报告年度内企业从业人员中拥有中级及以上职称人员数量来衡量企业人力资本专业水平。

（4）研发经验。本书采用报告年度内企业编入各类科技活动项目组并从事（或参与）项目研究活动的人员数量来衡量企业人力资本的研发经验。

3. 中介变量

本书将企业知识存量和技术水平作为人力资本特性与创新绩效之间关系的中介变量，并考虑"知识存量—技术水平"中介链的多重中介在模型中的中介作用。

（1）知识存量。本书采用报告年度内企业立项的科技项目产生的并在有正规刊号的刊物上发表的科技论文数量来衡量企业的知识存量。

（2）技术水平。本书采用报告年度内企业向国内外知识产权行政部门提出专利申请并被受理的件数来衡量企业的技术水平。

4. 调节变量

（1）产学研合作。产学研合作反映了企业与学研机构进行组织间学习的过程。通过组织学习，企业从学研机构获得理论知识与科学技术。本书采用报告年度内企业与国内独立研究院所和国内高等学校进行合作开展科技活动而支付的经费来衡量企业的产学研合作。

（2）技术合作。技术合作反映了企业间的技术交流过程。通过企业间的合作，企业学习开发新知识，获得新技术。本书采用报告年度内企业技术合同成交总金额中扣除需要花费的原材料、零部件、购置设备等成本费用后的剩余部分来衡量企业的技术合作。

5. 控制变量

（1）企业规模。企业规模是影响企业创新绩效的重要影响因素。一般而言，企业规模越大，越有利于企业提升创新绩效。目前企业规模衡量的主流指标是企业人数，但是人数是一个较为主观的标准，因此，本书以企业资产总额的自然对数来测度企业规模。

（2）企业年龄。企业年龄同样是企业创新绩效的影响因素。结合之前的研究发现，企业年龄越大，企业拥有的资质越高、资源越广、核心技术越多，越有利于企业开展创新。因此，本书将企业年龄作为研究的控制变量。书中的企业年龄是指企业的自然年龄，通过"2017—企业注册年份"计算而得。

（3）项目经费。项目经费是指企业进行的全部科技项目的经费支出总额。经费投入是企业进行技术创新活动的必要条件。因此，本书将企业科技项目经费内部支出作为研究的控制变量。

（4）研发强度。研发强度是创新绩效的重要影响因素之一，是衡量企业研发投入时应用最为广泛的指标。与总量指标相比，研发强度更能反映与企业规模、市场地位相适应的研发投入情况，在不同企业之间更具有可比性。一般而言，企业研发强度越高，创新绩效越好。本书借鉴戴小勇、成力为[153]等人的研究，将企业年研发支出与年销售收入的比值作为衡量企业研发强度的指标。

（5）创新能力。创新能力强的企业具有更强的吸收能力，能够有效吸收、整合和利用现有知识或技术，并将之转化为创新绩效。同时，创新能力强的企业能更准确地辨识、获取并协调来自不同技术领域的合作伙伴的异质性知识，实现企业内、外部知识的互补和协同。因此，本书认为企业创新能力与创新绩效具有显著正相关，并选取企业在报告期末拥有的有效专利数量作为测度创新能力的指标。

综合以上分析，具体变量名称及衡量指标如表4.1所示。

表 4.1 变量名称及衡量指标

变量性质	变量名称	变量代码	衡量指标
被解释变量	创新绩效	INNOV	报告年度内企业的新产品产值
解释变量	学历水平	ACLE	报告年度内企业从业人员中拥有本科及以上学历人员数量
	海外背景	OVBA	报告年度内企业从业人员为海外留学归国人员数量
	专业水平	PRLE	报告年度内企业从业人员中拥有中级及以上职称人员数量
	研发经验	RDEX	报告年度内企业参加科技项目人员数量
中介变量	知识存量	KNST	报告年度内企业发表科技论文数量
	技术水平	TELE	报告年度内企业申请专利数量
调节变量	产学研合作	RECO	报告年度内与国内独立研究院所和国内高等学校进行合作开展科技活动而支付的经费
	技术合作	TECO	报告年度内企业技术合同成交额
控制变量	企业规模	SIZE	报告年度内企业资产总额的自然对数
	企业年龄	AGE	2017—企业注册年份
	项目经费	FUNDING	报告年度内企业进行的全部科技项目的经费支出总额
	研发强度	INTENSITY	报告年度内企业年研发支出与年销售收入的比值
	创新能力	ABILITY	报告年度内企业在报告期末拥有的有效专利数量

4.2.3 研究方法和模型设计

本书采用逐步回归分析的方法，对技术水平、"知识存量—技术水平"的中介作用和产学研合作、技术合作的调节作用进行检验。第一阶段，按照中介效应检验程序，分别检验技术水平、"知识存量—技术水平"在人力资本学历水平、海外背景、专业水平、研发经验间的中介作用。

针对主效应，本书构建如下计量模型进行检验：

$$INNOV_{i,t} = \beta_0 + \beta_1 ACLE_{i,t} + \beta_2 OVBA_{i,t} + \beta_3 PRLE_{i,t}$$
$$+ \beta_4 RDEX_{i,t} + \beta_5 \sum control_{i,t} \qquad (4.1)$$

本书中的中介变量为技术水平、"知识存量—技术水平"中介链。根据现有文献，本文依据中介效应的检验步骤检验中介效应。

第一步，构建模型（4.2）~模型（4.5）检验人力资本特性与知识存量的影响；构建模型（4.6）~模型（4.9）检验人力资本特性与技术水平的影响。

$$KNST_{i,t} = \beta_0 + \beta_1 ACLE_{i,t} + \beta_3 \sum control_{i,t} + \varepsilon_{i,t} \qquad (4.2)$$

$$KNST_{i,t} = \beta_0 + \beta_1 OVBA_{i,t} + \beta_3 \sum control_{i,t} + \varepsilon_{i,t} \qquad (4.3)$$

$$KNST_{i,t} = \beta_0 + \beta_1 PRLE_{i,t} + \beta_3 \sum control_{i,t} + \varepsilon_{i,t} \qquad (4.4)$$

$$KNST_{i,t} = \beta_0 + \beta_1 RDEX_{i,t} + \beta_3 \sum control_{i,t} + \varepsilon_{i,t} \qquad (4.5)$$

$$TELE_{i,t} = \beta_0 + \beta_1 ACLE_{i,t} + \beta_3 \sum control_{i,t} + \varepsilon_{i,t} \qquad (4.6)$$

$$TELE_{i,t} = \beta_0 + \beta_1 OVBA_{i,t} + \beta_3 \sum control_{i,t} + \varepsilon_{i,t} \qquad (4.7)$$

$$TELE_{i,t} = \beta_0 + \beta_1 PRLE_{i,t} + \beta_3 \sum control_{i,t} + \varepsilon_{i,t} \qquad (4.8)$$

$$TELE_{i,t} = \beta_0 + \beta_1 RDEX_{i,t} + \beta_3 \sum control_{i,t} + \varepsilon_{i,t} \qquad (4.9)$$

第二步，构建模型（4.10）检验企业技术水平对创新绩效的影响；构建模型（4.11）检验企业知识存量与技术水平对创新绩效的影响。

$$INNOV_{i,t} = \beta_0 + \beta_1 TELE_{i,t} + \beta_2 \sum control_{i,t} + \varepsilon_{i,t} \qquad (4.10)$$

$$INNOV_{i,t} = \beta_0 + \beta_1 KNST_{i,t} + \beta_2 TELE_{i,t} + \beta_3 \sum control_{i,t} + \varepsilon_{i,t} \qquad (4.11)$$

第三步，检验技术水平、"知识存量—技术水平"与创新绩效之间是否具有中介作用。分别将技术水平、"知识存量—技术水平"引入模型（4.1），得到模型（4.12）、模型（4.13），分析主效应的变化。

$$INNOV_{i,t} = \beta_0 + \beta_1 TELE_{i,t} + \beta_2 ACLE_{i,t} + \beta_3 OVBA_{i,t}$$

$$+\beta_4 PRLE_{i,t} + \beta_5 RDEX_{i,t} + \beta_6 \sum control_{i,t} + \varepsilon_{i,t}$$

$$(4.12)$$

$$INNOV_{i,t} = \beta_0 + \beta_1 KNST_{i,t} + \beta_2 TELE_{i,t} + \beta_3 ACLE_{i,t} + \beta_4 OVBA_{i,t}$$

$$+\beta_5 PRLE_{i,t} + \beta_6 RDEX_{i,t} + \beta_7 \sum control_{i,t} + \varepsilon_{i,t} \qquad (4.13)$$

式中，β_0 表示常数项，ε 表示误差项，i 表示企业，t 表示年份。

依据调节效应检验步骤，分别分析产学研合作在人力资本特性与知识存量、技术水平上的影响，以及技术合作在人力资本特性与创新绩效之间的调节效应。

1. 产学研合作的调节效应

将知识存量与技术水平分别作为被解释变量，人力资本学历水平、海外背景、专业水平、研发经验以及交互项学历水平·产学研合作、海外背景·产学研合作、专业水平·产学研合作、研发经验·产学研合作作为解释变量引入回归方程，构建计量模型（4.14）～模型（4.21），以验证产学研合作在人力资本特性与知识存量、技术水平间的调节效应。

$$KNST_{i,t} = \beta_0 + \beta_1 ACLE_{i,t} + \beta_2 RECO_{i,t} + \beta_3 ACLE_{i,t} \cdot RECO_{i,t} \quad (4.14)$$

$$KNST_{i,t} = \beta_0 + \beta_1 OVBA_{i,t} + \beta_2 RECO_{i,t} + \beta_3 OVBA_{i,t} \cdot RECO_{i,t} \quad (4.15)$$

$$KNST_{i,t} = \beta_0 + \beta_1 PRLE_{i,t} + \beta_2 RECO_{i,t} + \beta_3 PRLE_{i,t} \cdot RECO_{i,t} \quad (4.16)$$

$$KNST_{i,t} = \beta_0 + \beta_1 RDEX_{i,t} + \beta_2 RECO_{i,t} + \beta_3 RDEX_{i,t} \cdot RECO_{i,t} \quad (4.17)$$

$$TELE_{i,t} = \beta_0 + \beta_1 ACLE_{i,t} + \beta_2 RECO_{i,t} + \beta_3 ACLE_{i,t} \cdot RECO_{i,t} \quad (4.18)$$

$$TELE_{i,t} = \beta_0 + \beta_1 OVBA_{i,t} + \beta_2 RECO_{i,t} + \beta_3 OVBA_{i,t} \cdot RECO_{i,t} \quad (4.19)$$

$$TELE_{i,t} = \beta_0 + \beta_1 PRLE_{i,t} + \beta_2 RECO_{i,t} + \beta_3 PRLE_{i,t} \cdot RECO_{i,t} \quad (4.20)$$

$$TELE_{i,t} = \beta_0 + \beta_1 RDEX_{i,t} + \beta_2 RECO_{i,t} + \beta_3 RDEX_{i,t} \cdot RECO_{i,t} \quad (4.21)$$

同时将人力资本特性、产学研合作以及二者交互项等变量引入模型，构建计量模型（4.22）～模型（4.23），进一步检验产学研合作的调节效应。

$$KNST_{i,t} = \beta_0 + \beta_1 ACLE_{i,t} + \beta_2 OVBA_{i,t} + \beta_3 PRLE_{i,t} + \beta_4 RDEX_{i,t} + \beta_5 RECO_{i,t}$$

$$+\beta_6 ACLE_{i,t} \cdot RECO_{i,t} + \beta_7 OVBA_{i,t} \cdot RECO_{i,t}$$

$$+\beta_8 PRLE_{i,t} \cdot RECO_{i,t} + \beta_9 RDEX_{i,t} \cdot RECO_{i,t} \qquad (4.22)$$

$$TELE_{i,t} = \beta_0 + \beta_1 ACLE_{i,t} + \beta_2 OVBA_{i,t} + \beta_3 PRLE_{i,t} + \beta_4 RDEX_{i,t} + \beta_5 RECO_{i,t}$$

$$+\beta_6 ACLE_{i,t} \cdot RECO_{i,t} + \beta_7 OVBA_{i,t} \cdot RECO_{i,t}$$

$$+\beta_8 PRLE_{i,t} \cdot RECO_{i,t} + \beta_9 RDEX_{i,t} \cdot RECO_{i,t} \qquad (4.23)$$

式中，β_0 表示常数项，$ACLE_{i,t} \cdot RECO_{i,t}$ 表示企业人力资本学历水平与产学研合作的交互项，$OVBA_{i,t} \cdot RECO_{i,t}$ 表示企业人力资本海外背景与产学研合作的交互项，$PRLE_{i,t} \cdot RECO_{i,t}$ 表示企业人力资本专业水平与产学研合作的交互项，$RDEX_{i,t} \cdot RECO_{i,t}$ 表示企业人力资本研发经验与产学研合作的交互项，ε 表示误差项，i 表示企业，t 表示年份。

2. 技术合作的调节效应

将创新绩效作为被解释变量，人力资本学历水平、海外背景、专业水平、研发经验以及交互项学历水平·技术合作、海外背景·技术合作、专业水平·技术合作、研发经验·技术合作作为解释变量引入回归方程，构建计量模型（4.24）~模型（4.35），验证技术合作在人力资本特性与创新绩效间的调节作用。

$$INNOV_{i,t} = \beta_0 + \beta_1 ACLE_{i,t} + \beta_2 TECO_{i,t} + \beta_3 ACLE_{i,t} \cdot TECO_{i,t} + \beta_4 \sum control_{i,t}$$
$$(4.24)$$

$$INNOV_{i,t} = \beta_0 + \beta_1 OVBA_{i,t} + \beta_2 TECO_{i,t} + \beta_3 OVBA_{i,t} \cdot TECO_{i,t} + \beta_4 \sum control_{i,t}$$
$$(4.25)$$

$$INNOV_{i,t} = \beta_0 + \beta_1 PRLE_{i,t} + \beta_2 TECO_{i,t} + \beta_3 PRLE_{i,t} \cdot TECO_{i,t} + \beta_4 \sum control_{i,t}$$
$$(4.26)$$

$$INNOV_{i,t} = \beta_0 + \beta_1 RDEX_{i,t} + \beta_2 TECO_{i,t} + \beta_3 RDEX_{i,t} \cdot TECO_{i,t} + \beta_4 \sum control_{i,t}$$
$$(4.27)$$

$$KNST_{i,t} = \beta_0 + \beta_1 ACLE_{i,t} + \beta_2 TECO_{i,t} + \beta_3 ACLE_{i,t} \cdot TECO_{i,t} + \beta_4 \sum control_{i,t}$$
$$(4.28)$$

$$KNST_{i,t} = \beta_0 + \beta_1 OVBA_{i,t} + \beta_2 TECO_{i,t} + \beta_3 OVBA_{i,t} \cdot TECO_{i,t} + \beta_4 \sum control_{i,t}$$
$$(4.29)$$

$$KNST_{i,t} = \beta_0 + \beta_1 PRLE_{i,t} + \beta_2 TECO_{i,t} + \beta_3 PRLE_{i,t} \cdot TECO_{i,t} + \beta_4 \sum control_{i,t}$$
$$(4.30)$$

$$KNST_{i,t} = \beta_0 + \beta_1 RDEX_{i,t} + \beta_2 TECO_{i,t} + \beta_3 RDEX_{i,t} \cdot TECO_{i,t} + \beta_4 \sum control_{i,t}$$
$$(4.31)$$

$$TELE_{i,t} = \beta_0 + \beta_1 ACLE_{i,t} + \beta_2 TECO_{i,t} + \beta_3 ACLE_{i,t} \cdot TECO_{i,t} + \beta_4 \sum control_{i,t}$$
$$(4.32)$$

$$TELE_{i,t} = \beta_0 + \beta_1 OVBA_{i,t} + \beta_2 TECO_{i,t} + \beta_3 OVBA_{i,t} \cdot TECO_{i,t} + \beta_4 \sum control_{i,t}$$
$$(4.33)$$

$$TELE_{i,t} = \beta_0 + \beta_1 PRLE_{i,t} + \beta_2 TECO_{i,t} + \beta_3 PRLE_{i,t} \cdot TECO_{i,t} + \beta_4 \sum control_{i,t}$$
$$(4.34)$$

$$TELE_{i,t} = \beta_0 + \beta_1 RDEX_{i,t} + \beta_2 TECO_{i,t} + \beta_3 RDEX_{i,t} \cdot TECO_{i,t} + \beta_4 \sum control_{i,t}$$

$$(4.35)$$

同时，将人力资本特性、技术合作、二者之间的交互项、知识存量和技术水平引入，构建计量模型（4.36）~模型（4.39）。

$$INNOV_{i,t} = \beta_0 + \beta_1 KNST_{i,t} + \beta_2 TELE_{i,t} + \beta_3 ACLE_{i,t} + \beta_4 TECO_{i,t}$$
$$+ \beta_5 ACLE_{i,t} \cdot TECO_{i,t} + \beta_6 \sum control_{i,t} \qquad (4.36)$$

$$INNOV_{i,t} = \beta_0 + \beta_1 KNST_{i,t} + \beta_2 TELE_{i,t} + \beta_3 OVBA_{i,t} + \beta_4 TECO_{i,t}$$
$$+ \beta_5 OVBA_{i,t} \cdot TECO_{i,t} + \beta_6 \sum control_{i,t} \qquad (4.37)$$

$$INNOV_{i,t} = \beta_0 + \beta_1 KNST_{i,t} + \beta_2 TELE_{i,t} + \beta_3 PRLE_{i,t} + \beta_4 TECO_{i,t}$$
$$+ \beta_5 PRLE_{i,t} \cdot TECO_{i,t} + \beta_6 \sum control_{i,t} \qquad (4.38)$$

$$INNOV_{i,t} = \beta_0 + \beta_1 KNST_{i,t} + \beta_2 TELE_{i,t} + \beta_3 RDEX_{i,t} + \beta_4 TECO_{i,t}$$
$$+ \beta_5 RDEX_{i,t} \cdot TECO_{i,t} + \beta_6 \sum control_{i,t} \qquad (4.39)$$

式中，β_0 表示常数项，$ACLE_{i,t} \cdot TECO_{i,t}$ 表示企业人力资本学历水平与技术合作的交互项，$OVBA_{i,t} \cdot TECO_{i,t}$ 表示企业人力资本海外背景与技术合作的交互项，$PRLE_{i,t} \cdot TECO_{i,t}$ 表示企业人力资本专业水平与技术合作的交互项，$RDEX_{i,t} \cdot TECO_{i,t}$ 表示企业人力资本研发经验与技术合作的交互项，ε 表示误差项，i 表示企业，t 表示年份。

4.3 长期效应实证检验分析

4.3.1 描述性统计及相关性分析

为了准确把握数据之间的基本特征以及变量之间的相关关系，首先要进行描述性统计及相关性分析。描述性统计及相关性分析是进行其他统计分析的基础和前提。通过描述性统计对指标数字特征量的呈现，可以对样本来自总体的特征有比较准确的把握；相关性分析可以计算出两两变量之间的相关系数，反映变量之间的相关方向和程度。

1. 描述性统计分析

2014—2016 年河北省高新技术企业人力资本特性对创新绩效作用机制模型中各变量的描述性统计如表 4.2 所示。考虑到企业创新绩效可能存在滞后期，需要考察企业连续三年的人力资本特性对创新绩效的影响研究，样本量为 503 家。样本企业的平均新产品销售收入为 12.02 亿元，处于较高水平，说明河北省高新技术企业创新绩效较好，新产品销售收入标准差为 973714.58；样本企业的平均专利申请量为 33.48 项，企业整体技术水平较高，专利申请量标准差为 202.17；样本企业平均发表科技论文数量为 12.62 篇，整体企业知识转化能力较差，知识存量较低，发表科技论文数标准差为 59.25；样本企业本科及以上学历人员平均拥有量为 410.56 人，标准差为 1935.03；样本企业海外留学归国人员平均拥有量为 2.73 人，标准差为 19.44；样本企业中级及以上职称人员平均拥有量为 169.01 人，标准差为 291.78；样本企业平均参加科技项目人员为 852.48 人，标准差为 9925.88；样本企业与国内独立研究院所和国内高等学校进行合作开展科技活动而支付的平均经费 199.99 万元，标准差为 11502724.866；样本企业平均技术合同成交额为 2732.88 万元，标准差为 29730194.816；在众多控制变量中，企业规模相对较大，企业年龄较为成熟，而研发强度相对不足，均值仅为 9.7%；企业项目经费和专利授权数均值分别为 151 万元和 45.3 项，说明企业参与研发的热情较高，有较好的创新环境。各个变量的标准差均远大于其均值，说明样本企业来源差别较大，为本书样本的选取提供了较好的说服力，为本书结果的适用性奠定了良好的基础。

表 4.2 描述性统计表

变量	N	最小值	最大值	均值	标准差
创新绩效	503	1170000	210807528000	1202642600	9737145.788
学历水平	503	4	41048	410.555	1935.028
海外背景	503	0	418	2.731	19.445
专业水平	503	0	4261	169.012	391.783
研发经验	503	21	217590	852.485	9925.877
知识存量	503	0	984	12.619	59.246
技术水平	503		3606	33.643	204.351
产学研合作	503	0	145324000	1999963.166	11502724.866
技术合作	503	0	643905580	2732881.643	29730194.816
企业规模	503	8.751	18.032	12.273	1.508
企业年龄	503	2	88	14.867	7.64

变量	N	最小值	最大值	均值	标准差
项目经费	503	10	15513	151.979	718.707
研发强度	503	0.007	0.998	0.097	0.105
创新能力	503	0	4059	45.314	244.302

2. 相关性统计分析

2014—2016 年河北省高新技术企业人力资本特性对创新绩效作用机制研究模型中各个变量的相关性分析如表4.3 所示。高新技术企业人力资本学历水平与企业创新绩效（$r = 0.974$，$p < 0.01$）、人力资本海外背景与企业创新绩效（$r = 0.948$，$p < 0.01$）、人力资本专业水平与企业创新绩效（$r = 0.438$，$p < 0.01$）存在显著正相关关系；人力资本研发经验与企业创新绩效（$r = 0.199$，$p < 0.01$）相关程度较弱；人力资本学历水平与企业知识存量（$r = 0.867$，$p < 0.01$）、人力资本海外背景与企业知识存量（$r = 0.745$，$p < 0.01$）、人力资本专业水平与企业知识存量（$r = 0.723$，$p < 0.01$）存在显著正相关，人力资本研发经验与企业知识存量（$r = 0.18$，$p < 0.01$）相关程度较弱；人力资本学历水平与企业技术水平（$r = 0.629$，$p < 0.01$）、人力资本海外背景与企业技术水平（$r = 0.672$，$p < 0.01$）、人力资本专业水平与企业技术水平（$r = 0.354$，$p < 0.01$）存在显著正相关，人力资本研发经验与企业技术水平（$r = 0.263$，$p < 0.01$）相关性较弱；企业知识存量与企业创新绩效存在显著正相关（$r = 0.572$，$p < 0.01$）；企业技术水平与企业创新绩效存在显著正相关（$r = 0.691$，$p < 0.01$）；企业产学研合作与知识存量存在显著正相关（$r = 0.485$，$p < 0.01$），企业产学研合作与技术水平相关性较弱（$r = 0.178$，$p < 0.01$）；企业技术合作与创新绩效不相关（$r = 0.009$，$p > 0.05$）；各控制变量与创新绩效之间也存在正相关关系。

3. 多重共线性

在逐步回归之前，需要对变量进行共线性检验。表4.4 显示了以创新绩效为被解释变量而进行的其他变量共线性检验结果。其中，容忍度是以每个变量作为被解释变量对其他变量进行回归分析时得到的残差比例；方差膨胀因子（VIF）是容忍度的倒数。VIF 越大，共线性越严重。当 VIF 大于 10 时，表示有严重的共线性存在。如表4.4 所示，各变量的 VIF 都小于 10，故不存在多重共线性问题。

表4.3

统计变量相关性分析

变量	创新绩效	学历水平	海外背景	专业水平	研发经验	知识存量	技术水平	产学研合作	技术合作	企业规模	企业年龄	项目经费	研发强度
学历水平	0.974**												
海外背景	0.948**	0.933**											
专业水平	0.438**	0.570**	0.362**										
研发经验	0.199**	0.230**	0.183**	0.301**									
知识存量	0.815**	0.867**	0.745**	0.723**	0.180**								
技术水平	0.691**	0.629**	0.672**	0.354**	0.263**	0.572**							
产学研合作	0.293**	0.329**	0.179**	0.523**	0.053	0.485**	0.178**						
技术合作	0.009	0.022	0.023	0.060	-0.001	0.039	0.007	0.007					
企业规模	0.288**	0.229**	0.109*	0.489**	0.142**	0.266**	0.206**	0.272**	0.023				
企业年龄	0.025	0.062	0.050	0.183**	0.001	0.063	0.108*	0.013	0.073	0.220**			
项目经费	0.984**	0.288**	0.068	0.717**	0.171**	0.453**	0.282**	0.516**	0.021	0.606**	0.165**		
研发强度	0.054*	-0.021	0.008	-0.072	0.000	-0.019	-0.017	-0.051	0.021	-0.348**	-0.110*	-0.139**	
创新能力	0.812**	0.100*	0.133**	0.252**	0.267**	0.178**	0.796**	0.123**	-0.004	0.262**	0.116**	0.372**	-0.046

注：显著性水平 ** $p < 0.01$（双尾），* $p < 0.05$（双尾）；$N = 503$。

表 4. 4   变量的多重共线性检验

变量	创新绩效	
	容忍度	VIF
学历水平	0.16	6.267
海外背景	0.148	6.766
专业水平	0.192	5.21
研发经验	0.74	1.351
知识存量	0.145	6.874
技术水平	0.138	7.226
产学研合作	0.616	1.623
技术合作	0.987	1.014
企业规模	0.507	1.974
企业年龄	0.896	1.116
项目经费	0.267	3.749
研发强度	0.861	1.162
创新能力	0.329	3.042

4.3.2 人力资本特性与创新绩效的主效应检验

表 4.5 的模型 1 显示了控制变量与被解释变量的关系。整体而言，六个控制变量均通过显著性检验，能够较好地解释各变量对被解释变量的影响。具体而言，企业规模与创新绩效正相关（$\beta = 0.058$，$p < 0.01$），企业年龄与创新绩效正相关（$\beta = 0.025$，$p < 0.1$），企业的项目经费与创新绩效正相关（$\beta = 0.904$，$p < 0.01$），企业研发强度与创新绩效正相关（$\beta = 0.606$，$p < 0.01$），企业的合作能力与创新绩效正相关（$\beta = 0.729$，$p < 0.01$）。

表 4.5 的模型 2 显示了人力资本特性与创新绩效的主效应检验结果。模型 2 的回归结果显示，人力资本学历水平与创新绩效的回归系数为 0.972（$p < 0.01$），企业人力资本与创新绩效显著正相关，说明企业人力资本学历水平的提高能够带动创新绩效的提升，假设 H_{1a} 得到支持。人力资本海外背景与创新绩效的回归系数为 0.044（$p > 0.05$），企业人力资本

的海外背景对提升企业创新绩效没有显著影响，假设 H_{1b} 没有得到支持。人力资本专业水平与创新绩效的回归系数为 -0.184（$p<0.01$），人力资本专业水平与创新绩效显著负相关，说明人力资本专业水平提升抑制企业创新绩效的增长，与原假设方向相反，假设 H_{1c} 没有得到支持。人力资本研发经验与创新绩效的回归系数为 0.015（$p<0.05$），人力资本研发经验与创新绩效显著正相关，说明丰富人力资本研发经验能够提升企业创新绩效，假设 H_{1d} 得到支持。

4.3.3 技术水平、知识存量的中介效应检验

本书理论假设部分提到，技术水平、"知识存量—技术水平"链在人力资本特性和创新绩效之间的关系中起着中介作用。表 4.5 显示了技术水平、"知识存量—技术水平"链的中介效应检验结果。

1. 技术水平中介效应检验

在表 4.5 中，模型 2 显示，人力资本海外背景与创新绩效的回归系数不显著，根据温忠麟等总结的中介效应检验程序，停止中介效应分析，假设 H_{2b-1}、H_{2b-2} 没有得到支持。模型 11 显示人力资本学历水平与技术水平的回归系数为 0.606（$p<0.01$），可见企业人力资本学历水平可以显著预测企业技术水平，模型 4 显示企业技术水平与创新绩效的回归系数为 0.573（$p<0.01$），可见企业技术水平可以显著预测企业创新绩效，对比模型 2 与模型 5，在控制了技术水平的情况下，学历水平对创新绩效的影响系数减弱（回归系数绝对值由 0.972 下降至 0.698，$p<0.01$），说明技术水平在学历水平与创新绩效间起部分中介作用，假设 H_{2a-1} 得到支持。模型 12 显示人力资本专业水平与技术水平的回归系数为 0.34（$p<0.001$），可见企业人力资本专业水平可以显著预测企业技术水平，对比模型 2 与模型 5，在控制了技术水平的情况下，专业水平对创新绩效的影响系数减弱（回归系数绝对值由 0.184 下降至 0.106，$p<0.001$），说明技术水平在专业水平与创新绩效间起部分中介作用，假设 H_{2c-1} 得到支持。模型 13 显示人力资本研发经验对技术水平的影响显著（$p<0.1$），模型 4 显示技术水平对创新绩效的影响显著，中介效应显著，对比模型 2 与模型 5，在控制了技术水平的情况下，研发经验对创新绩效的影响不再显著，说明技术水平在研发经验与创新绩效间起完全中介作用，假设 H_{2d-1} 得到支持。

2. "知识存量—技术水平"链式中介效应检验

对于链式中介效应的检验，首先要检验知识存量在人力资本特性与企业技术水平间的中介作用，其次要检验企业技术水平在企业知识存量与创新绩效间的中介作用，最后考虑"知识存量—技术水平"，检验模型的显著性。

模型15显示人力资本学历水平与企业技术水平的回归系数为0.673（$p<0.01$），可见企业人力资本学历水平可以显著预测企业技术水平，模型8显示学历水平显著影响企业知识存量（β为0.808，$p<0.01$），模型14显示企业知识存量显著影响技术水平（β为0.55，$p<0.001$），对比模型15与模型16，在控制了知识存量的情况下，学历水平对技术水平的影响系数减弱（β绝对值由0.673降至0.655），知识存量在学历水平与技术水平间中介效应显著。模型3显示企业知识存量与企业创新绩效的回归系数为0.912（$p<0.001$），可见知识存量可以显著预测创新绩效，模型14显示企业知识存量显著影响技术水平（β为0.55，$p<0.001$），模型4显示企业技术水平显著影响创新绩效（β为0.573，$p<0.001$），对比模型3与模型6，在控制了技术水平的情况下，知识存量对创新绩效的影响系数减弱（β绝对值由0.912降至0.135），技术水平在知识存量与创新绩效间的中介效应显著。模型2显示人力资本学历水平显著影响创新绩效（β为0.573，$p<0.001$），模型11显示学历水平显著影响技术水平（β为0.606，$p<0.001$），模型8显示学历水平显著影响知识存量（β为0.808，$p<0.001$），模型6显示知识存量、技术水平显著影响创新绩效（β为0.135、0.413，$p<0.001$），对比模型2与模型7，在控制了知识存量与技术水平的作用后，学历水平对创新绩效的影响系数减弱（β绝对值由0.972降至0.688），结合上述分析，说明知识存量与技术水平在学历水平与创新绩效间起链式中介作用，假设H_{2a-2}得到支持。

模型15显示人力资本专业水平与企业技术水平的回归系数为-0.147（$p<0.001$），可见企业人力资本专业水平可以显著预测企业技术水平，模型9显示专业水平显著影响企业知识存量（β为0.837，$p<0.001$），模型14显示企业知识存量显著影响技术水平（β为0.55，$p<0.001$），对比模型15与模型16，在控制了知识存量的情况下，专业水平对技术水平的影响系数减弱（β绝对值由0.147降至0.122），知识存量在学历水平与技术水平间中介效应显著。根据上述分析可知，技术水平在知识存量与创新绩效间的中介效应显著。模型2显示人力资本专业水平显著影响创新绩效

（β 为 0.573，p < 0.001），模型 12 显示专业水平显著影响技术水平（β 为 0.34，p < 0.001），模型 9 显示专业水平显著影响企业知识存量（β 为 0.837，p < 0.001），根据上述分析可知，知识存量、技术水平显著影响创新绩效，对比模型 2 与模型 7，在控制了知识存量与技术水平的作用后，专业水平对创新绩效的影响系数减弱（β 绝对值由 0.184 降至 0.144），结合上述分析，说明知识存量与技术水平在学历水平与创新绩效间起链式中介作用，假设 H_{2c-2} 得到支持。

模型 15 显示人力资本研发经验与企业技术水平的回归系数为 0.047（p < 0.01），可见企业人力资本研发经验可以显著预测企业技术水平，模型 10 显示研发经验显著影响企业知识存量（β 为 0.8107，p < 0.01），模型 14 显示企业知识存量显著影响技术水平（β 为 0.55，p < 0.01），对比模型 15 与模型 16，在控制了知识存量的情况下，研发经验对技术水平的影响系数减弱（β 绝对值由 0.047 降至 0.044），知识存量在研发经验与技术水平间中介效应显著。根据上述分析可知，技术水平在知识存量与创新绩效间的中介效应显著。模型 2 显示人力资本研发经验显著影响创新绩效（β 为 0.015，p < 0.01），模型 13 显示研发经验显著影响技术水平（β 为 0.055，p < 0.1），模型 10 显示研发经验显著影响企业知识存量（β 为 0.107，p < 0.01），根据上述分析可知，知识存量、技术水平显著影响创新绩效，对比模型 2 与模型 7，在控制了知识存量与技术水平的作用后，研发经验对创新绩效的影响不再显著，结合上述分析，说明知识存量与技术水平在学历水平与创新绩效间起链式中介作用，假设 H_{2d-2} 得到支持，如表 4.5 所示。

4.3.4 技术合作、产学研合作的调节效应检验

1. 产学研合作调节效应检验

根据前文理论研究所述，高新技术企业产学研合作在人力资本特性（学历水平、海外背景、专业水平、研发经验）与知识存量、技术水平之间起着调节作用。为了验证调节效应是否成立，本书分别在知识存量和技术水平层面对产学研合作的调节效应进行回归分析，检验结果如表 4.6 和表 4.7 所示。

表 4.5

创新绩效回归结果

	INNOV							KNST					TELE			
	模型 1	模型 2	模型 3	模型 4	模型 5	模型 6	模型 7	模型 8	模型 9	模型 10	模型 11	模型 12	模型 13	模型 14	模型 15	模型 16
学历水平		0.972*** (33.745)			0.698*** (25.005)		0.688*** (23.585)	0.808*** (38.477)			0.606*** (71.596)				0.673*** (81.585)	0.655*** (46.210)
海外背景		0.044 (1.583)														
专业水平		−0.184*** (−14.34)			−0.106*** (−8.947)		−0.144*** (−8.599)		0.837*** (18.838)			0.340*** (9.296)			−0.147*** (12.643)	−0.122* (2.333)
研发经验		0.015* (1.981)			0.011 (1.598)		0.012 (1.81)			0.107** (2.573)			0.055 (1.951)		0.047*** (6.543)	0.044*** (6.057)
知识存量			0.912*** (33.301)			0.135*** (7.859)	0.018 (1.238)							0.550*** (30.518)		0.232** (2.739)
技术水平				0.573*** (99.956)	0.567*** (14.153)	0.413*** (55.933)	0.564*** (14.045)									
企业规模	0.058*** (7.404)	−0.028** (−3.007)	0.059 (0.072)	0.043*** (3.316)	−0.006 (−0.746)	0.044*** (3.629)	−0.004 (−0.537)	−0.078** (−2.874)	−0.078 (−1.887)	0.000 (−0.002)	−0.049*** (−4.496)	−0.020 (−0.583)	0.011 (0.300)	0.011 (0.499)	−0.038*** (−4.213)	−0.035*** (−3.819)
企业年龄	0.025* (3.597)	−0.011 (−1.534)	−0.004 (−0.176)	−0.041*** (−4.216)	−0.021*** (−3.484)	−0.037*** (−4.012)	−0.020*** (−3.334)	−0.015 (−0.738)	−0.060 (−1.897)	−0.004 (−0.106)	0.014 (1.643)	−0.002 (−0.095)	0.021 (0.737)	0.023 (1.405)	0.020*** (2.906)	0.021** (3.043)
项目经费	0.904*** (83.353)	0.019 (1.509)	−0.276*** (−8.032)	0.174*** (13.902)	0.057*** (5.484)	0.109*** (7.575)	0.055*** (5.324)	0.263*** (9.822)	−0.103* (−2.066)	0.447*** (8.530)	−0.166*** (−15.354)	−0.249*** (−6.074)	−0.026 (−0.739)	−0.272*** (−12.059)	−0.081*** (−7.336)	−0.083*** (−7.450)
研发程度	0.066*** (2.278)	−0.014 (1.917)	−0.016 (−0.605)	−0.011 (−1.068)	−0.015* (−2.369)	−0.013 (−1.383)	−0.015* (−2.352)	0.007 (0.316)	−0.006 (−0.173)	0.042 (0.983)	−0.006 (−0.676)	0.003 (0.095)	0.022 (0.737)	−0.002 (0.919)	0.002 (0.248)	0.002 (0.269)
创新能力	0.129*** (12.058)	0.089*** (10.409)	0.072*** (2.738)	−1.176*** (−72.35)	−0.367*** (−11.02)	−1.049*** (−47.10)	−0.366*** (10.967)	0.021 (0.993)	0.032 (0.977)	−0.015 (−0.334)	0.808*** (92.591)	0.808*** (29.716)	0.786*** (26.114)	0.794*** (45.798)	0.816*** (111.003)	0.814*** (110.187)
R^2	0.978	0.977	0.708	0.955	0.983	0.960	0.983	0.802	0.540	0.218	0.968	0.689	0.637	0.873	0.979	0.979
F	3611.363	2257.916	198.645	1755.674	3188.444	1699.547	2872.880	332.849	96.116	22.870	2475.768	181.341	143.730	566.026	2808.573	2503.026

注：表中 * 为显著性水平，*** 为 $p<0.01$，** 为 $p<0.05$，* 为 $p<0.1$；$N=503$。

表 4.6　　　　　　　　　　　　知识存量层面调节效应检验

变量	知识存量								
	模型17	模型18	模型19	模型20	模型21	模型22	模型23	模型24	模型25
学历水平	0.867*** (38.853)				0.530*** (12.872)				0.513*** (3.312)
海外背景		0.745*** (24.933)				0.263*** (2.980)			0.014 (0.196)
专业水平			0.723*** (23.310)				0.577*** (14.183)		0.301*** (6.979)
研发经验				0.180*** (4.069)				0.202*** (8.657)	0.276** (3.460)
产学研合作					0.114*** (4.519)	0.356*** (14.143)	0.084** (2.023)	0.107*** (4.044)	-0.063* (-1.617)
产学研合作×学历水平					0.348*** (7.388)				0.623** (2.913)
产学研合作×海外背景						0.436*** (4.927)			0.259* (1.742)
产学研合作×专业水平							0.164** (3.407)		0.262* (1.721)
产学研合作×研发经验								0.784*** (29.617)	0.910** (2.559)
R^2	0.752	0.556	0.522	0.032	0.817	0.698	0.549	0.733	0.868
F	1509.517	621.659	543.379	16.560	737.646	382.050	200.554	452.166	227.036

注：表中 * 为显著性水平，*** 为 $p < 0.01$，** 为 $p < 0.05$，* 为 $p < 0.1$；$N = 503$。

将人力资本特性、产学研合作、交互项依次引入回归模型，研究产学研合作的作用效果。表4.6中模型17～模型20分别验证了人力资本学历水平、海外背景、专业水平、研发经验对企业知识存量影响显著。模型21显示，学历水平与产学研合作的交互项显著影响企业知识存量（$\beta = 0.348$，$p < 0.01$），说明产学研合作在人力资本学历水平与企业知识存量间起正向调节作用，假设 H_{3a-1} 得到支持。模型22显示海外背景与产学研合作的交互项显著影响企业知识存量（$\beta = 0.436$，$p < 0.01$），说明产学研合作在人力资本海外背景与企业知识存量间起正向调节作用，假设 H_{3b-1}

得到支持。模型 23 显示专业水平与产学研合作的交互项显著影响企业知识存量（$\beta = 0.164$，$p < 0.01$），说明产学研合作在人力资本专业水平与企业知识存量间起正向调节作用，假设 H_{3c-1} 得到支持。模型 24 显示研发经验与产学研合作的交互项显著影响企业知识存量（$\beta = 0.784$，$p < 0.01$），说明产学研合作在人力资本专业水平与企业知识存量间起正向调节作用，假设 H_{3d-1} 得到支持。

表 4.7　　　　　　　　　　技术水平层面调节效应检验

变量	技术水平								
	模型 26	模型 27	模型 28	模型 29	模型 30	模型 31	模型 32	模型 33	模型 34
学历水平	0.629 *** (18.016)				0.778 *** (10.446)				0.203 (0.855)
海外背景		0.672 *** (2.209)				1.223 ** (10.558)			1.129 *** (9.070)
专业水平			0.354 *** (8.445)				0.420 *** (7.452)		− 0.035 (− 0440)
研发经验				0.263 *** (6.065)				0.286 *** (7.622)	0.722 *** (5.018)
产学研合作					0.025 (0.548)	0.070 ** (2.129)	0.058 (1.001)	− 0.084 ** (− 1.984)	0.252 *** (3.545)
产学研合作 × 学历水平					− 0.182 ** (− 2.138)				− 0.444 *** (− 4.427)
产学研合作 × 海外背景						− 0.587 *** (− 5.060)			0.294 (1.123)
产学研合作 × 专业水平							0.145 ** (2.177)		0.215 *** (4.536)
产学研合作 × 研发经验								0.525 *** (12.367)	2.666 *** (4.118)
R^2	0.395	0.451	0.125	0.069	0.402	0.481	0.134	0.309	0.528
F	324.585	408.403	71.310	36.782	110.711	153.122	25.499	73.854	60.737

注：表中 * 为显著性水平，*** 为 $p < 0.01$，** 为 $p < 0.05$，* 为 $p < 0.1$；$N = 503$。

将人力资本特性、产学研合作、交互项依次引入回归模型，研究产学研合作的作用效果。表4.7中模型26~模型29分别验证了人力资本学历水平、海外背景、专业水平、研发经验对企业技术水平影响显著。模型30显示，学历水平与产学研合作的交互项显著影响企业技术水平（$\beta = -0.182$，$p < 0.05$），说明产学研合作在人力资本学历水平与企业技术水平间起负向调节作用，与原假设相反，假设 H_{3a-2} 没有得到支持。模型31显示海外背景与产学研合作的交互项显著影响企业技术水平（$\beta = -0.587$，$p < 0.01$），说明产学研合作在人力资本海外背景与企业技术水平间起负向调节作用，与原假设相反，假设 H_{3b-2} 没有得到支持。模型33显示专业水平与产学研合作的交互项显著影响企业技术水平（$\beta = 0.145$，$p < 0.05$），说明产学研合作在人力资本专业水平与企业技术水平间起正向调节作用，假设 H_{3c-2} 得到支持。模型33显示研发经验与产学研合作的交互项显著影响企业技术水平（$\beta = 0.525$，$p < 0.01$），说明产学研合作在人力资本专业水平与企业技术水平间起正向调节作用，假设 H_{3d-2} 得到支持。

2. 技术合作调节效应检验

依据对知识存量、"知识存量—技术水平"链的中介效应检验结果，将知识存量、"知识存量—技术水平"作为中介变量，将技术合作作为调节变量引入有多步中介的调节效应检验模型进行分析。分析结果如表4.8所示。模型35显示将人力资本学历水平、技术合作以及二者的交互项引入模型后，交互项显著影响企业创新绩效（$\beta = 0.089$，$p < 0.01$），表示技术合作在学历水平与创新绩效间存在调节效应；模型43和模型47显示二者交互项回归系数显著（$p < 0.01$），表明知识存量和技术水平在学历水平与创新绩效间存在中介效应，模型47显示知识存量显著影响技术水平（$\beta = 0.057$，$p < 0.05$）；模型39显示知识存量、技术水平以及学历水平与技术合作的交互项显著影响创新绩效（$p < 0.05$、$p < 0.01$、$p < 0.01$），表示技术合作通过知识存量、技术水平影响创新绩效。通过上述分析表明存在多重中介变量的调节效应。技术合作对学历水平与创新绩效的总体间接调节效应为0.016，假设 H_{4a} 成立。

模型36显示将人力资本海外背景、技术合作以及二者的交互项引入模型后，交互项显著影响企业创新绩效（$\beta = 0.029$，$p < 0.01$），表示技术合作在海外背景与创新绩效间存在调节效应；模型44显示二者交互项回归系数不显著（$p > 0.1$），模型48显示二者交互项回归系数显著（$p < 0.01$），表明技术水平在海外背景与创新绩效间存在中介效应；模型40显示技术水平以及海外背景与技术合作的交互项显著影响创新绩效（$p < 0.01$、$p < 0.01$），表示技术合作通过技术水平影响创新绩效。通过上述分

析表明存在单一中介变量的调节效应。技术合作对海外背景与创新绩效的总体间接调节效应为 0.021，假设 H_{4b} 成立。

模型 37 显示将人力资本专业水平、技术合作以及二者的交互项引入模型后，交互项显著影响企业创新绩效（$\beta = 0.226$，$p < 0.01$），表示技术合作在专业水平与创新绩效间存在调节效应；模型 45 和模型 49 显示二者交互项回归系数显著（$p < 0.01$、$p < 0.1$），表明知识存量和技术水平在专业水平与创新绩效间存在中介效应，模型 49 显示知识存量显著影响技术水平（$\beta = 0.654$，$p < 0.01$）；模型 41 显示知识存量、技术水平以及专业水平与技术合作的交互项显著影响创新绩效（$p < 0.01$），表示技术合作通过知识存量、技术水平影响创新绩效。通过上述分析表明存在多重中介变量的调节效应。技术合作对专业水平与创新绩效的总体间接调节效应为 0.125，假设 H_{4c} 成立。

模型 38 显示将人力资本研发经验、技术合作以及二者的交互项引入模型后，交互项显著影响企业创新绩效（$\beta = 0.837$，$p < 0.01$），表示技术合作在研发经验与创新绩效间存在调节效应；模型 46 和模型 50 显示二者交互项回归系数显著（$p < 0.01$），表明知识存量和技术水平在研发经验与创新绩效间存在中介效应，模型 50 显示知识存量显著影响技术水平（$\beta = 0.069$，$p < 0.01$）；模型 42 显示知识存量、技术水平以及研发经验与技术合作的交互项显著影响创新绩效（$p < 0.01$），表示技术合作通过知识存量、技术水平影响创新绩效。通过上述分析表明存在多重中介变量的调节效应。技术合作对研发经验与创新绩效的总体间接调节效应为 0.565，假设 H_{4d} 成立，如表 4.8 所示。

4.4 短期效应实证检验分析

4.4.1 描述性统计及相关性分析

同前文 4.3 节类似，在进行 2016 年河北省高新技术企业实证分析时，首先要进行描述性统计及相关性分析。描述性统计及相关性分析是进行其他统计分析的基础和前提，有利于读者准确把握数据之间的基本特征以及变量之间的相关关系，为后续实证研究奠定基础。

表4.8 技术合作调节效应

变量	创新绩效								知识存量				技术水平			
	模型 35	模型 36	模型 37	模型 38	模型 39	模型 40	模型 41	模型 42	模型 43	模型 44	模型 45	模型 46	模型 47	模型 48	模型 49	模型 50
学历水平	0.905*** (55.596)				0.610*** (22.975)				0.970*** (26.915)				0.582*** (28.699)			
海外背景		0.977*** (61.270)				0.311*** (11.572)				0.756*** (20.111)				0.529*** (31.726)		
专业水平			0.436*** (10.864)				0.035** (2.032)				0.720*** (23.626)				-0.207*** (-7.086)	
研发经验				0.533*** (53.245)				0.275** (6.479)				0.246*** (23.662)				0.811*** (31.48)
知识存量					-0.035** (-2.465)	0.091*** (5.804)	0.120*** (5.643)	0.102*** (6.106)					0.057*** (3.263)	0.082*** (4.887)	0.654*** (28.36)	0.069*** (3.997)
技术水平					0.738*** (20.425)	0.012*** (24.315)	0.430*** (55.700)	1.233*** (28.746)								
技术合作	-0.032*** (-3.029)	-0.026* (-1.958)	-0.215** (-2.617)	0.885*** (39.297)	-0.025*** (-2.780)	-0.019** (-2.249)	0.077*** (4.193)	0.122*** (4.451)	0.05* (2.122)	0.017 (0.540)	-0.259*** (-4.155)	0.740*** (17.953)	-0.017* (-2.040)	-0.008 (-0.890)	0.001 (0.046)	0.509*** (28.89)
技术合作× 学历水平	0.089*** (5.331)				0.073*** (5.056)				-0.134*** (-3.610)				0.082*** (5.450)			
技术合作× 海外背景		-0.050*** (-3.065)				0.029*** (2.824)				-0.019 (-0.491)				-0.091* (-2.134)		
技术合作× 专业水平			0.226*** (2.753)				-0.101*** (-5.447)				0.292*** (4.679)				-0.005* (-1.168)	

变量	创新绩效								知识存量				技术水平			
	模型 35	模型 36	模型 37	模型 38	模型 39	模型 40	模型 41	模型 42	模型 43	模型 44	模型 45	模型 46	模型 47	模型 48	模型 49	模型 50
技术合作×研发经验				0.837*** (56.105)				0.272*** (5.047)				0.468*** (24.519)				0.709*** (33.882)
企业规模	-0.040** (-3.422)	0.012 (1.061)	0.001 (0.020)	-0.033 (-1.722)	-0.006 (-0.689)	0.017 (1.509)	0.042*** (3.556)	0.028** (2.486)	-0.079** (-2.902)	-0.078** (-2.449)	-0.081* (-2.004)	-0.071* (-2.283)	-0.054*** (-5.085)	-0.046*** (-3.908)	0.031 (1.506)	-0.039** (-3.295)
企业年龄	-0.020* (-2.262)	-0.040*** (-4.753)	-0.052 (-1.264)	-0.029* (-1.983)	-0.030*** (-4.604)	-0.036*** (-4.427)	-0.037*** (-4.084)	-0.033*** (-3.881)	-0.018 (-0.857)	-0.028 (-1.149)	-0.064* (-2.058)	-0.025 (-1.060)	0.011 (1.383)	0.007 (0.762)	0.037* (2.326)	0.007 (0.791)
项目经费	-0.090*** (-7.097)	0.177*** (16.299)	-0.253*** (-3.916)	0.157*** (8.357)	0.023* (2.140)	0.133*** (10.283)	0.088*** (5.852)	0.120*** (8.869)	0.282*** (9.556)	0.485*** (15.739)	-0.077 (-1.559)	0.469*** (15.593)	-0.124*** (-9.925)	-0.037** (-2.666)	-0.182*** (-7.235)	-0.041** (-2.908)
研发强度	-0.021* (-2.312)	-0.015 (-1.722)	0.001 (0.024)	0.001 (0.088)	-0.019** (-2.784)	-0.016* (-1.829)	-0.021** (-2.188)	-0.013 (-1.449)	0.008 (0.371)	0.009 (0.361)	0.012 (0.378)	0.026 (1.060)	-0.003 (-0.344)	-0.006 (-0.649)	0.006 (0.365)	0.008 (0.812)
创新能力	0.095*** (10.177)	-0.812*** (-25.356)	0.099* (2.326)	0.076*** (4.781)	-0.500*** (-16.68)	-0.765*** (-24.015)	-1.063*** (-47.695)	-0.919*** (-25.702)	0.021 (0.969)	-0.078** (-3.039)	0.035 (1.080)	0.011 (0.417)	0.808*** (95.69)	0.736*** (77.117)	0.787*** (47.465)	0.805*** (82.611)
R^2	0.951	0.905	0.204	0.870	0.981	0.968	0.962	0.966	0.759	0.730	0.559	0.743	0.970	0.963	0.885	0.962
F	3188.216	1572.805	42.359	1099.403	2524.242	1525.355	1274.892	1391.166	519.815	165.953	77.745	177.132	1772.487	1426.837	419.468	1384.004

注：表中*为显著性水平，*** 为 $p < 0.01$，** 为 $p < 0.05$，* 为 $p < 0.1$；$N = 503$。

1. 描述性统计分析

2016 年河北省高新技术企业人力资本特性对创新绩效作用机制模型中各变量的描述性统计如表 4.9 所示。在上文数据选取原则的指导下，本书筛选出 2016 年河北省高新技术企业 503 家。样本企业的平均新产品销售收入为 27888.2 万元，处于较高水平，说明河北省高新技术企业创新绩效较好，新产品销售收入标准差为 2982285022.681；样本企业的平均专利申请量为 9.510 项，专利申请量标准差为 74.311；样本企业平均发表科技论文数量为 2.692 篇，整体企业知识转化能力较差，知识存量较低，发表科技论文数标准差为 18.772；样本企业本科及以上学历人员平均拥有量为 97.638 人，标准差为 533.764；样本企业海外留学归国人员平均拥有量为 0.703 人，标准差为 5.263；样本企业中级及以上职称人员平均拥有量为 37.762 人，标准差为 97.387；样本企业平均参加科技项目人员为 98.767 人，标准差为 529.232；样本企业与国内独立研究院所和国内高等学校进行合作开展科技活动而支付的平均经费 24.231 万元，标准差为 1839.758；样本企业平均技术合同成交额为 60.843 万元，标准差为 8027.536；在众多控制变量中，企业规模相对较大，企业年龄较为成熟，而研发强度相对不足，均值仅为 9.7%；企业科技人员人数和专利授权数均值分别为 107 万元和 34.3 项，说明企业参与研发的热情较高，有较好的创新环境。各个变量的标准差均远大于其均值，说明样本企业来源差别较大，为本书样本的选取提供了较好的说服力，为本书结果的适用性奠定了良好的基础。

表 4.9　　　　　　　　　　描述性统计表

变量	N	最小值	最大值	均值	标准差
创新绩效	832	6000	84565153000	278882008.534	2982285022.681
学历水平	832	0	14734	97.638	533.764
海外背景	832	0	116	0.703	5.263
专业水平	832	0	1277	37.762	97.387
研发经验	832	0	14780	98.767	529.232
知识存量	832	0	440	2.692	18.772
技术水平	832	0	1869	9.510	74.311
产学研合作	832	0	31839	242.309	1839.758

变量	N	最小值	最大值	均值	标准差
技术合作	832	0	220524	608.433	8027.536
企业规模	832	7.262	18.286	11.906	1.586
企业年龄	832	1	106	13.464	7.206
项目经费	832	0	16201	107.168	580.071
研发强度	832	0	14.578	0.140	0.602
创新能力	832	0	4059	34.319	201.663

2. 相关性统计分析

2016 年河北省高新技术企业人力资本特性对创新绩效作用机制研究模型中各个变量的相关性分析如表4.10 所示。高新技术企业人力资本学历水平与企业创新绩效（$r=0.965$，$p<0.01$），人力资本海外背景与企业创新绩效（$r=0.775$，$p<0.01$），人力资本研发经验与企业创新绩效（$r=0.977$，$p<0.01$）存在显著正相关关系；人力资本专业水平与企业创新绩效（$r=0.387$，$p<0.01$）相关程度较弱；人力资本学历水平与企业知识存量（$r=0.862$，$p<0.01$），人力资本海外背景与企业知识存量（$r=0.649$，$p<0.01$），人力资本专业水平与企业知识存量（$r=0.604$，$p<0.01$），人力资本研发经验与企业知识存量（$r=0.847$，$p<0.01$）存在显著正相关；人力资本学历水平与企业技术水平（$r=0.510$，$p<0.01$），人力资本海外背景与企业技术水平（$r=0.490$，$p<0.01$），人力资本专业水平与企业技术水平（$r=0.301$，$p<0.01$），人力资本研发经验与企业技术水平（$r=0.514$，$p<0.01$）存在显著正相关；企业知识存量与企业创新绩效存在显著正相关（$r=0.829$，$p<0.01$）；企业技术水平与企业创新绩效存在显著正相关（$r=0.555$，$p<0.01$）；企业产学研合作与知识存量存在显著正相关（$r=0.247$，$p<0.01$），企业产学研合作与技术水平相关性较弱（$r=0.080$，$p<0.01$）；企业技术合作与创新绩效不相关（$r=0.001$，$p>0.05$）；各控制变量与创新绩效之间也存在正相关关系。

表4.10

统计变量相关性分析

变量	学历水平	海外背景	专业水平	研发经验	知识存量	技术水平	产学研合作	技术合作	创新绩效	企业规模	企业年龄	项目经费	研发强度
海外背景	0.754**												
专业水平	0.540**	0.309**											
研发经验	0.987**	0.755**	0.481**										
知识存量	0.862**	0.649**	0.604**	0.847**									
技术水平	0.510**	0.490**	0.301**	0.514**	0.468**								
产学研合作	0.170**	0.126**	0.368**	0.140**	0.247**	0.080*							
技术合作	0.018	0.022	0.078*	0.013	0.032	0.014	0.034						
创新绩效	0.965**	0.775**	0.387**	0.977**	0.829**	0.555**	0.117**	0.001					
企业规模	0.302**	0.155**	0.478**	0.294**	0.288**	0.222**	0.193**	0.027	0.224**				
企业年龄	0.077*	0.005	0.243**	0.063	0.090**	0.094**	0.106*	0.074*	0.038	0.266**			
项目经费	0.986**	0.755**	0.479**	0.999**	0.846**	0.512**	0.139**	0.012	0.976**	0.294**	0.063		
研发强度	-0.001	0.037	0.006	-0.002	0.016	-0.012	-0.013	0.027	-0.015	-0.090**	-0.050	-0.003	
创新能力	0.770**	0.639**	0.461**	0.772**	0.664**	0.895**	0.111**	0.007	0.778**	0.276**	0.069*	0.770**	0.014

注：显著性水平 ** $p < 0.01$（双尾），* $p < 0.05$（双尾）；$N = 832$。

3. 多重共线性

表4.11显示了以创新绩效为被解释变量而进行的其他变量共线性检验结果。其中，容忍度是以每个变量作为因变量对其他变量进行回归分析时得到的残差比例；方差膨胀因子（VIF）是容忍度的倒数。VIF越大，共线性越严重。当VIF大于10时，表示有严重的共线性存在。如表4.11所示，各变量的VIF都小于10，故不存在多重共线性问题。

表4.11 变量的多重共线性检验

变量	创新绩效	
	容忍度	VIF
学历水平	0.198	5.052
海外背景	0.394	2.538
专业水平	0.37	2.702
研发经验	0.278	3.593
知识存量	0.211	4.751
技术水平	0.104	9.583
产学研合作	0.84	1.19
技术合作	0.986	1.014
企业规模	0.702	1.424
企业年龄	0.88	1.137
项目经费	0.345	2.901
研发强度	0.976	1.025
创新能力	0.134	7.456

4.4.2 人力资本特性与创新绩效的主效应检验

表4.12的模型1显示了控制变量与被解释变量的关系。整体而言，五个控制变量均通过显著性检验，能够较好地解释各变量对被解释变量的影响。具体而言，企业规模与创新绩效负相关（$\beta = -0.073$，$p < 0.01$），企业年龄与创新绩效正相关（$\beta = 0.018$，$p < 0.1$），企业的科技人员与创新绩效正相关（$\beta = 0.939$，$p < 0.01$），企业研发强度与创新绩效负相关（$\beta = -0.020$，$p < 0.01$），企业的合作能力与创新绩效正相关（$\beta = 0.077$，$p < 0.01$）。

表 4.12 的模型 2 显示了人力资本特性与创新绩效的主效应检验结果。模型 2 的回归结果显示，人力资本学历水平与创新绩效的回归系数为 0.354（$p < 0.01$），企业人力资本与创新绩效显著正相关，说明企业人力资本学历水平的提高能够带动创新绩效的提升，假设 H_{1a} 得到支持。人力资本海外背景与创新绩效的回归系数为 0.051（$p < 0.01$），企业人力资本的海外背景与创新绩效显著正相关，说明人力资本海外背景能够提升企业创新绩效，假设 H_{1b} 得到支持。人力资本专业水平与创新绩效的回归系数为 -0.133（$p < 0.01$），人力资本专业水平与创新绩效显著负相关，说明人力资本专业水平提升抑制企业创新绩效的增长，与原假设方向相反，假设 H_{1c} 没有得到支持。人力资本研发经验与创新绩效的回归系数为 0.798（$p < 0.01$），人力资本研发经验与创新绩效显著正相关，说明丰富人力资本研发经验能够提升企业创新绩效，假设 H_{1d} 得到支持。

4.4.3 技术水平、知识存量的中介效应检验

本书理论假设部分提到，技术水平、"知识存量—技术水平"链在人力资本特性和创新绩效之间的关系中起着中介作用。表 4.12 显示了技术水平、"知识存量—技术水平"链的中介效应检验结果。

1. 技术水平中介效应检验

表 4.12 中，模型 12 显示人力资本学历水平与技术水平的回归系数为 0.606（$p < 0.001$），可见企业人力资本学历水平可以显著预测企业技术水平，模型 4 显示企业技术水平与创新绩效的回归系数为 0.190（$p < 0.01$），可见企业技术水平可以显著预测企业创新绩效，对比模型 2 与模型 5，在控制了技术水平的情况下，学历水平对创新绩效的影响系数增大（β 绝对值由 0.354 增至 0.377，$p < 0.01$），与中介效应成立条件不符，假设 H_{2a-1} 没有得到支持。模型 13 显示人力资本海外背景与技术水平的回归系数为 0.082（$p < 0.001$），可见企业人力资本海外背景可以显著预测企业技术水平，对比模型 2 与模型 5，在控制了技术水平的情况下，海外背景对创新绩效的影响系数降低（β 绝对值由 0.051 增至 0040，$p < 0.01$），说明技术水平在海外背景与创新绩效间起部分中介作用，假设 H_{2b-1} 得到支持。模型 14 显示人力资本专业水平与技术水平的回归系数为 -0.106（$p < 0.01$），可见企业人力资本专业水平可以显著预测企业技术水平，对比模型 2 与模型 5，在控制了技术水平的情况下，专业水平对创新绩效的影响系数减弱（回归系数绝对值由 0.133 下降至 0.121，$p < 0.01$），说明技术水平在专业水平与创新绩效间起部分中介作用，假设 H_{2c-1} 得到支持。

模型 15 显示人力资本研发经验对技术水平的影响不显著（$p > 0.1$），模型 4 显示技术水平对创新绩效的影响显著，根据温忠麟等总结的中介效应检验程序，a、b 有一个不显著，需要进行 sobel 检验，sobel 检验 Z 值为 -0.587，其绝对值小于 1.96，未达到 0.05 显著水平，中介效应不显著，假设 H_{2d-1} 没有得到支持。

2. "知识存量—技术水平"链式中介效应检验

对于链式中介效应的检验，首先，检验知识存量在人力资本特性与企业技术水平间的中介作用；其次，检验企业技术水平在企业知识存量与创新绩效间的中介作用；最后，考虑"知识存量—技术水平"，检验模型的显著性。

模型 17 显示人力资本学历水平与企业技术水平的回归系数为 0.155（$p < 0.1$），可见企业人力资本学历水平可以显著预测企业技术水平，模型 8 显示学历水平显著影响企业知识存量（$\beta = 0.968$，$p < 0.01$），模型 16 显示企业知识存量显著影响技术水平（$\beta = 0.064$，$p < 0.01$），对比模型 17 与模型 18，在控制了知识存量的情况下，学历水平对技术水平的影响系数增加（β 绝对值由 0.155 增至 0.215），与中介效应存在条件不符，假设 H_{2a-2} 没有得到支持。

模型 17 显示人力资本海外背景与企业技术水平的回归系数为 0.078（$p < 0.01$），可见企业人力资本海外背景可以显著预测企业技术水平，模型 9 显示海外背景显著影响企业知识存量（$\beta = 0.649$，$p < 0.01$），模型 16 显示企业知识存量显著影响技术水平（$\beta = 0.064$，$p < 0.01$），对比模型 17 与模型 18，在控制了知识存量的情况下，海外背景对技术水平的影响系数减弱（β 绝对值由 0.078 降至 0.071），知识存量在学历水平与技术水平间中介效应显著。根据上文分析可知，技术水平在知识存量与创新绩效间的中介效应显著。模型 2 显示人力资本海外背景显著影响创新绩效（$\beta = 0.051$，$p < 0.01$），模型 13 显示海外背景显著影响技术水平（$\beta = 0.082$，$p < 0.01$），模型 9 显示海外背景显著影响企业知识存量（$\beta = 0.649$，$p < 0.01$），根据上文分析可知知识存量、技术水平显著影响创新绩效，对比模型 2 与模型 7，在控制了知识存量与技术水平的作用后，海外背景对创新绩效的影响系数减弱（β 绝对值由 0.051 降至 0.039），结合上述分析说明知识存量与技术水平在学历水平与创新绩效间起链式中介作用，假设 H_{2b-2} 得到支持。

模型 17 显示人力资本专业水平与企业技术水平的回归系数为 0.086（$p < 0.01$），可见企业人力资本专业水平可以显著预测企业技术水平，模

型 11 显示专业水平显著影响企业知识存量（$\beta = 0.037$，$p < 0.05$），模型 16 显示企业知识存量显著影响技术水平（$\beta = 0.064$，$p < 0.01$），对比模型 17 与模型 18，在控制了知识存量的情况下，专业水平对技术水平的影响系数增强（β 绝对值由 0.086 增至 0.128），与中介效应存在条件不符，假设 H_{2c-2} 没有得到支持。

模型 17 显示人力资本研发经验与企业技术水平的回归系数为 0.525（$p < 0.01$），可见企业人力资本研发经验可以显著预测企业技术水平，模型 11 显示研发经验显著影响企业知识存量（$\beta = 0.037$，$p < 0.05$），模型 16 显示企业知识存量显著影响技术水平（$\beta = 0.064$，$p < 0.01$），对比模型 17 与模型 18，在控制了知识存量的情况下，研发经验对技术水平的影响系数减弱（β 绝对值由 0.525 降至 0.504），知识存量在研发经验与技术水平间的中介效应显著。根据上文分析可知，技术水平在知识存量与创新绩效间的中介效应显著。模型 2 显示人力资本研发经验显著影响创新绩效（$\beta = 0.798$，$p < 0.01$），模型 15 显示研发经验显著影响技术水平（β 为 0.514，$p < 0.01$），模型 11 显示研发经验显著影响企业知识存量（$\beta = 0.037$，$p < 0.05$），根据上文分析可知知识存量、技术水平显著影响创新绩效，对比模型 2 与模型 7，在控制了知识存量与技术水平的作用后，研发经验对创新绩效的影响系数减弱（β 绝对值由 0.798 降至 0.767），结合上述分析说明知识存量与技术水平在学历水平与创新绩效间起链式中介作用，假设 H_{2d-2} 得到支持，如表 4.12 所示。

4.4.4 技术合作、产学研合作的调节效应检验

1. 产学研合作调节效应检验

根据前文理论研究所述，高新技术企业产学研合作在人力资本特性（学历水平、海外背景、专业水平、研发经验）与知识存量、技术水平之间起着调节作用。为了验证调节效应是否成立，本书分别在知识存量和技术水平层面对产学研合作的调节效应进行回归分析，检验结果如表 4.13 和表 4.14 所示。

将人力资本特性、产学研合作、交互项依次引入回归模型，研究产学研合作的作用效果。表 4.13 中模型 19～模型 22 分别验证了人力资本学历水平、海外背景、专业水平、研发经验对企业知识存量影响显著。模型 23 显示，学历水平与产学研合作的交互项显著影响企业知识存量（$\beta = 0.238$，$p < 0.01$），说明产学研合作在人力资本学历水平与企业知识存量间起正向调节作用，假设 H_{3a-1} 得到支持。模型 24 显示海外背景与产学研

表 4.12

创新绩效回归结果表

变量	创新绩效							知识存量						技术水平				
	模型 1	模型 2	模型 3	模型 4	模型 5	模型 6	模型 7	模型 8	模型 9	模型 10	模型 11	模型 12	模型 13	模型 14	模型 15	模型 16	模型 17	模型 18
学历水平		0.354*** (8.526)			0.377*** (9.409)		0.351*** (8.829)	0.968*** (9.027)				0.510*** (17.076)					0.155* (1.895)	0.215** (2.672)
海外背景		0.051*** (5.55)			0.040*** (4.483)		0.039*** (4.443)		0.649*** (0.939)				0.082*** (4.436)				0.078*** (4.269)	0.071*** (4.003)
专业水平		-0.133*** (-15.53)			-0.121*** (-14.45)		-0.138*** (-15.52)			0.289*** (-13.611)				-0.106*** (-7.109)			0.086*** (5.121)	0.128*** (7.303)
研发经验		0.798*** (5.483)			0.796*** (5.691)		0.767*** (5.566)				0.037 (2.336)				0.514*** (17.274)		0.525*** (2.707)	0.504** (2.587)
知识存量			0.829*** (42.782)			0.009 (0.738)	0.062*** (5.155)									0.064** (2.831)		0.163*** (6.831)
技术水平				0.190*** (9.965)	0.142*** (8.363)	0.188*** (9.842)	0.121*** (7.065)											
企业规模	-0.073*** (-9.570)	-0.029*** (-4.123)	-0.074*** (-9.661)	-0.073*** (-10.103)	-0.034*** (-5.004)	-0.073*** (-10.127)	-0.030*** (-4.496)	0.028 (-1.446)	0.037 (-1.852)	-0.059** (-3.041)	0.036 (-1.772)	0.002 (0.138)	0.005 (0.388)	0.034* (2.484)	-0.001 (-0.060)	-0.003 (-0.234)	0.034** (2.504)	0.042*** (3.145)
企业年龄	0.018* (-2.177)	0.005 (-0.866)	-0.009 (-1.270)	-0.016* (-2.253)	-0.002 (-0.335)	-0.016* (-2.281)	0 (0.072)	0.016 (0.89)	0.03 (1.541)	-0.009 (-0.518)	0.028 (1.49)	0.041*** (3.27)	0.039*** (3.118)	0.050*** (4.088)	0.037*** (2.913)	0.035 (2.771)	0.052*** (4.25)	0.053*** (4.479)
项目经费	0.939*** (84.945)	0.199 (-1.329)	0.921*** (59.826)	1.021*** (76.561)	-0.152 (-1.103)	1.013*** (58.526)	-0.153 (-1.131)	-0.118 (-1.104)	0.797*** (22.929)	0.746*** (27.836)	-0.223 (-0.5)	-0.125 (-2.271)	-0.490*** (-21.78)	-0.411*** (-21.767)	-0.267 (-0.914)	-0.488 (-18.408)	-0.334 (-1.181)	-0.319 (-1.162)
研发强度	-0.020** (-2.900)	-0.018** (-3.025)	-0.021*** (-2.967)	-0.015* (-2.255)	-0.014* (-2.481)	-0.015* (-2.288)	-0.015* (-2.715)	0.019 (1.078)	0.021 (1.139)	0.01 (0.61)	0.021 (1.156)	-0.027* (-2.271)	-0.031* (-2.544)	-0.024* (-2.026)	-0.028* (-2.316)	-0.030* (-2.448)	-0.027* (-2.266)	-0.028* (-2.458)
创新能力	0.077*** (6.996)	0.079*** (-8.347)	0.076*** (6.949)	-1.156*** (-6.103)	-0.096*** (-4.205)	-0.155*** (-6.026)	-0.068** (-2.953)	0.001 (0.958)	0.022 (0.734)	-0.027 (-1.004)	0.0191 (0.658)	1.236*** (65.558)	0.448*** (64.053)	0.460*** (66.948)	0.453*** (64.439)	1.227 (64.855)	1.236*** (65.952)	1.242*** (68.017)
R^2值	0.96	0.972	0.96	0.964	0.974	0.964	0.974	0.745	0.72	0.771	0.721	0.968	0.882	0.887	0.88	0.881	0.889	0.895
F	3927.947	3121.234	3280.166	3679.389	3051.691	3152.099	2863.094	400.982	353.104	462.623	355.821	2475.768	1032.056	1074.78	1005.27	1015.906	733.587	701.572

注：表中 * 为显著性水平，*** 为 $p<0.01$，** 为 $p<0.05$，* 为 $p<0.1$；$N=832$。

合作的交互项显著影响企业知识存量（$\beta=0.562$，$p<0.01$），说明产学研合作在人力资本海外背景与企业知识存量间起正向调节作用，假设 H_{3b-1} 得到支持。模型 25 显示专业水平与产学研合作的交互项对企业知识存量影响不显著（$p>0.1$），调节作用不显著，假设 H_{3c-1} 没有得到支持。模型 26 显示研发经验与产学研合作的交互项显著影响企业知识存量（$\beta=0.106$，$p<0.1$），说明产学研合作在人力资本专业水平与企业知识存量间起正向调节作用，假设 H_{3d-1} 得到支持。

表 4.13   知识存量层面调节效应检验

变量	知识存量								
	模型 19	模型 20	模型 21	模型 22	模型 23	模型 24	模型 25	模型 26	模型 27
学历水平	0.862 *** (48.955)				0.650 *** (16.387)				−0.140 (−1.179)
海外背景		0.649 *** (24.561)				0.274 *** (8.950)			0.022 (0.864)
专业水平			0.604 *** (21.816)				0.590 *** (18.174)		0.338 *** (11.314)
研发经验				0.847 *** (45.994)				0.734 *** (12.960)	0.217 (1.933)
产学研合作					0.030 (1.383)	−0.013 (−0.527)	0.024 (0.667)	0.108 *** (4.892)	0.000 (0.017)
产学研合作× 学历水平					0.238 *** (5.437)				0.673 *** (3.770)
产学研合作× 海外背景						0.562 *** (16.960)			0.016 (0.084)
产学研合作× 专业水平							0.009 (0.238)		−0.573 ** (−3.342)
产学研合作× 研发经验								0.106 * (1.772)	0.103 * (1.521)
R^2	0.743	0.421	0.362	0.718	0.762	0.591	0.365	0.736	0.806
F	2396.610	603.259	475.941	2115.422	882.271	398.482	158.794	769.615	379.055

注：表中 * 为显著性水平，*** 为 $p<0.01$，** 为 $p<0.05$，* 为 $p<0.1$；$N=832$。

将人力资本特性、产学研合作、交互项依次引入回归模型，研究产学研合作的作用效果。表 4.14 中模型 28～模型 31 分别验证了人力资本学历水平、海外背景、专业水平、研发经验对企业技术水平影响显著。模型 32 显示，学历水平与产学研合作的交互项显著影响企业技术水平（$\beta=-0.292$，$p>0.1$），调节作用不显著，假设 H_{3a-2} 没有得到支持。模型 33 显示海外背景与产学研合作的交互项显著影响企业技术水平（$\beta=$

－ 0.199，$p > 0.1$），调节作用不显著，假设 H_{3b-2} 没有得到支持。模型 34 显示专业水平与产学研合作的交互项显著影响企业技术水平（$\beta = 0.122$，$p < 0.01$），说明产学研合作在人力资本专业水平与企业技术水平间起正向调节作用，假设 H_{3c-2} 得到支持。模型 35 显示研发经验与产学研合作的交互项显著影响企业技术水平（$\beta = 0.503$，$p < 0.01$），说明产学研合作在人力资本专业水平与企业技术水平间起正向调节作用，假设 H_{3d-2} 得到支持。

表 4.14　　　　　　　　　　　　技术水平层面调节效应检验

变量	技术水平								
	模型 28	模型 29	模型 30	模型 31	模型 32	模型 33	模型 34	模型 35	模型 36
学历水平	0.510 *** (17.076)				0.750 *** (10.819)				0.558 ** (3.048)
海外背景		0.490 *** (16.173)			0.362 *** (8.785)				0.533 *** (13.637)
专业水平			0.301 *** (9.092)				0.354 *** (9.155)		－ 0.064 (－1.395)
研发经验				0.514 *** (17.274)				0.966 *** (10.374)	0.369 * (2.138)
知识存量					0.083 * (2.171)	－ 0.046 (－1.370)	0.028 (0.641)	0.116 ** (3.189)	0.621 *** (14.467)
产学研合作 × 学历水平						－ 0.292 (－1.821)			0.459 *** (16.794)
产学研合作 × 海外背景							－ 0.199 (1.452)		0.500 *** (19.206)
产学研合作 × 专业水平							0.122 ** (2.591)		0.307 *** (16.341)
产学研合作 × 研发经验								0.503 *** (5.127)	0.541 *** (19.135)
R^2	0.260	0.240	0.091	0.264	0.273	0.258	0.099	0.287	0.541
F	291.581	261.566	82.658	298.382	103.560	95.828	30.321	111.166	107.626

注：表中 * 为显著性水平，*** 为 $p < 0.01$，** 为 $p < 0.05$，* 为 $p < 0.1$；$N = 832$。

2. 技术合作调节效应检验

依据对知识存量、"知识存量—技术水平"链的中介效应检验结果，将知识存量、"知识存量—技术水平"作为中介变量，将技术合作作为调节变量引入有多步中介的调节效应检验模型进行分析。分析结果如表 4.15 所示。模型 37 显示将人力资本学历水平、技术合作以及二者的交互项引入模型后，交互项显著影响企业创新绩效（$\beta = 0.071$，$p < 0.01$），表示技术合作在学历水平与创新绩效间存在调节效应；模型 45 显示二者交互项

回归系数不显著（$p > 0.1$），模型49显示二者交互项回归系数显著（$p < 0.01$），表明技术水平在学历水平与创新绩效间存在中介效应，模型41显示技术水平以及学历水平与技术合作的交互项显著影响创新绩效（$p < 0.01$），表示技术合作通过技术水平影响创新绩效，结合上述分析表明存在单一中介变量的调节效应。技术合作对学历水平与创新绩效的总体间接调节效应为0.015，假设 H_{4a} 得到适度支持。

模型38显示将人力资本海外背景、技术合作以及二者的交互项引入模型后，交互项显著影响企业创新绩效（$\beta = 0.016$，$p < 0.1$），表示技术合作在海外背景与创新绩效间存在调节效应；模型46和模型51显示二者交互项回归系数显著（$p < 0.01$、$p < 0.1$），表明知识存量和技术水平在专业水平与创新绩效间存在中介效应，模型51显示知识存量显著影响技术水平（$\beta = 0.156$，$p < 0.01$）；模型42显示知识存量对创新绩效影响不显著（$p > 0.1$），技术水平以及专业水平与技术合作的交互项显著影响创新绩效（$p < 0.01$），表示技术合作通过技术水平影响创新绩效，结合上述分析表明存在单一中介变量的调节效应。技术合作对专业水平与创新绩效的总体间接调节效应为0.004，假设 H_{4b} 得到适度支持。

模型39显示将人力资本专业水平、技术合作以及二者的交互项引入模型后，交互项显著影响创新绩效（$\beta = 0.018$，$p < 0.1$），表示技术合作在专业水平与创新绩效间存在调节效应；模型47和模型51显示二者交互项回归系数显著（$p < 0.1$、$p < 0.05$），表明知识存量和技术水平在专业水平与创新绩效间存在中介效应，模型51显示知识存量显著影响技术水平（$\beta = 0.156$，$p < 0.01$），模型43显示技术水平以及研发经验与技术合作的交互项显著影响创新绩效（$p < 0.01$），表示技术合作通过知识存量、技术水平影响创新绩效，结合上述分析表明存在多重中介变量的调节效应。技术合作对专业水平与创新绩效的总体间接调节效应为0.011，假设 H_{4c} 得到支持。

模型40显示将人力资本研发经验、技术合作以及二者的交互项引入模型后，交互项显著影响企业创新绩效（$\beta = 0.05$，$p < 0.01$），表示技术合作在研发经验与创新绩效间存在调节效应；模型48和模型52显示二者交互项回归系数显著（$p < 0.01$），表明知识存量和技术水平在研发经验与创新绩效间存在中介效应，模型52显示知识存量显著影响技术水平（$\beta = 0.064$，$p < 0.01$）；模型44显示技术水平以及研发经验与技术合作的交互项显著影响创新绩效（$p < 0.01$），表示技术合作通过知识存量、技术水平影响创新绩效，结合上述分析表明存在多重中介变量的调节效应。技术合作对研发经验与创新绩效的总体间接调节效应为0.014，假设 H_{4d} 得到支持。

表4.15　技术合作调节效应

变量	创新绩效								知识存量				技术水平			
	模型37	模型38	模型39	模型40	模型41	模型42	模型43	模型44	模型45	模型46	模型47	模型48	模型49	模型50	模型51	模型52
学历水平	0.108** (−2.575)				0.187*** (4.511)				0.970*** (9.048)				−0.404*** (−5.451)			
海外背景		0.075*** (−6.999)				0.061*** (5.943)				0.653*** (24.902)				0.074*** (4.000)		
专业水平			−0.099*** (−11.97)				−0.018*** (−11.991)				0.284*** (13.266)				−0.158*** (−9.804)	
研发经验				0.958*** (−5.816)				0.979*** (6.510)				1.035* (2.315)				−0.282 (−0.975)
知识存量					−0.007 (−0.520)	0.007 (0.592)	0.081*** (6.294)	0.002 (0.163)					0.096*** (4.177)	0.063*** (2.794)	0.156*** (6.572)	0.064** (2.860)
技术水平					0.231*** (12.091)	0.177*** (9.302)	0.105*** (5.648)	0.198*** (10.820)								
技术合作	0.023* (−2.217)	−0.010 (−1.506)	−0.018 (−1.106)	0.001 (−0.080)	0.039*** (4.021)	−0.012* (−1.840)	−0.009 (−0.572)	0.002 (0.279)	−0.017 (−0.638)	0.013 (0.491)	−0.070 (−1.649)	0.017 (0.873)	−0.068*** (−3.853)	0.008 (0.648)	−0.067* (−2.302)	−0.010 (−0.826)
技术合作×学历水平	0.071*** (6.830)				0.046*** (4.111)				0.044 (1.538)				0.108*** (5.807)			
技术合作×海外背景		0.016** (2.465)				−0.016** (−2.465)				−0.104*** (−3.980)				0.029* (2.341)		
技术合作×专业水平			0.018* (1.995)				0.003 (0.203)				0.080* (1.972)				0.088* (3.033)	

续表

变量	创新绩效								知识存量				技术水平			
	模型37	模型38	模型39	模型40	模型41	模型42	模型43	模型44	模型45	模型46	模型47	模型48	模型49	模型50	模型51	模型52
技术合作×研发经费				0.05*** (7.072)				0.036*** (4.635)				0.005*** (2.254)				0.067*** (4.963)
企业规模	-0.071*** (-9.433)	-0.067*** (-9.019)	-0.041*** (-5.383)	-0.071*** (-9.554)	-0.070*** (-10.047)	-0.068*** (-9.597)	-0.037*** (-5.189)	-0.066*** (-9.695)	0.025 (1.311)	0.038 (1.885)	-0.059*** (-3.018)	0.035 (1.744)	-0.007 (-0.548)	0.001 (0.112)	0.044** (3.299)	-0.007 (-0.545)
企业年龄	-0.008 (-1.174)	-0.006 (-0.874)	0.004 (-0.615)	-0.008 (-1.138)	-0.017** (-2.554)	-0.013* (-9.597)	0.001 (0.166)	-0.014** (-2.097)	0.014 (0.785)	0.028 (1.446)	-0.011 (-0.619)	0.027 (1.418)	0.036** (2.990)	0.037** (2.979)	0.049*** (4.102)	0.034** (2.735)
项目经费	0.814*** (-19.33)	0.887*** (-67.922)	0.963*** (-92.441)	-0.033 (-0.200)	0.833*** (21.444)	0.966*** (51.796)	0.910*** (50.711)	-0.014 (-0.093)	-0.101 (-0.945)	0.789*** (22.282)	0.750*** (27.925)	-0.212 (-0.475)	-0.076 (-1.079)	-0.530*** (-18.343)	-0.523*** (-20.472)	-0.172 (-0.599)
研发强度	-0.020** (-2.879)	-0.021** (-3.093)	-0.016* (-2.405)	-0.020** (-2.868)	-0.013** (-2.055)	-0.016** (-2.371)	-0.016** (-2.642)	-0.015** (-2.426)	0.018 (1.030)	0.022 (1.196)	0.013 (0.777)	0.021 (1.116)	-0.030** (-2.613)	-0.034** (-2.862)	-0.023* (-1.970)	-0.032** (-2.647)
创新能力	0.080*** (-7.309)	0.068*** (-6.234)	0.095*** (-9.225)	0.077*** (-7.167)	-0.202*** (-7.930)	-0.147*** (-5.815)	-0.042* (-1.695)	-0.172*** (-7.118)	-0.005 (-0.161)	0.025 (0.858)	-0.026 (-0.994)	0.018 (0.627)	1.221*** (66.035)	1.210*** (63.758)	1.252*** (69.307)	1.216*** (64.365)
R^2值	0.961	0.962	0.966	0.962	0.967	0.966	0.971	0.969	0.746	0.720	0.772	0.722	0.890	0.884	0.894	0.884
F	3882.939	2604.346	2895.666	2617.267	2393.172	2312.063	2464.691	2318.288	361.464	265.190	348.055	266.686	737.200	697.986	769.579	698.763

注：表中 * 为显著性水平，*** 为 $p < 0.01$，** 为 $p < 0.05$，* 为 $p < 0.1$；$N = 832$。

4.5 实证结果汇总及分析

4.5.1 实证结果汇总

本书以河北省高新技术企业为研究样本，考虑创新时效滞后性，分别对 2014—2016 年共存的 503 家企业和 2016 年的 832 家企业进行实证研究，以验证理论假设是否得到支持。实证结果如表 4.16 所示。

表 4.16 实证检验结果

假设名称	假设内容	检验结果	
		2014—2016 年	2016 年
H_{1a}	企业人力资本学历水平越高，企业创新绩效越高	支持	支持
H_{1b}	企业海外背景人力资本越多，企业创新绩效越高	不支持	支持
H_{1c}	企业人力资本专业水平越高，企业创新绩效越高	不支持	不支持
H_{1d}	企业人力资本研发经验越丰富，企业创新绩效越高	支持	支持
H_{2a-1}	人力资本学历水平通过技术水平的中介效应影响企业创新绩效	支持	不支持
H_{2a-2}	人力资本学历水平通过"知识存量—技术水平"中介链影响企业创新绩效	支持	不支持
H_{2b-1}	人力资本海外背景通过技术水平的中介效应影响企业创新绩效	不支持	支持
H_{2b-2}	人力资本海外背景通过"知识存量—技术水平"中介链影响企业创新绩效	不支持	支持
H_{2c-1}	人力资本专业水平通过技术水平的中介效应影响企业创新绩效	支持	支持
H_{2c-2}	人力资本专业水平通过"知识存量—技术水平"中介链影响企业创新绩效	支持	不支持
H_{2d-1}	人力资本研发经验通过技术水平的中介效应影响企业创新绩效	支持	不支持
H_{2d-2}	人力资本研发经验通过"知识存量—技术水平"中介链影响企业创新绩效	支持	支持
H_{3a-1}	产学研合作在人力资本学历水平与知识存量间存在正向调节作用	支持	支持
H_{3a-2}	产学研合作在人力资本学历水平与技术水平间存在正向调节作用	不支持	不支持
H_{3b-1}	产学研合作在人力资本海外背景与知识存量间存在正向调节作用	支持	支持

假设名称	假设内容	检验结果	
		2014—2016 年	2016 年
H_{3b-2}	产学研合作在人力资本海外背景与技术水平间存在正向调节作用	不支持	不支持
H_{3c-1}	产学研合作在人力资本专业水平与知识存量间存在正向调节作用	支持	支持
H_{3c-2}	产学研合作在人力资本专业水平与技术水平间存在正向调节作用	支持	支持
H_{3d-1}	产学研合作在人力资本研发经验与知识存量间存在正向调节作用	支持	支持
H_{3d-2}	产学研合作在人力资本研发经验与技术水平间存在正向调节作用	支持	支持
H_{4a}	技术合作在人力资本学历水平与创新绩效间存在正向调节作用	支持	适度支持
H_{4b}	技术合作在人力资本海外背景与创新绩效间存在正向调节作用	支持	适度支持
H_{4c}	技术合作在人力资本专业水平与创新绩效间存在正向调节作用	支持	支持
H_{4d}	技术合作在人力资本研发经验与创新绩效间存在正向调节作用	支持	支持

4.5.2 人力资本特性与创新绩效关系分析

1. 人力资本学历水平与创新绩效关系分析

实证研究结果表明，无论是否考虑创新绩效的时间滞后性，在控制了企业规模、企业年龄、项目经费、研发强度、创新能力等因素后，高新技术企业人力资本学历水平对创新绩效均产生显著正向影响；从相关系数大小来看，2016 年人力资本学历水平对创新绩效的影响系数（0.354）小于2014—2016 年人力资本学历水平对创新绩效的影响系数（0.972），随着时间的增长，人力资本学历水平对创新绩效的影响越来越大。通过整理河北省高新技术企业原始数据我们发现，长期内，2014—2016 年河北省高新技术企业本科及以上学历人员分别为 66942 人、68262 人、69663 人，占从业人员总数比重分别为 22.3%、22.9%、23.1%，2014—2016 年河北省高新技术企业新产品销售收入分别为 18728983.19 万元、19400573.9 万元、22363365.69 万元，随着本科及以上学历人员数量逐渐增多，短期内，本科及以上学历人员数量较小的企业其创新绩效为 35.18 亿元，本科及以上学历人员数量较大的企业其创新绩效为 168.67 亿元，河北省高新技术企业总体人力资本学历水平逐渐升高，企业创新绩效也逐渐提升。

统计数据与实证结果均证实，企业创造新产品的能力与其人力资本学历水平息息相关。教育可以提高人力资本接受、破解和理解信息的能力，从而提高企业的人力资本，也就是说，人力资本学历越高越有可能获得比较优势，即稀缺的知识，越有意愿尝试并接受新的知识。在这种情况下，那些包括知识在内的独特、稀缺的资源，可以促使企业有效地生产、转化组织资源，对现有的知识进行转化并进入多元化的知识领域，进行产品和服务的转化和创新；同时拥有高学历的人力资本为企业提供了异质化知识和技术，从而对企业新产品和创新做出巨大贡献。

2. 人力资本海外背景与创新绩效关系分析

实证研究结果表明，在控制了企业规模、企业年龄、项目经费、研发强度、创新能力等因素后，短期内，企业人力资本海外背景对创新绩效产生显著正向影响，长期来看，影响不显著。通过整理河北省高新技术企业原始数据我们发现，长期内，2014—2016 年河北省高新技术企业海外留学归国人员分别为 473 人、529 人、397 人，占从业人员总数比重分别为 0.16%、0.18%、0.13%，2014—2016 年河北省高新技术企业新产品销售收入分别为 18728983.19 万元、19400573.9 万元、22363365.69 万元，企业创新绩效与海外留学归国人员数量并没有呈现一致的变化趋势；短期内，海外留学归国人员数量较小的企业其创新绩效为 68.54 亿元，海外留学归国人员数量较大的企业其创新绩效为 135.304 亿元，创新绩效随着海外留学归国人员数量增多而提升。

短期内，企业具有海外背景的人力资本之所以能够提升企业的创新绩效，主要是因为人力资本在海外留学，受到了国外大学的学术熏陶以及导师的严格训练，本身就具有较强的科研能力和创新能力，学术上有一定优势，并且一些海归博士掌握了一定的技术成果及专利产品，特别是在一些高科技领域（比如，通信集成电路、基因科技、生命工程等领域），掌握着与国际同步的科技成果，因此，拥有海外学习背景的人力资本往往能带回国际领先的高新技术或专利；同时，政府大力出台对海外人才的引才计划，从海外人才的生活、工作、创业等各方面予以照顾，为其提供良好的科研环境和充足的科研经费。尽管拥有海外留学背景的人力资本在技术能力、文化背景等方面具有显著优势，但同时也存在水土不服和缺乏工作经验等诸多障碍，这也就是为什么长期来看，人力资本海外背景对创新绩效的影响不显著。一方面，拥有海外背景的人力资本易陷入过分追求海外高端技术的陷阱（过度的探索活动对提升企业创新绩效没有益处），忽视与当地政府、供应商、竞争对手及科研机构建立联系，面临着缺乏本土关系网络的劣势，不利于获得当地非公开的宏观政策消息和当地政府为其提供的资助及订单支持，存在一定的资源约束。另一方面，相对于具有海外工作经验的人力资本而言，仅具有在海外学习背景的人力资本并不熟悉海外企业的运作模式，加上中国独特的文化体系与相对不完整的市场和制度环境，包括薄弱的知识产权保护和金融体系、不正当竞争等，无法将所学的专业技能完全运用到其所履职公司的实践中。

3. 人力资本专业水平与创新绩效关系分析

实证研究结果表明，无论是否考虑创新绩效的时间滞后性，在控制了企业规模、企业年龄、项目经费、研发强度、创新能力等因素后，高新技术企业人力资本专业水平对创新绩效均产生显著负向影响；通过整理河北省高新技术企业原始数据我们发现，长期内，2014—2016 年河北省高新技术企业拥有中级及以上职称人员数量分别为 28577 人、27138人、28622 人，占从业人员比重分别为 9.53%、9.35%、9.13%，2014—2016 年河北省高新技术企业新产品销售收入分别为 18728983.19万元、19400573.9 万元、22363365.69 万元；短期内，中级及以上职称人员数量较小的企业其创新绩效为 68.54 亿元，中级及以上职称人员数量较大的企业其创新绩效为 46.41 亿元，创新绩效随着中级及以上职称人员数量增多而降低。

从统计数据和实证结果来看，企业人力资本专业水平对创新绩效的影响为负向，知识存量和技术水平的连续中介效应为正向，这说明人力资本专业水平与创新绩效间不是简单的线性关系，而是一种复杂的多层面的非线性关系，二者具有相互冲突的演化逻辑，获得科学知识并不能保证一定会产生较高的创新绩效，而是需要一个转化过程。专业水平较高的人力资本转化科学研究成果的能力受到来自网络位置的影响。网络为企业的发展提供优势，结构洞即是一种存在于两个相互隔离的群体之间的网络结构，企业与不同的单位合作，从而产生结构洞。从河北省高新技术企业合作的现有状态来看，503 家研究企业中，有 425 家没有合作经费的支出，可见企业整体缺乏结构洞网络，其人力资本处于知识同质化水平较高的网络中，在面临知识和技术之间相互冲突的演化逻辑时，知识同质化劣势很可能导致无效的技术方案和较低的创造性。同时，专业水平较高的人力资本其探索性能力虽然较强，但是在创新的高风险下，一味追求探索对企业创新绩效没有益处。

4. 人力资本研发经验与创新绩效关系分析

实证研究结果表明，无论是否考虑创新绩效的时间滞后性，在控制了企业规模、企业年龄、项目经费、研发强度、创新能力等因素后，高新技术企业人力资本研发经验对创新绩效均产生显著正向影响；通过整理河北省高新技术企业原始数据我们发现，长期内，2014—2016 年河北省高新技术企业从事项目研究活动人员数量分别为 69061 人、71460 人、84869 人，占从业人员总数比重分别为 23.03%、24.05%、25.01%，2014—2016 年河北省高新技术企业新产品销售收入分别为 18728983.19 万元、19400573.9 万元、22363365.69 万元；短期内，从事项目研究活动人员数量较小的企业其创新绩效为 31.07 亿元，从事项目研究活动人员数量较大的企业其创新绩效为 172.78 亿元，创新绩效随着从事项目研究活动人员数量增多而提升。统计数据与实证结果均证实了人力资本研发经验对创新绩效的促进作用。

从现有理论研究可知，研发经验是企业人力资本学习的一个重要来源。通常有研发经验的人员对研发活动过程十分熟悉，这有利于他们在随后的研发活动中迅速采取相应行动，加快创新步伐。另外，研发经验带来了先前研发活动中学习到的知识和技能，它们可以被转移到新的研发活动中，在一定程度上可以帮助他们降低创新风险，从而帮助他们在创新的过程中顺利达到既定目标，提高创新绩效。同时，先前研发经验是评估和使用外部知识能力、开发和利用新市场机会能力的重要影响因素，它提高了人力资本认识新知识、学习并应用到新研发项目的能力，规避了研发创新活动中常见的风险。而且研发经验将团队与其他科研机构、大学、企业、政府联系起来，构建知识、技术合作、转移关系网。从组织学习理论角度来看，知识技术交流是驱动组织学习过程的重要机制。新的研发活动利用网络关系交换和获取显性知识和隐性知识，有利于在未来研发活动中获得外部知识与技术支持，更加有效地配置资源，完成创新转化。

4.5.3 知识存量与技术水平的中介作用分析

1. 长期中介作用分析

本研究验证了 2014—2016 年河北省高新技术企业技术水平、"知识存量—技术水平"链在人力资本特性与创新绩效之间的中介效应，如图 4.2 所示。企业技术水平、"知识存量—技术水平"链在人力资本学历水平与创新绩效之间的中介效应显著，2014—2016 年的实证研究结果显示，企业的知识存量与技术水平在学历水平与创新绩效间的总体中介效应为 0.63（0.655×0.573 + 0.808×0.550×0.573），技术水平的特定中介效应为 0.375（0.655×0.573），占总效应的 59.5%，知识存量和技术水平的连续中介效应为 0.255，占总效应的 40.5%。企业技术水平、"知识存量—

技术水平"链在人力资本海外背景与创新绩效之间的中介效应不显著。企业技术水平、"知识存量—技术水平"链在人力资本专业水平与创新绩效之间的中介效应显著，2014—2106年的实证结果显示，企业的知识存量与技术水平在专业水平与创新绩效间的总体中介效应为0.116（0.358 × 0.232 × 0.564 + 0.122 × 0.564），技术水平的特定中介效应为0.069（0.122 × 0.564），占总效应的59.32%，知识存量和技术水平的连续中介效应为0.047（0.358 × 0.232 × 0.564），占总效应的40.68%。企业技术水平、"知识存量—技术水平"链在人力资本研发经验与创新绩效之间的中介效应显著，2014—2016年的实证结果显示，企业的知识存量与技术水平在研发经验与创新绩效间的总体中介效应为0.039（0.107 × 0.232 × 0.564 + 0.044 × 0.564），技术水平的特定中介效应为0.025（0.044 × 0.564），占总效应的64.1%，知识存量和技术水平的连续中介效应为0.014（0.107 × 0.232 × 0.564），占总效应的35.9%。

人力资本学历水平越高，其认知能力、学习能力越强，人力资本专业水平越高，其对新知识的消化吸收能力越强，人力资本研发经验越多，员工的知识链越丰富，知识储备越多。由学历水平、研发经验代表的人力资本特性越强，其拥有更多的知识积累，能够配置知识资源，带动知识溢出，人力资本拥有的专业知识是技术创新行为顺利实施的保证，有助于产生新技术，加速新产品开发的步伐，从而提升企业创新绩效；然而在创新的高风险下，专业水平较高的人力资本一味追求探索对企业创新绩效没有益处，因而通过中介效应抑制了创新绩效的提高。

就对比中介效应而言，技术水平的特定中介效应与知识存量和技术水平的连续中介效应之间的差异显著，也就是说，知识存量和技术水平相结合产生的中介效应弱于技术水平的特定中介效应。究其原因，本书所述企业的知识存量为企业发表的科技论文，是一种探索性科学知识学习的结果，体现企业理解研究相关的学术信息；企业的技术水平为企业申请发明专利，体现企业开发性科学知识学习结果，体现企业在技术创新过程中应用的科学知识。与开发性学习的成果相比，探索性学习的收益具有更高的不确定性，从组织流程层面来看距离创新活动也更遥远；另外，企业科学活动对其创新绩效的推动作用不是立即显现的，相对于技术活动而言，企业需要更多的内部能力从科学活动中获取收益。以上表明，知识存量、技术水平是人力资本特性影响创新绩效的重要中介变量。

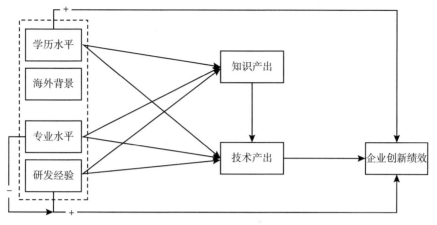

图 4.2 知识存量与技术水平的长期中介作用

2. 短期中介作用分析

本研究证实了 2016 年河北省高新技术企业技术水平、"知识存量—技术水平"链在人力资本特性与创新绩效之间的中介效应，如图 4.3 所示。企业技术水平、"知识存量—技术水平"链在人力资本学历水平与创新绩效之间的中介效应不显著。企业技术水平、"知识存量—技术水平"链在人力资本海外背景与创新绩效之间的中介效应显著。2016 年的实证结果显示，企业的知识存量与技术水平在海外背景与创新绩效间的总体中介效应为 0.038（$0.215 \times 0.121 + 0.649 \times 0.163 \times 0.121$），技术水平的特定中介效应为 0.026（$0.215 \times 0.121$），占总效应的 68.4%，知识存量和技术水平的连续中介效应为 0.012，占总效应的 31.6%。企业技术水平在人力资本专业水平与创新绩效之间的中介效应显著（0.015），"知识存量—技术水平"链在人力资本专业水平与创新绩效之间的中介效应不显著。企业技术水平在人力资本研发经验与创新绩效之间的中介效应不显著，仅存在"知识存量—技术水平"链的连续中介效应。由于时间滞后性，短期内，企业的科技论文和申请专利无法完全转化，导致技术水平、"知识存量—技术水平"链的中介效应没有成立；人力资本专业水平仅通过技术水平的特定中介效应影响创新绩效，人力资本研发经验无法直接通过技术水平影响创新绩效，而是通过知识存量与技术水平的连续中介作用产生影响，究其原因，专业水平高的人力资本其专业知识积累丰富，而先前研发经验无法满足新研发活动所需的知识，因此需要进一步学习整合外部知识，学习新技术，以提高企业创新绩效。

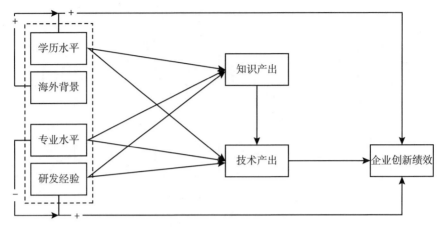

图 4.3　知识存量与技术水平的短期中介作用

4.5.4　产学研合作调节作用的实证结果分析

实证研究结果表明：（1）无论是否考虑时间滞后性，产学研合作对人力资本学历水平与知识存量的关系均起正向调节作用，对人力资本学历水平与技术水平间关系的调节作用不显著；（2）无论是否考虑时间滞后性，产学研合作对人力资本海外背景与知识存量的关系均起正向调节作用，对人力资本海外背景与技术水平间关系的调节作用不显著；（3）无论是否考虑时间滞后性，产学研合作对人力资本研发经验与知识存量、技术水平的关系均起正向调节作用；（4）无论是否考虑时间滞后性，产学研合作对人力资本专业水平与知识存量、技术水平的关系均起正向调节作用。

从实证结果来看，产学研合作对大部分人力资本特性与知识存量、技术水平的关系起正向调节作用。在与大学或科研机构进行产学研合作的过程中，企业可以获得对科学原理更深刻的理解并为其技术搜索提供地图指导，还能获取隐性前沿科学知识，此外，产学研合作还能培养企业潜在的吸收能力。而在与大学合作进行技术发明的过程中，企业可以获得基于科学原理的问题解决方案，还能增强其现实的吸收能力。尽管如此，优秀的科学研究和先进的技术创新遵循不同的演化逻辑，企业从产学合作中获取的科学知识并不能直接作用于创新。高学历、海外背景的人力资本倾向于产学科学合作，通常以共同发表论文的形式，是一种探索性科学知识学习过程；专业水平高、富有研发经验的人力资本更倾向于产学技术合作，通常以共同申请发明专利的形式，是一种开发性科学知识的学习过程，帮助企业在创新的过程中应用科学知识，这也就解释了假设 H_{3a}、H_{3b} 中为什么产学研合作对知识存量调节效应显著，而对技术水平的调节效应不显著。

4.5.5 技术合作调节作用的实证结果分析

实证研究结果表明：（1）考虑时间滞后性，短期内，技术合作通过单一中介变量（技术水平）对人力资本学历水平与创新绩效间的关系起正向调节作用，长期来看，技术合作通过多重中介对人力资本学历水平与创新绩效间的关系起正向调节作用；（2）考虑时间滞后性，短期内，技术合作通过单一中介变量（技术水平）对人力资本海外背景与创新绩效间的关系起正向调节作用，长期来看，技术合作通过多重中介对人力资本海外背景与创新绩效间的关系起正向调节作用；（3）考虑时间滞后性，短期内，技术合作对人力资本专业水平与创新绩效间的关系的调节效应不显著，长期来看，技术合作通过多重中介对人力资本专业水平与创新绩效间的关系起正向调节作用；（4）无论是否考虑时间滞后性，技术合作通过多重中介对人力资本研发经验与创新绩效间的关系均起正向调节作用。

技术合作是企业学习开发性知识的过程，通过技术合作有助于企业获得外部新知识和技术，并将其应用于下游技术创新的过程中，有效提高企业创新绩效。基于 Pisano 的知识权变理论，企业在进行技术合作时，必须结合自身知识基础，充分考虑其结构特征，如知识基础广度和深度。不同的知识基础结构会影响技术合作的调节作用。高学历、拥有海外背景的人力资本本身知识基础广度高，即掌握的知识元素数量大，短期内，企业的技术合作更倾向于运用内部知识、采用外部技术挖掘方式快速有效地组织知识元素，创造出新产品或者新技术。这也就是为什么短期内技术合作通过单一中介变量（技术水平）起到调节作用，随着时间的增长，实现知识跨企业流动与扩散，企业人力资本学习并吸收新知识，技术合作则通过多重中介起到调节作用。而专业水平高、富有研发经验的人力资本本身知识基础深度高，他们通过长时间学习特定领域的技术后，深入认识并理解了该领域的知识以及知识之间的相互依赖关系，但是知识、技术相对同质且单一，企业通过技术合作可以带来全新的知识资源，增加潜在知识元素组合，从而有效促进企业技术创新，提高技术水平，进而提高企业创新绩效，技术合作则通过多重中介起到调节作用。

4.6 本章研究结论与启示

4.6.1 本章结论

基于人力资本特性与创新绩效之间的关系，本书从人力资本学历水平、海外背景、专业水平、研发经验四个方面研究了人力资本特性对创新绩效的影响以及企业的知识存量、技术水平在其中发生作用的中介机制。最后，基于企业的产学研合作、技术合作现状，分析了产学研合作与技术合作对人力资本与创新绩效作用机制的调节作用。主要结论如下：

（1）无论是否考虑时间滞后性，人力资本学历水平对创新绩效具有显著正向影响，且随着时间的增长，影响增大。短期内，企业的知识存量与技术水平的多重中介作用不显著，随着时间的增长，中介效应显著；且知识存量和技术水平相结合产生的中介效应弱于技术水平的特定中介效应。

（2）短期内，人力资本海外背景对创新绩效具有显著正向影响，企业的知识存量与技术水平的多重中介作用显著，知识存量和技术水平相结合产生的中介效应弱于技术水平的特定中介效应；随着时间的增长，人力资本海外背景对创新绩效作用不显著，企业的知识存量与技术水平的多重中介作用不显著。

（3）无论是否考虑时间滞后性，人力资本专业水平对创新绩效有显著负向影响，企业技术水平的特定中介效应显著。短期内，知识存量和技术水平的连续中介效应不显著，随着时间的增长，中介效应显著。

（4）无论是否考虑时间滞后性，人力资本研发经验对创新绩效有显著正向影响，且随着时间的增长，影响减弱。知识存量和技术水平的连续中介效应显著，短期内，技术水平的特定中介效应不显著，随着时间的增长，中介效应显著。

（5）无论是否考虑时间滞后性，产学研合作对人力资本学历水平、海外背景、专业水平、研发经验与知识存量的关系间起正向调节作用；产学研合作对人力资本学历水平、海外背景与技术水平间的关系的调节作用不显著，对人力资本专业水平、研发经验与技术水平间的关系起正向调节作用。

（6）短期内，技术合作通过单一中介变量（技术水平）对人力资本学历水平、海外背景与创新绩效间的关系起正向调节作用，通过多重中介对人力资本研发经验与创新绩效间的关系起正向调节作用，对人力资本专业水平与创新绩效间的关系的调节作用不显著。随着时间的增长，技术合作通过多重中介对人力资本学历水平、海外背景、专业水平、研发经验与创新绩效间的关系起正向调节作用。

4.6.2 实践启示

本书研究结论不仅在理论上完善了人力资本特性对创新绩效的作用机制，而且在实践中也具有十分重要的实践启示。

1. 完善人才引进机制、引导员工在职学习，以提高企业人力资本学历水平

实证研究结果表明，学历水平对创新绩效产生显著正向影响，企业对高学历人员的引进可以给予更完善的政策，尤其是对于技术人员应给予更好的研究平台与充足的科研基金；同时对企业自身的员工实施科学的内部培训，鼓励引导员工申请在职学习，与相关科研组织联合培养高水平人员；并为企业员工创造优越的工作环境和创新所需要的相关设备条件等。

2. 以恰当的方式嵌入本土关系网络中，为海外留学归国人力资本建立完备的创新环境

实证研究结果表明，海外留学归国人员短期内对创新绩效有显著正向影响，但由于其缺乏与本土关系网络的连接发展，限制了其对企业创新绩效的作用。企业在嵌入本土关系网络后，要力争不断提高其网络中心度以获取更多优质资源，帮助海外留学归国人员克服本土障碍。

3. 扩大企业技术合作网络，增强专业人力资本环境的异质性

实证研究结果表明，人力资本专业水平对创新绩效的影响不是简单的线性关系，在技术合作的影响下，二者具有冲突的演化逻辑。技术合作能够从合作方获得重要的互补知识，增强企业高级人力资本所处环境的异质性，通过其将新知识与原有知识结合，以提高企业创新绩效。

4. 针对人力资本的先前研发经验，鼓励员工进行知识分享

通过开发设计不同的知识管理策略或者对员工实施不同的知识分享激励政策，引导和激励研发经验丰富的员工进行知识分享，增强企业员工的知识分享意愿，提高企业人力资本在创新过程中规避风险的能力，顺利开展企业新研发活动。

5. 完善企业内部研发环境的同时，还应该注重外部合作

实证研究结果表明，产学研合作对人力资本特性影响企业知识和技术

有显著影响，技术合作对人力资本特性影响企业创新绩效有显著影响，可见，企业在保证内部人力资本投入，建立完善的创新环境、体系的同时，还应该积极有效地整合外部资源，积极寻求与高等院校、研发机构、企业更为深入的研发合作。知识理论指出，企业只有将新知识与原有知识进行整合重组，才能进行技术创新。

第 5 章　企业资金来源对高新技术企业创新驱动机制研究

5.1　企业资金来源种类与研究理论基础

高新技术企业所从事的科技创新活动是一项高投入、高风险、高收益的探索性活动。无论是基础研究、应用研究还是试验发展，从研发投入到科技成果转化，整个过程都需要大量的资金作为后盾。充足的资金支持是企业创新活动得以顺利开展的前提和保障，对高新技术企业可持续发展起着至关重要的作用。本章从高新技术企业资本从何而来的角度，将高新技术企业资本划分为实收资本、债务资本、财政补贴、风险资本，以此来探析高新技术企业各种资本来源与企业的相互关系，并将四类资本来源与高新技术企业置于一个研究框架内进行分析，为下文分析高新技术企业资本来源与创新绩效间的作用机制奠定坚实基础。

5.1.1　高新技术企业资本来源

本章将高新技术企业资本来源分为实收资本、债务资本、财政补贴、风险资本，并将四类资本来源与高新技术企业置于一个研究框架内进行分析，从上述四个渠道来探析高新技术企业各种资本来源与企业的相互关系。在此基础上，绘制了高新技术企业资本来源汇总图，如图5.1所示。

图5.1明确了高新技术企业四类资本来源，以及各自与高新技术企业之间的影响过程。同时，图5.1也梳理了各类资本间的相互关系。具体来看：首先，财政补贴可以提高企业利润，而某些企业可能会将部分利润用于弥补寻租成本，以维持与政府的寻租关系，换取财政补贴。其次，鉴于债券融资具有期限性，企业可能会将财政补贴用于偿债，避免资金链断裂，维持企业正常运转。再次，风险投资机构看中的是企业高收益的潜力，

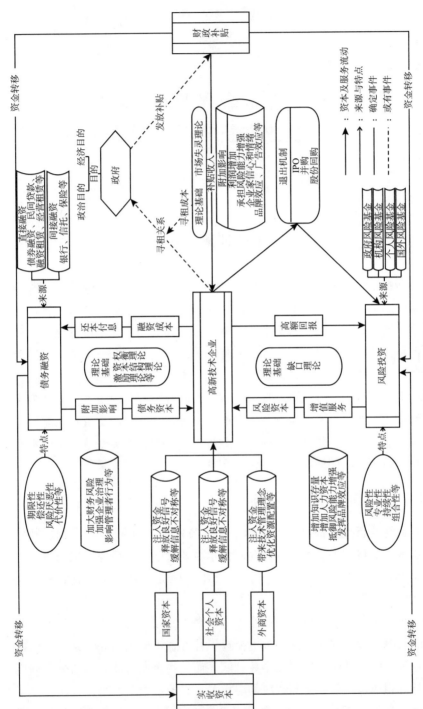

图 5.1 高新技术企业资本来源汇总

一旦 R&D 无法按期进行，抑或创新收益无法弥补 R&D 成本，企业将会面临偿还风险投资机构巨额回报的困境。而财政补贴无偿性的特点，使得企业可以将财政补贴用于弥补风险资本所带来的缺口以及帮助企业定期偿还债务。将与债权人的债权债务关系转变为与金融资产控股公司的控股与被控股关系，债转股之后，原来的还本付息变为按股分红，这是两种资本来源间的另一种资金转移形式。最后，高新技术企业一旦上市，风险投资机构会通过第三方机构分散股权，顺利退出以获取高额回报，形成实收资本与风险投资机构之间的资本转移。

5.1.2 高新技术企业资本来源对创新绩效的作用机理分析

1. 高新技术企业实收资本

高新技术企业的实收资本（paid-in capital）是指企业实际投入的资本（或股本）总额，包括货币、实物、无形资产等各种形式的投入。本书将高新技术企业实收资本归为三类：社会个人资本、国家资本、外商资本（见图 5.2）。值得注意的是，由于实收资本可能涵盖风险投资机构注入的风险资本，因此本书采取的实收资本数据，是社会个人资本、国家资本、外商资本总和减去风险资本之后的结果。

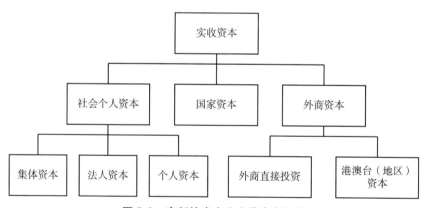

图 5.2　高新技术企业实收资本构成

在产业结构转型升级的背景下，企业创新能力不足，信息不对称等问题普遍存在，严重制约了我国创新驱动发展战略的实施和创新型国家的建设。作为政府扶持高新技术企业提高创新能力的重要方式，国家资本可以为企业注入更多资金，弥补 R&D 成本。同时，国家资本还可以向外部释放企业创新能力的信号，为企业吸引更多资金支持，有效缓解企业与外部投资者之间的信息不对称问题[154]。

社会个人资本中的集体资本是指由本企业职工等自然人集体投资或各种机构对企业进行扶持形成的集体性质的资本金；法人资本是法人个别资本融合的产物，是一种新型社会资本；个人资本是指本企业内部职工以自然人的身份将其合法财产投入企业形成的资本金。这三种资本大都来源于企业内部，根据企业风险管理理论（enterprise risk management theory），其融资成本低且约束小，可以避免偿还本金以及高额的利息支出的压力，规避财务风险和企业破产的风险。另外，科技活动投入具有高风险的特点，新产品的外部性制约着管理者对科技项目的投资，而社会个人资本可以有效避免创新的溢出性，符合企业管理者倾向保密的心理，从而引导企业将充足资金投入科技活动领域。

外商资本是指外国的公司、企业、其他经济组织或者个人依照我国法律规定，在我国境内进行私人直接投资的资本。外商资本既包括外国投资者向中国境内企业，或以购买人民币特种股票形式向中国企业实际投入的资本金，即外商直接投资（FDI）；也包括我国香港、澳门和台湾地区投资者实际投入企业的资本金，即港澳台资本。一方面，无论是在前期 R&D 投入阶段，还是在后期科技成果转化时期，外商资本都可以为高新技术企业注入资金，有效缓解融资难题，是高新技术企业资本的一项重要来源。另一方面，外商通常以设备合资、技术入股的方式进入，既可以为企业带来国外先进管理理念，也可以提供技术支持，对企业资本、技术以及管理能力的提升都有巨大帮助。此外，外商资本作为一种国际资本流动形式，与股权融资、债务融资等形式不同，它不会进入东道国的金融中介系统，却可以为实现资本优化配置另辟蹊径，有助于东道国企业创新能力的提升[155]。

综上所述，高新技术企业实收资本与企业的关系如图 5.3 所示。

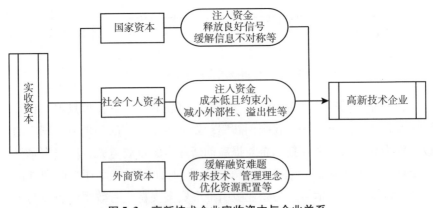

图 5.3 高新技术企业实收资本与企业关系

2. 高新技术企业债务资本

债务资本（debt capital）是高新技术企业资本的另一项重要来源。高新技术企业的债务资本是指企业从银行、证券市场、企业、民间以借款方式融入的资本，同时承担还本付息的义务。债务融资作为高新技术企业筹集资金的一种重要方式，可以根据其来源分为直接融资和间接融资。前者包括债券融资、民间融资、融资租赁、经营租赁等形式；后者包括从银行、信托、保险等金融机构进行的融资。

债务资本具有期限性、偿还性、风险厌恶性和代价性等特点。具体而言：首先，与实收资本不同，债务融资具有期限性，只能在特定时期内使用；其次，与政府财政补贴不同，债务融资不是一种转移支付，需要期满还本付息；再次，与风险资本不同，债权人更多表现出风险厌恶，即使有高收益的可能，考虑到收益与风险不相匹配以及无形资产的担保价值低等因素，债权人不愿意对高新技术企业 R&D 项目放贷；最后，债务融资所带来的较高的融资成本会挤占企业 R&D 创新的现金流。

除了上述特性之外，债权人在向企业提供债务资本时，还会无形之中给企业带来附加影响。权衡理论（trade-off theory）认为，过高的债务融资会使企业面临财务困境，增加企业财务风险，而财务风险与科技活动投入与生俱有的经营风险双重加大，会给企业现金流带来乘数级的负面效应，进而增加企业破产风险，导致企业 R&D 人员的积极性下降。此外，债权人对资金的管控与约束较大，管理者自由发挥的空间变小，影响投资项目的选择，不利于其释放创新活力[87]。资本结构理论（capital structure theory）认为，适当的债务资本可以降低融资成本，增加企业价值和股东权益价值，有利于企业加强治理，减少信息不对称带来的风险。激励理论（incentive theory）提出，管理者的行为及努力程度很大程度上受债务融资影响。企业在进行债务融资时，管理者会考虑企业现金流情况，选取保守的投资策略以保证按时还本付息，使企业正常运营下去，避免破产危机。

综上所述，高新技术企业债务融资与企业的关系如图 5.4 所示。

3. 高新技术企业财政补贴

著名经济学家庇古（1920）认为，财政补贴（fiscal subsidy）具有修正性，可以纠正企业成本或收益的偏离，消除创新的外部性，避免市场失灵，鼓励企业投资于风险项目。中国经济进入新常态，在经济转型升级过程中，不仅需要市场、企业、高校等多个主体协同发展，更需要政府宏观调控。改革开放四十年来的经验证明，政府的宏观调控政策是我国经济发展强有力的风向标。政府补贴作为宏观调控的一种重要工具，在促进高新

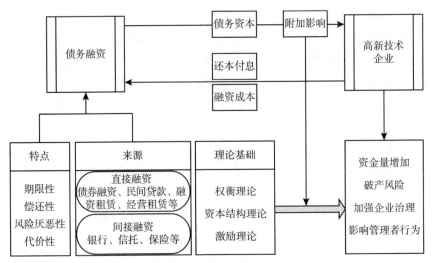

图 5.4　高新技术企业债务融资与企业关系

技术企业发展的过程中起着举足轻重的作用。国家为了提高高新技术企业的创新绩效，出台了包括直接资金补贴和间接税收减免在内的一系列优惠政策。值得注意的是，本书所提到的财政补贴是指企业直接从政府处收到的补贴收入，并不包括间接税收减免。

从政府角度来看，制定财政补贴政策的目的在于两个方面：政治目的和经济目的。首先，出于政治考虑，在国家创新驱动发展战略的号召下，各地高新技术企业蓬勃发展，企业规模明显扩大，企业数量明显增加。各地政府纷纷加大对高新技术企业的扶持力度，尤其是在高新技术企业出现亏损的情况下，会通过一系列诸如广告宣传、品牌补贴的措施保证企业正常运转，提高其运营能力。此外，高新技术企业还会创造就业机会，缓解当地就业压力，维持社会稳定。其次，对于经济而言，地方政府会通过减少短期内预算资金而加大对高新技术企业的资金补助，释放良好信号，将社会资源向高新技术企业转移，有利于企业整合资源加大科技活动投入，提高创新绩效，获得良好收益。同时，也能为政府带来更多财政收入，提高地方 GDP 和区域创新能力，促进区域经济快速发展。

从高新技术企业的角度来看，财政补贴是一种资金的无偿转移，不仅会给企业带来财政补贴，充实资金量，缓解融资难题，而且无形之中可以增强企业家信心，提高企业风险承担能力。此外，财政补贴还可以为高新技术企业带来广告效应，向外界释放投资信号，鼓励社会资源积极向企业转移，有利于企业优化资源配置，加大科技活动投入，提高创新绩效。

不可回避的是，部分高新技术企业为了套取财政补贴，会与政府建立某种寻租（rent-seeking）关系。通过施莱费尔和维什尼[156]对美国的企业分析，以及余明桂、回雅甫、潘红波[157]对中国民营企业的分析均发现，寻租已经是现代企业获取政府财政补贴的一个重要手段。而建立寻租关系需要寻租成本，这部分资金大多来源于企业非生产性支出。只要企业利润可以弥补寻租成本，企业就更愿意利用投资与寻租关系[158]。财政补贴可以增加企业利润，企业利润可以弥补寻租成本，寻租成本维持寻租关系，而寻租关系又可以为企业带来财政补贴，这样就在企业中形成了一个"资金环"。不可否认，不是每个高新技术企业都会如此，但是这个"资金环"确实存在于某些企业当中。

综上所述，高新技术企业财政补贴与企业的关系如图 5.5 所示。

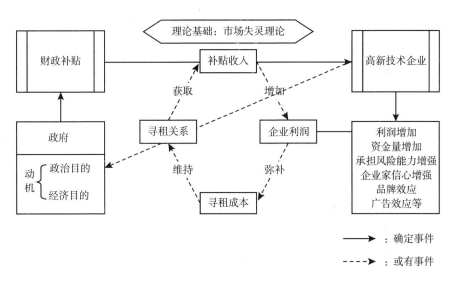

图 5.5　高新技术企业财政补贴与企业关系

4. 高新技术企业风险资本

从高新技术企业的角度来看：（1）高新技术企业具有高投入性。从高新技术企业将新想法付诸实践，到加大科技活动投入研发出新产品、新工艺或新服务，再到将新产品、新工艺或新服务投向市场，整个过程都需要资金作为坚实后盾。高新技术企业创新成果大都是无形资产，使得高新技术企业难以通过债务融资获得足够资金支持，而风险投资机构可以利用其庞大的社会关系网络以及较大的社会影响力来为企业吸引更多的融资，恰好解决了高新技术企业的融资难题。风险资本同时带来的竞争与示范效应、劳动力溢出效应、技术溢出效应也可以为企业吸引更多资金注入。

（2）与传统的股权融资和债务融资不同，风险资本在注入资金的同时，还会在创新战略导向、企业治理结构、人力资源分配等多方面为企业提供增值服务。例如，风险投资机构能为企业提供具有专业知识的管理者，可以帮助企业根据市场情况适时改变经营策略，以及人力、财力资源分配，抑或调整创新战略，抢占市场先机。这些附加服务可以对 R&D 资金的使用起到监督和治理作用，促进企业加大科技活动投入，提高企业创新绩效。

从风险投资机构的角度来看：（1）风险资本是一种预期资本，即预期能获得超额回报的资本。然而资本本身不能自发创造价值，需要通过投资的方式以弥补其功能性缺口。在选择配对对象时，风险投资机构会依据对方特点，选择能够带来高收益的对象进行投资，而高新技术企业正好满足该条件。（2）高新技术企业具有高收益性，为风险投资机构的介入提供了契机。高新技术企业研发的专利、新产品、新工艺或新服务一旦被市场认可，就会带来巨额收益，不仅能弥补 R&D 成本，还会为下轮融资释放良好信号，激励企业加大科技活动投入，形成良性循环。（3）作为机构投资者，风险投资在资金、信息、服务方面具有独特的优势。投资者可借助于资金优势对企业进行规模化投资，而且创新活动周期长、回报高的特点与风险投资者的利益诉求正相契合，有动力促进企业科技活动投入并对企业创新策略产生积极影响，实现企业资本的滚动增值和循环周转。

综上所述，高新技术企业风险资本与企业的关系如图5.6所示。

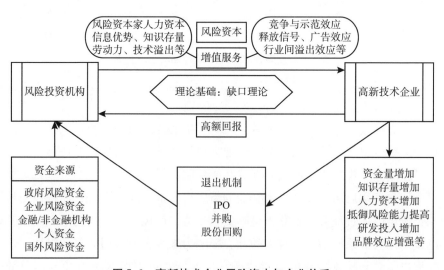

图5.6　高新技术企业风险资本与企业关系

5.1.3　科技活动投入的中介作用

1. 科技活动投入对资本来源和创新绩效的中介作用

综观有关企业资本和企业创新绩效的已有文献，大部分研究将"资本来源"到"创新绩效"的中间过程视作"黑箱"，忽视了资本来源对企业创新绩效提高过程的影响，这不利于深入理解资本来源与创新绩效的作用机制。有研究关注不同来源金融资本对企业 R&D 投入的影响，也有研究关注 R&D 投入对创新绩效的影响，但未有将企业科技活动投入作为资本来源对创新绩效产生影响的传导机制。沿着现有研究的主流脉络，同时考虑到"双创"背景下越来越多的资本流向科技活动领域，本书认为，企业科技活动投入是资本来源对创新绩效发生作用的中介机制。换言之，科技活动投入在资本来源影响创新绩效中起中介作用。

对科技活动投入影响创新绩效的研究可以追溯到 20 世纪 60 年代。经济合作与发展组织在 1964 年发布的第一版《弗拉斯卡蒂手册》（Frascati Manual，以下简称《手册》）中就指出，R&D 投入在增加知识存量、应对全球挑战、提高社会整体福利中的作用越来越显著。随着《手册》逐步完善，2015 年出版的第七版《手册》更加深化了该认识，认为"R&D 经费数据业已成为政府管理决策不可或缺的依据资料，同时也是评价政策的重要工具"[159]。谢雷尔经过研究发现，美国企业特别是技术公司的科技活动投入可以显著提高其创新绩效[160]。王红霞、高山行利用结构方程模型分析了 226 家在华跨国企业的调研结果，指出科技活动投入是提高企业技术创新的必要条件，科技活动投入对创新绩效的提高起着促进作用[161]。冯文娜经过实证分析研究，发现较高的 R&D 资金投入不仅有利于提高企业的新产品产出，而且对于专利产出也具有明显促进作用，与企业整体创新绩效显著正相关[33]。综合之前学者的研究可以得出，高水平的科技活动投入，有利于企业取得更好的创新绩效。

本书将科技活动投入分为科技活动内部投入和科技活动外部投入。（1）科技活动内部投入可以通过投资科技活动人员、增加 R&D 项目经费、设立科技机构场所、获取和改造技术等形式，来提高企业的创新绩效。首先，对 R&D 人员的投资可以通过两种形式来实现：加强对现有人员的专业技术能力培训，积极引进经验丰富的高层次 R&D 人员[162]。这两种形式的投资均有助于积累企业的知识资产，这些知识资产对于提高企业创新绩效至关重要。其次，充足的科技活动投入可以保证 R&D 项目顺利进行，有利于实现差异化科技项目资助，是提高企业创新绩效的关键性投入。再次，设立科研机构场所，可以为企业开展 R&D 创新提供必备的场所和良好的条件，有利于激发科研人员的创新积极性，对提高企业创新绩效具有显著促进作用。最后，获取和改造技术有利于模仿创新，形成新的技术优势，提高创新绩效。（2）科技活动外部投入致力于委托大学、研究院所等其他单位开展 R&D 活动，或与其他单位开展科技活动合作，进而提高企业创新绩效。科技活动外部投入在一定程度上反映了特定时期、特定区域内产学研合作能力。产学研合作过程中的多方互补性可以为创新提供重要的知识来源[163]。企业可以在此过程中与外部科研单位建立良好的合作关系，从合作伙伴处获得更多的互补性知识，扩充现有的外部创新资源，弥补自身资源不足。科技活动外部投入可以促进企业开展更多探索性创新活动，有利于企业改善外部创新环境，提高内部创新效率，从而提高企业的整体创新绩效。

其结果是，随着企业科技活动投入的增加，创造的新工艺、新产品、新服务以及开辟的新市场会随之增多，促使高新技术企业在占据市场优势地位或者拥有有价值的稀有资源、获得有利竞争环境方面，形成一定的垄断优势，为企业带来丰厚回报，进而提高企业经济创新绩效。同时，科技活动投入可以增强企业创造知识、吸收先进水平的能力，促成企业技术外溢，提高专利质量，为企业提高技术创新绩效奠定基础。

2. 科技活动投入对实收资本和创新绩效的中介作用

作为政府扶持高新技术企业提高创新能力的重要方式，国家资本可以为企业注入更多资金，弥补 R&D 成本，促进企业加大科技活动投入。社会个人资本还可以有效避免创新的溢出性，符合企业管理者倾向保密的心理，从而引导企业将充足资金投入科技活动中。外商资本除了可以为高新技术企业注入资本，有效缓解融资难题外，其溢出的新知识、新技术还可以为国内企业提供较好的学习平台，有利于刺激本土企业加大科技活动投入，尽快提高创新绩效，实现赶超甚至超越。通过分析可以发现，实收资本能够激励企业更有效地加大科技活动投入力度，提高企业吸收现有知识与信息的能力，带动企业新产品销售额增加，促成企业形成技术壁垒，进而促使企业提高创新绩效。据此，本书提出如下假设。

H_{a1}：企业科技活动投入（科技活动内部投入和科技活动外部投入）在实收资本与经济创新绩效之间起中介作用；

H_{a2}：企业科技活动投入（科技活动内部投入和科技活动外部投入）在实收资本与技术创新绩效之间起中介作用。

3. 科技活动投入对债务资本和创新绩效的中介作用

如前文所述，较高的债务融资水平会给企业带来较大的还本付息压力，挤占企业科技活动投入的现金流，导致企业难以向科技活动领域投入足够的资本。资金链一旦断裂，企业将会面临破产之灾。潜在的财务风险和技术创新的不确定性会禁锢企业管理人员的发挥空间，使其选择较为保守的投资策略，降低高风险的科技活动投入。Ogawa 研究发现，资产负债率越高，企业面临的风险越大，R&D 投入强度就越低[164]。王旭指出，对于我国企业而言，投资者保护机制尚需进一步完善，代理矛盾仍较突出，经营者考虑到创新投资是长期投资，产生回报周期较长，因而并不乐意从事 R&D 投资创新活动，往往热衷于短期见成效的投资项目[165]。袁玉芳对资本结构与企业 R&D 投入的关系进行检验后发现，负债水平与企业 R&D 投入负相关。通过上述分析可以发现，债务资本的增多不利于企业加大R&D 投入，进而不利于企业通过增加科技活动投入提高创新绩效[166]。据此，本书提出如下假设。

H_{b1}：企业科技活动投入（科技活动内部投入和科技活动外部投入）在债务资本与经济创新绩效之间起中介作用；

H_{b2}：企业科技活动投入（科技活动内部投入和科技活动外部投入）在债务资本与技术创新绩效之间起中介作用。

4. 科技活动投入对财政补贴和创新绩效的中介作用

高新技术企业从政府获得的财政补贴，可以有效促进企业加大科技活动投入。具体而言，作为政府激励企业创新的一种转移性支付，财政补贴不但可以为企业提供技术创新所需资金，而且还可以向外部传递公司创新能力、预期盈利能力和未来发展潜力等利好信息，有效缓解企业与外部投资者之间的信息不对称问题，并吸引新的外部资金等资源流入。王俊认为政府财政补贴对企业 R&D 投入存在融资效应，可以有效缓解企业面临的融资压力，进而推进企业 R&D 活动顺利进行[167]。郑春美、李佩以创业板上市公司为例，研究发现，政府补助对企业科技活动投入有显著的促进作用[53]。综上分析可以发现，高新技术企业从政府获得的财政补贴可以促进企业加大科技活动投入，而本章开头部分已经阐述了高水平的科技活动投入可以提高企业创新绩效。因此，本书提出以下假设。

H_{c1}：企业科技活动投入（科技活动内部投入和科技活动外部投入）在财政补贴与经济创新绩效之间起中介作用；

H_{c2}：企业科技活动投入（科技活动内部投入和科技活动外部投入）

在财政补贴与技术创新绩效之间起中介作用。

5. 科技活动投入对风险资本和创新绩效的中介作用

风险资本具有"金融＋服务"的特性，可以在为企业注入资金的同时，为企业带来增值服务，促进企业加大科技活动投入力度。郭和江发现是否有风险资本介入对企业绩效的影响显著不同：有风险投资支持的企业，其科技活动投入更多，整体创新绩效更好[168]。科图姆和莱纳发现，有风险资本背景的企业 R&D 活动更加密集，其专利申请量、专利授权量、专利引用量明显要高于没有风险资本背景的企业[169]。武巧珍通过理论分析认为，风险资本可促进资本与技术的融合、降低自主创新风险，促使企业加大科技活动投入[170]。付雷鸣、万迪昉、张雅慧认为风险资本除了为企业注入资金之外，还可以为企业提供宽领域、全方位、多层次的增值服务，并会监督企业资金的流动情况[171]。综合上述分析，可以发现，风险资本能够激励企业更有效地加大科技活动投入力度，而上文的分析也已经指出，高水平的科技活动投入有利于企业提高创新绩效。因此，本书提出如下假设。

H_{d1}：企业科技活动投入（科技活动内部投入和科技活动外部投入）在风险资本与经济创新绩效之间起中介作用；

H_{d2}：企业科技活动投入（科技活动内部投入和科技活动外部投入）在风险资本与技术创新绩效之间起中介作用。

5.1.4 税收减免对资本来源与科技活动投入的调节作用

内生增长理论认为，技术进步是推动经济增长的决定性因素。然而，技术创新具有较高的不确定性和溢出性，单纯的市场力量难以对高新技术企业形成最优的激励，因此需要通过税收措施予以调整，防止市场失灵的发生。我国政府对高新技术企业给予大力的税收减免支持。例如，经认定的国家级高新技术企业按 15% 的税率征收企业所得税，相比普通企业25% 的税率，降低了 40 个百分点；企业研发新产品、新技术、新工艺所发生的各项费用逐年增长，增长幅度在 10% 以上（含 10%）的企业，可再按实际发生额的 50% 抵扣应税所得额；R&D 费用 50% 加计扣除，形成无形资产的，按照无形资产成本的 150% 摊销等。

税收减免作为企业资本来源流向科技活动领域的催化剂，能够有效引导企业资本投入科技活动领域，对企业不同来源的资本具有重要的调节作用。首先，相比于普通企业，经认定的高新技术企业税负更低，资金流动更有导向性，拥有更充足的资金投入科技活动领域，减少了资金流出的可能，增强了企业为其开展科技活动筹集资金的能力。其次，税收减免可以为企业带来更少的激励扭曲和更低的寻租风险。再次，税收减免降低了企业未来资金流的不确定性，降低了高新技术本身具有的公共性和外溢性，减少了社会效率的损失，政府无形之中分担了企业担心创新失败的忧虑，在某种意义上规避了高新技术企业风险，增强了高新技术企业对科技活动投入的热情。最后，高新技术企业减免税政策对不同规模企业的 R&D 经费有明确要求，企业为享受该政策必须满足科技活动投入的最低比例要求。因此，高新技术企业减免税政策对于企业科技活动投入有着直接的促进作用[172]。现有研究发现，税收减免能够激励企业加大创新投入[173]。例如，王俊认为税收减免除了具有减轻市场失灵作用之外，主要的功能还在于降低企业 R&D 成本，进而激励企业进行科技活动投入[167]。李维安、李浩波、李慧聪以我国上市民营企业的面板数据为依据，经过实证证明了高新技术企业享受的税收减免可以显著提升企业的创新投入水平[51]。因此，本书在科技活动内部投入层面提出如下假设。

H_{A1}：高新技术企业享受的税收减免在实收资本与科技活动内部投入中起正向调节作用。税收减免越明显，用于科技活动内部投入的实收资本越多，企业实收资本对科技活动投入的促进作用越显著。

H_{B1}：高新技术企业享受的税收减免在债务资本与科技活动内部投入中起正向调节作用。税收减免越明显，用于科技活动内部投入的债务资本越多，企业债务资本对科技活动投入的促进作用越显著。

H_{C1}：高新技术企业享受的税收减免在财政补贴与科技活动内部投入中起正向调节作用。税收减免越明显，用于科技活动内部投入的财政补贴越多，企业财政补贴对科技活动投入的促进作用越显著。

H_{D1}：高新技术企业享受的税收减免在风险资本与科技活动内部投入中起正向调节作用。税收减免越明显，用于科技活动内部投入的风险资本越多，企业风险资本对科技活动投入的促进作用越显著。

同时，本书在科技活动外部投入层面提出如下假设。

H_{A2}：高新技术企业享受的税收减免在实收资本与科技活动外部投入中起正向调节作用。即税收减免越明显，用于科技活动外部投入的实收资本越多，企业实收资本对科技活动外部投入的促进作用越显著。

H_{B2}：高新技术企业享受的税收减免在债务资本与科技活动外部投入中起正向调节作用。即税收减免越明显，用于科技活动外部投入的债务资本越多，企业债务资本对科技活动外部投入的促进作用越显著。

H_{C2}：高新技术企业享受的税收减免在财政补贴与科技活动外部投入

中起正向调节作用。即税收减免越明显，用于科技活动外部投入的财政补贴越多，企业财政补贴对科技活动外部投入的促进作用越显著。

H_{D2}：高新技术企业享受的税收减免在风险资本与科技活动外部投入中起正向调节作用。即税收减免越明显，用于科技活动外部投入的风险资本越多，企业风险资本对科技活动外部投入的促进作用越显著。

5.1.5 高新技术企业资本来源影响创新绩效的机制模型

基于上述假设，本书构建了高新技术企业资本来源影响创新绩效的机制模型，即资本来源通过科技活动投入的中介作用对创新绩效产生影响，同时税收减免在资本来源与科技活动投入之间存在调节作用（见图5.7）。

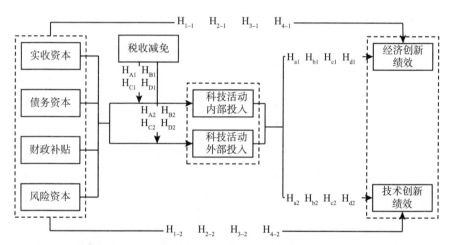

图 5.7　高新技术企业资本来源影响创新绩效的机制模型

5.2　样本、数据及计量模型设计

5.2.1　研究样本与数据来源

本书以河北省高新技术产业开发区企业中经省级认定、各国家高新技术产业开发区批准入区的高新技术企业为研究样本，采用2014—2016年《国家高新技术产业开发区企业统计报表》中的相关统计数据为研究变量，数据源自科技部火炬高技术产业开发中心，采用的是已验收数据，要经过主管部门的审计，保证了其真实性。在分析之前，根据研究所需，按照以下原则对统计数据进行筛选：（1）剔除重要指标数据为空或者填写明显错误的数据，例如，报告期内企业销售收入为0、企业注册年份缺失、数值型变量出现字符、理应为正数的数据出现负数或者缺失，这样的样本不利于数据处理，其准确性得到怀疑，应予以删除。（2）剔除比值没意义的数据，例如，企业年研发支出与年销售收入的比值大于1，不合乎常理，应予以删除。（3）剔除企业年龄小于1的企业，因为这样的企业经营还未稳定，各项指标往往出现异常，影响整体分析结果。（4）剔除企业科技人员数量小于10的企业，这些企业科技人员数量过少，不利于企业研发创新。

通过上述处理，本书首先选取2016年河北省高新技术企业832家，对前文假设进行检验。所选企业范围涵盖生物医药技术、电子信息、新材料、高端技术装备制造、新能源、环境保护、航空航天等众多领域，大规模的指标数据和众多领域的研究样本为本书研究奠定了坚实基础。此外，考虑到企业资本、科技活动投入、税收减免等要素反映到企业绩效上具有时间的滞后性，因此本书依据上述处理原则，再次筛选出2014—2016年存续的企业503家，将其三年数据汇总进行检验，旨在检验资本来源对创新绩效的持续影响。本书分别对上述两个样本容量进行实证分析，对两次检验的结果进行比较，剖析更深层次原因。

5.2.2 变量定义及计算方式

1. 被解释变量

对于企业创新绩效的测度，国内外学者还没有采取广为认可的统一指标或者指标体系来测度。这一方面反映出企业创新绩效测度具有复杂性，另一方面也反映了学者至今还没有找到可以全面反映企业创新绩效的可靠指标。实际研究过程中，学者多以研究目的、研究内容、研究数据的可获得性等为依据，在众多测度指标中选择或者改造现有指标。为了避免单个指标的以偏概全，本书将企业创新绩效分为经济创新绩效和技术创新绩效，分别采用新产品销售收入和专利申请数量来测度。新产品销售收入反映的是企业新产品被市场认可后给企业带来的经济收益，是创新成果转化或产业化的绩效；专利申请数量代表企业创新成果的主要形式，可以反映企业发明创造应用于市场的绩效，能够更好地反映技术创新的本质。

2. 解释变量

（1）实收资本。本书采用报告年度企业各投资者实际投入的资本（或股本）总额来衡量企业的实收资本。值得注意的是，因为实收资本可能涵盖风险投资机构投资的风险资本，因此本书采用的实收资本数据，是国家资本、集体资本、法人资本、个人资本、中国港澳台（地区）资本和外商直接投资资本的总和，减去风险资本之后的结果。

（2）债务资本。企业的债务资本包括采用银行借款、发行债券、融资租赁、商业信用等形式筹集而来的资本。本书采用报告年度企业实际发生的负债合计来衡量企业的债务资本。

（3）财政补贴。财政补贴是指政府在一定时期内根据政治经济形势对特定企业提供一定数额的财政补助和津贴。对于高新技术企业，政府会以直接拨款的形式助力其解决融资难题。本书采用报告年度企业实际收到的财政补贴（包括实际获得先征后返的增值税）来对其进行测度。

（4）风险资本。风险资本特指风险投资机构为了获取高额回报而向高新技术企业投资的资本。因此，本书采用报告年度企业获得创业风险投资机构的投资额来衡量企业的风险资本。

3. 中介变量

本书将科技活动投入作为研究高新技术企业资本来源与创新绩效之间关系的中介变量，并将科技活动投入分为科技活动内部投入和科技活动外部投入，细化不同范围的科技活动投入在机制模型中的中介效应。

（1）科技活动内部投入。科技活动内部投入反映了企业在内部用于科技活动的总支出。本书采用报告年度企业内部用于全部科技活动的支出总额来衡量企业科技活动内部投入，包括人员人工费、原材料费、R&D 项目经费、设立科技机构场所支出、获取和改造技术支出、企业内部用于科技活动而在当年形成的固定资产，以及企业用于内部科技活动而来自政府部门的资金总和。

（2）科技活动外部投入。科技活动外部投入反映了企业与外单位之间开展科技活动的总支出。本书采用报告年度企业委托其他单位或与其他单位合作开展科技活动而支付给其他单位的经费总额来衡量企业外部科技活动投入，包括企业委托或与国内独立研究院所、高等学校进行合作开展科技活动而支付的经费，在一定程度上反映了特定时期内该地区的产学研合作能力。

4. 调节变量

在之前的分析中，本书将税收减免设定为影响资本来源与科技活动投入之间关系的调节变量。不同于财政补贴的直接拨款形式，税收减免是政府为鼓励高新技术企业发展而采取的间接优惠政策。政府通过为高新技术企业提供税收减免来降低企业承担的税收成本，缓解企业资金短缺，间接降低 R&D 风险，助力企业快速成长。考虑到税收减免包括增值税减免、享受高新技术企业所得税减免、研发加计扣除所得税减免、技术转让所得税减免等，本书借鉴周江华等学者的研究，采用报告年度企业享受的各种减免税总额来测度高新技术企业获得的税收减免[174]。

5. 控制变量

（1）企业规模。早在 1943 年，熊彼特经过研究就发现，企业创新效果与市场集中度、企业规模有着密切关系。一般而言，企业规模越大，企业的规模经济、融资渠道、风险抵抗优势越明显，越有利于企业提升创新绩效。对于企业规模的测度，刘锦英[175] 以及陈琨、周永根、杨国梁[176]等学者以企业人数来度量。在本书看来，企业员工人数是一个较为主观的标准，没有统一的标准来衡量企业是大企业还是中小企业。因此，本书借鉴孙玉涛、臧帆[177]所选取的指标，以企业资产总额的自然对数来测度企业规模。

（2）企业年龄。企业年龄同样是企业创新绩效的影响因素。结合之前的研究发现，企业年龄越大，企业拥有的资质越高、资源越广、核心技术越多，越有利于企业开展创新。因此，本书将企业年龄作为研究的控制变量。书中的企业年龄是指企业的自然年龄，通过"2017—企业注册年份"计算而得。

（3）科技人员。高素质的科技人员是企业创新中最具能动性的要素，是企业创新绩效的重要决定性因素。本书认为科技人员人数越多，创新成果中包含的隐性、复杂、异质性的知识越多，对企业创新绩效的提高具有显著正向关系。本书所指科技人员，是企业内部直接参加科技项目及项目的管理人员和直接服务人员合计。

（4）研发强度。研发强度是创新绩效的重要影响因素之一，是衡量企业研发投入时应用最为广泛的指标。与总量指标相比，研发强度更能反映与企业规模、市场地位相适应的研发投入情况，在不同企业之间更具有可比性。一般而言，企业研发强度越高，创新绩效越好。本书借鉴戴小勇、成力为[153]的研究，将企业年研发支出与年销售收入的比值作为衡量企业研发强度的指标。

（5）创新能力。创新能力强的企业具有更强的吸收能力，能够有效吸收、整合和利用现有知识或技术，并将之转化为创新绩效。同时，创新能力强的企业能更准确地辨识获取并协调来自不同技术领域的合作伙伴的异质性知识，实现企业内、外部知识的互补和协同。因此，本书认为企业创新能力与创新绩效具有显著正相关，并选取企业在报告期末拥有的有效专利数量作为测度创新能力的指标。

综合以上分析，本书研究指标的具体变量定义及计算方式如表 5.1 所示。

表 5.1 变量定义及计算方式

变量类型	变量名称	变量	单位	计算方式
被解释变量	经济创新绩效	*ECIN*	千元	报告年度企业的新产品销售收入
	技术创新绩效	*TEIN*	项	报告年度企业的专利申请数量
解释变量	实收资本	*Equity*	千元	报告年度企业各投资者实际投入的资本（或股本）总额
	债务资本	*Debt*	千元	报告年度企业实际发生的负债合计
	财政补贴	*Subsidy*	千元	报告年度企业实际收到的财政补贴
	风险资本	*VC*	千元	报告年度企业获得创业风险投资机构的投资额
中介变量	内部投入	*Intr*	千元	报告年度企业内部用于全部科技活动的支出总额
	外部投入	*Extr*	千元	报告年度企业委托其他单位或与其他单位合作开展科技活动而支付给其他单位的经费总额
调节变量	税收减免	*Tottax*	千元	报告年度企业根据国家或地方政府有关政策享受的各种减免税总额
控制变量	企业规模	*Size*	—	企业资产总额的自然对数
	企业年龄	*Age*	岁	2017—企业注册年份
	科技人员	*Personnel*	人	企业内部直接参加科技项目及项目的管理人员和直接服务人员合计
	研发强度	*Intensity*	—	企业年研发支出与年销售收入的比值
	创新能力	*Ability*	项	企业在报告期末拥有的有效专利数量

5.2.3 研究方法与模型设定

本书采用两阶段分层回归的方法，运用 SPSS 22.0 对科技活动投入的中介作用和税收减免的调节作用进行检验。

第一阶段，按照中介效应检验程序，分别检验科技活动内部投入 *Intr* 和科技活动外部投入 *Extr* 在实收资本 *Equity*、债务资本 *Debt*、财政补贴 *Subsidy*、风险资本 *VC* 与经济创新绩效 *ECIN* 和技术创新绩效 *TEIN* 中的中介作用。本书分别从企业经济创新绩效和技术创新绩效两个层面构建计量模型。

（1）企业经济创新绩效层面。针对 H_{1-1}、H_{2-1}、H_{3-1}、H_{4-1}，构建如下计量模型（5.1）。

$$ECIN_{i,t} = \beta_0 + \beta_1 Equity_{i,t} + \beta_2 Debt_{i,t} + \beta_3 Subsidy_{i,t} + \beta_4 VC_{i,t}$$
$$+ \beta_5 \sum Control_{i,t} + \epsilon_{i,t} \tag{5.1}$$

本书的中介变量为科技活动内部投入和科技活动外部投入。借鉴现有研究，本书根据中介效应的检验步骤检验 Ha_1、Hb_1、Hc_1、Hd_1。

第一步，构建模型（5.2）~模型（5.5）分别检验四类资本与科技活动内部投入的关系；构建模型（5.6）~模型（5.9）分别检验四类资本与科技活动外部投入的关系。

$$Intr_{i,t} = \beta_0 + \beta_1 Equity_{i,t} + \beta_2 \sum Control_{i,t} + \epsilon_{i,t} \tag{5.2}$$

$$Intr_{i,t} = \beta_0 + \beta_1 Debt_{i,t} + \beta_2 \sum Control_{i,t} + \epsilon_{i,t} \tag{5.3}$$

$$Intr_{i,t} = \beta_0 + \beta_1 Subsidy_{i,t} + \beta_2 \sum Control_{i,t} + \epsilon_{i,t} \tag{5.4}$$

$$Intr_{i,t} = \beta_0 + \beta_1 VC_{i,t} + \beta_2 \sum Control_{i,t} + \epsilon_{i,t} \tag{5.5}$$

$$Extr_{i,t} = \beta_0 + \beta_1 Equity_{i,t} + \beta_2 \sum Control_{i,t} + \epsilon_{i,t} \tag{5.6}$$

$$Extr_{i,t} = \beta_0 + \beta_1 Debt_{i,t} + \beta_2 \sum Control_{i,t} + \epsilon_{i,t} \tag{5.7}$$

$$Extr_{i,t} = \beta_0 + \beta_1 Subsidy_{i,t} + \beta_2 \sum Control_{i,t} + \epsilon_{i,t} \tag{5.8}$$

$$Extr_{i,t} = \beta_0 + \beta_1 VC_{i,t} + \beta_2 \sum Control_{i,t} + \epsilon_{i,t} \tag{5.9}$$

第二步，构建模型（5.10）~模型（5.11）分别检验科技活动内部投入和科技活动外部投入对经济创新绩效的影响。

$$ECIN_{i,t} = \beta_0 + \beta_1 Intr_{i,t} + \beta_2 \sum Control_{i,t} + \epsilon_{i,t} \tag{5.10}$$

$$ECIN_{i,t} = \beta_0 + \beta_1 Extr_{i,t} + \beta_2 \sum Control_{i,t} + \epsilon_{i,t} \tag{5.11}$$

第三步，检验科技活动投入在四类资本来源与经济创新绩效之间是否起中介作用。分别将科技活动内部投入和科技活动外部投入引入模型（5.1），得到模型（5.12）~模型（5.13），分析主效应的变化。

$$ECIN_{i,t} = \beta_0 + \beta_1 Equity_{i,t} + \beta_2 Debt_{i,t} + \beta_3 Subsidy_{i,t} + \beta_4 VC_{i,t}$$
$$+ \beta_5 Intr_{i,t} + \beta_6 \sum Control_{i,t} + \epsilon_{i,t} \tag{5.12}$$

$$ECIN_{i,t} = \beta_0 + \beta_1 Equity_{i,t} + \beta_2 Debt_{i,t} + \beta_3 Subsidy_{i,t} + \beta_4 VC_{i,t}$$
$$+ \beta_5 Extr_{i,t} + \beta_6 \sum Control_{i,t} + \epsilon_{i,t} \tag{5.13}$$

（2）企业技术创新绩效层面。针对 H_{1-2}、H_{2-2}、H_{3-2}、H_{4-2}，构建如下计量模型（5.14）。

$$TEIN_{i,t} = \beta_0 + \beta_1 Equity_{i,t} + \beta_2 Debt_{i,t} + \beta_3 Subsidy_{i,t} + \beta_4 VC_{i,t}$$
$$+ \beta_5 \sum Control_{i,t} + \epsilon_{i,t} \tag{5.14}$$

同企业经济创新绩效层面类似，本书继续研究科技活动内部投入和科技活动外部投入在企业资本来源与技术创新绩效之间的中介作用，进而检验 Ha_2、Hb_2、Hc_2、Hd_2。

第一步，构建模型（5.15）～模型（5.18）分别检验四类资本与科技活动内部投入的关系；构建模型（5.19）～模型（5.22）分别检验四类资本与科技活动外部投入的关系。

$$Intr_{i,t} = \beta_0 + \beta_1 Equity_{i,t} + \beta_2 \sum Control_{i,t} + \epsilon_{i,t} \qquad (5.15)$$

$$Intr_{i,t} = \beta_0 + \beta_1 Debt_{i,t} + \beta_2 \sum Control_{i,t} + \epsilon_{i,t} \qquad (5.16)$$

$$Intr_{i,t} = \beta_0 + \beta_1 Subsidy_{i,t} + \beta_2 \sum Control_{i,t} + \epsilon_{i,t} \qquad (5.17)$$

$$Intr_{i,t} = \beta_0 + \beta_1 VC_{i,t} + \beta_2 \sum Control_{i,t} + \epsilon_{i,t} \qquad (5.18)$$

$$EXtr_{i,t} = \beta_0 + \beta_1 Equity_{i,t} + \beta_2 \sum Control_{i,t} + \epsilon_{i,t} \qquad (5.19)$$

$$EXtr_{i,t} = \beta_0 + \beta_1 Debt_{i,t} + \beta_2 \sum Control_{i,t} + \epsilon_{i,t} \qquad (5.20)$$

$$EXtr_{i,t} = \beta_0 + \beta_1 Subsidy_{i,t} + \beta_2 \sum Control_{i,t} + \epsilon_{i,t} \qquad (5.21)$$

$$EXtr_{i,t} = \beta_0 + \beta_1 VC_{i,t} + \beta_2 \sum Control_{i,t} + \epsilon_{i,t} \qquad (5.22)$$

第二步，构建模型（5.23）～模型（5.24）分别检验科技活动内部投入和科技活动外部投入对技术创新绩效的影响。

$$TEIN_{i,t} = \beta_0 + \beta_1 Intr_{i,t} + \beta_2 \sum Control_{i,t} + \epsilon_{i,t} \qquad (5.23)$$

$$TEIN_{i,t} = \beta_0 + \beta_1 Extr_{i,t} + \beta_2 \sum Control_{i,t} + \epsilon_{i,t} \qquad (5.24)$$

第三步，检验科技活动投入在四类资本来源与技术创新绩效之间是否起中介作用。分别将科技活动内部投入和科技活动外部投入引入模型（5.14），得到模型（5.25）～模型（5.26），分析主效应的变化。

$$TEIN_{i,t} = \beta_0 + \beta_1 Equity_{i,t} + \beta_2 Debt_{i,t} + \beta_3 Subsidy_{i,t} + \beta_4 VC_{i,t}$$
$$+ \beta_5 Intr_{i,t} + \beta_6 \sum Control_{i,t} + \epsilon_{i,t} \qquad (5.25)$$

$$TEIN_{i,t} = \beta_0 + \beta_1 Equity_{i,t} + \beta_2 Debt_{i,t} + \beta_3 Subsidy_{i,t} + \beta_4 VC_{i,t}$$
$$+ \beta_5 Extr_{i,t} + \beta_6 \sum Control_{i,t} + \epsilon_{i,t} \qquad (5.26)$$

第二阶段，按照调节效应检验步骤，分析税收减免在资本来源与科技活动投入之间的调节效应。将科技活动投入作为被解释变量，将实收资本 Equity、债务资本 Debt、财政补贴 Subsidy、风险资本 VC、税收减免 Tottax 以及交互项 Equity·Tottax、Debt·Tottax、Subsidy·Tottax、VC·Tottax 作为解释变量引入回归方程，分别从科技活动内部投入 Intr 和科技活动外部

投入 $Extr$ 两个层面构建计量模型（5.27）~模型（5.34），以验证假设 H_{5-1} 和 H_{5-2}。

（1）科技活动内部投入层面：

$$Intr_{i,t} = \beta_0 + \beta_1 Equity_{i,t} + \beta_2 Tottax_{i,t} + \beta_3 Equity \cdot Tottax_{i,t} + \epsilon_{i,t}$$
（5.27）

$$Intr_{i,t} = \beta_0 + \beta_1 Debt_{i,t} + \beta_2 Tottax_{i,t} + \beta_3 Debt \cdot Tottax_{i,t} + \epsilon_{i,t} \quad (5.28)$$

$$Intr_{i,t} = \beta_0 + \beta_1 Subsidy_{i,t} + \beta_2 Tottax_{i,t} + \beta_3 Subsidy \cdot Tottax_{i,t} + \epsilon_{i,t}$$
（5.29）

$$Intr_{i,t} = \beta_0 + \beta_1 VC_{i,t} + \beta_2 Tottax_{i,t} + \beta_3 VC \cdot Tottax_{i,t} + \epsilon_{i,t} \quad (5.30)$$

（2）科技活动外部投入层面：

$$Extr_{i,t} = \beta_0 + \beta_1 Equity_{i,t} + \beta_2 Tottax_{i,t} + \beta_3 Equity \cdot Tottax_{i,t} + \epsilon_{i,t}$$
（5.31）

$$Extr_{i,t} = \beta_0 + \beta_1 Debt_{i,t} + \beta_2 Tottax_{i,t} + \beta_3 Debt \cdot Tottax_{i,t} + \epsilon_{i,t}$$
（5.32）

$$EXtr_{i,t} = \beta_0 + \beta_1 Subsidy_{i,t} + \beta_2 Tottax_{i,t} + \beta_3 Subsidy \cdot Tottax_{i,t} + \epsilon_{i,t}$$
（5.33）

$$EXtr_{i,t} = \beta_0 + \beta_1 VC_{i,t} + \beta_2 Tottax_{i,t} + \beta_3 VC \cdot Tottax_{i,t} + \epsilon_{i,t} \quad (5.34)$$

同时将资本来源、税收减免以及二者交互项等变量引入模型考虑，可得计量模型（5.35）~模型（5.36），以进一步检验税收减免的调节效应。

$$Intr_{i,t} = \beta_0 + \beta_1 Equity_{i,t} + \beta_2 Debt_{i,t} + \beta_3 Subsidy_{i,t} + \beta_4 VC_{i,t} + \beta_5 Tottax_{i,t}$$
$$+ \beta_6 Equity \cdot Tottax_{i,t} + \beta_7 Debt \cdot Tottax_{i,t} + \beta_8 Subsidy \cdot Tottax_{i,t}$$
$$+ \beta_9 VC \cdot Tottax_{i,t} + \epsilon_{i,t}$$
（5.35）

$$Extr_{i,t} = \beta_0 + \beta_1 Equity_{i,t} + \beta_2 Debt_{i,t} + \beta_3 Subsidy_{i,t} + \beta_4 VC_{i,t} + \beta_5 Tottax_{i,t}$$
$$+ \beta_6 Equity \cdot Tottax_{i,t} + \beta_7 Debt \cdot Tottax_{i,t} + \beta_8 Subsidy \cdot Tottax_{i,t}$$
$$+ \beta_9 VC \cdot Tottax_{i,t} + \epsilon_{i,t}$$
（5.36）

在上述模型中，β_0 表示常数项，$Equity \cdot Tottax_{i,t}$ 表示企业实收资本与税收减免的多元化交互项，$Debt \cdot Tottax_{i,t}$ 表示企业债务资本与税收减免的多元化交互项，$Subsidy \cdot Tottax_{i,t}$ 表示企业财政补贴与税收减免的多元化交互项，$VC \cdot Tottax_{i,t}$ 表示企业风险资本与税收减免的多元化交互项，ε 表示误差项，i 表示企业，t 表示时间。

在进行实证分析之前，本书采用 Z-score 标准化方法对变量的数值进行标准化处理，使得各项指标的数据平均值为 0，标准差为 1，进而将不同量纲的原始数据放在同一个矩阵进行测评，以便进行分层回归分析和相关系数比较。

5.3　长期驱动效应实证检验分析

5.3.1　描述性统计及相关性分析

为了准确把握数据之间的基本特征以及变量之间的相关关系，本书首先进行描述性统计及相关性分析。描述性统计及相关性分析是进行其他统计分析的基础和前提。通过描述性统计对指标数字特征量的呈现，可以对样本来自总体的特征有比较准确的把握；相关性分析可以计算出两两变量之间的相关系数，反映变量之间的相关方向和程度。

1. 描述性统计分析

2014—2016年河北省高新技术企业资本来源与创新绩效机制模型中各变量的描述性统计如表5.2所示。在考虑到创新绩效时间滞后性的情况下，本书使用2014—2016年河北省高新技术企业的样本，个数为503。样本企业的平均新产品销售收入为1202642.6千元，处于较高水平，说明三年来河北省高新技术企业经济创新绩效较好；标准差为9737145.788，说明各企业的经济创新绩效差异较大；而样本的新产品销售收入最低，仅为1170千元，最高达到210807528千元，说明本书所选的新产品销售收入覆盖区间广，使得本书对经济创新绩效的影响因素的研究更深入且研究结果适用范围更广。样本企业2014—2016年专利平均申请量为33.477项，表明三年来河北省整体技术创新绩效较高；标准差为202.173，远远大于样本的均值，说明各企业的技术创新参差不齐；同样，样本的专利申请量最大值与最小值差异较大，表明所选样本代表性较强，为本书研究结果的适用性奠定了良好的基础。对于四类资本来源，均值大小依次为债务资本、实收资本、财政补贴、风险资本，说明样本企业的资本主要来源于债务融资，债权融资次之，而从风险投资机构得来的风险资本最少；各类资本的标准差都远远大于其均值，说明样本企业资本来源差别较大；最大值和最小值之间较大的差距为本书样本的选取提供了较好的说服力。科技活动投入指标中，内部投入与外部投入的均值分别为91872.944千元和4242.709千元，说明企业更加注重企业内部R&D创新，产学研合作能力有待提高。三年来高新技术企业获得的税收减免平均为18399.097千元，说明河北省为扶持高新技术企业发展提供了良好的发展环境。在众多控制变量中，企业规模相对较大，企业年龄较为成熟，而R&D强度相对不足，均值仅为

9.7%；企业科技人员人数和专利授权数均值分别为 152 人和 45.3 项，说明企业参与 R&D 的热情较高，有较好的创新环境。

表 5.2　　　　　　　　　　　统计变量描述性统计

变量代码	样本个数	均值	标准差	最小值	最大值
经济创新绩效	503	1202642.600	9737145.788	1170	210807528
技术创新绩效	503	33.477	202.173	1	3606
实收资本	503	451336.767	1597140.727	1500	21296961
债务成本	503	1583904.452	6550383.449	354	95392486
财政补贴	503	5565.560	28430.336	0	559294
风险资本	503	172.819	2400.686	0	50000
内部投入	503	91872.944	485092.607	661	10212638
外部投入	503	4242.709	35086.198	0	648561
税收减免	503	18399.097	117602.336	0	2318747
企业规模	503	12.273	1.508	8.751	18.032
企业年龄	503	14.867	7.640	2	88
科技人员	503	151.979	718.707	10	15513
研发强度	503	0.097	0.105	0.007	0.998
创新能力	503	45.314	244.302	0	4059

2. 相关性分析

2014—2016 年河北省高新技术企业资本来源与创新绩效研究模型中各统计变量的相关性分析如表 5.3 所示。由表 5.3 可知，高新技术企业实收资本与经济创新绩效（$r = 0.655$，$p < 0.01$）、技术创新绩效（$r = 0.710$，$p < 0.01$），债务资本与经济创新绩效（$r = 0.734$，$p < 0.01$）、技术创新绩效（$r = 0.751$，$p < 0.01$），财政补贴与经济创新绩效（$r = 0.877$，$p < 0.01$）、技术创新绩效（$r = 0.722$，$p < 0.01$），风险资本与经济创新绩效（$r = 0.708$，$p < 0.05$）、技术创新绩效（$r = 0.707$，$p < 0.05$）都存在显著的正相关关系。实收资本（$r = 0.681$，$p < 0.01$）、债务资本（$r = 0.737$，$p < 0.01$）、财政补贴（$r = 0.863$，$p < 0.01$）、风险资本（$r = 0.709$，$p < 0.05$）与科技活动内部投入存在显著正相关关系；实收资本（$r = 0.608$，$p < 0.01$）、债务资本（$r = 0.670$，$p < 0.01$）、财政补贴（$r = 0.743$，$p < 0.01$）、风险资本（$r = 0.708$，$p < 0.05$）与科技活动外部投入存在显著正

统计变量相关性分析

表 5.3

变量代码	经济创新绩效	技术创新绩效	实收资本	债务资本	财政补贴	风险资本	内部投入	外部投入	税收减免	企业规模	企业年龄	科技人员	研发强度
技术创新绩效	0.089**												
实收资本	0.655**	0.710**											
债务资本	0.734**	0.751**	0.080**										
财政补贴	0.877**	0.722**	0.023**	0.042**									
风险资本	0.708*	0.707*	0.008	0.014	0.005								
内部投入	0.966**	0.862**	0.681**	0.737**	0.863**	0.709*							
外部投入	0.886**	0.722**	0.608**	0.670**	0.743**	0.708*	0.840**						
税收减免	0.947**	0.666**	0.634**	0.745**	0.809**	-0.005	0.904**	0.949**					
企业规模	0.288**	0.273**	0.037	0.069	0.023	0.005	0.350**	0.280**	0.331**				
企业年龄	0.025	0.105	0.035	0.044*	0.036	-0.007	0.076	0.016	0.063	0.219**			
科技人员	0.984**	0.639**	0.036	0.044	0.048*	-0.009	0.970**	0.873**	0.931**	0.340**	0.056		
研发强度	0.054*	0.038*	-0.041	-0.032	-0.031	-0.002	-0.039	-0.048	-0.066	-0.346**	-0.111*	-0.060	
创新能力	0.812**	0.969**	0.028*	0.019*	0.038**	-0.005	0.788**	0.647**	0.772**	0.301**	0.084	0.776**	-0.046

注：显著性水平 ** $p < 0.01$（双尾），* $p < 0.05$（双尾）；$N = 503$。

相关关系。科技活动内部投入与经济创新绩效（$r = 0.966$，$p < 0.01$）、技术创新绩效（$r = 0.862$，$p < 0.01$）存在显著正相关关系；科技活动外部投入与经济创新绩效（$r = 0.886$，$p < 0.01$）、技术创新绩效（$r = 0.722$，$p < 0.01$）存在显著正相关关系。税收减免与科技活动内部投入（$r = 0.904$，$p < 0.01$）、科技活动外部投入（$r = 0.949$，$p < 0.01$）之间存在显著正相关关系。各控制变量与经济创新绩效和技术创新绩效之间也存在正相关关系。

3. 多重共线性检验

在进行实证分析之前，另一个需要注意的是多重共线性问题。多重共线性是指变量之间存在近似的线性关系，即某个变量能够近似地用其他变量的线性函数来表示。为了检验变量之间是否存在共线性问题，本书在将所有变量 Z-score 标准化之后，进行多重回归分析的共线性诊断。表 5.4 显示了分别以经济创新绩效和技术创新绩效为被解释变量而进行的其他变量共线性检验结果。其中，容忍度是以每个变量作为因变量对其他变量进行回归分析时得到的残差比例；方差膨胀因子（VIF）是容忍度的倒数。VIF 越大，共线性越严重。VIF 一般不应该大于 5，当 VIF 大于 10 时，表示有严重的共线性存在。如表 5.4 所示，各变量的 VIF 都小于 5，故不存在多重共线性问题。

表 5.4　　　　　　　　　变量共线性检验结果

变量代码	经济创新绩效		技术创新绩效	
	容忍度	VIF	容忍度	VIF
实收资本	0.393	2.548	0.393	2.548
债务资本	0.348	2.874	0.348	2.874
财务补贴	0.203	4.922	0.203	4.922
风险资本	0.977	1.024	0.977	1.024
内部投入	0.221	4.515	0.221	4.515
外部投入	0.275	3.641	0.275	3.641
税收减免	0.281	3.561	0.281	3.561
企业规模	0.574	1.742	0.574	1.742
企业年龄	0.920	1.087	0.920	1.087
科技人员	0.230	4.342	0.230	4.342
研发强度	0.845	1.183	0.845	1.183
创新能力	0.267	3.752	0.267	3.752

5.3.2 资本来源对创新绩效的主效应检验

表5.5中的模型1和表5.6中的模型15显示了控制变量与被解释变量的关系。整体而言,六个控制变量均通过了显著性检验,能够较好地解释各变量对被解释变量的影响。具体而言,企业规模与经济创新绩效($\beta = 0.058$,$p < 0.01$)和技术创新绩效显著正相关($\beta = 0.012$,$p < 0.1$);企业年龄与经济创新绩效($\beta = 0.025$,$p < 0.1$)和技术创新绩效显著正相关($\beta = 0.019$,$p < 0.1$);企业的科技人员与经济创新绩效($\beta = 0.904$,$p < 0.01$)和技术创新绩效显著正相关($\beta = 0.885$,$p < 0.1$);企业 $R\&D$ 强度与经济创新绩效($\beta = 0.066$,$p < 0.01$)和技术创新绩效显著正相关($\beta = 0.104$,$p < 0.01$);企业的合作能力与经济创新绩效($\beta = 0.129$,$p < 0.01$)和技术创新绩效显著正相关($\beta = 1.187$,$p < 0.01$)。

表5.5中的模型2和表5.6中的模型16展现了资本来源与创新绩效的主效应检验结果。在经济创新绩效层面,模型2的回归结果显示,实收资本与经济创新绩效的回归系数 $\beta = 0.216(p < 0.01)$,T检验值为5.748,说明实收资本与经济创新绩效显著正相关,企业可以通过吸收国家资本、社会个人资本、外商投资来提高经济创新绩效,假设 H_{1-1} 得到支持。债务资本与经济创新绩效的回归系数 $\beta = 0.234(p < 0.01)$,T检验值为0.649,说明债务资本与经济创新绩效显著正相关,这与之前理论假设不符,H_{2-1} 未得到支持。财政补贴与经济创新绩效的回归系数 $\beta = 0.251$,T检验值为0.359,且通过了0.05水平的显著性检验,表明国家通过财政补贴的方式促进了企业新产品销售收入的增加,提高了企业经济创新绩效,假设 H_{3-1} 得以验证。风险资本对经济创新绩效同样具有正向显著影响($\beta = 0.396$,$p < 0.01$),T检验值为0.410,表明企业可以通过吸收风险投资机构的风险资本来提升自身的经济创新绩效,假设 H_{4-1} 成立。综上所述,假设 H_{1-1}、H_{3-1}、H_{4-1} 成立,假设 H_{2-1} 不成立。

在技术创新绩效层面,模型16的回归结果显示,实收资本与技术创新绩效的回归系数 $\beta = 0.206(p < 0.01)$,T检验值为10.426,说明实收资本与技术创新绩效显著正相关,企业可以通过吸收国家资本、社会个人资本、外商投资来提高技术创新绩效,假设 H_{1-2} 得到支持。债务资本与技术创新绩效的回归系数 $\beta = 0.266(p < 0.01)$,T检验值为0.155,说明债务资本与技术创新绩效显著正相关,这与之前理论假设不符,H_{2-2} 未得到支持。财政补贴与技术创新绩效的回归系数 $\beta = 0.315$,T检验值为0.589,且通过了0.05水平的显著性检验,表明国家通过财政补贴的方式促进了

表 5.5　经济创新绩效层面的回归结果

变量	经济创新绩效						技术创新绩效				外部投入			
	模型 1	模型 2	模型 3	模型 4	模型 5	模型 6	模型 7	模型 8	模型 9	模型 10	模型 11	模型 12	模型 13	模型 14
实收资本		0.216*** (5.748)			0.063*** (6.648)	0.068*** (7.645)	0.217*** (1.090)				0.202** (0.668)			
债务资本		0.234*** (0.649)			0.081*** (3.074)	0.086*** (2.779)		0.316*** (0.610)				0.371** (1.045)		
财政补贴		0.251** (0.359)			0.101** (0.803)	0.125** (1.952)			0.201*** (0.550)				0.221*** (0.761)	
风险资本		0.396*** (0.410)			0.210** (0.904)	0.209** (0.893)				0.300*** (0.599)				0.331** (1.126)
内部投入			0.368*** (6.041)	0.424*** (9.758)	0.296*** (5.845)	0.327*** (9.447)								
外部投入														
企业规模	0.058*** (7.404)	0.047*** (5.560)	0.062*** (8.241)	0.056*** (7.885)	0.052*** (6.359)	0.044*** (5.782)	0.033** (2.526)	0.024* (1.820)	0.028*** (2.282)	0.028*** (2.284)	-0.018 (-0.647)	-0.030 (-1.115)	-0.007 (-0.276)	-0.011 (-0.435)
企业年龄	0.025* (3.597)	0.028*** (4.175)	0.028*** (4.107)	-0.022*** (-3.387)	0.030*** (4.664)	-0.024*** (-4.006)	0.015 (1.368)	0.016 (1.452)	0.016 (1.442)	0.016 (1.445)	-0.026 (-1.163)	-0.027 (-1.204)	-0.030 (-1.323)	-0.027 (-1.211)

变量	经济创新绩效						技术创新绩效				外部投入			
	模型 1	模型 2	模型 3	模型 4	模型 5	模型 6	模型 7	模型 8	模型 9	模型 10	模型 11	模型 12	模型 13	模型 14
科技人员	0.904*** (83.353)	0.905*** (52.415)	0.753*** (27.816)	0.788*** (50.863)	0.766*** (26.287)	0.782*** (39.850)	0.906*** (49.258)	0.888*** (45.049)	0.899*** (36.674)	0.898*** (53.015)	0.924*** (24.209)	0.891*** (21.862)	1.028*** (20.349)	0.934*** (26.587)
研发强度	0.066*** (2.278)	0.014* (2.602)	0.021*** (3.047)	0.016** (2.464)	0.019** (2.802)	0.014** (2.261)	0.030*** (2.703)	0.029** (2.553)	0.029*** (2.615)	0.029*** (2.618)	0.002* (0.103)	-0.004 (-1.800)	0.003* (0.127)	-0.001* (-0.046)
创新能力	0.129*** (12.058)	0.138*** (13.014)	0.115*** (10.848)	0.138*** (14.012)	0.124*** (11.847)	0.146*** (15.191)	0.087*** (5.138)	0.082*** (4.925)	0.084*** (4.947)	0.084*** (5.017)	0.077*** (2.817)	0.079** (2.270)	0.057* (1.631)	0.073** (2.098)
R^2	0.978	0.980	0.979	0.981	0.981	0.983	0.946	0.946	0.946	0.946	0.766	0.768	0.769	0.766
F	3611.363	2384.252	3322.147	3697.121	2316.723	2653.875	1231.901	1231.119	1228.785	1228.779	231.531	233.811	235.261	231.269

注：表中 * 为显著性水平，*** 为 $p<0.01$，** 为 $p<0.05$，* 为 $p<0.1$；$N=503$。

表 5.6 技术创新绩效层面的回归结果

变量	经济创新绩效							技术创新				外部投入		
	模型 15	模型 16	模型 17	模型 18	模型 19	模型 20	模型 21	模型 22	模型 23	模型 24	模型 25	模型 26	模型 27	模型 28
实收资本		0.206*** (10.426)			0.106*** (10.488)	0.186*** (10.414)	0.217*** (1.090)				0.202** (0.668)			
债务资本		0.266*** (0.155)			0.167*** (6.214)	0.147*** (6.128)		0.316*** (0.610)				0.371** (1.045)		
财政补贴		0.315** (0.589)			0.205* (1.009)	0.216* (1.020)			0.201*** (0.550)				0.221*** (0.761)	
风险资本		0.387*** (0.339)			0.280** (0.252)	0.323* (0.251)				0.300*** (0.599)				0.331** (1.126)
内部投入			0.486** (2.665)		0.437** (0.996)									
外部投入				0.502*** (3.848)		0.597*** (4.447)								
企业规模	0.012* (1.382)	0.026*** (3.022)	0.012* (1.420)	0.012* (1.387)	0.027*** (3.132)	0.026*** (3.017)	0.033** (2.526)	0.024* (1.820)	0.028** (2.282)	0.028*** (2.284)	-0.018 (-0.647)	-0.030 (-1.115)	-0.007 (-0.276)	-0.011 (-0.435)
企业年龄	0.019* (2.417)	0.014** (1.981)	0.019** (2.439)	0.019** (2.430)	0.014** (2.058)	0.015** (1.977)	0.015 (1.368)	0.016 (1.452)	0.016*** (1.442)	0.016*** (1.445)	-0.026 (-1.163)	-0.027 (-1.204)	-0.030 (-1.323)	-0.027 (-1.211)

变量	经济创新绩效						技术创新				外部投入			
	模型 15	模型 16	模型 17	模型 18	模型 19	模型 20	模型 21	模型 22	模型 23	模型 24	模型 25	模型 26	模型 27	模型 28
科技人员	0.885*** (23.699)	0.265*** (14.920)	0.272*** (8.744)	0.290*** (15.467)	0.233*** (7.506)	0.266*** (11.899)	0.906*** (49.258)	0.888*** (45.049)	0.899*** (36.674)	0.898*** (53.015)	0.924*** (24.209)	0.891*** (21.862)	1.028*** (20.349)	0.934*** (26.587)
研发强度	0.104*** (0.506)	0.008* (1.116)	0.004* (0.556)	0.004* (0.507)	0.009* (1.261)	0.008* (1.115)	0.030*** (2.703)	0.029** (2.553)	0.029*** (2.615)	0.029*** (2.618)	0.002* (0.103)	-0.004 (-1.800)	0.003* (0.127)	-0.001* (-0.046)
创新能力	1.187*** (10.293)	1.204*** (11.391)	1.188*** (9.848)	1.187*** (9.795)	1.207*** (10.809)	1.204*** (10.990)	0.087*** (5.138)	0.082*** (4.925)	0.084*** (4.947)	0.084*** (5.017)	0.077** (2.817)	0.079*** (2.270)	0.057* (1.631)	0.073** (2.098)
R^2	0.973	0.979	0.973	0.973	0.979	0.979	0.946	0.946	0.946	0.946	0.766	0.768	0.769	0.766
F	2929.906	2243.242	2507.359	2506.941	2042.277	2035.169	1231.901	1231.119	1228.785	1228.779	231.531	233.811	235.261	231.269

注：表中 * 为显著性水平，*** 为 $p < 0.01$，** 为 $p < 0.05$，* 为 $p < 0.1$；$N = 503$。

企业专利申请数量的增多，提高了企业技术创新绩效，假设 H_{3-2} 得以验证。风险资本对技术创新绩效同样具有正向显著影响（$\beta = 0.387$，$p < 0.01$），T 检验值为 0.339，表明企业可以通过吸收风险投资机构的风险资本来提升自身的技术创新绩效，假设 H_{4-2} 成立。综上所述，假设 H_{1-2}、H_{3-2}、H_{4-2} 成立，假设 H_{2-2} 不成立。

5.3.3 科技活动投入的中介效应检验

上文的理论假设提到，科技活动投入（科技活动内部投入、科技活动外部投入）在资本来源（实收资本、债务资本、财政补贴、风险资本）和创新绩效（经济创新绩效、技术创新绩效）之间的关系中起着中介作用。表 5.5 和表 5.6 分别从经济创新绩效和技术创新绩效两个层面，展现了科技活动内部投入和科技活动外部投入的中介效应检验结果，以验证假设 H_{a1}、H_{b1}、H_{c1}、H_{d1}、H_{a2}、H_{b2}、H_{c2}、H_{d2} 是否成立。

1. 企业经济创新绩效层面

为了验证科技活动投入的中介效应是否成立，需要先检验资本来源与科技活动投入、科技活动投入与经济创新绩效的关系。（1）对于科技活动内部投入的中介效应。一方面，由表 5.5 中模型 7 可知，实收资本与科技活动内部投入显著正相关（$\beta = 0.217$，$p < 0.01$）；由模型 8 的回归结果可知，债务资本与科技活动内部投入存在显著正向关系（$\beta = 0.316$，$p < 0.01$）；模型 9 显示，财政补贴对于科技活动内部投入具有显著促进作用（$\beta = 0.201$，$p < 0.01$）；模型 10 的回归结果显示，风险资本对科技活动内部投入具有显著的正向影响作用（$\beta = 0.300$，$p < 0.01$）。另一方面，模型 3 的回归结果显示，科技活动内部投入与企业经济创新绩效的回归系数 $\beta = 0.368$，并且通过了 0.01 水平的显著性检验，表明科技活动内部投入对于企业经济创新绩效的提高具有显著促进作用。因此，科技活动内部投入在资本来源与经济创新绩效之间存在中介作用的前提成立。（2）对于科技活动外部投入的中介效应。一方面，由表 5.5 中模型 11 可知，实收资本与科技活动外部投入显著正相关（$\beta = 0.202$，$p < 0.05$）；由模型 12 的回归结果可知，债务资本与科技活动外部投入存在显著正向关系（$\beta = 0.371$，$p < 0.05$）；模型 13 显示，财政补贴对于科技活动外部投入具有显著促进作用（$\beta = 0.221$，$p < 0.01$）；模型 14 的回归结果显示，风险资本对科技活动外部投入具有显著的正向影响作用（$\beta = 0.331$，$p < 0.05$）。另一方面，模型 4 的回归结果显示，科技活动外部投入与企业经济创新绩效的回归系数 $\beta = 0.424$，并且通过了 0.01 水平的显著性检验，表明科技活

动外部投入对于企业经济创新绩效的提高具有显著促进作用。因此，科技活动外部投入在资本来源与经济创新绩效之间存在中介作用的前提成立。

综上所述，科技活动内部投入与科技活动外部投入在资本来源和经济创新绩效之间存在中介作用的前提均成立，下文将检验中介效应是否真正存在。(1) 将四类资本来源与科技活动内部投入都引入对经济创新绩效的影响模型，得到模型 5 的回归结果。由结果可知，四类资本来源在科技活动内部投入作用下，对经济创新绩效的回归系数相比模型 2 都有所减少。具体来说，实收资本的回归系数由之前的 0.216 降至 0.063 ($p < 0.01$)；债务资本的回归系数由之前的 0.234 降至 0.081 ($p < 0.01$)；财政补贴的回归系数由之前的 0.251 降至 0.101 ($p < 0.05$)；风险资本的回归系数由之前的 0.396 降至 0.210 ($p < 0.05$)。四类资本回归系数的减少表明四者对经济创新绩效的影响程度相比之前都有所降低，说明资本来源对经济创新绩效的影响部分是通过科技活动内部投入起作用的，即科技活动内部投入在实收资本、债务资本、财政补贴、风险资本对企业经济创新绩效的影响过程中起部分中介作用。具体而言，科技活动内部投入的中介效应占比率依次为 $0.217 \times 0.296 \div 0.216 \times 100\% = 29.74\%$，$0.316 \times 0.296 \div 0.234 \times 100\% = 39.97\%$，$0.201 \times 0.296 \div 0.251 \times 100\% = 23.70\%$，$0.300 \times 0.296 \div 0.396 \times 100\% = 22.42\%$。(2) 将四类资本来源与科技活动外部投入都引入对经济创新绩效的影响模型，得到模型 6 的回归结果。由结果可知，四类资本来源在科技活动外部投入作用下，对经济创新绩效的回归系数相比模型 2 都有所减少。具体来说，实收资本的回归系数由之前的 0.216 降至 0.068 ($p < 0.01$)；债务资本的回归系数由之前的 0.234 降至 0.086 ($p < 0.01$)；财政补贴的回归系数由之前的 0.251 降至 0.125 ($p < 0.05$)；风险资本的回归系数由之前的 0.396 降至 0.209 ($p < 0.05$)。四类资本回归系数的减少表明四者对经济创新绩效的影响程度相比之前都有所降低，说明资本来源对经济创新绩效的影响部分是通过科技活动外部投入起作用的，即科技活动外部投入在实收资本、债务资本、财政补贴、风险资本对企业经济创新绩效的影响过程中起部分中介作用。具体而言，科技活动外部投入的中介效应占比率依次为：$0.202 \times 0.327 \div 0.216 \times 100\% = 30.58\%$，$0.371 \times 0.327 \div 0.234 \times 100\% = 40.59\%$，$0.221 \times 0.327 \div 0.251 \times 100\% = 28.79\%$，$0.331 \times 0.327 \div 0.396 \times 100\% = 27.33\%$。综上所述，假设 H_{a1}、H_{b1}、H_{c1}、H_{d1} 通过了验证。

2. 企业技术创新绩效层面

与企业经济创新绩效层面类似，为了验证科技活动投入的中介效应是否成立，首先应该检验资本来源与科技活动投入、科技活动投入与技术创新绩效的关系。（1）对于科技活动内部投入的中介效应。一方面，在检验资本来源与科技活动内部投入效应时，回归结果同上文模型 7 ~ 模型 10，此处不再赘述。另一方面，模型 17 的回归结果显示，科技活动内部投入与企业技术创新绩效的回归系数 $\beta = 0.486$，并且通过了 0.01 水平的显著性检验，表明科技活动内部投入对于企业技术创新绩效的提高具有显著促进作用。因此，科技活动内部投入在资本来源与技术创新绩效之间存在中介作用的前提成立。（2）对于科技活动外部投入的中介效应。在检验资本来源与科技活动外部投入效应时，回归结果同上文模型 11 ~ 模型 14，此处不再赘述。另一方面，模型 18 的回归结果显示，科技活动外部投入与企业技术创新绩效的回归系数 $\beta = 0.502$，并且通过了 0.01 水平的显著性检验，表明科技活动外部投入对于企业技术创新绩效的提高具有显著促进作用。因此，科技活动外部投入在资本来源与技术创新绩效之间存在中介作用的前提成立。

综上所述，科技活动内部投入与科技活动外部投入在资本来源与创新绩效之间存在中介作用的前提均成立，下文将检验中介效应是否真正存在。（1）将四类资本来源与科技活动内部投入都引入对技术创新绩效的影响模型，得到模型 19 的回归结果。由结果可知，四类资本来源在科技活动内部投入作用下，对技术创新绩效的回归系数相比模型 16 都有所减少。具体来说，实收资本的回归系数由之前的 0.206 降至 0.106（$p < 0.01$）；债务资本的回归系数由之前的 0.266 降至 0.167（$p < 0.01$）；财政补贴的回归系数由之前的 0.315 降至 0.205（$p < 0.1$）；风险资本的回归系数由之前的 0.387 降至 0.280（$p < 0.05$）。四类资本回归系数的减少表明四者对技术创新绩效的影响程度相比之前都有所降低，说明资本来源对技术创新绩效的影响部分是通过科技活动内部投入起作用的，即科技活动内部投入在实收资本、债务资本、财政补贴、风险资本对企业技术创新绩效的影响过程中起部分中介作用。具体而言，科技活动内部投入的中介效应占比率依次为：$0.217 \times 0.437 \div 0.206 \times 100\% = 46.03\%$，$0.316 \times 0.437 \div 0.266 \times 100\% = 51.91\%$，$0.201 \times 0.437 \div 0.315 \times 100\% = 27.88\%$，$0.300 \times 0.437 \div 0.387 \times 100\% = 33.88\%$。（2）将四类资本来源与科技活动外部投入都引入对技术创新绩效的影响模型，得到模型 20 的回归结果。由结果可知，四类资本来源在科技活动外部投入作用下，对技术创新绩效的回归系数相比模型 16 都有所减少。具体来说，实收资本的回归系数由之前的 0.206 降至 0.186（$p < 0.01$）；债务资本的回归系数由之前的 0.266 降至 0.147

$(p<0.05)$；财政补贴的回归系数由之前的 0.315 降至 0.216（$p<0.1$）；风险资本的回归系数由之前的 0.387 降至 0.323（$p<0.1$）。四类资本回归系数的减少表明四者对技术创新绩效的影响程度相比之前都有所降低，说明资本来源对技术创新绩效的影响部分是通过科技活动外部投入起作用的，即科技活动外部投入在实收资本、债务资本、财政补贴、风险资本对企业技术创新绩效的影响过程中起部分中介作用。具体而言，科技活动外部投入的中介效应占比率依次为：$0.202 \times 0.597 \div 0.206 \times 100\% = 58.54\%$，$0.371 \times 0.597 \div 0.266 \times 100\% = 83.27\%$，$0.221 \times 0.597 \div 0.315 \times 100\% = 41.88\%$，$0.331 \times 0.597 \div 0.387 \times 100\% = 51.06\%$。综上所述，假设 H_{a2}、H_{b2}、H_{c2}、H_{d2} 得到了支持。

5.3.4 税收减免的调节效应检验

高新技术企业税收减免在资本来源（实收资本、债务资本、财政补贴、风险资本）与科技活动投入（科技活动内部投入、科技活动外部投入）之间起着调节作用。为了验证假设 H_{A1}、H_{B1}、H_{C1}、H_{D1}、H_{A2}、H_{B2}、H_{C2}、H_{D2} 是否成立，本书分别在科技活动内部投入层面和科技活动外部投入层面对税收减免的调节效应进行回归分析，检验结果如表 5.7 和表 5.8 所示。

1. 科技活动内部投入层面

将四类资本来源、税收减免、交互项引入以科技活动内部投入为被解释变量的回归模型，研究税收减免的调节效应。表 5.7 中的模型 29 ~ 模型 32 分别呈现了实收资本、债务资本、财政补贴、风险资本对科技活动内部投入的影响效果，上文已对此部分作了论述，此处不再赘述。根据模型 33 的结果，假设 H_{A1} 得到验证，税收减免在实收资本与科技活动内部投入之间起到显著的正向调节作用（$\beta = 0.703$，$p < 0.01$）。模型 34 的结果验证了假设 H_{B1}（$\beta = 0.743$，$p < 0.05$），税收减免在债务资本与科技活动内部投入之间起到显著的正向调节作用。由模型 35 的结果可知，财政补贴与税收减免的交互项的回归系数显著为正（$\beta = 0.523$，$p < 0.01$），因此假设 H_{C1} 得到支持。但是，模型 36 的结果显示，假设 H_{D1} 并没有得到支持，税收减免在风险资本与科技活动内部投入之间没有显著的调节作用（$\beta = 0.006$，$p > 0.1$）。模型 37 将所有变量同时放入模型考虑，结果进一步验证了税收减免对实收资本、债务资本、财政补贴的正向调节效应，对风险资本则无明显影响。综上所述，假设 H_{A1}、H_{B1}、H_{C1} 成立，假设 H_{D1} 不成立。

表5.7

科技活动内部投入层面的调节效应检验

变量	技术创新绩效								
	模型29	模型30	模型31	模型32	模型33	模型34	模型35	模型36	模型37
实收资本	0.217*** (1.090)								0.086*** (4.980)
债务资本		0.316*** (0.610)			0.133*** (7.768)				0.232*** (8.362)
财政补贴			0.201*** (0.550)			0.089*** (4.825)	0.128*** (4.502)		0.059** (2.194)
风险资本				0.300*** (0.599)				0.007 (0.194)	0.004 (0.161)
税收减免					0.175*** (5.166)	0.151*** (3.956)	0.342*** (11.908)	0.900*** (18.447)	0.218*** (4.829)
实收资本×税收减免					0.703*** (21.065)				2.094*** (6.389)
债务资本×税收减免						0.743** (20.259)			2.060*** (6.184)
财政补贴×税收减免							0.523*** (14.966)		0.450*** (5.138)
风险资本×税收减免								0.006 (0.097)	0.001 (0.040)
R^2	0.946	0.946	0.946	0.946	0.914	0.905	0.909	0.818	0.930
F	1231.901	1231.119	1228.785	1228.779	1766.421	1587.586	1654.066	747.821	731.993

注：表中 * 为显著性水平，*** 为 $p < 0.01$，** 为 $p < 0.05$，* 为 $p < 0.1$；$N = 503$。

表 5.8

科技活动外部投入层面的调节效应检验

变量	模型 38	模型 39	模型 40	模型 41	外部投入 模型 42	模型 43	模型 44	模型 45	模型 46
实收资本	0.202** (0.668)				0.610** (0.544)				0.011 (0.608)
债务资本		0.371** (1.045)				0.082*** (3.931)			0.007 (0.243)
财政补贴			0.221*** (0.761)				0.070** (2.398)		0.048* (1.630)
风险资本				0.331** (1.126)				0.007 (0.261)	0.006 (0.253)
税收减免					0.944*** (26.066)	1.021*** (26.707)	1.008*** (34.077)	0.944*** (26.241)	0.958*** (19.470)
实收资本×税收减免					0.602** (0.343)				2.304*** (6.442)
债务资本×税收减免						0.512** (0.316)			1.755*** (4.828)
财政补贴×税收减免							0.483** (0.301)		0.533*** (5.581)
风险资本×税收减免								0.007 (0.161)	0.006 (0.145)
R^2	0.766	0.768	0.769	0.766	0.901	0.904	0.903	0.901	0.917
F	231.531	233.81	235.261	231.269	1516.374	1569.758	1545.924	1515.643	605.848

注：表中 * 为显著性水平，*** 为 $p < 0.01$，** 为 $p < 0.05$，* 为 $p < 0.1$；$N = 503$。

2. 科技活动外部投入层面

同科技活动内部投入层面类似，将四类资本来源、税收减免、交互项引入以科技活动外部投入为被解释变量的回归模型，研究税收减免的调节效应。表 5.8 中的模型 38 ~ 模型 41 分别展现了实收资本、债务资本、财政补贴、风险资本对科技活动外部投入的影响效果，上文已对此部分作了论述，此处不再赘述。根据模型 42 的结果，假设 H_{A2} 得到验证，税收减免在实收资本与科技活动外部投入之间起到显著的正向调节作用（$\beta = 0.602$，$p < 0.05$）。模型 43 的结果验证了假设 H_{B2}（$\beta = 0.512$，$p < 0.05$），税收减免在债务资本与科技活动外部投入之间起到显著的正向调节作用。由模型 44 的结果可知，财政补贴与税收减免的交互项的回归系数显著为正（$\beta = 0.483$，$p < 0.05$），因此假设 H_{C2} 得到支持。但是，模型 45 的结果显示，假设 H_{D2} 并没有得到支持，税收减免在风险资本与科技活动外部投入之间没有显著的调节作用（$\beta = 0.007$，$p > 0.1$）。模型 46 将所有变量同时放入模型考虑，结果进一步验证了税收减免对实收资本、债务资本、财政补贴的正向调节效应，对风险资本则无明显影响。综上所述，假设 H_{A2}、H_{B2}、H_{C2} 成立，假设 H_{D2} 不成立。

5.4 短期驱动效应实证检验分析

5.4.1 描述性统计及相关性分析

在对 2016 年河北省高新技术企业数据样本实证分析之前，首先进行描述性统计及相关性分析。

1. 描述性统计分析

2016 年河北省高新技术企业资本来源与创新绩效机制模型中各变量的描述性统计如表 5.9 所示。在上文数据选取原则的指导下，本书筛选出 2016 年河北省高新技术企业 832 家。样本企业的平均新产品销售收入为 278882.008 千元，处于较高水平，说明 2016 年河北省高新技术企业经济创新绩效较好；标准差为 2982285.022，说明各企业的经济创新绩效差异较大；而样本的新产品销售收入最低仅为 6 千元，最高达到 84565153 千元，说明本书所选的企业新产品销售收入覆盖区间广，使本书对经济创新绩效影响因素的研究更深入且研究结果更具有适用性。样本企业2016年专利平均申请量为9.510项，表明2016年河北省整体技术创新绩效较高；标准差为74.311，远远大于样本的均值，说明各企业的技术创新参差不齐；同样，样本的专利申请量最大值与最小值差异较大，表明所选样本代表性较强，为本书研究结果的适用性奠定了良好的基础。对于四类资本来源，均值大小依次为债务资本、实收资本、财政补贴、风险资本，说明样本企业的资本主要来源于债务融资，债权融资次之，而从风险投资机构得来的风险资本最少；各类资本的标准差都远远大于其均值，说明样本企业资本来源差别较大；最大值和最小值之间较大的差距为本书样本的选取提供了较好的说服力。科技活动投入指标中，内部投入与外部投入的均值分别为19240.714千元和1370.379千元，说明企业更加注重企业内部R&D创新，产学研合作能力有待提高。2016年河北省高新技术企业获得的税收减免平均为3932.340千元，说明河北省为扶持高新技术企业发展提供了良好的发展环境。在众多控制变量中，企业规模相对较大，企业年龄较为成熟，而R&D强度相对不足，均值仅为9.1%；企业科技人员人数和专利授权数均值分别为104人和32项，说明企业参与R&D的热情较高，有较好的创新环境，并且创新为企业带来的专利授权量可观。

表5.9 统计变量描述性统计

变量代码	样本个数	均值（千元）	标准差	最小值（千元）	最大值（千元）
经济创新绩效	832	278882.008	2982285.022	6	84565153
技术创新绩效	832	9.510	74.311	0	1869
实收资本	832	132384.278	613116.905	0	14800000
债务资本	832	367436.265	1697307.315	0	42308852
财政补贴	832	1542.523	6117.473	0	97044
风险资本	832	992.005	60530.207	0	661305
内部投入	832	19240.714	108301.633	1	3272068
外部投入	832	1370.379	13547.805	0	335023
税收减免	832	3932.340	27754.264	0	794611
企业规模	832	11.861	1.620	6.953	18.286

变量代码	样本个数	均值（千元）	标准差	最小值（千元）	最大值（千元）
企业年龄	832	12.669	7.605	1	106
科技人员	832	104.349	528.676	10	16201
研发强度	832	0.091	0.178	0.001	0.891
创新能力	832	32.046	176.307	1	4059

2. 相关性分析

2016 年河北省高新技术企业资本来源与创新绩效研究模型中各统计变量的相关性分析如表 5.10 所示。由表 5.10 可知，2016 年河北省高新技术企业实收资本与经济创新绩效（$r=0.516$，$p<0.01$）、技术创新绩效（$r=0.498$，$p<0.01$），债务资本与经济创新绩效（$r=0.872$，$p<0.01$）、技术创新绩效（$r=0.874$，$p<0.01$），财政补贴与经济创新绩效（$r=0.518$，$p<0.01$）、技术创新绩效（$r=0.570$，$p<0.01$），风险资本与经济创新绩效（$r=0.707$，$p<0.05$）、技术创新绩效（$r=0.694$，$p<0.05$）都存在显著的正相关关系。实收资本（$r=0.575$，$p<0.01$）、债务资本（$r=0.906$，$p<0.01$）、财政补贴（$r=0.540$，$p<0.01$）、风险资本（$r=0.601$，$p<0.01$）与科技活动内部投入存在显著正相关关系；实收资本（$r=0.381$，$p<0.01$）、债务资本（$r=0.650$，$p<0.01$）、财政补贴（$r=0.555$，$p<0.01$）、风险资本（$r=0.708$，$p<0.01$）与科技活动外部投入存在显著正相关关系。科技活动内部投入与经济创新绩效（$r=0.972$，$p<0.01$）、技术创新绩效（$r=0.876$，$p<0.01$）存在显著正相关关系；科技活动外部投入与经济创新绩效（$r=0.760$，$p<0.01$）、技术创新绩效（$r=0.736$，$p<0.01$）存在显著正相关关系。税收减免与科技活动内部投入（$r=0.934$，$p<0.01$）、科技活动外部投入（$r=0.891$，$p<0.01$）之间存在显著正相关关系。各控制变量与经济创新绩效和技术创新绩效之间也存在显著正相关关系。

3. 多重共线性检验

在进行 2016 年河北省高新技术企业实证分析之前，还应进行多重共线性检验。检验结果如表 5.11 所示，各变量的 VIF 都小于 5，样本数据的多重共线性处于可以接受的范围之内。

表 5.10

统计变量相关性分析

变量代码	经济创新绩效	技术创新绩效	实收资本	债务资本	财政补贴	风险资本	内部投入	外部投入	税收减免	企业规模	企业年龄	科技人员	研发强度
技术创新绩效	0.391**												
实收资本	0.516**	0.498*											
债务资本	0.872**	0.874**	0.050**										
财政补贴	0.518**	0.570*	0.060**	0.047*									
风险资本	0.707**	0.694**	0.001	0.007	0.011								
内部投入	0.972**	0.876**	0.575**	0.906**	0.540**	0.601*							
外部投入	0.760**	0.736**	0.381**	0.650**	0.555**	0.708**	0.014*						
税收减免	0.934**	0.891**	0.495**	0.831**	0.493**	0.025	0.015*	0.043*					
企业规模	0.251**	0.122*	0.042*	0.040*	0.019*	-0.005	0.332*	0.136*	0.286**				
企业年龄	0.034*	0.049*	0.048	0.034	0.042*	-0.012	0.035	0.001	0.062*	0.027**			
科技人员	0.959**	0.343**	0.028*	0.042*	0.054**	0.001	0.968*	0.740*	0.916**	0.019**	0.067*		
研发强度	0.048*	0.025*	-0.044	-0.063	-0.019	-0.02	-0.041	-0.016	-0.054	-0.038	-0.013	-0.053	
创新能力	0.770**	0.594**	0.039*	0.066**	0.032*	-0.001	0.037*	0.039*	0.030*	0.026**	0.022*	0.057*	-0.035

注：显著性水平 ** $p < 0.01$（双尾），* $p < 0.05$（双尾）；$N = 832$。

表 5.11　　　　　　　　　　　变量共线性检验结果

变量代码	经济创新绩效		技术创新绩效	
	容忍度	VIF	容忍度	VIF
实收资本	0.523	1.912	0.523	1.912
债务资本	0.211	4.736	0.211	4.736
财政补贴	0.616	1.624	0.616	1.624
风险资本	0.985	1.016	0.985	1.016
内部投入	0.209	4.767	0.209	4.767
外部投入	0.409	2.445	0.409	2.445
税收减免	0.220	4.555	0.220	4.555
企业规模	0.582	1.717	0.582	1.717
企业年龄	0.904	1.107	0.904	1.107
科技人员	0.511	1.956	0.511	1.956
研发强度	0.892	1.121	0.892	1.121
创新能力	0.342	2.928	0.342	2.928

5.4.2　资本来源对创新绩效的主效应检验

表 5.12 中的模型 1 和表 5.13 中的模型 15 显示了控制变量与被解释变量的关系。整体而言，六个控制变量均通过了显著性检验，能够较好地解释各变量对被解释变量的影响。具体而言，企业规模与经济创新绩效（$\beta = 0.065$，$p < 0.01$）和技术创新绩效显著正相关（$\beta = 0.017$，$p < 0.1$）；企业年龄与经济创新绩效（$\beta = 0.018$，$p < 0.05$）和技术创新绩效显著正相关（$\beta = 0.012$，$p < 0.1$）；企业的科技人员与经济创新绩效（$\beta = 0.898$，$p < 0.01$）和技术创新绩效显著正相关（$\beta = 0.248$，$p < 0.1$）；企业 R&D 强度与经济创新绩效（$\beta = 0.018$，$p < 0.05$）和技术创新绩效显著正相关（$\beta = 0.014$，$p < 0.05$）；企业的合作能力与经济创新绩效（$\beta = 0.108$，$p < 0.01$）和技术创新绩效显著正相关（$\beta = 0.784$，$p < 0.01$）。

表 5.12

经济创新绩效层面的回归结果

变量	经济创新绩效							内部投入				外部投入		
	模型1	模型2	模型3	模型4	模型5	模型6	模型7	模型8	模型9	模型10	模型11	模型12	模型13	模型14
实收资本		0.254*** (4.363)			0.170*** (1.531)	0.098*** (9.688)	0.334*** (6.690)				0.260** (3.371)			
债务资本		0.362*** (2.324)			0.288** (2.237)	0.202** (2.274)		0.236*** (2.228)				0.197** (2.299)		
财政补贴		0.314** (4.721)			0.215** (1.572)	0.187** (4.304)			0.191*** (1.560)				0.221** (1.761)	
风险资本		0.418*** (3.250)			0.296** (2.536)	0.306** (1.746)				0.301*** (6.599)				0.307** (6.126)
内部投入			0.699*** (26.939)		0.479*** (22.054)									
外部投入				0.503*** (23.773)		0.393*** (15.240)								
企业规模	0.065*** (7.046)	0.050*** (5.051)	0.089*** (12.245)	0.054*** (5.988)	0.066*** (8.330)	0.042*** (4.344)	0.042*** (4.822)	0.009 (1.000)	0.038*** (4.429)	0.034*** (4.018)	0.092*** (3.872)	0.110*** (4.433)	0.097*** (4.134)	0.107*** (4.673)
企业年龄	0.018** (2.177)	0.020** (2.538)	0.005 (0.832)	0.016* (1.979)	0.010 (1.545)	0.018** (2.324)	0.020*** (2.633)	-0.014 (-1.823)	-0.019** (-2.500)	-0.018** (-2.423)	-0.024 (-1.161)	-0.021 (-0.993)	-0.023 (-1.085)	-0.021 (-1.022)

续表

变量	经济创新绩效						内部投入				外部投入			
	模型 1	模型 2	模型 3	模型 4	模型 5	模型 6	模型 7	模型 8	模型 9	模型 10	模型 11	模型 12	模型 13	模型 14
科技人员	0.898*** (71.497)	0.882*** (46.405)	0.283*** (11.373)	0.815*** (52.856)	0.341*** (13.351)	0.805*** (39.011)	0.893*** (75.412)	0.785*** (45.390)	0.887*** (76.205)	0.881*** (77.688)	0.831*** (25.452)	0.796*** (16.369)	0.822*** (25.675)	0.807*** (25.907)
研发强度	0.018** (2.137)	0.013* (1.656)	0.030*** (4.580)	0.017** (2.097)	0.026*** (4.044)	0.013* (1.670)	0.019** (2.448)	0.015* (2.019)	0.019** (2.445)	0.017** (2.268)	0.006* (0.303)	0.009* (0.434)	0.006* (0.266)	0.009* (0.415)
创新能力	0.108*** (2.137)	0.117*** (9.220)	0.035*** (3.500)	0.112*** (9.358)	0.056*** (5.465)	0.119*** (9.673)	0.110*** (9.812)	0.079*** (6.858)	0.109*** (9.612)	0.104*** (9.327)	0.130** (0.979)	0.045* (1.403)	0.030* (0.961)	0.042** (1.376)
R^2	0.964	0.967	0.978	0.966	0.980	0.969	0.971	0.972	0.971	0.970	0.750	0.749	0.749	0.749
F	2381.480	1580.565	3488.607	2193.112	2386.432	1530.454	2573.753	2672.782	2557.048	2544.566	202.037	200.240	201.424	200.247

注：表中 * 为显著性水平，*** 为 $p<0.01$，** 为 $p<0.05$，* 为 $p<0.1$；$N=832$。

表 5.13

技术创新绩效层面的回归结果

变量	技术创新绩效						内部投入				外部投入			
	模型 15	模型 16	模型 17	模型 18	模型 19	模型 20	模型 21	模型 22	模型 23	模型 24	模型 25	模型 26	模型 27	模型 28
实收资本		0.234*** (4.363)			0.129*** (4.152)	0.134*** (4.343)	0.334*** (6.690)				0.260** (3.371)			
债务资本		0.295*** (5.565)			0.108* (0.607)	0.123* (0.679)		0.236*** (2.228)				0.197** (2.299)		
财政补贴		0.269** (5.124)			0.154*** (0.852)	0.169** (1.122)			0.191*** (1.560)				0.221*** (1.761)	
风险资本		0.316*** (8.546)			0.196*** (8.536)	0.196** (8.541)				0.301*** (6.599)				0.307** (6.126)
内部投入			0.466** (2.692)		0.398** (1.994)									
外部投入				0.338*** (1.496)		0.320*** (1.461)								
企业规模	0.017* (0.605)	0.012* (0.421)	-0.022 (-0.805)	-0.015 (-0.530)	0.010* (0.347)	0.013 (0.425)	0.042*** (4.822)	0.009 (1.000)	0.038*** (4.429)	0.034*** (4.018)	0.092*** (3.872)	0.110*** (4.433)	0.097*** (4.134)	0.107*** (4.673)
企业年龄	0.012* (0.497)	0.010* (0.397)	0.015* (0.619)	0.013* (0.512)	0.011* (0.461)	0.010 (0.399)	0.020*** (2.633)	-0.014 (-1.823)	-0.019** (-2.500)	-0.018** (-2.423)	-0.024 (-1.161)	-0.021 (-0.993)	-0.023 (-1.085)	-0.021 (-1.022)

变量	技术创新绩效						内部投入				外部投入			
	模型 15	模型 16	模型 17	模型 18	模型 19	模型 20	模型 21	模型 22	模型 23	模型 24	模型 25	模型 26	模型 27	模型 28
科技人员	0.248*** (6.696)	0.240*** (4.261)	0.394*** (4.188)	0.262*** (5.581)	0.318*** (3.297)	0.242*** (3.833)	0.893*** (75.412)	0.785*** (45.390)	0.887*** (76.205)	0.881*** (77.688)	0.831*** (25.452)	0.796*** (16.369)	0.822*** (25.675)	0.807*** (25.907)
研发强度	0.014* (0.569)	0.004* (0.173)	0.017* (0.684)	0.014* (0.563)	0.006* (0.246)	0.004* (0.172)	0.019*** (2.448)	0.015* (2.019)	0.019* (2.445)	0.017** (2.268)	0.006* (0.303)	0.009* (0.434)	0.006* (0.266)	0.009* (0.415)
创新能力	0.784*** (21.545)	0.803*** (21.28)	0.766*** (20.300)	0.784*** (21.539)	0.794*** (20.490)	0.803*** (21.266)	0.110*** (9.812)	0.079*** (6.858)	0.109*** (9.612)	0.104*** (9.327)	0.130** (0.979)	0.045* (1.403)	0.030* (0.961)	0.042** (1.376)
R^2	0.617	0.654	0.618	0.617	0.655	0.654	0.971	0.972	0.971	0.970	0.750	0.749	0.749	0.749
F	112.703	82.180	97.175	96.571	74.798	74.642	2573.753	2672.782	2557.048	2544.566	202.037	200.240	201.424	200.247

注：表中 * 为显著性水平，*** 为 $p < 0.01$，** 为 $p < 0.05$，* 为 $p < 0.1$；$N = 832$。

表 5.12 中的模型 2 和表 5.13 中的模型 16 展现了资本来源与创新绩效的主效应检验结果。在经济创新绩效层面，模型 2 的回归结果显示，实收资本与经济创新绩效的回归系数 $\beta = 0.254 (p < 0.01)$，T 检验值为 4.363，说明实收资本与经济创新绩效显著正相关，企业可以通过吸收国家资本、社会个人资本、外商投资来提高经济创新绩效，假设 H_{1-1} 得到支持。债务资本与经济创新绩效的回归系数 $\beta = 0.362 (p < 0.01)$，T 检验值为 2.324，说明债务资本与经济创新绩效显著正相关，这与之前理论假设不符，H_{2-1} 未得到支持。财政补贴与经济创新绩效的回归系数 $\beta = 0.314$，T 检验值为 4.721，且通过了 0.05 水平的显著性检验，表明国家通过财政补贴的方式促进了企业新产品销售收入的增加，提高了企业经济创新绩效，假设 H_{3-1} 得以验证。风险资本对经济创新绩效同样具有正向显著影响（$\beta = 0.418$，$p < 0.01$），T 检验值为 3.250，表明企业可以通过吸收风险投资机构的风险资本来提升自身的经济创新绩效，假设 H_{4-1} 成立。综上所述，假设 H_{1-1}、H_{3-1}、H_{4-1} 成立，假设 H_{2-1} 不成立。

在技术创新绩效层面，模型 16 的回归结果显示，实收资本与技术创新绩效的回归系数 $\beta = 0.234 (p < 0.01)$，T 检验值为 4.363，说明实收资本与技术创新绩效显著正相关，企业可以通过吸收国家资本、社会个人资本、外商投资来提高技术创新绩效，假设 H_{1-2} 得到支持。债务资本与技术创新绩效的回归系数 $\beta = 0.295 (p < 0.01)$，T 检验值为 5.565，说明债务资本与技术创新绩效显著正相关，这与之前理论假设不符，H_{2-2} 未得到支持。财政补贴与技术创新绩效的回归系数 $\beta = 0.269$，T 检验值为 5.124，且通过了 0.05 水平的显著性检验，表明国家通过财政补贴的方式促进了企业专利申请数量的增多，提高了企业技术创新绩效，假设 H_{3-2} 得以验证。风险资本对技术创新绩效同样具有正向显著影响（$\beta = 0.316$，$p < 0.01$），T 检验值为 8.546，表明企业可以通过吸收风险投资机构的风险资本来提升自身的技术创新绩效，假设 H_{4-2} 成立。综上所述，假设 H_{1-2}、H_{3-2}、H_{4-2} 成立，假设 H_{2-2} 不成立。

5.4.3 科技活动投入的中介效应检验

上文的理论假设提到，科技活动投入（科技活动内部投入、科技活动外部投入）在资本来源（实收资本、债务资本、财政补贴、风险资本）和创新绩效（经济创新绩效、技术创新绩效）之间的关系中起着中介作用。表 5.12 和表 5.13 分别从经济创新绩效和技术创新绩效两个层面，展现了科技活动内部投入和科技活动外部投入的中介效应检验结果，以验证

假设 H_{a1}、H_{b1}、H_{c1}、H_{d1}、H_{a2}、H_{b2}、H_{c2}、H_{d2} 是否成立。

1. 企业经济创新绩效层面

为了验证科技活动投入的中介效应是否成立，需要先检验资本来源与科技活动投入、科技活动投入与经济创新绩效的关系。（1）对于科技活动内部投入的中介效应。一方面，由表 5.12 中模型 7 可知，实收资本与科技活动内部投入显著正相关（$\beta = 0.334$，$p < 0.01$）；由模型 8 的回归结果可知，债务资本与科技活动内部投入存在显著正向关系（$\beta = 0.236$，$p < 0.01$）；模型 9 显示，财政补贴对于科技活动内部投入具有显著促进作用（$\beta = 0.191$，$p < 0.01$）；模型 10 的回归结果显示，风险资本对科技活动内部投入具有显著的正向影响作用（$\beta = 0.301$，$p < 0.01$）。另一方面，模型 3 的回归结果显示，科技活动内部投入与企业经济创新绩效的回归系数 $\beta = 0.699$，并且通过了 0.01 水平的显著性检验，表明科技活动内部投入对于企业经济创新绩效的提高具有显著促进作用。因此，科技活动内部投入在资本来源与经济创新绩效之间存在中介作用的前提成立。（2）对于科技活动外部投入的中介效应。一方面，由表 5.12 中模型 11 可知，实收资本与科技活动外部投入显著正相关（$\beta = 0.260$，$p < 0.05$）；由模型 12 的回归结果可知，债务资本与科技活动外部投入存在显著正向关系（$\beta = 0.197$，$p < 0.05$）；模型 13 显示，财政补贴对于科技活动外部投入具有显著促进作用（$\beta = 0.221$，$p < 0.01$）；模型 14 的回归结果显示，风险资本对科技活动外部投入具有显著的正向影响作用（$\beta = 0.307$，$p < 0.05$）。另一方面，模型 4 的回归结果显示，科技活动外部投入与企业经济创新绩效的回归系数 $\beta = 0.503$，并且通过了 0.01 水平的显著性检验，表明科技活动外部投入对于企业经济创新绩效的提高具有显著促进作用。因此，科技活动外部投入在资本来源与经济创新绩效之间存在中介作用的前提成立。

综上所述，科技活动内部投入与科技活动外部投入在资本来源与经济创新绩效之间存在中介作用的前提均成立，下文将检验中介效应是否真正存在。（1）将四类资本来源与科技活动内部投入都引入对经济创新绩效的影响模型，得到模型 5 的回归结果。由结果可知，四类资本来源在科技活动内部投入作用下，对经济创新绩效的回归系数相比模型 2 都有所减少。具体来说，实收资本的回归系数由之前的 0.254 降至 0.170（$p < 0.01$）；债务资本的回归系数由之前的 0.362 降至 0.288（$p < 0.05$）；财政补贴的回归系数由之前的 0.314 降至 0.215（$p < 0.05$）；风险资本的回归系数由之前的 0.418 降至 0.296（$p < 0.05$）。四类资本回归系数的减少表明四者对经济创新绩效的影响程度相比之前都有所降低，说明资本来源对经济创新绩效的

影响部分是通过科技活动内部投入起作用的，即科技活动内部投入在实收资本、债务资本、财政补贴、风险资本对企业经济创新绩效的影响过程中起部分中介作用。具体而言，科技活动内部投入的中介效应占比率分别为：$0.334 \times 0.479 \div 0.254 \times 100\% = 62.99\%$，$0.236 \times 0.479 \div 0.362 \times 100\% = 31.23\%$，$0.191 \times 0.479 \div 0.314 \times 100\% = 29.14\%$，$0.301 \times 0.479 \div 0.418 \times 100\% = 34.49\%$。（2）将四类资本来源与科技活动外部投入都引入对经济创新绩效的影响模型，得到模型6的回归结果。由结果可知，四类资本来源在科技活动外部投入作用下，对经济创新绩效的回归系数相比模型2都有所减少。具体来说，实收资本的回归系数由之前的0.254降至0.098（$p < 0.01$）；债务资本的回归系数由之前的0.362降至0.202（$p < 0.05$）；财政补贴的回归系数由之前的0.314降至0.187（$p < 0.05$）；风险资本的回归系数由之前的0.418降至0.306（$p < 0.05$）。四类资本回归系数的减少表明四者对经济创新绩效的影响程度相比之前都有所降低，说明资本来源对经济创新绩效的影响部分是通过科技活动外部投入起作用的，即科技活动外部投入在实收资本、债务资本、财政补贴、风险资本对企业经济创新绩效的影响过程中起部分中介作用。具体而言，科技活动外部投入的中介效应占比率依次为：$0.260 \times 0.393 \div 0.254 \times 100\% = 40.23\%$，$0.197 \times 0.393 \div 0.362 \times 100\% = 21.39\%$，$0.221 \times 0.393 \div 0.314 \times 100\% = 27.66\%$，$0.307 \times 0.393 \div 0.418 \times 100\% = 28.86\%$。综上所述，假设 H_{a1}、H_{b1}、H_{c1}、H_{d1} 通过了验证。

2. 企业技术创新绩效层面

与企业经济创新绩效层面类似，为了验证科技活动投入的中介效应是否成立，首先应该检验资本来源与科技活动投入、科技活动投入与技术创新绩效的关系。（1）对于科技活动内部投入的中介效应。一方面，在检验资本来源与科技活动内部投入效应时，回归结果同上文模型7~模型10，此处不再赘述。另一方面，模型17的回归结果显示，科技活动内部投入与企业技术创新绩效的回归系数 $\beta = 0.466$，并且通过了0.05水平的显著性检验，表明科技活动内部投入对于企业技术创新绩效的提高具有显著促进作用。因此，科技活动内部投入在资本来源与技术创新绩效之间存在中介作用的前提成立。（2）对于科技活动外部投入的中介效应。一方面，在检验资本来源与科技活动外部投入效应时，回归结果同上文模型11~模型14，此处不再赘述。另一方面，模型18的回归结果显示，科技活动外部投入与企业技术创新绩效的回归系数 $\beta = 0.338$，并且通过了0.01水平的显著性检验，表明科技活动外部投入对于企业技术创新绩效的提高具有显著促进作用。因此，科技活动外部投入在资本来源与技术创新绩效之间存在中介作用的前提成立。

综上所述，科技活动内部投入与科技活动外部投入在资本来源与创新绩效之间存在中介作用的前提均成立，下文将检验中介效应是否真正存在。（1）将四类资本来源与科技活动内部投入都引入对技术创新绩效的影响模型，得到模型19的回归结果。由结果可知，四类资本来源在科技活动内部投入作用下，对技术创新绩效的回归系数相比模型16都有所减少。具体来说，实收资本的回归系数由之前的0.234降至0.129（$p < 0.01$）；债务资本的回归系数由之前的0.295降至0.108（$p < 0.1$）；财政补贴的回归系数由之前的0.269降至0.154（$p < 0.01$）；风险资本的回归系数由之前的0.316降至0.196（$p < 0.01$）。四类资本回归系数的减少表明四者对技术创新绩效的影响程度相比之前都有所降低，说明资本来源对技术创新绩效的影响部分是通过科技活动内部投入起作用的，即科技活动内部投入在实收资本、债务资本、财政补贴、风险资本对企业技术创新绩效的影响过程中起部分中介作用。具体而言，科技活动内部投入的中介效应占比率依次为：$0.334 \times 0.398/0.234 \times 100\% = 56.81\%$，$0.236 \times 0.398/0.295 \times 100\% = 31.84\%$，$0.191 \times 0.398/0.269 \times 100\% = 28.26\%$，$0.301 \times 0.398/0.316 \times 100\% = 37.91\%$。（2）将四类资本来源与科技活动外部投入都引入对技术创新绩效的影响模型，得到模型20的回归结果。由结果可知，四类资本来源在科技活动外部投入作用下，对技术创新绩效的回归系数相比模型16都有所减少。具体来说，实收资本的回归系数由之前的0.234降至0.134（$p < 0.01$）；债务资本的回归系数由之前的0.295降至0.123（$p < 0.1$）；财政补贴的回归系数由之前的0.269降至0.169（$p < 0.05$）；风险资本的回归系数由之前的0.316降至0.196（$p < 0.01$）。四类资本回归系数的减少表明四者对技术创新绩效的影响程度相比之前都有所降低，说明资本来源对技术创新绩效的影响部分是通过科技活动外部投入起作用的，即科技活动外部投入在实收资本、债务资本、财政补贴、风险资本对企业技术创新绩效的影响过程中起部分中介作用。具体而言，科技活动外部投入的中介效应占比率依次为：$0.260 \times 0.320 \div 0.234 \times 100\% = 35.56\%$，$0.197 \times 0.320 \div 0.295 \times 100\% = 21.37\%$，$0.221 \times 0.320 \div 0.269 \times 100\% = 26.29\%$，$0.307 \times 0.320 \div 0.316 \times 100\% = 31.09\%$。综上所述，假设 H_{a2}、H_{b2}、H_{c2}、H_{d2} 得到了支持。

5.4.4 税收减免的调节效应检验

高新技术企业税收减免在资本来源（实收资本、债务资本、财政补贴、风险资本）与科技活动投入（科技活动内部投入、科技活动外部投入）之间起着调节作用。为了验证假设 H_{A1}、H_{B1}、H_{C1}、H_{D1}、H_{A2}、H_{B2}、H_{C2}、H_{D2} 是否成立，本书分别在科技活动内部投入层面和科技活动外部投入层面对税收减免的调节效应进行回归分析，检验结果如表 5.14 和表 5.15 所示。

1. 科技活动内部投入层面

将四类资本来源、税收减免、交互项引入以科技活动内部投入为被解释变量的回归模型，研究税收减免的调节效应。表 5.14 中的模型 29～模型 32 分别呈现了实收资本、债务资本、财政补贴、风险资本对科技活动内部投入的影响效果，上文已对此部分作了论述，此处不再赘述。根据模型 33 的结果，假设 H_{A1} 得到验证，税收减免在实收资本与科技活动内部投入之间起到显著的正向调节作用（$\beta = 0.542$，$p < 0.01$）。模型 34 的结果验证了假设 H_{B1}（$\beta = 0.460$，$p < 0.01$），税收减免在债务资本与科技活动内部投入之间起到显著的正向调节作用。由模型 35 的结果可知，财政补贴与税收减免的交互项的回归系数显著为正（$\beta = 0.450$，$p < 0.01$），因此假设 H_{C1} 得到支持。但是，模型 36 的结果显示，假设 H_{D1} 并没有得到支持，税收减免在风险资本与科技活动内部投入之间没有显著的调节作用（$\beta = 0.123$，$p > 0.1$）。模型 37 将所有变量同时放入模型考虑，结果进一步验证了税收减免对实收资本、债务资本、财政补贴的正向调节效应，对风险资本则无明显影响。综上所述，假设 H_{A1}、H_{B1}、H_{C1} 成立，假设 H_{D1} 不成立。

2. 科技活动外部投入层面

同科技活动内部投入层面类似，将四类资本来源、税收减免、交互项引入以科技活动外部投入为被解释变量的回归模型，研究税收减免的调节效应。表 5.15 中的模型 38～模型 41 分别展现了实收资本、债务资本、财政补贴、风险资本对科技活动外部投入的影响效果，上文已对此部分作了论述，此处不再赘述。根据模型 42 的结果，假设 H_{A2} 得到验证，税收减免在实收资本与科技活动外部投入之间起到显著的正向调节作用（$\beta = 0.539$，$p < 0.01$）。模型 43 的结果验证了假设 H_{B2}（$\beta = 0.556$，$p < 0.01$），税收减免在债务资本与科技活动外部投入之间起到显著的正向调节作用。由模型 44 的结果可知，财政补贴与税收减免的交互项的回归系数显著为

表 5.14   科技活动内部投入层面的调节效应检验

变量	内部投入								
	模型 29	模型 30	模型 31	模型 32	模型 33	模型 34	模型 35	模型 36	模型 37
实收资本	0.334*** (6.690)				0.143*** (13.744)				0.019** (2.208)
债务资本		0.236*** (2.228)				0.404*** (30.148)			0.417*** (27.702)
财政补贴			0.191*** (1.560)				0.076*** (6.726)		0.084* (1.519)
风险资本				0.301*** (6.599)				0.020* (1.733)	0.005* (0.720)
税收减免					0.353*** (16.372)	0.162*** (8.437)	0.485*** (24.228)	0.977*** (72.084)	0.288*** (15.185)
实收资本×税收减免					0.542*** (25.471)				2.100*** (10.296)
债务资本×税收减免						0.460*** (26.018)			2.292*** (10.312)
财政补贴×税收减免							0.450*** (22.408)		0.551*** (10.250)
风险资本×税收减免								0.123 (9.070)	0.053 (6.878)
R^2	0.971	0.972	0.971	0.970	0.954	0.970	0.946	0.921	0.977
F	2573.753	2672.782	2557.048	2544.566	3704.403	5872.736	3136.595	2061.450	2514.738

注：表中 * 为显著性水平，*** 为 $p < 0.01$，** 为 $p < 0.05$，* 为 $p < 0.1$；$N = 832$。

表 5.15   科技活动外部投入层面的调节效应检验

变量	外部投入								
	模型 38	模型 39	模型 40	模型 41	模型 42	模型 43	模型 44	模型 45	模型 46
实收资本	0.260 ** (3.371)				0.488 *** (21.509)				0.001 (0.061)
债务资本		0.197 ** (2.299)				0.025 * (0.715)			0.038 * (0.906)
财政补贴			0.221 *** (1.761)				0.052 ** (2.398)		0.023 * (0.953)
风险资本				0.307 ** (6.126)				0.011 * (0.538)	0.002 (0.116)
税收减免					0.256 *** (5.680)	0.218 *** (4.417)	0.417 *** (10.561)	0.706 *** (30.464)	0.722 *** (31.400)
实收资本 × 税收减免					0.539 *** (12.104)				3.114 *** (5.466)
债务资本 × 税收减免						0.556 *** (12.214)			4.840 *** (7.797)
财政补贴 × 税收减免							0.404 ** (10.180)		0.996 *** (6.636)
风险资本 × 税收减免								0.074 (3.181)	0.069 (3.192)
R^2	0.750	0.749	0.749	0.749	0.778	0.780	0.769	0.746	0.799
F	202.037	200.240	201.424	200.247	563.957	572.495	531.850	462.056	215.933

注：表中 * 为显著性水平，*** 为 $p < 0.01$，** 为 $p < 0.05$，* 为 $p < 0.1$；$N = 832$。

正（$\beta = 0.404$，$p < 0.05$），因此假设 H_{C2} 得到支持。但是，模型 45 的结果显示，假设 H_{D2} 并没有得到支持，税收减免在风险资本与科技活动外部投入之间没有显著的调节作用（$\beta = 0.074$，$p > 0.1$）。模型 46 将所有变量同时放入模型考虑，结果进一步验证了税收减免对实收资本、债务资本、财政补贴的正向调节效应，对风险资本则无明显影响。综上所述，假设 H_{A2}、H_{B2}、H_{C2} 成立，假设 H_{D2} 不成立。

5.5　实证结果汇总

本书运用两阶段分层回归的方法，分别对河北省 2014—2016 年存续的 503 家高新技术企业进行演化回归，对 2016 年 832 家高新技术企业当年发展状态进行假设检验。同时，将两次实证结果进行比较，以发掘出更深更有价值的管理启示。综合以上分析可以看出，两次实证分析所得到的结果相同（见表 5.16），这同时也增强了本书结论的说服力。

表 5.16　　　　　　　　　　　假设检验结果汇总表

假设名称		假设内容	检验结果
主效应	H_{1-1}	高新技术企业实收资本与经济创新绩效正相关	成立
	H_{1-2}	高新技术企业实收资本与技术创新绩效正相关	成立
	H_{2-1}	高新技术企业债务资本与经济创新绩效负相关	不成立
	H_{2-2}	高新技术企业债务资本与技术创新绩效负相关	不成立
	H_{3-1}	高新技术企业财政补贴与经济创新绩效正相关	成立
	H_{3-2}	高新技术企业财政补贴与技术创新绩效正相关	成立
	H_{4-1}	高新技术企业风险资本与经济创新绩效正相关	成立
	H_{4-2}	高新技术企业风险资本与技术创新绩效正相关	成立
中介效应	H_{a1}	企业科技活动投入（科技活动内部投入和科技活动外部投入）在实收资本与经济创新绩效之间起中介作用	成立
	H_{a2}	企业科技活动投入（科技活动内部投入和科技活动外部投入）在实收资本与技术创新绩效之间起中介作用	成立
	H_{b1}	企业科技活动投入（科技活动内部投入和科技活动外部投入）在债务资本与经济创新绩效之间起中介作用	成立
	H_{b2}	企业科技活动投入（科技活动内部投入和科技活动外部投入）在债务资本与技术创新绩效之间起中介作用	成立

假设名称		假设内容	检验结果
中介效应	H_{c1}	企业科技活动投入（科技活动内部投入和科技活动外部投入）在财政补贴与经济创新绩效之间起中介作用	成立
	H_{c2}	企业科技活动投入（科技活动内部投入和科技活动外部投入）在财政补贴与技术创新绩效之间起中介作用	成立
	H_{d1}	企业科技活动投入（科技活动内部投入和科技活动外部投入）在风险资本与经济创新绩效之间起中介作用	成立
	H_{d2}	企业科技活动投入（科技活动内部投入和科技活动外部投入）在风险资本与技术创新绩效之间起中介作用	成立
调节效应	H_{A1}	高新技术企业享受的税收减免在实收资本与科技活动内部投入中起正向调节作用	成立
	H_{B1}	高新技术企业享受的税收减免在债务资本与科技活动内部投入中起正向调节作用	成立
	H_{C1}	高新技术企业享受的税收减免在财政补贴与科技活动内部投入中起正向调节作用	成立
	H_{D1}	高新技术企业享受的税收减免在风险资本与科技活动内部投入中起正向调节作用	不成立
	H_{A2}	高新技术企业享受的税收减免在实收资本与科技活动外部投入中起正向调节作用	成立
	H_{B2}	高新技术企业享受的税收减免在债务资本与科技活动外部投入中起正向调节作用	成立
	H_{C2}	高新技术企业享受的税收减免在财政补贴与科技活动外部投入中起正向调节作用	成立
	H_{D2}	高新技术企业享受的税收减免在风险资本与科技活动外部投入中起正向调节作用	不成立

具体而言，首先，两次实证结果均证明高新技术企业实收资本、债务资本、财政补贴、风险资本与经济创新绩效和技术创新绩效正相关，即除假设 H_{2-1} 和 H_{2-2} 之外的其他主效应假设均成立。

其次，对于科技活动投入的中介效应的检验，两次实证结果都显示，无论是科技活动内部投入还是科技活动外部投入，都在资本来源（实收资本、债务资本、财政补贴、风险资本）与创新绩效（经济创新绩效和技术创新绩效）之间起到中介作用，并且是部分中介，说明之前提出的中介效应假设都成立。

最后，对于税收减免的调节效应检验，两次实证结果都表明，税收减免在除风险资本之外的其他资本来源（实收资本、债务资本、财政补贴）

与科技活动投入（科技活动内部投入和科技活动外部投入）之间具有正向调节作用，即除假设 H_{D1} 和 H_{D2} 之外的其他中介效应假设均成立。

5.6 本章研究结论与启示

既有研究未能分析高新技术企业多种资本来源与创新绩效的相关性，未能明确何种渠道的资本来源对高新技术企业创新绩效的影响较大，也未能有效解释高新技术企业资本来源如何影响创新绩效。为此，本书在梳理归纳大量相关文献的基础上，首先从实收资本、债务资本、财政补贴、风险资本四个渠道来探析高新技术企业各种资本来源与企业的相互关系；接着，提出了高新技术企业资本来源与创新绩效的作用机制模型；最后，基于 2014—2016 年《国家高新技术产业开发区企业统计报表》中的相关统计数据，以河北省高新技术企业为研究样本，对理论模型进行了验证。本书重点研究科技活动投入在资本来源与创新绩效之间的中介效应，以及税收减免在资本来源与科技活动投入之间的调节作用，阐明实收资本、债务资本、财政补贴、风险资本对企业经济创新绩效和技术创新绩效的相关度，以及这一影响背后的作用机制，丰富扩展了现有理论研究，同时对高新技术企业提高创新绩效具有重要实践意义。

5.6.1 结论与讨论

综合以上分析研究，并根据表 5.16 汇总的实证研究结果，本书可以得到以下几点重要结论。

1. 高新技术企业不同来源的资本对经济创新绩效和技术创新绩效均产生正向显著影响

本书证实，无论是否考虑创新绩效的时间滞后性，在控制了企业规模、企业年龄、科技人员、研发强度、创新能力等因素后，高新技术企业实收资本、债务资本、财政补贴、风险资本对企业经济创新绩效和技术创新绩效均产生显著正向影响。值得注意的是，虽然高新技术企业债务资本与创新绩效正相关这一结论并未支持本书之前的假设，但是与布鲁克斯和戴维森[178]以及吕民乐、王晓虎[179]等学者的研究结论相一致。企业债务资本之所以与创新绩效显著正相关，本书认为，这可能是由于适当的债务资本可以加强企业治理，减少信息不对称带来的风险。同时，债务资本也会对管理者的行为和努力程度产生影响，利用充足的资金尽快将创新成果推向市场，以获取高额收益，保证按时还本付息。另外，该结论符合资本结构理论和激励理论的相关观点。

2. 在考虑创新绩效的时间滞后性的情况下，高新技术企业不同资本来源与创新绩效的相关性存在显著差别

具体而言，2014—2016年高新技术企业实证结果显示：从相关系数的显著度来看，企业得到的财政补贴对创新绩效的作用程度要弱于其他三类资本；从相关系数的大小来看，风险资本、财政补贴、债务资本、实收资本对创新绩效的作用效果依次递减（表5.5模型2和表5.6模型16）。而对于2016年的高新技术企业，相同的是，企业得到的财政补贴对创新绩效的作用程度弱于其他三类资本；不同的是，资本来源对创新绩效的作用效果递减顺序变为风险资本、债务资本、财政补贴、实收资本（表5.12模型2和表5.13模型16）。

究其原因，本书认为这是由各种资本的特性所造成的。（1）财政补贴作为一种转移性支付，可以无偿地为符合条件的高新技术企业带来资金，但如果缺乏有效监督手段，财政补贴将会成为公司管理层通过非经常性损益项目进行盈余管理的"工具"[180]，并非全部用于企业R&D投入。此外，某些企业可能会与政府之间存在寻租关系，会用非生产性支出来弥补寻租成本，进而进一步获取来自政府的财政补贴。因此，相较于其他三类资本来源，高新技术企业的财政补贴对创新绩效的作用程度相对较弱一些。（2）风险资本具有"创新＋金融"和"投资＋管理"的本质特征。风险投资机构不仅会充分发挥"关系资本"优势，利用其庞大的社会网络和较强的社会影响力为企业注入更多资本；同时也会在创新战略导向、企业治理结构、人力资源分配等多方面为企业提供增值服务。因此，无论是否考虑创新绩效的时间滞后性，风险资本对创新绩效的作用效果最为明显。（3）两次实证结果显示，债务资本和财政补贴与创新绩效的相关度发生了对调。原因在于，与财政补贴不同，债务资本不是一种转移性支付，其具有较高的融资成本；并且债务资本具有期限性，需要期满还本付息，以免资金链断裂，引发破产危机，这就促使企业短期内尽快提高创新绩效。而财政补贴属于"细水长流"型的收入，时间上没有紧迫性，并且政策的贯彻落实需要一定时间。因此，从短期来看，债务资本对创新绩效的作用效果要优于财政补贴，长期来看则相反。（4）实收资本是企业各投资者实际投入的资本（或股本）总额，虽然可以为企业注入资金，缓解企业融资难题，但是总体效果有限，因此与企业创新绩效的相关性排在四类资本的最后也易于理解。

3. 在高新技术企业资本来源影响创新绩效的过程中，科技活动投入起中介作用，税收减免起调节作用

首先，本书证实了无论是否考虑创新绩效的时间滞后性，科技活动投入都会在资本来源与创新绩效之间起到部分中介作用，中介效应占比率如表 5.17 所示。其次，本书的研究结果显示，税收减免在除风险资本之外的其他资本来源与科技活动投入之间具有正向调节作用。也就是说，某些情况下，税收减免不会对风险资本是否用于科技活动投入产生影响。本书未能证实税收减免在风险资本与科技活动投入之间存在调节作用，这可能是由于风险资本的特性所决定的。风险投资机构看中的是高新技术企业新产品、新工艺、新服务等创新成果市场化后的高收益，因此，由风险投资机构为企业注入的风险资本本身就具有研发创新的"靶向性"，即使没有税收减免的调节作用，风险资本依旧会流向企业的科技活动领域。

表 5.17　　　科技活动投入对资本来源与创新绩效的中介效应占比率　　　单位：%

科技活动投入	资本来源	2014—2016 年		2016 年	
		经济创新绩效	技术创新绩效	经济创新绩效	技术创新绩效
科技活动内部投入	实收资本	29.74	46.03	62.99	56.81
	债务资本	39.97	51.91	31.23	31.84
	财政补贴	23.70	27.88	29.14	28.26
	风险资本	22.42	33.88	34.49	37.91
科技活动外部投入	实收资本	30.58	58.54	40.23	35.56
	债务资本	40.59	83.27	21.39	21.37
	财政补贴	28.79	41.88	27.66	26.29
	风险资本	27.33	51.06	28.86	31.09

4. 在考虑创新绩效的时间滞后性的情况下，科技活动内部投入与科技活动外部投入对创新绩效的影响效果不同

具体来看，从 2014—2016 年高新技术企业的实证结果可以发现，科技活动外部投入对创新绩效的影响程度大于科技活动内部投入（表 5.5 模型 3、模型 4 和表 5.6 模型 17、模型 18），而 2016 年的实证结果则与之相反，科技活动内部投入对创新绩效的影响程度大于科技活动外部投入（表 5.12 模型 3、模型 4 和表 5.13 模型 17、模型 18）。

之所以出现这种结果，本书认为应归因于产学研合作具有协调时间长

的特征。详细分析，本书用"报告年度企业委托其他单位或与其他单位合作开展科技活动而支付给其他单位的经费总额"来测度企业的科技活动外部投入，这在一定程度上反映了特定时间内河北省的产学研合作能力。而产学研合作并非一次性完成的交易，无论是技术转让、委托研发还是合作研发，都需要高等学校、科研院所等机构单位的研究人员积极参与到企业的科技活动过程中，才能顺利实现互利共惠。而机构单位的研究人员和企业研发人员在知识水平、逻辑思维、研究习惯、行为方式等多方面都存在显著性差异，各方在合作中要相互适应、相互调整、相互协调，这个过程需要一定的时间成本作为代价。此外，创新的不确定性会导致合作过程中出现预期与行为不一致、期望与结果不一致等问题。因此要实现产学研长期合作，需要时间来消除这些合作问题。这也就解释了为什么从长期来看，科技活动外部投入对创新绩效的影响效果要优于科技活动内部投入。

5.6.2 实践启示

本书的研究结论不仅在理论上充实了现有文献，而且在实践中也具有十分重要的管理启示。

1. 基于高新技术企业的角度

（1）积极引入风险资本。上文的实证结果显示，无论是否考虑创新绩效的时间滞后性，风险资本对创新绩效的作用效果都是最为明显的。风险资本除了给高新技术企业带来"资金＋服务"之外，还会对研发资金的使用起到监督和治理作用，促进企业提高创新绩效。这也印证了龙勇，张合，刘珂[91]、焦跃华，黄永安[181]以及黄艺翔，姚铮[180]等学者的研究。因此，高新技术企业应该积极寻求风险资本的注入。

（2）争取财政补贴，做到专款专用。鉴于财政补贴与创新绩效有较大的相关性，高新技术企业应该努力通过正当手段达到政策要求，通过获取财政补贴来缓解融资压力。同时，企业还要做到将财政补贴用于科技活动投入，避免成为管理层采取机会主义行为的"工具"。

（3）合理进行债务融资。与预期假设不同，本书研究结果显示，债务资本对创新绩效具有显著的正向影响。鉴于此，本书建议高新技术企业保持较低的财务杠杆区间，在条件允许的范围内合理进行债务融资，确保有足够的资金在第一时间开辟新市场，将新产品、新工艺、新服务等创新成果市场化，抢占竞争制高点，获取高额收益。

（4）内外并举，在加大科技活动内部投入的同时，还应该注重产学研合作。从本书的两次实证结果可以发现，虽然科技活动内部投入和科技活动外部投入对创新绩效的相关程度存在差别，但是二者对创新绩效的提高均具有显著促进作用。为此，高新技术企业不仅要保证内部 R&D 有序进行，同时还应该有效整合外部资源，积极与高等学校、科研院所等机构单位寻求更为深入的创新合作。只有双管齐下，才有利于企业改善内创新环境，取得更好的创新绩效。

2. 基于政府部门的角度

（1）健全风险投资市场机制，加强风险投资法律建设。政府部门应该将风险投资纳入国家创新体系，加大风险投资与高新技术企业之间的协调力度，为高新技术企业获得风险资本、加大科技活动投入力度、提高创新绩效提供保障。

（2）继续加大财政补贴力度，完善补贴资金流动监督体系。本书研究结果表明，财政补贴对于高新技术企业提高创新绩效具有显著的促进作用，因此我们有理由支持政府继续加大财政补贴力度，解决高新技术企业融资难题，助力其提高创新能力。同时，政府部门也要完善对财政资金发放、使用的监督体系，规避企业投机行为，避免财政补贴对企业实际科技活动投入产生挤出效应。

（3）推广科技金融超市服务模式，拓宽高新技术企业融资渠道。科技金融超市由多方参与者构成，可以整合科技金融资源，为平台各参与者提供信息资源共享、投融资供需对接、投融资项目管理等服务[182]。政府部门应该促进科技金融超市进一步走进工业园区，实现银企无缝对接。这一方面有助于企业获得多种来源的金融资本，另一方面便于企业在技术研发、产品生产、开辟市场中迅速捕获相关信息。

（4）构建科技资源数据智能共享服务系统，推动产学研科技资源互通共享。鉴于产学研合作过程中的高不确定性和高协调成本，政府部门需要承担起事前激励和事中协调的职责，通过构建科技资源数据智能共享服务系统，实现产学研主体间科技资源的互通共享和最大可能的合作，营造科技资源良性互动的创新环境，减少合作过程中的不确定性和协调成本，集中多方优势，助力企业提高创新绩效。

第6章 技术来源对高新技术企业
创新驱动机制研究

6.1 技术来源途径与理论基础

6.1.1 技术来源内涵及分类

关于技术来源的划分（见图6.1），张倩肖认为外部技术来源主要渠道有国内技术购买、国外技术引进以及国内外资企业 R&D 活动产生的间接溢出[183]。魏洁云在探讨不同技术来源对企业创新绩效的研究中将主要技术来源划分为内部研发、技术引进和国内技术购买三种[184]。另有学者将技术来源分为研发创新和非研发创新，其中，研发创新包括企业内部自主研发技术的内部研发创新和与外单位进行技术委托开发或合作研发的外部研发创新。非研发创新包含技术改造、技术引进、消化吸收和购买国内技术等[185]。本书将技术来源分为四种：①自主研发；②境外技术引进；③境内技术购买；④合作研发。

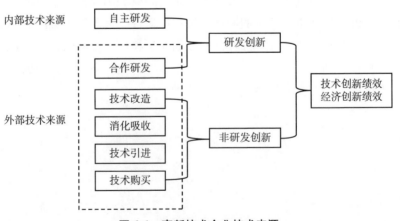

图6.1 高新技术企业技术来源

其中，自主研发投入主要包括：（1）企业内部用于科技活动的非政府经费支出，指企业内部用于全部科技活动的直接支出，以及用于科技活动的管理费、服务费和外协加工费等支出。不包括生产性活动支出、归还贷款支出以及与外单位合作或委托外单位进行科技活动而转拨给对方的经费支出，也不包括来自政府部门的科技活动资金和当年形成用于科技活动的固定资产，以及购买专利等的无形资产支出。（2）企业内部用于科技活动的非政府经费当年形成的固定资产，指企业用于科技活动的固定资产账面原价。（3）来自政府部门的科技活动资金，指企业在报告期使用的从政府有关部门得到的科技活动资金，包括纳入国家计划的中间试验费等。

境外技术引进投入主要包括：（1）技术引进的费用，包括产品设计、工艺流程、图纸、配方、专利等技术资料的费用支出，以及购买关键设备、仪器、样机和样件等的费用支出。（2）消化吸收的经费支出，指企业对境外引进项目进行消化吸收所支付的经费总额。包括人员培训费，测绘费，参加消化吸收的人员的工资，工装、工艺开发费，必备的配套设备费，翻版费等。引进技术的消化吸收指对引进技术的掌握、应用、复制而开展的工作，以及在此基础上的创新。通过消化吸收国外技术，达到掌握引进技术、提高自我创新能力的目的。

境内技术购买投入包括：（1）购买国内技术经费支出，指企业购买国内其他单位科技成果的经费支出，包括购买产品设计、工艺流程、图纸、配方、专利、技术诀窍及关键设备的费用支出。（2）技术改造经费支出，指企业进行技术改造而发生的费用支出。

合作研发：合作研发是指企业、科研院所、高等院校或政府等组织机构，为了分担研发中的巨额投入、规避创新风险、缩短产品研发周期、节约交易成本而形成的一种合作关系，它以合作创新为目的、以合作成员的共同利益为基础，以优势资源互补为前提，通过契约等约束联合行动而自愿形成的组织[186]。

6.1.2 技术来源对企业创新绩效的作用机理分析

1. 企业自主研发对企业创新绩效的机理分析

自主研发是指在企业内开展的技术研发活动，是企业创新能力积累的源泉，也是企业创新能力中最具影响力的变量。国内外实证研究大多表明，自主研发与创新绩效正相关。洪俊杰、石丽静基于中国 371 家创新型企业的研发数据，实证检验了自主研发与企业创新绩效间的关系，并考察地区制度差异对自主研发与创新绩效间的关系的影响。研究发现：自主研发与企业创新绩效之间呈显著正相关关系[187]。李励耕研究分析得出，我国自主研发（R&D）对经济增长有显著的促进作用，技术引进与技术改造对经济增长的短期效应并不明显，但长期效应显著为正[188]。刘小鲁使用中国省际面板数据的研究表明，R&D、引进国外技术和FDI对我国创新能力的积累均有显著的正效应，且R&D对创新能力积累的影响程度最高[189]。孙早和宋炜的实证研究结果表明，国有和民营企业的R&D投入对产业创新绩效的影响均显著为正，且民营企业R&D投入与产业创新绩效的正相关关系更为显著[190]。基于上述分析提出以下假设。

H_{1a}：高新技术企业自主研发与经济创新绩效正相关。

2. 境外技术引进对企业创新绩效的机理分析

境外技术引进相对于自主研发成本较低，是企业快速接近"先进技术或新技术"的外部渠道之一，具有成本优势，企业在对引进技术进行成分的消化吸收后可以进行再创新，快速提升技术创新能力。目前大部分学者的研究证明，境外技术引进有助于提升企业创新绩效。李光泗从多种角度分析了技术引进对于我国经济要素的影响，认为应在技术引进的同时，注重吸收与消化，培养我国科技产品的核心竞争力。他同时指出，技术引进对规模以上企业的产品销售、全要素生产率和技术进步有着显著的正影响[191]。可见，境外技术引进对企业技术创新可发挥显著的正影响，是决定创新绩效的重要因素，特别是对西部技术比较落后的地区，国外技术引进的效果更显著。综上所述，提出以下假设。

H_{1b}：高新技术企业境外技术引进与经济创新绩效正相关。

3. 境内技术购买对企业创新绩效的机理分析

境内技术购买也是企业重要的外部技术源之一，但由于其同属于技术转移，常常与国外技术引进合并为技术引进，少有文献将其单独作为一项技术来源进行研究。从已有研究来看，大部分证实技术购买可以促进企业创新绩效。李姝和刘殿和的研究也显示，购买国内技术对部分企业经营绩效的提升发挥了显著的积极作用[192]。但陈朝月、许治的研究发现购买国内技术对企业创新绩效具有显著的倒"U"形关系[193]。基于此，提出以下假设。

H_{1c}：高新技术企业境内技术购买与经济创新绩效正相关。

4. 企业合作研发对企业创新绩效的机理分析

合作研发可以规避风险、分担成本、缩短研发周期，也已经成为目前高新技术企业技术来源的主要方式之一。学者们从不同的角度和领域研究了合作研发对企业创新绩效的影响，并普遍认为合作研发可以有效提高企业的创新绩效。首先，合作研发可以打破单个企业创新资源不足的限制，促进企业创新活动的顺利开展。其次，合作研发有助于分摊研发成本，并大幅降低研发中的风险。傅宇等基于世界银行中国企业调查数据的实证分析发现：对我国制造业企业而言，与供应链企业的合作研发比其他形式的合作研发对创新绩效的影响更大；企业合作研发程度越高，其合作行为对创新绩效的影响越大[194]。也有部分研究持相反结论，比如，黄贤凤等的研究证实产学研合作研发、企业间合作研发对企业创新绩效没有显著的促进作用。基于此，提出以下假设。

H_{1d}：高新技术企业合作研发与经济创新绩效正相关。

6.1.3 技术创新能力对技术来源与创新绩效的中介作用机理

技术创新能力是竞争优势主要来源之一，包括产品和过程的创新能力。产品创新能力与新产品或改进的产品有关，过程创新能力包括可用于改进管理和生产过程的新管理方法、生产方法和技术。产品创新能力有助于企业创造独特的、难以被其他组织复制或生产的新产品。过程创新主要集中在缩短交货时间和降低运营成本两个方面，迈耶等指出，企业技术创新能力是企业营销能力、研究开发能力以及生产制造能力的整合。关于技术创新能力对创新绩效的影响，官建成等人把企业技术创新能力划分为七个维度，并实证得出七个能力维度均与创新绩效显著正相关。陈艳等实证研究了中小企业的开放式创新并得出了一致结论[195]。因此，技术创新能力是以合理的成本创造独特产品的核心资源。这反过来又能促进公司创新绩效。据此，本书提出以下假设。

H_{2a}：企业技术创新能力在自主研发与经济创新绩效之间起中介作用。

H_{2b}：企业技术创新能力在境外技术引进与经济创新绩效之间起中介作用。

H_{2c}：企业技术创新能力在境内技术购买与经济创新绩效之间起中介作用。

H_{2d}：企业技术创新能力在合作研发与经济创新绩效之间起中介作用。

6.1.4 企业吸收能力对技术来源与创新绩效的调节效应机理

吸收能力是企业获取、转移、消化与吸收知识的能力，最初是由科恩和利文索尔在发表的论文中提出，很多学者都曾从不同角度探究其内涵。我国学者高展军和李垣将吸收能力的内涵概括为以下几点：（1）吸收能力是企业对外部知识在评价、获取和消化基础上，与企业原有知识有效整合和利用的一系列组织惯例和过程；（2）吸收能力是建立在企业知识和经验积累的基础上，具有领域限制和路径依赖的特点；（3）吸收能力存在于企业个体和组织两个层次上，作为一系列基于知识的能力，吸收能力的强弱最终表现在企业竞争优势的实现程度上[196]。扎赫拉和乔治按两个纬度把吸收能力划分为潜在吸收能力和实际吸收能力。陈劲的研究表明，吸收能力主要受到企业知识、企业研发活动、组织管理因素、企业知识环境、企业社会资本的影响，其中企业自身的研发投资是提高企业吸收能力的重要手段[197]。

关于吸收能力与企业创新绩效的关系，埃斯克里瓦诺等则从吸收能力调节外部知识流收益的角度进行研究，结果发现拥有更高吸收能力的企业能从外部知识流中获得更大的利益[198]。侯广辉、张键国基于吸收能力的调节作用，发现企业的社会关系资本对技术创新绩效具有显著的正向影响[199]。基于此，本书提出以下假设。

H_{3a}：高新技术企业吸收能力在自主研发与经济创新绩效中起正向调节作用。

H_{3b}：高新技术企业吸收能力在境外技术引进与经济创新绩效中起正向调节作用。

H_{3c}：高新技术企业吸收能力在境内技术购买与经济创新绩效中起正向调节作用。

H_{3d}：高新技术企业吸收能力在合作研发与经济创新绩效中起正向调节作用。

6.1.5 政府激励对技术来源与创新绩效的调节效应机理

在创新能力的培养中，政府引导起着至关重要的作用。政府会采取多种公共政策措施以支持和刺激企业开展技术活动，其中最常见的方式是政府补贴和税收减免。为此，国外学者对政府补贴的政策效果进行了大量的实证研究，大部分结果表明，政府补贴可以促进企业加大 R&D 投入，从而提高企业绩效。孙杨等发现，政府研发资金对企业专利产出的促进作用仅次于企业研发资金[200]。

恰尼克等（Czarnitzki et al.）指出，税收减免的激励效果十分显著。税收减免可以明显影响企业 R&D 活动的实施，促进企业技术创新产出[201]。国内许多学者更多聚焦于企业层面，对国家税收减免政策的实施效果等方面进行了研究。戴晨、刘怡首先分析了税收优惠和财政补贴两种政策对企业 R&D 投入的影响机制，在此基础上实证比较两种政策工具的激励效果，研究表明，税收优惠比财政补贴的激励效果更明显，而财政补贴比税收优惠的针对性更强[202]。可见，国内外的研究大都认为政府激励对创新活动具有推动作用。

H_{4a}：高新技术企业政府激励在自主研发与经济创新绩效中起正向调节作用。

H_{4b}：高新技术企业政府激励在境外技术引进与经济创新绩效中起正向调节作用。

H_{4c}：高新技术企业政府激励在境内技术购买与经济创新绩效中起正向调节作用。

H_{4d}：高新技术企业政府激励在合作研发与经济创新绩效中起正向调节作用。

本章提出的所有假设如表 6.1 所示。

表 6.1 技术来源与创新绩效假设汇总

假设名称		假设内容
主效应	H_{1a-1}	高新技术企业自主研发与经济创新绩效正相关
	H_{1a-2}	高新技术企业自主研发与技术创新绩效正相关
	H_{1b-1}	高新技术企业境外技术引进与经济创新绩效正相关
	H_{1b-2}	高新技术企业境外技术引进与技术创新绩效正相关
	H_{1c-1}	高新技术企业境内技术购买与经济创新绩效正相关
	H_{1c-2}	高新技术企业境内技术购买与技术创新绩效正相关
	H_{1d-1}	高新技术企业合作研发与经济创新绩效正相关
	H_{1d-2}	高新技术企业合作研发与技术创新绩效正相关
中介效应	H_{2a}	企业技术创新能力在自主研发与经济创新绩效之间起中介作用
	H_{2b}	企业技术创新能力在境外技术引进与经济创新绩效之间起中介作用
	H_{2c}	企业技术创新能力在境内技术购买与经济创新绩效之间起中介作用
	H_{2d}	企业技术创新能力在合作研发与经济创新绩效之间起中介作用
调节效应	H_{3a}	高新技术企业吸收能力在自主研发与经济创新绩效中起正向调节作用
	H_{3b}	高新技术企业吸收能力在境外技术引进与经济创新绩效中起正向调节作用
	H_{3c}	高新技术企业吸收能力在境内技术购买与经济创新绩效中起正向调节作用
	H_{3d}	高新技术企业吸收能力在合作研发与经济创新绩效中起正向调节作用
	H_{4a}	高新技术企业政府激励在自主研发与经济创新绩效中起正向调节作用
	H_{4b}	高新技术企业政府激励在境外技术引进与经济创新绩效中起正向调节作用
	H_{4c}	高新技术企业政府激励在境内技术购买与经济创新绩效中起正向调节作用
	H_{4d}	高新技术企业政府激励在合作研发与经济创新绩效中起正向调节作用

6.1.6 高新技术企业技术来源与创新绩效机制模型

基于上述假设，本书构建了高新技术企业技术来源影响创新绩效的机制模型，即技术来源通过企业技术创新能力的中介作用对创新绩效产生影响，同时吸收能力和政府激励在技术来源与企业创新绩效之间起调节作用（见图6.2）。

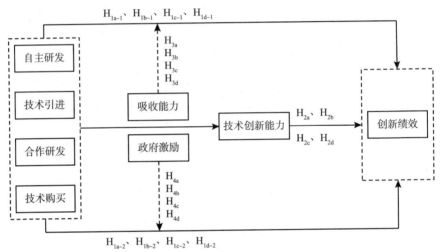

图6.2　高新技术企业技术来源影响创新绩效的机制模型

6.2　样本、数据及计量模型设计

6.2.1　研究样本与数据来源

本书以河北省高新技术产业开发区企业中经省级认定、各国家高新技术产业开发区批准入区的高新技术企业为研究样本，采用2014—2016年《国家高新技术产业开发区企业统计报表》中的相关统计数据为研究变量，数据源自科技部火炬高技术产业开发中心，采用的是已验收数据，要经过主管部门的审计，保证了其真实性。

本书首先选取2016年河北省高新技术企业690家，对上文假设进行检验。所选企业范围涵盖生物医药技术、电子信息、新材料、高端技术装备制造、新能源、环境保护、航空航天等众多领域，大规模的指标数据和众多领域的研究样本为本书研究奠定了坚实基础。此外，考虑到自主研发、技术引进、技术购买等要素反映到企业绩效上具有时间的滞后性，因此本书依据上述处理原则，选出 2014—2016 年存续的企业 690 家，将其三年数据汇总进行检验，旨在检验技术来源对创新绩效的持续影响。本书分别对上述两个样本容量进行实证分析，对两次检验的结果进行比较，剖析更深层次原因。

6.2.2　变量定义及计算方式

本章的变量定义及计算方式如表 6.2 所示。

表 6.2　　　　　　　　　　变量定义及计算方式

变量类型	变量名称	变量代码	计算方法
被解释变量	经济创新绩效	EIP	报告年度企业的新产品销售收入
解释变量	自主研发	ERD	R&D 当期支出减去引进技术的消化吸收经费、技术改造经费
	境外技术引进	FTI	引进境外技术经费支出与消化吸收经费之和
	境内技术购买	DTP	购买境内技术经费支出与技术改造经费支出之和
	合作研发	FRD	委托外单位开展科技活动的经费支出
中介变量	技术创新能力	TIC	报告年度内企业在报告期末拥有的有效专利数量
调节变量	吸收能力	ACE	科技活动人员
	政府激励	TGS	报告年度企业根据国家或地方政府有关政策享受的各种减免税总额和补贴收入之和
控制变量	企业规模	SCALE	企业资产总额的自然对数
	企业年龄	AGE	2017—企业注册年份
	研发强度	INTENSITY	年研发支出与年销售收入的比值

1. 被解释变量

企业创新绩效：本书用新产品销售收入代表企业的经济创新绩效。新产品销售收入反映的是企业新产品被市场认可后给企业带来的经济收益，是创新成果转化或产业化的绩效。

2. 解释变量

（1）自主研发：本书用 R&D 当期支出减去引进技术的消化吸收经费、技术改造经费来衡量企业的自主研发。技术改造经费实质指本企业在报告年度进行技术改造而发生的费用支出，消化吸收的经费支出是指本企业在报告年度对境外引进项目进行消化吸收所支付的经费总额。包括人员培训费，测绘费，参加消化吸收人员的工资，工装、工艺开发费，必备的配套设备费、翻版费等。引进技术的消化吸收是对引进技术的掌握、应用、复制而开展的工作，以及在此基础上的创新。通过消化吸收国外技术，达到掌握引进技术、提高自我创新能力的目的。

（2）境外技术引进：本书用引进境外技术经费支出与消化吸收经费之和作为境外技术引进的指标，指企业在报告年度用于购买境外技术，包括产品设计、工艺流程、图纸、配方、专利等技术资料的费用支出，以及购买关键设备、仪器、样机和样件等的费用支出。

（3）境内技术购买：本书用购买境内技术经费支出与技术改造经费之和作为境内技术购买的指标，指本企业在报告年度购买国内其他单位的科技成果的经费支出。包括购买产品设计、工艺流程、图纸、配方、专利、技术诀窍及关键设备的费用支出。

（4）合作研发：本书用委托外单位开展科技活动的经费支出作为合作研发的衡量指标，其中主要包括对国内研究机构支出、国内高等学校支出、境外支出。

3. 中介变量

技术创新能力：本书用报告年度内企业在报告期末拥有的有效专利作为衡量企业技术创新能力的指标，指报告期末企业作为专利权人在报告期拥有的、经国内外知识产权行政部门授权且在有效期内的专利件数。

4. 调节变量

（1）吸收能力：本书用科技活动人员作为测量吸收能力的指标，科技活动人员指企业内部直接参加科技项目以及项目的管理人员和直接服务的人员。不包括全年累计从事科技活动时间不足制度工作时间10%的人员。一般而言，科技活动人员越多，吸收能力越强，创新绩效越好。

（2）政府激励：本书用报告年度企业根据国家或地方政府有关政策享受的各种减免税总额和补贴收入之和作为政府激励的指标。

5. 控制变量

（1）企业规模。一般而言，企业规模越大，企业的规模经济、技术渠道优势越明显，越有利于企业提升创新绩效。对于企业规模的测度，刘锦英[175]以及陈琨、周永根、杨国梁[176]等学者以企业人数来度量。在本书看来，企业员工人数是一个较为主观的标准，没有统一的标准来衡量企业是大企业还是中小企业。因此，本书借鉴孙玉涛、臧帆[177]所选取的指标，以企业资产总额的自然对数来测度企业规模。

（2）企业年龄。企业年龄同样是企业创新绩效的影响因素。结合之前的研究发现，企业年龄越大，企业拥有的资质越高、资源越广、核心技术越多，越有利于企业开展创新。因此，本书将企业年龄作为研究的控制变量。书中的企业年龄是指企业的自然年龄，通过"2017—企业注册年份"计算而得。

（3）研发强度是创新绩效的重要影响因素之一，是衡量企业研发投入时应用最为广泛的指标。与总量指标相比，研发强度更能反映与企业规模、市场地位相适应的研发投入情况，在不同企业之间更具有可比性。一般而言，企业研发强度越高，创新绩效越好。本书借鉴戴小勇、成力[24]的研究，将企业年研发支出与年销售收入的比值作为衡量企业研发强度的指标。

6.2.3　研究方法和模型设计

本书采用两阶段分层回归的方法，运用 SPSS 22.0 对技术创新能力的中介作用和吸收能力、政府激励的调节作用进行检验。

第一阶段，按照中介效应检验程序，检验技术创新能力在自主研发、境外技术引进、境内技术购买、合作研发与经济创新绩效和技术创新绩效中的中介作用。本书从企业经济创新绩效层面构建计量模型。

企业经济创新绩效层面。针对 H_{1a-1}、H_{1b-1}、H_{1c-1}、H_{1d-1}，构建计量模型（6.1）

$$EIP = \partial + \beta_1 \cdot ERD + \beta_2 \cdot FTI + \beta_3 \cdot DTP + \beta_4 \cdot FRD$$
$$+ \beta_5 \sum Control + u \tag{6.1}$$

本章的中介变量为技术创新能力。借鉴现有研究，本章根据中介效应的检验步骤检验 H_{2a}、H_{2b}、H_{2c}、H_{2d}。

第一步，构建模型（6.2）~模型（6.5）分别检验四类技术来源与技术创新能力的关系

$$TIC = \alpha + \beta_1 \cdot EDR + \beta_2 \sum Control + u \tag{6.2}$$

$$TIC = \alpha + \beta_1 \cdot FTI + \beta_2 \sum Control + u \tag{6.3}$$

$$TIC = \alpha + \beta_1 \cdot DTP + \beta_2 \sum Control + u \tag{6.4}$$

$$TIC = \alpha + \beta_1 \cdot FRD + \beta_2 \sum Control + u \tag{6.5}$$

第二步，检验科技活动投入在四类技术来源与经济创新绩效之间是否起中介作用。分别将技术创新能力引入模型（6.6），分析主效应的变化。

$$EIP = \partial + \beta_1 \cdot ERD + \beta_2 \cdot FTI + \beta_3 \cdot DTP + \beta_4 \cdot FRD$$
$$+ \beta_5 TIC + + \beta_6 \sum Control \tag{6.6}$$

第二阶段，按照调节效应检验步骤，分析吸收能力和政府激励在技术来源与创新绩效之间的调节效应。首先分析吸收能力，将自主研发 ERD、境外技术引进 FIT、境内技术购买 DTP、合作研发 FRD 以及交互性 $ERD \cdot ACE$、$FTI \cdot ACE$、$DTP \cdot ACE$、$FRD \cdot ACE$ 作为解释变量引入回归方程，分别从经济创新绩效和技术创新绩效两个层面构建计量模型（6.7）~模型（6.11）。

$$EIT = \alpha + \beta_1 ERD + \beta_2 ACE + \beta_3 ERD \cdot ACE + \beta_4 \sum Control + u$$
$$(6.7)$$

$$EIT = \alpha + \beta_1 FTI + \beta_2 ACE + \beta_3 FTI \cdot ACE + \beta_4 \sum Control + u \quad (6.8)$$

$$EIT = \alpha + \beta_1 DTP + \beta_2 ACE + \beta_3 DTP \cdot ACE + \beta_4 \sum Control + u$$
$$(6.9)$$

$$EIT = \alpha + \beta_1 FRD + \beta_2 ACE + \beta_3 FRD \cdot ACE + \beta_4 \sum Control + u$$
$$(6.10)$$

同时将技术来源、吸收能力以及二者交互项等变量引入模型考虑，可得计量模型（6.13），以进一步检验吸收能力的调节效应。

$$EIT = \alpha + \beta_1 ERD + \beta_2 FTI + \beta_3 DTP + \beta_4 FRD + \beta_5 ACE$$
$$+ \beta_6 ERD \cdot ACE + \beta_7 FTI \cdot ACE + \beta_8 DTP \cdot ACE$$
$$+ \beta_9 FRD \cdot ACE + \beta_{10} \sum Control + u \quad (6.11)$$

式中 $ERD \cdot ACE$ 表示自主研发和吸收能力的多元交互项，$FTI \cdot ACE$ 表示境外技术引进和吸收能力的多元交互项，$DTP \cdot ACE$ 表示境内技术购买和吸收能力的多元交互项，$FRD \cdot ACE$ 表示合作研发和吸收能力的多元交互项。

其次分析政府激励在技术来源与创新绩效之间的调节效应，将自主研发 ERD、境外技术引进 FIT、境内技术购买 DTP、合作研发 FRD 以及交互性 $ERD \cdot ACE$、$FTI \cdot ACE$、$DTP \cdot ACE$、$FRD \cdot ACE$ 作为解释变量引入回归方程，分别从经济创新绩效和技术创新绩效两个层面构建计量模型（6.12）~模型（6.16）

$$EIT = \alpha + \beta_1 ERD + \beta_2 TGS + \beta_3 ERD \cdot TGS + \beta_4 \sum Control + u$$
$$(6.12)$$

$$EIT = \alpha + \beta_1 FTI + \beta_2 TGS + \beta_3 FTI \cdot TGS + \beta_4 \sum Control + u$$
$$(6.13)$$

$$EIT = \alpha + \beta_1 DTP + \beta_2 TGS + \beta_3 DTP \cdot TGS + \beta_4 \sum Control + u$$

$$(6.14)$$

$$EIT = \alpha + \beta_1 FRD + \beta_2 TGS + \beta_3 FRD \cdot TGS + \beta_4 \sum Control + u$$

$$(6.15)$$

同时将技术来源、政府激励以及二者交互项等变量引入模型考虑，可得计量模型（6.23），以进一步检验政府激励的调节效应。

$$EIT = \alpha + \beta_1 ERD + \beta_2 FTI + \beta_3 DTP + \beta_4 FRD + \beta_5 TGS$$
$$+ \beta_6 ERD \cdot TGS + \beta_7 FTI \cdot TGS + \beta_8 DTP \cdot TGS$$
$$+ \beta_9 FRD \cdot TGS + \beta_{10} \sum Control + u \qquad (6.16)$$

在上述模型中，α 表示常数项；$ERD \cdot TGS$ 表示自主研发和政府激励的多元交互项；$FTI \cdot TGS$ 表示境外技术引进和政府激励的多元交互项；$DTP \cdot TGS$ 表示境内技术购买和政府激励的多元交互项；$FRD \cdot TGS$ 表示合作研发和政府激励的多元交互项；ε 表示误差项。在进行实证分析之前，本书采用 Z-score 标准化方法对变量的数值进行标准化处理，使得各项指标的数据平均值为 0，标准差为 1，进而将不同量纲的原始数据放在同一个矩阵进行测评，以便进行分层回归分析和相关系数比较。

6.3 长期驱动效应实证检验分析

6.3.1 描述性统计及相关性分析

为了准确把握数据之间的基本特征以及变量之间的相关关系，本文首先进行描述性统计及相关性分析。描述性统计及相关性分析是进行其他统计分析的基础和前提。通过描述性统计对指标数字特征量的呈现，可以对样本来自总体的特征有比较准确的把握；相关性分析可以计算出两两变量之间的相关系数，反映变量之间的相关方向和程度。

1. 描述性统计

2014—2016 年河北省高新技术企业技术来源与创新绩效机制模型中各变量的描述性统计如表 6.3 所示。在考虑到创新绩效的时间滞后性的情况下，本章使用 2014—2016 年河北省高新技术企业的样本，个数为 690。样本企业的平均新产品销售收入为 755034.11 千元，处于较高水平，说明三年来河北省高新技术企业经济创新绩效较好；标准差为 8166270.00，说明各企业的经济创新绩效差异较大；而样本的新产品销售收入最低仅为1170千元，最高达到210807528千元，说明本书所选的新产品销售收入覆盖区间广，使得本书对经济创新绩效的影响因素的研究更深入且研究结果适用范围更广。对于四类技术来源，均值大小依次为自主研发、境内技术购买、境外技术引进、合作研发，说明样本企业的技术主要来源于自主研发，技术购买次之。三年来高新技术企业获得的政府激励平均为18223.61千元，说明河北省为扶持高新技术企业发展提供了良好的发展环境。在众多控制变量中，企业规模相对较大，企业年龄较为成熟，而R&D强度相对不足，均值仅为12.5%。

表6.3   统计变量描述性统计

变量代码	N	极小值	极大值	均值	标准差
经济创新绩效	690	0	210807528	755034.11	8166270.00
自主研发	690	0	10209176	83990.53	472498.894
境外技术引进	690	0	281586	881.64	12635.67
境内技术购买	690	0	1105339	8747.69	56261.06
合作研发	690	0	648561	2839.31	26484.69
技术创新能力	690	0	3484	27.38	156.91
吸收能力	690	0	15513	122.03	620.95
政府激励	690	0	2877591	18223.61	125495.00
企业规模	690	6.7	18	11.84	1.70
企业年龄	690	3	62	14.02	6.66
研发强度	690	0	10.4761	0.125	0.433

2. 相关性分析

2014—2016年河北省高新技术企业技术来源与创新绩效研究模型中各统计变量的相关性分析如表6.4所示。由表可知，高新技术企业自主研发与经济创新绩效（$r = 0.837$，$p < 0.01$），境外技术引进与经济创新绩效（$r = 0.904$，$p < 0.01$），境内技术购买与经济创新绩效（$r = 0.135$，$p < 0.01$），合作研发与经济创新绩效（$r = 0.929$，$p < 0.01$）都存在显著的正相关关系。

表 6.4

	经济创新绩效	自主研发	境外技术引进	境内技术购买	合作研发	技术创新能力	吸收能力	政府激励	企业规模	企业年龄
自主研发	0.837 **									
境外技术引进	0.904 **	0.744 **								
境内技术购买	0.135 **	0.151 **	0.386 **							
合作研发	0.929 **	0.844 **	0.807 **	0.053						
技术创新能力	0.903 **	0.756 **	0.963 **	0.398 **	0.813 **					
吸收能力	0.955 **	0.923 **	0.840 **	0.098 **	0.934 **	0.850 **				
政府激励	0.894 **	0.835 **	0.822 **	0.159 **	0.864 **	0.822 **	0.900 **			
企业规模	0.218 **	0.313 **	0.194 **	0.259 **	0.225 **	0.262 **	0.299 **	0.298 **		
企业年龄	0.039	0.076 *	0.058	0.085 *	0.026	0.107 *	0.080 *	0.034	0.307 **	
研发强度	−0.016	0.192 **	−0.013	−0.017	0.006	−0.006	−0.014	−0.022	−0.109 **	−0.043

注：**. 在 0.01 水平（双侧）上显著相关，*. 在 0.05 水平（双侧）上显著相关。

6.3.2 技术来源与创新绩效的主效应检验

技术来源与创新绩效层面效应检验的回归结果如表 6.5 所示。

表 6.5　　　　　　　经济创新绩效层面中介效应检验的回归结果

变量	经济创新绩效		技术创新能力			
	模型 1	模型 6	模型 2	模型 3	模型 4	模型 5
自主研发	0.132 *** 6.754	0.129 *** 6.828	0.787 *** 29.946			
境外技术引进	0.529 *** 26.903	0.328 *** 9.347		0.948 *** 95.495		
境内技术购买	−0.114 *** −9.599	−0.128 *** −11.005			0.353 *** 9.893	
合作研发	0.394 *** 17.443	0.361 *** 16.15				0.798 *** 35.475
企业规模	0.013 1.195	0.002 0.169	−0.015 −0.558	0.07 *** 6.694	0.164 *** 4.378	0.062 *** 2.612
企业年龄	−0.008 −0.782	−0.017 −1.774	0.045 1.782	0.031 *** 3.074	0.027 0.751	0.067 *** 2.918
研发强度	−0.037 *** −3.716	−0.04 *** −4.065	−0.156 *** −6.227	0.015 1.544	0.019 0.556	−0.001 −0.045

变量	经济创新绩效		技术创新能力			
	模型 1	模型 6	模型 2	模型 3	模型 4	模型 5
技术创新能力		0. 247 *** 6. 823				
R^2 值	0. 943	0. 947	0. 597	0. 935	0. 186	0. 672
F	1608. 673	1507. 426	254. 001	2464. 561	39. 222	351. 251

注：表中 * 为显著性水平，*** 为 $p < 0.01$，** 为 $p < 0.005$，* 为 $p < 0.1$。

模型 1 和模型 7 展现了技术来源与创新绩效的主效应检验结果。在经济创新绩效层面，模型 1 的回归结果显示，自主研发与经济创新绩效的回归系数为 $\beta = 0.132$（$p < 0.01$），T 检验值为 6.754，说明自主研发与经济创新绩效显著正相关，企业加大自主研发有助于提高经济创新绩效，假设 H_{1a-1} 得到支持。境外技术引进与经济创新绩效的回归系数为 $\beta = 0.529$（$p < 0.01$），T 检验值为 26.903，表明企业可以通过加大境外技术引进来提高经济创新绩效，假设 H_{1b-1} 得到支持。境内技术购买与经济创新绩效的回归系数为 $\beta = -0.114$，表明境内技术购买并不利于企业新产品销售收入的增加，会降低企业经济创新绩效，假设 H_{1c-1} 未得到支持。合作研发与经济创新绩效的回归系数为 $\beta = 0.394$（$p < 0.01$），T 的检验值为 0.361，说明企业通过与高校、其他公司合作等提高经济绩效，假设 H_{1d-1} 成立。假设 H_{1a-1}、H_{1b-1}、、H_{1d-1} 均通过检验。

6.3.3 技术创新能力对技术来源与创新绩效的中介效应检验

技术创新能力在技术来源（企业自主研发、境外技术引进、境内技术购买、合作研发）和创新绩效（经济创新绩效、技术创新绩效）之间起着中介作用。表 6.5 从经济创新绩效和技术创新绩效两个层面，展现了技术创新能力的中介效应检验结果，以验证假设 H_{2a}、H_{2b}、H_{2c}、H_{2d} 是否成立。

为了验证技术创新能力的中介效应能否成立，需要先检验技术来源与技术创新能力、技术创新能力与经济创新绩效的关系。一方面，由表 6.5 中模型 2 可知，自主研发与技术创新能力显著正相关（$\beta = 0.787$，$p < 0.01$）；由模型 3 的回归结果可知，境外技术引进对于技术创新能力具有显著正向作用（$\beta = 0.948$，$p < 0.01$）；由模型 4 可知，境内技术购买对于技术创新能力具有显著正向影响作用（$\beta = 0.353$，$p < 0.01$）；由模型 5 可

知，合作研发对于技术创新能力具有显著正向影响作用（$\beta = 0.798$，$p <$ 0.01），其中境外技术引进对技术能力的提升最为显著，再依次是合作研发、自主研发、境内技术购买。另一方面，技术创新能力与企业经济创新绩效的回归系数 $\beta = 0.247$，并且通过了 0.01 水平的显著性检验，表明技术创新能力对于企业经济创新绩效的提高具有显著促进作用。因此，吸收能力在国际化程度与经济创新绩效之间存在中介作用的前提成立。吸收能力的中介效应是否真的存在，将企业自主研发、境外技术引进、境内技术引进、合作研发与技术创新能力都引入对经济创新绩效的影响模型，得到模型 6 的回归结果。自主研发、境外技术引进以及合作研发在技术创新能力的作用下，对经济创新绩效的回归系数相比模型 1 都有所减少。

具体来说，自主研发的回归系数由之前的 0.132 变化至 0.129（$p <$ 0.01），境外技术引进的回归系数由之前的 0.529 降至 0.328（$p < 0.01$），合作研发的回归系数由之前的 0.394（$p < 0.01$）降至 0.361（$p < 0.01$）。三者回归系数的减少表明其对经济创新绩效的影响程度相比之前都有所降低，说明企业自主研发、境外技术引进和合作研发对经济创新绩效的影响部分是通过技术创新能力起作用的，即技术创新能力在自主研发、境外技术引进和合作研发对企业经济创新绩效的影响过程中起着部分中介作用。而对于境内技术购买来说，加入技术创新能力的作用后，其回归系数从 -0.114 变化至 -0.128，说明技术创新能力在境内技术购买与经济创新绩效之间不存在中介效应。综上所述，假设 H_{2a}、H_{2b}、H_{2d} 得到支持，而 H_{2c} 则未得到支持。

6.3.4 企业吸收能力、政府激励对技术来源与创新绩效调节效应检验

1. 吸收能力的调节效应

吸收能力在技术来源（自主研发、境外技术引进、境内技术购买、合作研发）与创新绩效之间起着调节作用。为了验证假设 H_{3a}、H_{3b}、H_{3c}、H_{3d} 是否成立，本章在经济绩效层面对吸收能力的调节效应进行回归分析，检验结果如表 6.6 所示。将自主研发、境外技术引进、境内技术购买、合作研发、吸收能力以及交互项引入以经济创新绩效为被解释变量的回归模型，研究吸收能力的调节效应。表 6.6 中的模型 7.1 ~ 模型 10.1 分别呈现了自主研发、境外技术引进、境内技术购买、合作研发对经济创新绩效的影响效果。其中，自主研发与经济创新绩效正相关（$\beta = 0.902$，$p < 0.01$），T 的检验值为 42.699；境外技术引进有助于新产品销售收入的增加（$\beta =$

0.896，$p < 0.01$），T 的检验值为 54.224；单独研究境内技术购买与经济创新绩效也是正影响，（$\beta = 0.084$，$p < 0.01$），T 的检验值为 2.191；合作研发也可以提升经济创新绩效（$\beta = 0.928$，$p < 0.01$），T 的检验值为 64.077。根据模型 7.2 的结果，假设 H_{3a} 得到验证，吸收能力在自主研发与经济创新绩效之间起到显著的正向调节作用（$\beta = 0.041$，$p < 0.01$）。模型 8.2 的结果表明，吸收能力在境外技术引进与经济创新绩效之间起到正向调节作用（$\beta = 0.035$，$p < 0.01$），假设 H_{3b} 得到支持。由模型 9.2 的结果可知，境内技术购买与吸收能力的交互项的回归系数显著（$\beta = 0.082$，$p < 0.01$），假设 H_{3c} 得到支持。模型 10.2 的结果显示，合作研发与吸收能力的交互性回归系数显著为正（$\beta = 0.037$，$p < 0.01$），假设 H_{3d} 得到支持。模型 11 将所有变量同时放入模型考虑，结果进一步验证了吸收能力对自主研发、境内技术购买的正向调节效应，对合作研发的负向调节作用，对境外技术引进则无明显影响。综上所述，假设 H_{3a}、H_{3b}、H_{3c}、H_{3d} 均成立。

2. 政府激励的调节效应

政府激励在技术来源（自主研发、境外技术引进、境内技术购买、合作研发）与经济创新绩效之间起着调节作用。为了验证假设 H_{4a}、H_{4b}、H_{4c}、H_{4d} 是否成立，本章在经济创新绩效层面对政府激励的调节效应进行回归分析，检验结果如表 6.7 所示。将自主研发、境外技术引进、境内技术购买、合作研发、政府激励以及交互项引入以经济创新绩效为被解释变量的回归模型，研究政府激励的调节效应。表 6.7 中的模型 12.1 ~ 模型 15.1 分别呈现了自主研发、境外技术引进、境内技术购买、合作研发对经济创新绩效的影响效果，上文已对此部分作了论述，此处不再赘述。根据模型 12.2 的结果，假设 H_{4a} 得到验证，政府激励在自主研发与经济创新绩效之间起到显著的正向调节作用（$\beta = 0.052$，$p < 0.01$）。模型 13.2 的结果表明，政府激励在境外技术引进与经济创新绩效之间具有正向调节作用（$\beta = 0.046$，$p < 0.01$），假设 H_{4b} 得到支持。由模型 14.2 的结果可知，境内技术购买与政府激励的交互项的回归系数显著为负，假设 H_{4c} 未得到支持。模型 15.2 的结果显示，合作研发与政府激励的交互性回归系数显著为正（$\beta = 0.042$，$p < 0.01$）假设 H_{4d} 得到支持。模型 16 将所有变量同时放入模型考虑，结果进一步验证了政府激励对自主研发、境外技术引进、境内技术购买、合作研发的正向调节效应，假设 H_{4a}、H_{4b}、H_{4d} 成立。

表6.6

吸收能力调节效应的检验

经济创新绩效

变量	模型7.1	模型8.1	模型9.1	模型10.1	模型7.2	模型8.2	模型9.2	模型10.2	模型11
自主研发	0.902*** 42.699				-0.243*** -9.498				0.146*** 8.107
境外技术引进		0.896*** 54.224				0.179*** 19.401			-0.036* -1.936
境内技术引进			0.084** 2.191				-0.038 -1.482		-0.017* -1.732
合作研发				0.928*** 64.077				0.014 0.674	0.054*** 4.798
企业规模	-0.082*** -3.761	0.053*** 3.035	0.206*** 5.102	0.003 0.181	0.067*** 6.427	0.051*** 9.117	-0.078*** -6.389	0.059*** 6.931	0.008 1.577
企业年龄	-0.012 -0.604	-0.029 -1.69	-0.031 -0.802	0.013 0.892	0.003** 0.332	-0.006 -1.206	-0.022** -2.002	0.003 0.386	-0.015*** -3.763
研发强度	-0.198*** -9.801	0 0.02	0.007 0.187	-0.02 -1.424	0.049*** 5.187	-0.001 -0.303	-0.011 -0.99	-0.002 -0.291	-0.036*** -6.718
吸收能力					0.344** 6.389	0.101*** 6.152	0.986*** 86.637	0.107*** 3.75	0.245*** 9.471
自主研发×吸收能力					0.041*** 20.365				-0.048*** -14.241
境外技术引进×吸收能力						0.035*** 41.932			0.076*** 29.577

变量	经济创新绩效									
	模型 7.1	模型 8.1	模型 9.1	模型 10.1	模型 7.2	模型 8.2	模型 9.2	模型 10.2	模型 11
境内技术购买 × 吸收能力							0.082*** 4.38		0.066*** 5.838
合作研发 × 吸收能力								0.037*** 30.175	
R^2 值	0.74	0.820	0.055	0.864	0.958	0.986	0.923	0.968	0.991
F 值	487.716	781.190	9.978	1087.427	2598.865	8034.506	1365.325	3472.792	6916.263

注: 表中 * 为显著性水平, *** 为 $p < 0.01$, ** 为 $p < 0.005$, * 为 $p < 0.1$。

表6.7　政府激励调节效应的检验

变量	经济创新绩效								
	模型12.1	模型13.1	模型14.1	模型15.1	模型12.2	模型13.2	模型14.2	模型15.2	模型16
自主研发	0.902*** 42.699				−0.088*** −5.304				0.197*** 12.066
境外技术引进		0.896*** 54.224				0.063*** 6.139			−0.071*** −2.644
境内技术购买			0.084** 2.191				0.076*** 2.716		0.017*** 2.652
合作研发				0.928*** 64.077				−0.004 −0.231	−0.015 −0.963
企业规模	−0.082*** −3.761	0.053*** 3.035	0.206*** 5.102	0.003 0.181	0.072*** 8.535	0.061*** 11.934	−0.074*** −3.792	0.057*** 7.597	0.024*** 4.831
企业年龄	−0.012*** −0.604	−0.029* −1.69	−0.031 −0.802	0.013 0.892	0.011 1.548	−0.003 −0.704	0.032* 1.774	0.008 1.207	−0.009** −2.227
研发强度	−0.198 −9.801	0 0.02	0.007 0.187	−0.02 −1.424	0.019** 2.47	0 −0.098	−0.002 −0.106	−0.054	−0.045*** −8.689
政府激励					0.081*** 4.799	0.046*** 4.559	0.916*** 51.227	0.112*** 7.801	0.086*** 8.058
自主研发×政府激励					0.052*** 51.9				−0.092*** −14.662
境外技术引进×政府激励						0.046*** 70.267			0.032*** 2.707

· 173 ·

变量	经济创新绩效								
	模型 12.1	模型 13.1	模型 14.1	模型 15.1	模型 12.2	模型 13.2	模型 14.2	模型 15.2	模型 16
境内技术购买×政府激励							-0.03*** -3.28		0.032*** 4.068
合作研发×政府激励								0.042*** 42.699	0.09*** 7.023
R^2	0.740	0.820	0.055	0.864	0.967	0.986	0.805	0.972	0.991
F	487.716	781.19	9.978	1087.427	3346.482	8237.748	469.633	3957.955	6180.846

注：表中*为显著性水平，***为 $p<0.01$，**为 $p<0.005$，*为 $p<0.1$。

6.4 短期驱动效应实证检验分析

6.4.1 描述性统计与相关性分析

1. 描述性统计分析

2016 年河北省高新技术企业技术来源与创新绩效机制模型中各变量的描述性统计如表 6.8 所示。在本书数据选取原则的指导下，本书筛选出 2016 年河北省高新技术企业 690 家。样本企业的平均新产品销售收入为 272162.67 千元，处于较高水平，说明 2016 年河北省高新技术企业经济创新绩效较好；标准差为 3269169.745，说明各企业的经济创新绩效差异较大；而样本的新产品销售收入最低为 0 元，最高达到 84565153 千元，说明本章所选的企业新产品销售收入覆盖区间广，使得本书对经济创新绩效的影响因素的研究更深入且研究结果更具有适用性。对于四类技术来源，均值大小依次为自主研发、境内技术购买、合作研发、境外技术引进，说明样本企业的技术主要来源于自主研发，技术购买次之。2016 年河北省高新技术企业获得的政府激励平均为 6464.02 千元，说明河北省为扶持高新技术企业发展提供了良好的发展环境。在众多控制变量中，企业规模相对较大，企业年龄较为成熟，而 R&D 强度相对不足，均值仅为 10.7%。

表 6.8　　　　　　　　　统计变量描述性分析

变量代码	N	极小值	极大值（千元）	均值（千元）	标准差
经济创新绩效	690	0	84565153	272162.67	3269169.745
自主研发	690	0	3268606	25349.17	161584.066
境外技术引进	690	0	21465	79.46	992.97
境内技术购买	690	0	486008	2725.25	24065.678
合作研发	690	0	335023	1082.17	13283.255
技术创新能力	690	0	4059	35.38	208.852
吸收能力	690	0	16201	121.02	648.431
政府激励	690	0	891655	6464.02	37520.791
企业规模	690	5.81	18.28640051	11.88448864	1.7164225
企业年龄	690	1	104	14.22	7.363
研发强度	690	0	2.164705882	0.106879485	0.188737783

2. 相关性分析

2016年河北省高新技术企业资本来源与创新绩效研究模型中各统计变量的相关性分析如表6.9所示。由表6.9可知，2016年河北省高新技术企业实收资本与经济创新绩效（$r=0.516$，$p<0.01$）、技术创新绩效（$r=0.498$，$p<0.01$），债务资本与经济创新绩效（$r=0.872$，$p<0.01$）、技术创新绩效（$r=0.874$，$p<0.01$），财政补贴与经济创新绩效（$r=0.518$，$p<0.01$）、技术创新绩效（$r=0.570$，$p<0.01$），风险资本与经济创新绩效（$r=0.707$，$p<0.05$）、技术创新绩效（$r=0.694$，$p<0.05$）都存在显著的正相关关系。实收资本（$r=0.575$，$p<0.01$）、债务资本（$r=0.906$，$p<0.01$）、财政补贴（$r=0.540$，$p<0.01$）、风险资本（$r=0.601$，$p<0.01$）与科技活动内部投入存在显著正相关关系；实收资本（$r=0.381$，$p<0.01$）、债务资本（$r=0.650$，$p<0.01$）、财政补贴（$r=0.555$，$p<0.01$）、风险资本（$r=0.708$，$p<0.01$）与科技活动外部投入存在显著正相关关系。科技活动内部投入与经济创新绩效（$r=0.972$，$p<0.01$）、技术创新绩效（$r=0.876$，$p<0.01$）存在显著正相关关系；科技活动外部投入与经济创新绩效（$r=0.760$，$p<0.01$）、技术创新绩效（$r=0.736$，$p<0.01$）存在显著正相关关系。税收减免与科技活动内部投入（$r=0.934$，$p<0.01$）、科技活动外部投入（$r=0.891$，$p<0.01$）之间存在显著正相关关系。各控制变量与经济创新绩效和技术创新绩效之间也存在显著正相关关系。

表6.9 统计变量相关性分析

	经济创新绩效	自主研发	境外技术引进	境内技术购买	合作研发	技术创新能力	吸收能力	政府激励	企业规模	企业年龄
自主研发	0.784 **									
境外技术引进	0.439 **	0.342 **								
境内技术购买	0.120 **	0.144 **	0.014							
合作研发	0.949 **	0.851 **	0.474 **	0.026						
技术创新能力	0.814 **	0.646 **	0.317 **	0.501 **	0.725 **					
吸收能力	0.954 **	0.900 **	0.440 **	0.082 *	0.959 **	0.763 **				
政府激励	0.936 **	0.849 **	0.456 **	0.183 **	0.918 **	0.799 **	0.941 **			
企业规模	0.209 **	0.306 **	0.154 **	0.225 **	0.200 **	0.268 **	0.299 **	0.317 **		
企业年龄	0.031	0.033	0.055	0.079 *	0.025	0.091 *	0.06	0.065	0.301 **	
研发强度	−0.029	−0.008	−0.027	−0.021	0.023	−0.021	−0.027	−0.042	−0.285 **	−0.118 **

注：表中 * 为显著性水平，*** 为 $p<0.01$，** 为 $p<0.005$。

6.4.2 技术来源对创新绩效的主效应检验

技术来源对创新绩效的主效应检验如表6.10所示。

表6.10 经济创新绩效层面中介效应检验的回归结果

变量	经济创新绩效		技术创新能力			
	模型1	模型6	模型2	模型3	模型4	模型5
自主研发	-0.148*** -6.552	-0.105*** -5.373	0.625*** 20.308			
境外技术引进	-0.029** -2.288	-0.013* -1.209		0.281*** 7.855		
境内技术购买	0.112*** 9.621	-0.042*** -3.024			0.462*** 13.765	
合作研发	1.086*** 46.533	0.821*** 31.653				0.702*** 26.359
企业规模	0.004 0.32	-0.003 -0.271	0.064* 1.905	0.239*** 6.122	0.174*** 4.769	0.118*** 4.046
企业年龄	-0.007 -0.556	-0.015 -1.538	0.053* 1.709	0.011 0.284	0.007 0.205	0.038 1.398
研发强度	-0.053*** -4.53	-0.046*** -4.592	0.009 0.278	0.056 1.508	0.039 1.144	0.001 0.031
技术创新能力		0.312*** 15.962				
R^2 值	0.917	0.939	0.425	0.153	0.277	0.543
F 值	1066.321	1315.664	125.387	30.543	65.100	201.758

注：表中 * 为显著性水平，*** 为 $p < 0.01$，** 为 $p < 0.005$，* 为 $p < 0.1$。

模型1和模型7展现了技术来源与创新绩效的主效应检验结果。在经济创新绩效层面，模型1的回归结果显示，自主研发与经济创新绩效的回归系数为 $\beta = -0.148(p < 0.01)$，T检验值为 -6.552，说明自主研发与经济创新绩效显著负相关，企业加大自主研发会减少经济创新绩效，假设 H_{1a-1} 未得到支持。境外技术引进与经济创新绩效的回归系数为 $\beta = -0.029(p < 0.01)$，T检验值为 -2.288，表明企业短时间内加大境外技术引进会降低经济创新绩效，假设 H_{1b-1} 未得到支持。境内技术购买与经济创新绩效的回归系数为 $\beta = 0.112$，T检验值为 9.621，且通过了 0.01 水

平的显著性检验，表明境内技术购买有助于增加企业新产品销售收入，提高企业经济创新绩效，假设 H_{1c-1} 得到支持。合作研发与经济创新绩效的回归系数为 $\beta = 1.086(p < 0.01)$，T 检验值为 46.533，说明企业通过与高校、其他公司合作等来提高经济绩效，假设 H_{1d-1} 成立。综上所述，假设 H_{1c-1}、H_{1d-1} 通过检验。

6.4.3 技术创新能力的中介效应检验

为了验证技术创新能力的中介效应能否成立，需要先检验技术来源与技术创新能力、技术创新能力与经济创新绩效的关系（见表 6.10）。一方面，由模型 2 可知，自主研发与技术创新能力显著正相关（$\beta = 0.625$，$p < 0.01$）；由模型 3 的回归结果可知，境外技术引进对于技术创新能力具有显著正向作用（$\beta = 0.281$，$p < 0.01$）；由模型 4 可知，境内技术购买对于技术创新能力具有显著正向影响作用（$\beta = 0.462$，$p < 0.01$）；由模型 5 可知，合作研发对于技术创新能力具有显著正向影响作用（$\beta = 0.702$，$p < 0.01$）。另一方面，技术创新能力与企业经济创新绩效的回归系数 $\beta = 0.312$，并且通过了 0.01 水平的显著性检验，表明技术创新能力对于企业经济创新绩效的提高具有显著促进作用。因此，吸收能力在技术来源与经济创新绩效之间存在中介作用的前提成立。吸收能力的中介效应是否真的存在，将企业自主研发、境外技术引进、境内技术购买、合作研发与技术创新能力都引入对经济创新绩效的影响模型，得到模型 6 的回归结果。自主研发、境外技术引进以及合作研发在技术创新能力的作用下，对经济创新绩效的回归系数相比模型 1 都有所减少。具体来说，自主研发的回归系数由之前的 -0.148 变化至 -0.105($p < 0.01$)；境外技术引进的回归系数由之前的显著变得不显著；合作研发的回归系数由之前的 1.086($p < 0.01$) 降至 0.821($p < 0.01$)。三者回归系数的减少表明其对经济创新绩效的影响程度相比之前都有所降低，说明企业自主研发、境外技术引进和合作研发对经济创新绩效的影响部分是通过技术创新能力起作用的，即技术创新能力在自主研发、合作研发对企业经济创新绩效的影响过程中起着部分中介作用，在境外技术引进与企业经济创新绩效之间起着完全中介作用。而对于境内技术购买来说，加入技术创新能力的作用后，其回归系数从 0.112 变化至 -0.042，说明技术创新能力在境内技术购买与经济创新绩效之间不存在中介效应。综上所述，假设 H_{2a}、H_{2b}、H_{2d} 得到支持，而 H_{2c} 则未得到支持。

6.4.4 企业吸收能力、政府激励调节效应检验

1. 吸收能力的调节效应

吸收能力在技术来源（自主研发、境外技术引进、境内技术购买、合作研发）与创新绩效之间起着调节作用。为了验证假设 H_{3a}、H_{3b}、H_{3c}、H_{3d} 是否成立，本章在经济绩效层面对吸收能力的调节效应进行回归分析，检验结果如表 6.11 所示。

将自主研发、境外技术引进、境内技术购买、合作研发、吸收能力以及交互项加入以经济创新绩效为被解释变量的回归模型，研究吸收能力的调节效应。模型 7.1 ~ 模型 10.1 分别呈现了自主研发、境外技术引进、境内技术购买、合作研发对经济创新绩效的影响效果，短期内，自主研发可以正向影响经济创新绩效（$\beta = 0.798$，$p < 0.01$），T 检验值为 31.789；境外技术引进也可以提升经济创新绩效（$\beta = 0.416$，$p < 0.01$），T 检验值为12.076；境内技术购买和经济创新绩效也是正相关（$\beta = 0.075$，$p < 0.1$），T 检验值为 1.962；合作研发也有助于新产品销售收入的增加（$\beta = 0.949$，$p < 0.01$）。根据模型 7.2 的结果，假设 H_{3a} 得到验证，吸收能力在自主研发与经济创新绩效之间起到显著的正向调节作用（$\beta = 0.039$，$p < 0.01$）。模型 8.2 的结果表明，吸收能力在境外技术引进与经济创新绩效之间起到正向调节作用（$\beta = 0.08$，$p < 0.01$），假设 H_{3b} 得到支持。由模型 9.2 的结果可知，境内技术购买与吸收能力的交互项的回归系数显著（$\beta = 0.13$，$p < 0.01$），假设 H_{3c} 得到支持。模型 10.2 的结果显示，合作研发与吸收能力的交互性回归系数显著为正（$\beta = 0.041$，$p < 0.01$），假设 H_{3d} 得到支持。模型 11 将所有变量同时放入模型考虑，结果进一步验证了吸收能力对自主研发、境内技术购买的正向调节效应，对合作研发的负向调节作用，对境外技术引进则无明显影响。综上所述，假设 H_{3a}、H_{3b}、H_{3c}、H_{3d} 均成立。

2. 政府激励的调节效应

政府激励在技术来源（自主研发、境外技术引进、境内技术购买、合作研发）与创新绩效之间起着调节作用。为了验证假设 H_{4a}、H_{4b}、H_{4c}、H_{4d} 是否成立，本章在经济绩效层面对政府激励的调节效应进行回归分析，检验结果如表 6.12 所示。将自主研发、境外技术引进、境内技术购买、合作研发、政府激励以及交互项引入以经济创新绩效为被解释变量的回归模型，研究政府激励的调节效应。表中的模型 12.1 ~ 模型 15.1 分别呈现了自主研发、境外技术引进、境内技术购买、合作研发对经济创新绩效的

表6.11

吸收能力调节效应的检验

变量	经济创新绩效								
	模型 7.1	模型 8.1	模型 9.1	模型 10.1	模型 7.2	模型 8.2	模型 9.2	模型 10.2	模型 11
自主研发	0.798 *** 31.789				-0.34 *** -19.732				0.266 *** 10.677
境外技术引进		0.416 *** 12.076				-0.057 *** -7.738			-0.006 -0.604
境内技术购买			0.075 * 1.962				-0.09 ** -2.523		-0.124 *** -9.848
合作研发				0.949 *** 77.182				-0.131 *** -4.429	-0.003 0.146
企业规模	-0.049 * -1.802	0.165 *** 4.398	0.213 *** 5.087	0.006 0.484	0.041 *** 3.978	0.045 *** 5.572	-0.095 *** -7.506	0.053 *** 6.203	0.008 1.474
企业年龄	0.016 0.618	-0.039 -1.079	-0.035 -0.897	-0.001 -0.068	-0.006 -0.73	0 0.041	-0.009 -0.758	0.002 0.348	-0.007 * -1.691
研发强度	-0.034 -1.375	0.025 0.702	0.029 0.753	-0.049 *** -3.865	0.002 0.315	-4.348 -0.007	-0.028 ** -2.537	0.006 0.882	-0.009 ** -2.155
吸收能力					0.518 *** 11.419	0.163 *** 7.218	0.992 *** 85.857	0.139 *** 4.758	0.16 *** 6.622
自主研发×吸收能力					0.039 *** 18.952				-0.082 *** -14.859
境外技术引进×吸收能力						0.08 *** 37.685			0.013 1.178

变量	经济创新绩效									
	模型 7.1	模型 8.1	模型 9.1	模型 10.1	模型 7.2	模型 8.2	模型 9.2	模型 10.2	模型 11
境内技术购买 × 吸收能力							0.13 *** 4.523		0.176 *** 17.839
合作研发 × 吸收能力								0.041 *** 31.538	0.087 *** 11.879
R^2 值	0.617	0.210	0.052	0.903	0.963	0.973	0.923	0.971	0.991
F 值	273.075	46.431	9.219	1569.612	2932.160	4104.444	1345.882	3710.449	6280.847

注：表中 * 为显著性水平，*** 为 $p < 0.01$，** 为 $p < 0.005$，* 为 $p < 0.1$。

表 6.12

政府激励调节效应的检验

变量	经济创新绩效								
	模型 12.1	模型 13.1	模型 14.1	模型 15.1	模型 12.2	模型 13.2	模型 14.2	模型 15.2	模型 16
自主研发	0.798 *** 31.789				-0.24 *** -20.612				0.301 *** 11.982
境外技术引进		0.416 *** 12.076				-0.143 *** -19.691			-0.01 -1.124
境内技术购买			0.075 * 1.962				0.005 0.215		-0.026 *** -3.775
合作研发				0.949 *** 77.182				-0.205 *** -8.924	-0.098 *** -5.666
企业规模	-0.049 * -1.802	0.165 *** 4.398	0.213 *** 5.087	0.006 0.484	0.049 *** 6.78	0.025 *** 3.496	-0.099 *** -6.441	0.031 *** 4.615	0.006 1.264
企业年龄	0.016 0.618	-0.039 -1.079	-0.035 -0.897	-0.001 -0.068	-0.002 -0.281	0 0.078	-0.001 -0.098	0.002 0.394	-0.003 -0.755
研发强度	-0.034 -1.375	0.025 0.702	0.029 0.753	-0.049 *** -3.865	0.007 1.179	-0.001 -0.189	-0.017 -1.219	0.009 1.617	-0.003 -0.85
政府激励					0.296 *** 17.597	0.26 *** 17.2	0.974 *** 70.266	0.268 *** 17.777	0.119 *** 10.048
自主研发 × 政府激励					0.049 *** 53.612				-0.107 *** -14.162
境外技术引进 × 政府激励						0.08 *** 51.883			0.004 0.958

续表

变量	经济创新绩效									
	模型 12.1	模型 13.1	模型 14.1	模型 15.1	模型 12.2	模型 13.2	模型 14.2	模型 15.2	模型 16
境内技术购买×政府激励							-0.014 -2.26		0.039*** 19.568
合作研发×政府激励								0.041*** 41.828	0.117*** 19.481
R^2	0.617	0.210	0.052	0.903	0.978	0.977	0.886	0.980	0.992
F	273.075	46.431	9.219	1569.612	4987.908	4729.395	875.800	5612.645	7046.198

注：表中 * 为显著性水平，*** 为 $p<0.01$，** 为 $p<0.005$，* 为 $p<0.1$。

影响效果，上文已对此部分作了论述，此处不再赘述。根据模型 12.2 的结果，假设 H_{4a} 得到验证，政府激励在自主研发与经济创新绩效之间起到显著的正向调节作用（$\beta = 0.049$，$p < 0.01$）。模型 13.2 的结果表明，政府激励在境外技术引进与经济创新绩效之间具有正向调节作用（$\beta = 0.08$，$p < 0.01$），假设 H_{4b} 得到支持。由模型 14.2 的结果可知，境内技术购买与政府激励的交互项的回归系数显著为负（$\beta = -0.014$，$p < 0.01$），假设 H_{4c} 未得到支持。模型 15.2 的结果显示，合作研发与政府激励的交互性回归系数显著为正（$\beta = 0.041$，$p < 0.01$），假设 H_{4d} 得到支持。模型 16 将所有变量同时放入模型考虑，结果进一步验证了政府激励对自主研发、境外技术引进、境内技术购买、合作研发的正向调节效应，假设 H_{4a}、H_{4b}、H_{4d} 成立。

6.5 实证结果汇总

本书运用两阶段分层回归的方法，分别对河北省 2014—2016 年存续的 690 家高新技术企业进行演化回归，并对 2016 年 690 家高新技术企业当年发展状态进行假设检验。同时，将两次实证结果进行比较，以发掘出更深更有价值的管理启示。综合以上分析，两次实证分析所得到的结果如表 6.13 所示。

表 6.13   检验结果汇总

假设名称		假设内容	检验结果	
主效应	H_{1a-1}	高新技术企业自主研发与经济创新绩效正相关	成立	不成立
	H_{1b-1}	高新技术企业境外技术引进与经济创新绩效正相关	成立	不成立
	H_{1c-1}	高新技术企业境内技术购买与经济创新绩效正相关	不成立	成立
	H_{1d-1}	高新技术企业合作研发与经济创新绩效正相关	成立	成立
中介效应	H_{2a}	企业技术创新能力在自主研发与经济创新绩效之间起中介作用	成立	成立
	H_{2b}	企业技术创新能力在境外技术引进与经济创新绩效之间起中介作用	成立	成立
	H_{2c}	企业技术创新能力在境内技术购买与经济创新绩效之间起中介作用	不成立	不成立
	H_{2d}	企业技术创新能力在合作研发与经济创新绩效之间起中介作用	成立	成立

假设名称		假设内容	检验结果	
调节效应	H_{3a}	高新技术企业吸收能力在自主研发与经济创新绩效投入中起正向调节作用	成立	成立
	H_{3b}	高新技术企业吸收能力在境外技术引进与经济创新绩效中起正向调节作用	成立	成立
	H_{3c}	高新技术企业吸收能力在境内技术购买与经济创新绩效中起正向调节作用	成立	成立
	H_{3d}	高新技术企业吸收能力在合作研发与经济创新绩效中起正向调节作用	成立	成立
	H_{4a}	高新技术企业政府激励在自主研发与经济创新绩效投入中起正向调节作用	成立	成立
	H_{4b}	高新技术企业政府激励在境外技术引进与经济创新绩效中起正向调节作用	成立	成立
	H_{4c}	高新技术企业政府激励在境内技术购买与经济创新绩效中起正向调节作用	不成立	不成立
	H_{4d}	高新技术企业政府激励在合作研发与经济创新绩效中起正向调节作用	成立	成立

具体而言，首先，两次实证结果均证明高新技术企业合作研发与经济创新绩效正相关，即假设 H_{1d-1} 始终成立。

其次，对于技术创新能力的中介效应的检验，两次实证结果都显示，技术创新能力在自主研发、境外技术引进、合作研发与创新绩效之间起到中介作用，并且是部分中介，说明之前提出的中介效应假设 H_{2a}、H_{2b}、H_{2d} 成立。

最后，对于吸收能力和政府激励的调节效应检验，两次实证结果都表明，吸收能力在技术来源（自主研发、境外技术引进、境内技术购买、合作研发）与经济创新绩效之间起正向调节作用。政府激励在除境内技术购买之外的其他技术来源（自主研发、境外技术引进、合作研发）与经济创新绩效之间具有正向调节作用，即除假设 H_{4c} 之外的其他调节效应假设均成立。

6.6 本章研究结论与启示

6.6.1 结论及分析

综合以上分析研究，并根据汇总的实证研究结果，本书可以得到以下几点重要结论。

1. 在考虑创新绩效的时间滞后性的情况下，高新技术企业不同技术来源与创新绩效产生不同影响

在控制了企业规模、企业年龄、研发强度等因素后，2014—2016 年的实证结果显示，自主研发、境外技术引进、合作研发对企业的经济创新绩效均产生显著正向影响，境内技术购买则未产生正向影响。类似的，唐盛、张倩肖、冯根福等学者的研究也证实，在技术创新绩效以新产品销售收入来衡量时，发现境外技术引进与自主研发都对技术创新产出绩效产生了显著的促进作用，此外，自主研发对技术创新产出绩效的影响程度都要高于其他技术投入变量，而境内技术购买对新产品销售收入的影响不显著。虽然技术引进增长迅速，但由于高技术企业和科研院所及高校缺乏深入的研发合作，可能导致境内技术购买对提升高技术企业技术创新表征绩效的贡献极其有限。

2016 年的实证结果显示，自主研发和境外技术引进对经济创新绩效未产生正向影响，可能是由于高技术产业产品大多出口海外，短时间内借助境外技术引进或自主研发开发出来的新产品其技术水平较发达国家的产品来说整体上缺乏竞争力，所以就造成了短时间内技术引进商业化阶段生产出的新产品竞争力较低或者科技转化率较低。

从统计原始数据看，2014—2016 年自主研发和境外技术引进投入分别是 20975612.33 千元、19486919.38 千元、17490930.7 千元和 377141.6 千元、176364 千元、54828.21 千元。均是逐年降低的，经济创新绩效也由 2014 年的 24018014.5 千元下降到 2016 年的 21120514.82 千元，和长期实证结果一致。

2. 长期来看，高新技术企业不同技术来源与创新绩效的相关性存在显著差别

从 2014—2016 年高新技术企业实证结果来看，境外技术引进的相关系数最高，其次是合作研发，最后是自主研发。究其原因，本书认为可能是自主研发需要较高投入，费用不仅要用于科研活动，还要用于培训内部员工、招聘新员工，促进员工对技术知识的学习，使企业内部的技术知识水平与研发水平相匹配；而如果用这部分经费购买技术，将花费时间与成本对其引进的新技术进行消化吸收以快速转化为生产力，在一定程度上弱化了对自主研发的需求和动机。江小涓等通过案例分析，认为技术引进和技术创新是互相依赖、相辅相成的关系，两者之间建立了良性互动机制[203]。

河北省高新技术企业在实践经验中，2014—2016 年三年内高新技术企业经济创新绩效平均值为 755034.11 千元，而进行境外技术引进的企业经济创新绩效平均值为 7381875.343 千元，接近平均水平的 10 倍，从统计数据上证明了境外技术引进能极大地促进企业的经济创新绩效。

3. 在高新技术企业技术来源影响创新绩效的过程中，技术创新能力起到中介作用

本书证实了无论是否考虑创新绩效的时间滞后性，技术创新能力都会在自主研发、境外技术引进、合作研发与创新绩效之间起到部分中介作用。技术来源可以增加技术创新资源的投入，从而提升创新能力。刘小鲁的研究证实 R&D、引进国外技术和 FDI 对我国创新能力的积累均有显著的正效应，并且 R&D 对创新能力积累的影响程度最高。梁华、张宗益的研究也证实：国内技术转让和产业间本土企业技术溢出对本土高技术企业新产品销售收入增长的促进作用不显著[204]。可能是因为本土高技术企业对国外技术的高度依赖，进而导致自身缺乏核心技术和自主知识产权，很多核心技术和关键设备不得不依赖于进口即国外技术转让。同时，这使得国内技术转让和产业间本土企业技术溢出未成为我国高技术企业有效的技术创新渠道源。

从 2014—2016 年的数据样本看，河北省有境内技术购买活动的高新技术企业期末拥有有效专利量平均为 28 项，总体期末拥有有效专利量为 27 项，并无明显差别，这与境外技术购买并不能成为有效的技术创新渠道相呼应。

4. 不论是否考虑时间滞后性，吸收能力和政府激励在高新技术企业技术来源影响创新绩效的过程中均起到调节作用

具体来看，吸收能力对四种技术来源和企业的创新绩效之间都存在正向调节效应。本书吸收能力的测量指标选取的是科技活动人员，企业要将技术转化为创新绩效，必须依靠足够的人力资本。同时，企业的自主研发是提高企业吸收能力的重要手段[205~206]。企业的研发活动不仅能解决问题，同时也能提升企业的吸收能力。企业研发投入规模与提升企业的吸收能力密切相关。另外，企业外部知识来源渠道、外部知识属性等对企业获取、消化、转化和应用外部知识起着重要作用。企业外部合作机构性质的不同，双方合作方式、思维方式的不同，都会对知识获取、转移等过程产生影响。

政府激励在对自主研发、境外技术引进、合作研发影响创新绩效的过程中起到调节作用，在对境内技术购买影响创新绩效的过程中没有明

显的调节作用。即政府补贴可直接刺激企业扩大内部 R&D 和技术引进，从而提升创新绩效，但政府补贴难以影响企业技术购买决策。可能是政府更加支持企业通过自主研发和引进的方式进行产业转型升级，政府支持适当向企业研发方向倾斜，对国内企业之间的技术转移没有明显的干预作用。

6.6.2　实践启示

本书的研究结论不仅在理论上充实了现有文献，而且在实践中也具有十分重要的管理启示。

1. 高新技术企业要合理配置科技创新资源

当前，应该重点关注技术引进，扩大国外技术引进的配套资源投入，同时充分发挥购买国内技术所带来的技术溢出效应，更加注重对购买技术的学习、模仿和再创新，让所购买的国内技术成为产业进行进一步技术创新的基础和平台。

2. 建立自主研发和技术引进的互动创新机制

建立自主研发与技术引进的配套机制，促使国外引进技术有效转化。可以从技术创新的产出绩效提取一定比例的自主研发创新基金，对企业技术引进后的消化吸收创新性改造行为给予特殊研发补助，等等。同时，技术创新是一个长期的过程，需要人力资本积累与技术积累，不能缺乏约束，对自主研发创新及技术引进型与消化吸收型创新的约束和激励手段都应有所区别。对自主研发创新来说，应先切实建立自主创新过程监督与绩效评估机制。由于国内创新主体除了企业，还有大学、科研机构等，因此有必要激励自主创新多元主体的协同创新，对协同创新予以鼓励，提升国内技术购买对技术创新绩效的贡献程度。对于技术引进来说，政府要逐步建立健全产业的国内国外技术信息数据库，以抑制重复引进技术；鼓励高技术企业走技术引进、模仿创新、工艺流程创新、渐进式技术变革、突破式技术再创新的技术引进变革创新之路。

3. 企业要进一步加大消化吸收力度

企业要加强对我国高技术产业中高素质科技人才的培养和激励，增加科学家和工程师等优秀人才在科研人员中的比例，优化科研人员结构，促进科研人员创新效率的提升。在消化吸收过程中，要改变过度重视新产品开发而轻视技术研发创新的倾向，通过增强自主创新能力减小企业技术与引进技术之间的"技术势差"，尽量把国外技术转化为企业自身的技术优势[207]。

4. 宏观政策应进一步强化核心创新能力发展战略

主要措施包括：加大政策支持力度；产业政策应具有持续、连贯性，才可能不断产生技术创新的累计效应；技术政策应进一步优化，提高产学研联动效应，克服企业创新的技术门槛限制，不断提升企业创新能力与创新动力[191]。政府可以利用财税、金融等优惠政策鼓励企业创新发展，还可以通过搭建产学研创新平台、构建产业联盟等形式促进企业之间，企业与大学、科研机构等的创新合作，宏观经济形势变动会在相当程度上影响企业的技术创新活动。当宏观经济形势下滑时，企业普遍减少了 R&D 投入和外部技术引进支出，这无疑会减缓整个经济的技术进步速度。因此，政府可以进行"逆经济周期"的研发补贴，鼓励企业的技术创新和改造，为新一轮经济增长奠定基础[185]。

第7章　政府激励政策对高新技术企业创新驱动机制研究

国内外许多实证研究表明，政策对创新绩效有着不可忽视的作用。班吉（Oyelaran – Oyeyinka）[208]等通过对尼日利亚地区制造业的研究指出，该国的能源政策对企业的创新活动有着显著影响。贝格尔斯迪科和科内特[209]的研究指出，荷兰对企业和高校合作研究的资助政策有效地提升了技术成果的溢出效应，促进了行业技术水平的提高。兰乔和莫迪（Lanjouw & Mody）[210]发现，政府对特定技术产品给予优惠政策将促进相关专利的使用。总体上看，国外在这方面的实证研究着重于对个例的探讨，而少有将政策分类来考察其对创新投入与绩效的影响[211]。究其原因，可能是因为先进国家的政府多属于"小政府"，不同于我国政府经常使用政策作为行政手段来调节市场行为，因此分类的政策本身未成为实证研究的重点。

7.1　政府激励政策理论基础与本章研究假设

7.1.1　高新技术企业政府激励政策

1. 政府激励政策文献综述

一些学者从宏观层面对政府财政支持整体与企业创新之间的关系进行了考察，发现政府支持整体上确实能够促进企业创新。例如，马哈茂德和卢芬（Mahmood & Rufin）的研究也肯定了政府支持对于企业创新的推动作用，特别是对于创新能力较薄弱的发展中国家而言，政府可以通过集中控制经济和政治来刺激企业开展创新活动，推动国家创新水平的提高[43]。古利平等[45]、吴延兵[46]的研究也发现，政府是推动我国国家创新体系发展的主要力量，政府支持对我国工业产业创新水平有显著的积极影响。然而，彭宜新的研究却表明，由于在实践中政府无法准确划清公共决策与市场决策的边界，因而难以保证资源的最优配置，加上政府工作机构的低效率，这就使得政府支持整体达不到促进企业创新的效果，甚至阻碍了企业创新活动的进行，从而给企业技术创新带来了两个方面的不利影响：一方面，公共研究机构习惯于按照政府的期望，将资源大量地投入具有先进性但可能缺乏市场价值的技术研发中，结果造成企业技术效率低下；另一方面，政府 R&D 支持的总量是有限的，公共研究机构所占用的 R&D 资源越多，企业可获得的 R&D 资源就越少，资源的缺乏也会造成企业的技术创新效率不高[107]。

2. 调节变量与创新激励政策的作用

政府支持与企业创新关系研究结论的高度不一致，为探究其原因，少数学者对于可能调节政府支持与企业创新关系的情境因素进行了初步的探索。例如，江静以我国第一次经济普查的 26326 家规模以上内资企业、2970 家中国港澳台地区投资企业以及 3625 家外资企业为分析对象的实证结果显示，政府对内资企业研发活动的直接补贴政策显著提高了内资企业的研发强度，但中国港澳台地区和外商投资企业的研发强度与政府直接补贴呈现出显著的负相关关系[212]。由此说明，企业类型（是否为内资企业）在这里作为情境因素调节了政府支持与企业创新的关系。对于内资企业而言，政府支持促进了企业创新；而对于非内资企业来说，政府支持反而抑制了企业创新。孔淑红基于内地 30 个省（区、市）2000—2007 年面板数据的实证分析表明，企业所在区域也是影响政府支持与企业创新关系的重要调节因素。在我国中部地区，税收优惠对技术市场成交额有显著的促进作用，然而在京津沪、东部和西部地区，税收优惠对于技术创新却没有促进作用。针对这一结果，孔淑红认为可能在经济发达程度较高和较低的地区，抵消税收优惠对技术创新影响的因素较多[213]。

3. 中介变量与创新激励政策的作用

对政府支持与创新直接关系的实证研究结论高度不一致的原因，有些学者猜想，政府支持对创新的影响并非直接，可能需要一个中间转化路径的支持。洪勇与李英敏构建了政府政策影响企业创新能力提升的传导机制模型，认为我国企业目前面临着创新意愿不足与创新行为效率低下两个主要问题，因此若想有效地发挥政府支持对于企业创新的积极影响，必须强化企业创新意愿培育和创新行为优化两个中间过程[214]。龙静和刘海建基于 244 家企业样本的研究表明，政府和中小企业的关系强度在政府权力运用方式和中小企业创新绩效之间起到了中介作用[215]。政府支持行为不应该仅仅局限于制定各种政策和制度，还应该重视对不同权力方式的运用。特别是当政府不采用任何强制手段，而主要通过政府机构及政府人员的专业素质、个人魅力、声誉来获取中小企业的尊重和信任时，中小企业会更积极地维系好与政府的关系，而政府与中小企业的良好关系则会为中小企业提供更多创新所需的信息和资源，从而显著地提高中小企业的创新绩效。

4. 文献述评

目前，国内外学者探索政府支持对于企业创新的影响，获得了一些创新成果。然而，现有的研究依然存在两个重要不足。

（1）研究者们所依据的各种理论，有其合理的一面，也能够为政府支持与企业创新之间的关系提供部分解释，但是，目前还没有任何一种理论能够全面合理地解释政府支持影响企业创新的过程与内在作用机制。

（2）政府支持与企业创新之间关系的研究，无论是整体的政府支持与企业创新，还是不同政府支持方式与企业创新，其实证研究结论完全不同。

这两个重要不足的存在，既构成了相关理论发展的主要阻碍，也导致政府相关创新支持政策制定与企业创新管理实践的不确定。

7.1.2 政府驱动高新技术企业创新的政策

政府通过财政激励政策引导企业科技创新活动的效用和作用机制也已成为政策界和学术界关注的重点，而政府对研发实施财政激励政策的经济学理论基础则可以追溯到阿罗（1962）年的福利经济学理论。由于研发存在社会正外部性，社会收益大于私人收益，导致企业对研发投入不足，总体投入水平低于社会最优水平[216]；另外，研发活动的高风险性也使得企业对研发活动投入持谨慎态度。没有政府财政干预，经济平衡时的研发投入水平就会低于社会最优水平[217]。目前各国政府常采用拨款资助、税收减免等财政政策工具来刺激企业的研发投入以期使之逼近理想投入规模[218]，从而达到社会最优水平。

目前，我国政府财政激励政策主要包括政府补贴和税收优惠（见图7.1），两者在政策实施范围和过程以及激励机制方面差异巨大。政府补贴是一种直接经济补助，指政府在一定时期内根据需要，对特定的地区、产业、部门、企事业单位研发活动提供一定数额的财政补助。税收优惠则是一种间接补助形式，是政府通过税收手段给特定的课税对象、纳税人或地区的税收激励和照顾措施，直接体现为应纳税额的减少。针对研发活动的税收优惠又分为研发活动加计扣除税收减免以及高技术企业税收减免，研发加计扣除税收减免是在企业会计年度末对企业实施的税收优惠政策，高技术企业税收减免虽然也属于税收优惠政策，但更是一种针对研发成果的奖励，相应的激励制度和惩罚制度健全，且税收减免力度很大。两者主要差别在于政策实施的过程，如申请研发活动税收减免时针对所处行业、研发投入以及研发产出方面等的限制等。三种财政激励政策的作用和功能各不相同，现有研究鲜有从效率角度研究三类财政政策对企业研发活动的影响，而这一研究视角更有利于揭示财政政策对研发过程的影响。因此，从效率角度看，我国当前研发财政激励政策在激励研发过程中是否有效，是否会存在政府财政资源的浪费确实值得深入探究。

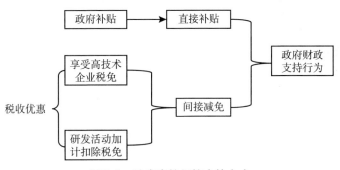

图 7.1　政府直接间接支持方式

现有研究在政府财政政策对研发投入或研发产出的影响方面做了不同视角的研究。如布龙齐尼（Bronzini）和皮塞利（2016）基于意大利北部地区艾米利亚–罗马涅（Emilia–Romagna）的 612 家制造业与服务业公司的面板数据，验证政府研发补助对于专利申请量的影响并发现促进作用明显；朱平芳和徐伟民（2003）基于上海市大中型工业企业的面板数据验证政府科技激励政策对企业研发投入与产出的作用并发现促进作用显著；程华和赵祥（2008）基于我国大中型工业企业面板数据实证分析政府科技资助对于研发产出（新产品销售收入）的影响，并发现正向影响显著。

本书结合以上理论体系和研究评述认为，创新支持政策对企业创新的影响有直接和间接的作用。一方面对企业创新直接产生影响，另一方面还会通过以创新资源投入为中介变量的路径对企业创新产生影响（见图 7.2）。

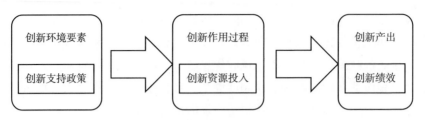

图 7.2　创新政策影响创新绩效的作用过程

7.1.3　财政激励政策对高新技术企业创新绩效的作用

企业的创新活动面临着较高的市场风险和技术风险，而且需要高额的资金投入，研发周期也比较长。不仅如此，企业的创新活动还面临着严重的外部性问题。为了解决企业创新动力不足的问题，最直接的方法就是由政府对企业创新活动进行财政补贴，以解决创新活动收益低、成本高的问题[212]。其实，政府对企业创新活动所采取的财政补贴、税收减免，不仅是西方发达国家实施产业政策的常用工具，而且已成为政府培育和发展战略性新兴产业的重要前提。简言之，政府财政补贴是对企业创新活动的直接资助，这有助于降低企业的研发风险和成本，在一定程度上解决了企业创新活动面临的高融资约束问题，还有可能激励企业增加研发投资，进而作用于企业创新绩效的提高。大量的实证研究表明，政府激励对企业创新活动具有显著的杠杆效应，能够提高企业从事研发创新的积极性，并最终促进企业创新绩效的改善[219]。

基于上述分析，本书提出假设。

假设 H_1：政策扶持对企业创新绩效有正向促进作用。

假设 H_{1a}：直接补贴政策对企业经济创新绩效有正向促进作用。

假设 H_{1b}：加计扣除减免政策对企业经济创新绩效有正向促进作用。

假设 H_{1c}：享受高技术企业税收减免政策对企业经济创新绩效有正向促进作用。

1. 税收激励政策与资金投入

佩蒂（Petti，C）[219]等通过研究创新支持政策在企业自身创新活动对中国中小高新技术企业绩效的综合作用中发现，创新支持政策正面调节了研发投资与绩效之间的关系，这些结果强调政府创新政策与公司自身研发投资之间的关系不只是相互的。因此，虽然创新支持政策已经被发现可以帮助中小高新技术企业从其研发投资中受益，但这些政策只有在研发投入大大推动企业创新活动时才是特别有效的。税收激励政策在市场干预管理成本灵活程度等方面具有优势，并且其对企业性质与行业选择的影响也是中性的，可以用来鼓励广大企业积极参与创新活动。众多学者的研究均证实了税收优惠政策对企业创新资金投入的正向激励效应。霍尔（Hall）[220] 从成本收益视角分析，利用税收价格弹性来衡量 1981—1991 年研发税收抵免政策对美国制造类企业研发投入的影响，结果显示，企业的增量研发投入高于税收优惠政策的成本为美国税收抵免政策的实施提供了支持依据博格（Berger）[221] 则采用哑变量标识企业是否享受税收抵免优惠政策，并以 1981—1988 年 263 家美国企业为样本进行研究，发现实施税收抵免政策可以使企业的研发强度提高 2.9%。

因此本书提出如下假设：在其他变量保持不变的情况下，税收激励政策与企业资金投入呈正相关。

2. 税收激励政策与人力投入

企业引进优秀人才，并加强对员工的教育与培训，可以使其知识与经验不断积累和更新，进而在与物质资本优化配合、良性互动的过程中提升企业的创新能力，而税负高低会直接影响企业对人力资本的投入能力，政府需要通过降低企业人力资本投入的私人成本来努力促进这种投资。埃克斯坦（Eckstein）的研究显示，个人所得税税负提高 1%，劳动力供给会相应下降 0.04%，即提高个人所得税会抑制个人对人力资本的投资，宾恩斯坦克（Beenstock）[222] 以英国企业的数据为样本，从劳动力需求的角度研究所得税的影响，结果表明，企业税负下降 1%，将使劳动力需求量增加 1.4%。基于以上分析，本书假设：在其他变量保持不变的情况下，税收激励政策与企业人力投入呈正相关。

综上所述，本书提出如下假设。

假设 H_2：政府财政扶持有助于加大企业创新投入力度。

假设 H_{2a-1}：直接补贴政策对企业创新资金投入有正向促进作用。

假设 H_{2a-2}：直接补贴政策对企业创新人力投入有正向促进作用。

假设 H_{2b-1}：加计扣除减免政策对企业创新资金投入有正向促进作用。

假设 H_{2b-2}：加计扣除减免政策对企业创新资金投入有正向促进作用。

假设 H_{2c-1}：享受高技术企业税收减免政策对企业创新资金投入有正向促进作用。

假设 H_{2c-2}：享受高技术企业税收减免政策对企业创新资金投入有正向促进作用。

7.1.4　创新投入对高新技术企业创新绩效的中介作用机理

1. 资金投入与创新绩效

谢勒（Scherer）[223]、豪斯曼（Hausman）[224]等从企业层面对 R&D 投资与创新绩效进行实证研究，结果均显示 R&D 投入与技术创新绩效存在很强的相关性。陈海波的研究表明，R&D 经费支出、R&D 人员投入和企业规模对企业 R&D 投入绩效的影响最大。即使考虑到不同的行业特征与产权结构的影响，中国企业的 R&D 投入与创新绩效之间的正向关系也是显著的。尽管研发资金投入仅仅是一个投入量，而企业创新绩效的结果则取决于投入量的使用效率，但是，即便在发达国家资本市场已经较为健全的情况下，资金短缺仍旧是企业开展创新活动过程中的主要障碍。不可否认的是，研发资金投入是决定企业产品与工艺创新的重要资源，有助于获取有利的竞争环境，是企业形成一定垄断优势从而实现经济增长的主要驱动因素。因此，本书假设：在其他变量保持不变的情况下，企业资金投入与创新绩效呈正相关。

2. 人力投入与创新绩效

企业人力资本是企业形成和保持核心竞争优势的重要战略资源。威尔曼和赛尔斯（Wirme & Sels）以小型新兴创业企业为样本检验了人力资本、人力资源管理和创新的内在联系，发现人力资本（管理者与员工）和人力资源管理是创新的重要决定因素。劳动力素质比例对于企业创新绩效具有显著的正向作用，企业依靠资金投入获得的只是短暂的竞争优势，要想获取持久的竞争优势必须加大对人力资本的投入。培训在企业文化建设中具有重要作用，是唯一能带来高水平创新绩效的人力资源管理实践。企业内、外部的人才引进、在岗培训等可以使员工获得有价值的知识与技能，促进人力资本的形成。基于此，本书提出如下假设：在其他变量保持不变的情况下，企业人力投入与创新绩效呈正相关。

假设 H_{2d-1}：创新资金投入对企业创新经济绩效有正向促进作用。

假设 H_{2d-2}：创新人力投入对企业创新经济绩效有正向促进作用。

此外，上述分析表明，政府财政激励政策、企业创新投入与创新绩效之间具有一定内在联系。政府激励政策为企业营造了良好的创新环境，而创新投入又对企业绩效有直接的影响。可以看出，在政策激励与创新绩效之间，企业在资金和人力方面的投入是其中必要的中介因素。本书假设：政府激励政策通过创新投入的中介作用对创新绩效产生影响。

综上所述，本书提出以下假设。

假设 H_{3a-1}：创新资金投入在政策扶持对创新绩效的作用过程中起到了中介作用。

假设 H_{3a-2}：创新人力投入在政策扶持对创新绩效的作用过程中起到了中介作用。

7.1.5 所有制差异对高新技术企业创新绩效的调节效应机理

1. 所有制差异与创新绩效

不同的企业具有不同的所有权结构，这会影响到企业内部的运行效率、管理方式以及激励机制，进而对企业的创新性行为产生迥然不同的影响，并最终通过企业的创新绩效反映出来。有证据表明，受制于国有产权制度激励不足问题，国有企业里的企业家往往缺乏创新动力，但民营企业却不存在该问题[225,47]。另外，多层级委托代理关系、缺乏最终委托人等产权问题也会弱化国有企业的创新动力[226]。事实上，不同于追求利润最大化的民营企业，国企的晋升制度并非由企业创新绩效决定，而是在某种程度上依赖于企业家的政治表现，但这会弱化国有企业家的创新意愿。再加上有不少国有企业已获得垄断地位，缺乏自主创新的动力，这也会影响企业的创新绩效。显然，相比于国有企业，民营企业在产权制度上比较纯粹，并不存在上述问题，所以能较好地激励企业从事研发创新活动，进而有助于提高民企创新绩效。

2. 所有制差异与财政补贴

政府补贴对不同所有权性质的企业创新绩效具有同样的影响吗？与民营企业相比，国有企业的所有权性质决定了他们与各级政府机构始终保持特殊的政治关系，而这种特殊的关系使得绝大部分国有企业很容易获得政府补贴、税收减免等"好处"。但问题是，当国有企业获得政府补贴时，会减弱其进行研发创新的动力。有证据表明，政府补贴会对制造型国有企业的自主研发行为产生明显的挤出效应，进而对企业的创新绩效产生抑制作用[225]。事实上，由于国有企业自身规模较大，较容易从外部获得各种资源，再加上政府给予国有企业各种各样的隐性补贴，直接的财政补贴不仅难以激励国有企业从事研发创新活动，还有可能诱使国企高管从生产性行为转向寻租行为[227]。与之相反，政府补贴对政治上比较弱势的民营企业而言就具有较好的激励效果。对于成长过程中的广大中小私营、民营企业，在研发融资约束程度较严重的现实背景下，它们很难从银行获得研发资金，更难以发行股票和债券，因此它们更需要政府补贴来开展创新活动，从而使政府补贴可以发挥更好的效果[215]。总之，就实践层面而言，政府补贴对国有企业创新行为的激励更可能是"锦上添花",但对民营企业而言更多的是"雪中送炭"。Kwon,Hu 通过实证检验日本外资企业的研发活动是否与国内企业的研发活动显著不同,发现一家拥有多数股权的公司在研发方面的活跃程度低于独立公司。如果母公司来自 G7 国家,外国所有权并不重要,但如果母公司来自非 G7 国家,研发强度与外资所有权存在显著正相关。而对于业务与其母公司相关的子公司,如果母公司是国内公司,研发强度较低,但若是外国公司则较高。

基于上述逻辑,本书提出以下假设。

H_{4a-1}:企业私有性质在政府补贴政策与研发资金投入中存在正向调节作用。

H_{4a-2}:企业私有性质在政府补贴政策与研发人力投入中存在正向调节作用。

H_{4b-1}:企业私有性质在高新技术税收减免政策与研发资金投入中存在正向调节作用。

H_{4b-2}:企业私有性质在高新技术税收减免政策与研发人力投入中存在正向调节作用。

H_{4c-1}:企业私有性质在研发加计扣除税收减免影响研发资金投入中存在正向调节作用。

H_{4c-2}:企业私有性质在研发加计扣除税收减免影响研发人力投入中存在正向调节作用。

H_{5a-1}:企业私有性质在政府补贴政策、研发资金投入和创新绩效中起正向调节作用。

H_{5a-2}:企业私有性质在政府补贴政策、研发人力投入和创新绩效中起正向调节作用。

H_{5b-1}:企业私有性质在高新技术税收减免、研发资金投入与创新绩效中起正向调节作用。

H_{5b-2}:企业私有性质在高新技术税收减免、研发人力投入与创新绩效中起正向调节作用。

H_{5c-1}:企业私有性质在研发加计扣除税收减免、研发资金投入与创新绩效中起正向调节作用。

H_{5c-2}:企业私有性质在研发加计扣除税收减免、研发人力投入与创新绩效中起正向调节作用。

7.1.6　高新技术企业政府激励政策与创新绩效机制模型

基于 7.1.3 ~ 7.1.5 的假设,本书构建了高新技术企业资本来源影响创新绩效的机制模型，即资本来源通过科技活动投入的中介作用对创新绩效产生影响，同时税收减免在资本来源与科技活动投入之间存在调节作用（见图7.3）。

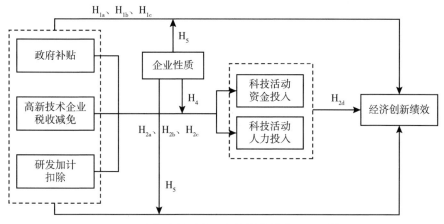

图7.3 政策支持对企业创新绩效的作用机制模型

7.2 样本、数据及计量模型设计

7.2.1 研究样本与数据来源

本书以河北省高新技术产业开发区企业中经省级认定、各国家高新技术产业开发区批准入区的高新技术企业为研究样本，采用2014—2016年《国家高新技术产业开发区企业统计报表》中的相关统计数据为研究变量，数据源自科技部火炬高技术产业开发中心，采用的是已验收数据，要经过主管部门的审计，保证了其真实性。在分析之前，根据研究所需，按照以下原则对统计数据进行筛选：①剔除重要指标数据为空或者填写明显错误的数据，例如，报告期内企业销售收入为0、企业注册年份缺失、数值型变量出现字符、理应为正数的数据出现负数或者缺失，这样的样本不利于数据处理，其准确性得到怀疑，应予以剔除。②剔除企业年龄小于1的企业，因为这样的企业经营还未稳定，各项指标往往出现异常，影响整体分析结果。③剔除企业科技人员数量小于10的企业，这些企业科技人员数量过少，不利于企业研发创新。

通过上述处理，本书首先选取2016年河北省高新技术企业832家，对 7.1 节假设进行检验。所选企业范围涵盖生物医药技术、电子信息、新材料、高端技术装备制造、新能源、环境保护、航空航天等众多领域，大规模的指标数据和众多领域的研究样本为本书研究奠定了坚实基础。此外，考虑到政策支持、科技活动投入等要素反映到企业绩效上具有时间的滞后性，因此本书依据上述处理原则，再次筛选出 2014—2016 年存续的企业 586 家，将其三年数据汇总进行检验，旨在检验创新政策对创新绩效的持续影响。本书分别对上述两个样本容量进行实证分析，对两次检验的结果进行比较，剖析更深层次原因。

7.2.2　变量定义及计算方式

1. 被解释变量

对于企业创新绩效的测度，通过 7.1 节的分析可以看出，国内外学者还没有采取广为认可的统一指标或者指标体系来测度。这一方面反映出企业创新绩效测度具有复杂性，另一方面也反映了学者至今还没有找到可以全面反映企业创新绩效的可靠指标。本书采用新产品销售收入来测度。新产品销售收入反映的是企业新产品被市场认可后给企业带来的经济收益，是创新成果转化或产业化的绩效。

2. 解释变量

（1）政府补贴。指企业实际收到的政府补贴收入，包括实际收到的先征后返的增值税，以及企业按销量或工作量等，依据国家规定的补助定额计算并按期给予的定额补贴。执行 2006 年《企业会计准则》的企业，根据会计"营业外收入——补贴收入"科目的期末贷方余额（结转前）填报；未执行 2006 年《企业会计准则》的企业，根据会计"补贴收入"科目的期末贷方余额（结转前）填报。

（2）高新技术企业税收减免。指高新技术企业按照国家有关政策依法享受的企业所得税减免额，按当年税务部门实际减免的税额填报。对尚未得到当年减免税额的企业，按上年实际减免税额填报。

（3）研发加计扣除税收减免。指企业按照《中华人民共和国企业所得税法》第三十条和《中华人民共和国企业所得税法实施条例》第九十五条规定所发生的研究开发费用，包括为开发新技术、新产品、新工艺发生的研究开发费用。未形成无形资产计入当期损益的，在按规定据实扣除的基础上，按照研究开发费用的 50% 加计扣除；形成无形资产的，按照无形资产成本的 150% 摊销。

3. 中介变量

本书将科技活动投入作为研究高新技术企业资本来源与创新绩效之间关系的中介变量，并将科技活动投入分为科技活动资金投入和科技活动人力投入，细化不同范围的科技活动投入在机制模型中的中介效应。

（1）科技活动资金投入。科技活动资金投入反映了企业用于科技活动的支出。本书采用报告年度企业用于全部科技活动的支出总额来衡量企业科技活动投入，包括人员人工费、原材料费、R&D 项目经费、设立科技机构场所支出、获取和改造技术支出、企业内部用于科技活动而在当年形成的固定资产，企业用于衡量外部科技活动投入而委托其他单位或与其他单位合作开展科技活动支付给其他单位的经费总额，以及企业用于内部科技活动而来自政府部门的资金总和。

（2）科技活动人力投入。高素质的科技人员是企业创新中最具能动性的要素，是企业创新绩效的重要决定性因素。大量研究表明，科技人员人数越多，创新成果中包含的隐性、复杂、异质性的知识越多，对企业创新绩效的促进作用越强。本书所指科技人员，是企业内部直接参加科技项目及项目的管理人员和直接服务人员合计。

4. 调节变量

在所有制结构与技术创新效率的关系方面，研究者们的观点较为一致，大都认为非国有企业的创新效率高于国有企业，外资企业的创新效率高于内资企业。本书采用企业所有权是否为国企和非国企两类指标。

5. 控制变量

（1）企业规模。早在1943年，熊彼特经过研究就发现，企业创新效果与市场集中度、企业规模有着密切关系。一般而言，企业规模越大，企业的规模经济、融资渠道、风险抵抗优势越明显，越有利于企业提升创新绩效。陈等[67]认为技术创新效率改善需要一定的规模经济性。帕维特等[16]认为较小和较大企业的创新效率比中等企业更高，即创新效率和企业规模之间呈现"U"形关系。对于企业规模的测度，刘锦英[175]以及陈琨、周永根、杨国梁[176]等学者以企业人数来度量。在本书看来，企业员工人数是一个较为主观的标准，没有统一的标准来衡量企业是大企业还是中小企业。因此，本书借鉴孙玉涛、臧帆[177]所选取的指标，以企业资产总额的自然对数来测度企业规模。

（2）企业年龄。企业年龄同样是企业创新绩效的影响因素。结合之前的研究发现，企业年龄越大，企业的资质越高、资源越广、核心技术越多，越有能力开展创新活动。因此，本书将企业年龄作为研究的控制变量。书中的企业年龄是指企业的自然年龄，通过"2017—企业注册年份"计算而得。

（3）创新能力。创新能力强的企业具有更强的吸收能力，能够有效吸收、整合和利用现有知识或技术，并将之转化为创新绩效。同时，创新能力强的企业能更准确地辨识获取并协调来自不同技术领域的合作伙伴的异质性知识，实现企业内、外部知识的互补和协同。因此，本书认为企业创新能力与创新绩效显著正相关，并选取企业在报告期末拥有的有效专利数量作为测度创新能力的指标。

综合以上分析，本章研究指标的具体变量定义及计算方式如表 7.1 所示。

表 7.1   变量选取

变量性质	变量名称	变量代码	定义及计算
被解释变量	经济创新绩效	$Innove$	报告年度企业的新产品销售收入
解释变量	政府补贴	$Subsidy$	指企业实际收到的来自政府的补贴收入
	高新技术企业税收减免	$Retax$	高新技术企业按照国家有关政策依法享受的企业所得税减免额
	研发加计扣除	$RDplus$	企业申请进行研发活动的费用
中介变量	研发资金投入	$Funds$	企业进行研发活动支出资金总额
	研发人力投入	$Human$	企业的研发人员投入量
调节变量	企业性质	$Owner$	是否为国企，国企为0，非国企为1
控制变量	企业规模	$Size$	企业资产总额的自然对数
	企业年龄	Age	2017—企业注册年份
	创新能力	$Ability$	专利拥有量

7.2.3　研究方法和模型设计

本书采用两阶段分层回归的方法，运用 SPSS 22.0 对科技活动投入的中介作用和所有制的调节作用进行检验。

第一阶段，按照中介效应检验程序，分别检验科技活动资金投入（$Funds$）和科技活动人力投入（$Human$）在政府补贴、高新技术企业税收减免、研发加计扣除与经济创新绩效和技术创新绩效中的中介作用。本书分别从企业经济创新绩效和技术创新绩效两个层面构建计量模型。

1. 企业经济创新绩效层面

针对 H_1、H_{1a}、H_{1b}、H_{1c}，构建如下计量模型

$$InnovE_{i,t} = \beta_0 + \beta_1 Subsidy_{i,t} + \beta_2 Retax_{i,t} + \beta_3 RDplus_{i,t}$$
$$+ \beta_4 \sum control_{i,t} + \varepsilon_{i,t} \qquad (7.1)$$

本书的中介变量为科技活动资金投入和科技活动人力投入。借鉴现有研究，本书根据中介效应的检验步骤检验 H_{a1}、H_{b1}、H_{c1}、H_{d1}。

第一步，构建模型（7.2）~模型（7.4）分别检验三类政策与科技活动资金投入的关系；构建模型（7.5）~模型（7.7）分别检验三类政策与科技活动人力投入的关系。

$$Funds_{i,t} = \beta_0 + \beta_1 Subsidy_{i,t} + \beta_2 \sum Control_{i,t} + \epsilon_{i,t} \qquad (7.2)$$

$$Funds_{i,t} = \beta_0 + \beta_1 Retax_{i,t} + \beta_2 \sum Control_{i,t} + \epsilon_{i,t} \qquad (7.3)$$

$$Funds_{i,t} = \beta_0 + \beta_1 RDplus_{i,t} + \beta_2 \sum Control_{i,t} + \epsilon_{i,t} \qquad (7.4)$$

$$Human_{i,t} = \beta_0 + \beta_1 Subsidy_{i,t} + \beta_2 \sum Control_{i,t} + \epsilon_{i,t} \qquad (7.5)$$

$$Human_{i,t} = \beta_0 + \beta_1 Retax_{i,t} + \beta_2 \sum Control_{i,t} + \epsilon_{i,t} \qquad (7.6)$$

$$Human_{i,t} = \beta_0 + \beta_1 RDplus_{i,t} + \beta_2 \sum Control_{i,t} + \epsilon_{i,t} \qquad (7.7)$$

第二步，构建模型（7.8）~模型（7.9）分别检验科技活动资金投入和科技活动人力投入对经济创新绩效的影响。

$$InnovE_{i,t} = \beta_0 + \beta_1 Funds_{i,t} + \beta_2 \sum Control_{i,t} + \epsilon_{i,t} \qquad (7.8)$$

$$InnovE_{i,t} = \beta_0 + \beta_1 Human_{i,t} + \beta_2 \sum Control_{i,t} + \epsilon_{i,t} \qquad (7.9)$$

第三步，检验科技活动投入在三类政策与经济创新绩效之间是否起中介作用。分别将科技活动资金投入和科技活动人力投入引入模型（7.1），得到模型（7.10）~模型（7.11），分析主效应的变化。

$$InnovE_{i,t} = \beta_0 + \beta_1 Subsidy_{i,t} + \beta_2 Retax_{i,t} + \beta_3 RDplus_{i,t}$$
$$+ \beta_4 Funds_{i,t} + \beta_5 \sum control_{i,t} + \varepsilon_{i,t} \qquad (7.10)$$

$$InnovE_{i,t} = \beta_0 + \beta_1 Subsidy_{i,t} + \beta_2 Retax_{i,t} + \beta_3 RDplus_{i,t}$$
$$+ \beta_4 Human_{i,t} + \beta_5 \sum control_{i,t} + \varepsilon_{i,t} \qquad (7.11)$$

第二阶段，按照调节效应检验步骤，分析所有制在创新政策与科技活动投入之间的调节效应。将科技活动投入作为被解释变量，将政府补贴 *SUBSIDY*、高技术税收减免 *RETAX*、研发加计扣除 *RDPLUS*、企业性质 *OWNER* 以及交互项作为解释变量引入回归方程，分别从科技活动资金投

入和科技活动人力投入两个层面构建计量模型（7.12）~模型（7.17），以验证假设 H_{5a-1} 和 H_{5a-2}。

2. 科技活动资金投入层面

$$Funds_{i,t} = \beta_0 + \beta_1 Subsidy_{i,t} + \beta_2 Owner_{i,t} + \beta_3 Subsidy \cdot Owner_{i,t} + \epsilon_{i,t}$$
$$(7.12)$$

$$Funds_{i,t} = \beta_0 + \beta_1 Retax_{i,t} + \beta_2 Owner_{i,t} + \beta_3 Retax \cdot Owner_{i,t} + \epsilon_{i,t}$$
$$(7.13)$$

$$Funds_{i,t} = \beta_0 + \beta_1 RDplus_{i,t} + \beta_2 Owner_{i,t} + \beta_3 RDplus \cdot Owner_{i,t} + \epsilon_{i,t}$$
$$(7.14)$$

3. 科技活动人力投入层面

$$Human_{i,t} = \beta_0 + \beta_1 Subsidy_{i,t} + \beta_2 Owner_{i,t} + \beta_3 Subsidy \cdot Owner_{i,t} + \epsilon_{i,t}$$
$$(7.15)$$

$$Human_{i,t} = \beta_0 + \beta_1 Retax_{i,t} + \beta_2 Owner_{i,t} + \beta_3 Retax \cdot Owner_{i,t} + \epsilon_{i,t}$$
$$(7.16)$$

$$Human_{i,t} = \beta_0 + \beta_1 RDplus_{i,t} + \beta_2 Owner_{i,t} + \beta_3 RDplus \cdot Owner_{i,t} + \epsilon_{i,t}$$
$$(7.17)$$

同时将创新政策、企业性质以及二者交互项等变量引入模型考虑，可得计量模型（7.18）~模型（7.19），以进一步检验企业性质的调节效应。

$$Funds_{i,t} = \beta_0 + \beta_1 Subsidy_{i,t} + \beta_2 Retax_{i,t} + \beta_3 RDplus_{i,t} + \beta_5 Owner_{i,t}$$
$$+ \beta_6 Subsidy \cdot Owner_{i,t} + \beta_7 Retax \cdot Owner_{i,t}$$
$$+ \beta_8 RDplus \cdot Owner_{i,t} + \epsilon_{i,t} \qquad (7.18)$$

$$Human_{i,t} = \beta_0 + \beta_1 Subsidy_{i,t} + \beta_2 Retax_{i,t} + \beta_3 RDplus_{i,t} + \beta_5 Owner_{i,t}$$
$$+ \beta_6 Subsidy \cdot Owner_{i,t} + \beta_7 Retax \cdot Owner_{i,t}$$
$$+ \beta_8 RDplus \cdot Owner_{i,t} + \epsilon_{i,t} \qquad (7.19)$$

在上述模型中，β_0 表示常数项，$SUBSIDY \cdot OWNER_{i,t}$ 表示政府补贴与企业性质的多元化交互项，$RETAZ \cdot OWNER_{i,t}$ 表示高新技术企业税收减免与企业性质的多元化交互项，$RDPLUS \cdot OWNER_{i,t}$ 表示研发加计扣除与企业性质的多元化交互项，ε 表示误差项，i 表示企业，t 表示时间。

在进行实证分析之前，本书采用 Z-score 标准化方法对变量的数值进行标准化处理，使得各项指标的数据平均值为 0，标准差为 1，进而将不同量纲的原始数据放在同一个矩阵进行测评，以便进行分层回归分析和相关系数比较。

7.3 长期驱动效应实证检验分析

7.3.1 描述性统计及相关性分析

为了准确把握数据之间的基本特征以及变量之间的相关关系，本书首先进行描述性统计及相关性分析。描述性统计及相关性分析是进行其他统计分析的基础和前提。通过描述性统计对指标数字特征量的呈现，可以对样本来自总体的特征有比较准确的把握；相关性分析可以计算出两两变量之间的相关系数，反映各变量之间的大致相关方向和程度。

1. 描述性统计分析

2014—2016年河北省高新技术企业获得政府的直接补贴、税收减免与创新绩效机制模型中各变量的描述性统计如表7.2所示。在考虑到创新绩效时间滞后性的情况下，本书使用河北省586家高新技术企业2014—2016年的总投入、总产出作为各变量的基本数据。样本企业中的平均新产品销售收入为8.89亿元，处于较高水平，说明三年来河北省高新技术企业经济创新绩效较好；标准差为8855746，说明各企业的经济创新绩效差异较大，样本之间存在差异；而样本的新产品销售收入最低仅为6000元，最高达到2108.07亿元，说明本书所选的新产品销售收入指标覆盖区间广，使得本书对经济创新绩效影响因素的研究更深入且研究结果适用范围更广。对于三类政府创新激励政策来说，均值大小依次为享受高新技术企业税收减免、政府补贴、研发加计扣除，说明样本企业获得的税收减免金额最多，而针对研发活动的税收减免最少，三类政策之间存在很大差距；各类政策的标准差都远远大于其均值，说明样本企业资本来源差别较大；最大值和最小值之间较大的差距为本书样本的选取提供了较好的说服力。科技活动投入指标中，研发资金投入与研发人力投入的均值分别为85322.0358千元和127.031人，说明企业都比较注重创新活动的资金投入和科技人力资源的投入。在众多控制变量中，企业规模相对较大，企业年龄较为成熟，平均年龄为14，说明大部分企业都不是初创企业；与此同时，样本企业的创新能力都比较强，拥有的有效专利数均值为30.239，说明大多数企业掌握的先进技术都比较多。

表7.2　　　　　　　　　　　　描述性统计分析

变量	样本量	最小值	最大值	平均数	标准偏差
企业创新绩效	586	6	210807528	889033.34	8855746
政府补贴	586	0	559294	5730.280	32438.426
高新技术企业减免	586	0	1965565	10375.6925	85518.98
研发加计扣除	586	0	352732	1696.850	15196.734
研发资金投入	586	546	10861199	85322.0358	482415.6
研发人力投入	586	4.333	15513.333	127.031	653.634
企业规模	586	8.123	18.050	11.993	1.613
企业年龄	586	5	59	14.503	6.648
创新能力	586	0	3484	30.239	169.809

2. 相关性分析

2014—2016 年河北省高新技术企业获得政府的直接补贴、享受高新技术企业税收减免、研发加计扣除与创新绩效机制模型中各变量的相关性分析如表 7.3 所示。由表 7.3 可知，政府财政补贴政策与高新技术企业创新绩效（$r = 0.734$，$p < 0.01$）、享受高新技术企业所得税减免政策与企业创新绩效（$r = 0.975$，$p < 0.01$）、研发加计扣除与企业经济创新绩效（$r = 0.964$，$p < 0.01$）都存在显著的正相关关系。除此之外，企业的研发资金投入（$r = 0.984$，$p < 0.01$）、研发人力投入（$r = 0.947$，$p < 0.01$）、企业规模（$r = 0.241$，$p < 0.01$）以及企业的创新能力（$r = 0.904$，$p < 0.01$）都与高新技术企业的创新绩效有着显著的正相关关系，说明企业增加政府补贴收入、税收减免额，加大研发资金投入、研发人力投入，扩大企业的生产规模，提高企业的创新能力可以增加企业的创新产出。企业的研发资金投入与高新技术企业获得政府补贴（$r = 0.736$，$p < 0.01$）、高新技术企业税收减免（$r = 0.959$，$p < 0.01$）、研发加计扣除（$r = 0.962$，$p < 0.01$）、研发人力投入量（$r = 0.950$，$p < 0.01$）、企业规模（$r = 0.301$，$p < 0.01$）和创新能力（$r = 0.876$，$p < 0.01$）都表现为显著的正相关；企业的研发人力投入也受到高新技术企业获得政府补贴（$r = 0.729$，$p < 0.01$）、高新技术企业税收减免（$r = 0.923$，$p < 0.01$）、研发加计扣除（$r = 0.926$，$p < 0.01$）、研发资金投入量（$r = 0.950$，$p < 0.01$）、企业规模（$r = 0.308$，$p < 0.01$）和创新能力（$r = 0.853$，$p < 0.01$）的显

表 7.3

2014—2016 各变量间相关性分析

变量	创新绩效	政府补贴	高新技术企业减免	研发加计扣除	研发资金投入	研发人力投入	企业规模	企业年龄	创新能力
政府补贴	0.734**								
高新技术企业减免	0.975**	0.724**							
研发加计扣除	0.964**	0.701**	0.943**						
研发资金投入	0.984**	0.736**	0.959**	0.962**					
研发人力投入	0.947**	0.729**	0.923**	0.926**	0.950**				
企业规模	0.241**	0.287**	0.268**	0.244**	0.301**	0.308**			
企业年龄	0.038	0.02	0.06	0.048	0.079	0.088*	0.324**		
创新能力	0.904**	0.661**	0.902**	0.867**	0.876**	0.853**	0.281**	0.096*	
企业性质	-0.01	-0.029	-0.001	-0.01	-0.036	-0.031	-0.273**	-0.228**	-0.062

注：表中 * 为显著性水平，** 为 $p < 0.01$，* 为 $p < 0.05$；$N = 586$。

著影响。各变量间有显著的相关性，且相关程度都比较高。当然，Pearson相关性分析只能反映各变量间的整体相关性，为得到各投入变量与创新绩效之间的具体相关程度，本书对各变量进行了相应的回归分析，以便得出更准确可靠的结论。

3. 多重共线性检验

在进行实证分析之前，还非常有必要注意各变量的多重共线性问题。多重共线性是指变量之间存在近似的线性关系，即某个变量能够近似地用其他变量的线性函数来表示。为了检验变量之间是否存在共线性问题，本书在将所有变量 Z - score 标准化之后，进行多重回归分析的共线性诊断。表 7.4 显示了以新产品销售收入代表的创新绩效为被解释变量而进行的和其他变量的共线性检验结果。其中，容忍度是以每个变量作为因变量对其他变量进行回归分析时得到的残差比例；方差膨胀因子（VIF）是容忍度的倒数。VIF 越大，共线性越严重。VIF 一般不应该大于 5，当 VIF 大于10 时，表示有严重的共线性存在。如表 7.4 所示，各变量的 VIF 都小于10，故不存在多重共线性问题。

表7.4 变量共线性检验结果

变量	创新绩效	
	容忍度	VIF
政府补贴	0.436	2.292
高新技术企业减免	0.394	2.538
研发加计扣除	0.278	3.593
研发资金投入	0.211	4.751
研发人力投入	0.104	9.583
企业规模	0.747	1.339
企业年龄	0.861	1.162
创新能力	0.178	5.605
企业性质	0.882	1.134

7.3.2 政府激励政策对创新绩效的主效应检验

表7.5 中的模型 1、模型 2 和模型 3 分别展现了政府补贴政策、享受高新技术税收减免和研发加计扣除税收对于企业创新绩效的主效应检验结果。由模型 1 可以看出，政府直接补贴政策与经济创新绩效的回归系数

$\beta = 0.246$（$p < 0.01$），T 检验值为 11.383，说明政府直接补贴政策与经济创新绩效显著正相关，政府可以通过增加对企业的补贴力度进而提高企业的创新绩效，假设 H_{1a} 得到支持。模型 2 中，企业享受高新技术税收减免与经济创新绩效的回归系数 $\beta = 0.855$（$p < 0.01$），T 检验值为 41.745，说明高新技术税收减免与经济创新绩效显著正相关，即政府可以通过对高新技术企业的所得税税收减免政策来调节企业的创新绩效，所以假设 H_{1b} 得到支持。模型 3 中，研发加计扣除税收减免与经济创新绩效的回归系数 $\beta = 0.721$，T 检验值为 38.039，且通过了 0.01 水平的显著性检验，表明国家通过研发加计扣除的税收减免政策有效促进了企业新产品销售收入的增加，提高了企业经济创新绩效，即假设 H_{1c} 得以验证。综上，主效应检验全部得到了验证。

考虑到政府研发补贴、高新技术企业税收减免以及研发费用加计扣除税收减免这三项政策存在相互影响，模型 7 中同时加入这三项政策以分析在三种创新激励政策的交互作用下各自对创新绩效的真正影响程度。验证结果如模型 7 所示，政府直接补贴政策与经济创新绩效的回归系数 $\beta = 0.047$（$p < 0.01$），企业享受高新技术税收减免与经济创新绩效的回归系数 $\beta = 0.500$（$p < 0.01$），研发加计扣除税收减免与经济创新绩效的回归系数 $\beta = 0.374$（$p < 0.01$），可知，同时测度三种创新政策对高新技术企业的创新绩效时，享受高新技术企业所得税税收减免对创新绩效的刺激力度最大，其次是研发加计扣除所得税税收减免，最后是政府的直接补贴政策。

由各控制变量对高新技术企业创新绩效的影响中可以看出，企业规模、企业年龄都对创新绩效表现出了显著的负向影响，而只有企业拥有的有效专利量对企业的创新绩效表现出显著的正向作用（模型 7），说明企业规模太大或者年龄太老的企业创新活力弱，不如新创企业的创新热情高、产出大。

7.3.3 研发投入的中介效应检验

7.1 节理论假设部分提到，研发投入（研发资金投入、研发人力投入）在政府财政激励政策（政府补贴政策、享受高新技术税收减免、研发加计扣除税收减免）和创新绩效之间的关系中起着中介作用。表 7.5 和表 7.6 分别从研发资金投入、研发人力投入两个中介层面，验证了政府财政激励政策（政府补贴政策、享受高新技术税收减免、研发加计扣除税收减免）和创新绩效之间的作用机制，以验证假

设 H_{3-1}、H_{3-2} 是否成立。

1. 研发资金投入层面

为了验证研发资金投入的中介效应是否成立,需要先检验各项政府补贴政策与研发资金投入、研发资金投入与经济创新绩效的关系。对于研发资金投入的中介效应,从以下两方面加以分析。一方面,由表7.5中模型12可知,政府补贴政策与研发资金投入显著正相关($\beta = 0.285$,$p < 0.01$);由模型13的回归结果可知,享受高新技术税收减免政策与研发资金投入显著正相关($\beta = 0.819$,$p < 0.01$);模型14显示,研发加计扣除税收减免对研发资金投入有显著促进作用($\beta = 0.752$,$p < 0.01$)。这表明政府补贴政策、享受高新技术税收减免、研发加计扣除税收减免三类创新激励政策都对高新技术企业内部的研发资金投入有显著的促进作用。另一方面,模型8的回归结果显示,研发资金投入与企业经济创新绩效的回归系数 $\beta = 0.209$,并且通过了 0.01 水平的显著性检验,表明研发资金投入对于企业经济创新绩效的提高具有显著促进作用。综上所述,研发资金投入在政府财政激励政策与企业创新绩效之间存在中介作用的假定前提成立。

将三类政府财政激励政策与研发资金投入都引入企业创新绩效的影响模型中,得到模型8,由模型8的回归结果可知,三类政府财政激励政策在研发资金投入作用下,对企业创新绩效的回归系数相比模型7都有所减少。具体来说,政府补贴政策的回归系数由之前的 0.047 降至 0.026($p < 0.01$);享受高新技术税收减免的回归系数由之前的 0.500 降至 0.431($p < 0.01$);研发加计扣除税收减免的回归系数由之前的 0.374 降至 0.272($p < 0.01$)。可以看出,三类政府财政激励政策对创新绩效的影响程度相比之前都有所降低,说明政府补贴政策、享受高新技术税收减免、研发加计扣除税收减免对经济创新绩效的影响部分是通过研发资金投入起作用的,即研发资金投入在政府补贴政策、享受高新技术税收减免、研发加计扣除税收减免对企业创新绩效的影响过程中起部分中介作用。

考虑到政府研发补贴、高新技术企业税收减免以及研发费用加计扣除税收减免这三项政策存在相互影响,模型中同时加入这三项政策较难分析出其各自对创新绩效的真正影响模式。为此,在控制其他变量后,分别构建政府研发补贴、高新技术企业税收减免以及研发费用加计扣除税收减免对研发资金投入和创新绩效的模型。由模型4、模型5、模型6可知,政府补贴政策对创新绩效的影响系数由之前的 0.246 降至 0.069($p < 0.01$);

享受高新技术企业税收减免对创新绩效的影响系数由之前的 0.855 降至 0.589（$p < 0.01$）；研发加计扣除税收减免对创新绩效的影响系数由之前的 0.721 降至 0.474（$p < 0.01$）。具体而言，研发资金投入的中介效应占比率依次为：71.5%、30.9%、34.1%。综上所述，研发资金投入确实在三类政府财政激励政策对创新绩效的影响中起到了部分中介作用，即假设 H_{2a-1}、H_{2b-1}、H_{2c-1} 得证。

2. 研发人力投入层面

验证研发人力投入的中介效应是否成立，同样也需要先检验各项政府补贴政策与研发人力投入、研发人力投入与经济创新绩效的关系。由表 7.6 中的模型 12 可知，政府补贴政策与研发人力投入显著正相关（$\beta = 0.271$，$p < 0.01$）；由模型 13 的回归结果可知，享受高新技术企业税收减免政策与研发人力投入显著正相关（$\beta = 0.900$，$p < 0.01$）；模型 14 显示，研发加计扣除税收减免对研发人力投入有显著促进作用（$\beta = 0.815$，$p < 0.01$）。这表明政府补贴政策、享受高新技术企业税收减免、研发加计扣除税收减免三类创新激励政策对高新技术企业内部的研发人力投入都有显著的促进作用。另外，模型 8 的回归结果显示，研发人力投入与企业经济创新绩效的回归系数 $\beta = 0.566$，并且通过了 0.01 水平的显著性检验，表明研发人员的投入对于企业经济创新绩效的提高具有显著促进作用。综上所述，研发人力投入在政府财政激励政策与企业创新绩效之间存在中介作用的假定前提成立。

将三类政府财政激励政策与研发人力投入都引入企业创新绩效的影响模型中，得到模型 8，由模型 8 的回归结果可知，三类政府财政激励政策在研发人力投入作用下，对企业创新绩效的回归系数相比模型 7 都有所减少。具体来说，政府补贴政策的回归系数由之前的 0.047 降至 0.013（$p < 0.05$）；享受高新技术企业税收减免的回归系数由之前的 0.500 降至 0.267（$p < 0.01$）；研发加计扣除税收减免的回归系数由之前的 0.374 降至 0.08（$p < 0.01$）。可以看出，三类政府财政激励政策对创新绩效的影响程度相比之前都有所降低，说明政府补贴政策、享受高新技术企业税收减免、研发加计扣除税收减免对经济创新绩效的影响部分是通过研发人力投入起作用的，即研发人力投入在政府补贴政策、享受高新技术企业税收减免、研发加计扣除税收减免对企业创新绩效的影响过程中起部分中介作用。

考虑到政府研发补贴、高新技术企业税收减免以及研发费用加计扣除税收减免这三项政策存在相互影响，模型中同时加入这三项政策较难分析出其各自对创新绩效的真正影响模式。为此，在控制其他变量后，分别构建政府研发补贴、高新技术企业税收减免以及研发费用加计扣除税收减免对研发人力投入和创新绩效的影响模型。由模型 4、模型 5、模型 6 可知，政府补贴政策对创新绩效的影响系数由之前的 0.246 降至 0.02（$p < 0.05$）；享受高新技术企业税收减免对创新绩效的影响系数由之前的 0.855 降至 0.285（$p < 0.01$）；研发加计扣除税收减免对创新绩效的影响系数由之前的 0.721 降至 0.127（$p < 0.01$）。具体而言，研发人力投入的中介效应占比率依次为：91.1%、66.4%、82.2%。综上所述，研发人力投入确实在三类政府财政激励政策对创新绩效的影响中起到了部分中介作用，即假设 H_{2a-2}、H_{2b-2}、H_{2c-2} 得证。

综上所述，假设 H_{3a}、H_{3b} 通过了验证。

7.3.4 高新技术企业所有权性质的调节效应检验

高新技术企业的所有权性质在政府财政激励政策（政府补贴政策、享受高新技术企业税收减免和研发加计扣除税收减免）与企业研发投入以及企业创新绩效之间起着调节作用。为了验证假设 H_{4a-1}、H_{4a-2}、H_{4b-1}、H_{4b-2}、H_{4c-1}、H_{4c-2}、H_{5a-1}、H_{5a-2}、H_{5b-1}、H_{5b-2}、H_{5c-1}、H_{5c-2} 是否成立，本书分别在研发资金投入层面和研发人力投入层面对企业所有权性质的调节效应进行回归分析，检验结果如表 7.5 和表 7.6 所示。

1. 研发资金投入层面

将三类政府财政激励政策、企业所有权性质及两者交互项引入以研发资金投入为被解释变量的回归模型，研究企业所有权性质的调节作用。表 7.5 中的模型 15、模型 16、模型 17 分别呈现了政府补贴政策、享受高新技术企业税收减免政策、研发加计扣除税收减免政策对研发资金投入的影响效果，7.3.3 已对此部分作了论述，此处不再赘述。由模型 15 的结果可知，企业所有权性质与政府补贴政策的交互项系数显著为正（$\beta = 0.269$，$p < 0.01$），表明企业所有权性质在政府补贴政策与研发资金投入之间起到了显著的正向调节作用。由模型 16 的结果可知，企业所有权性质与享受高新技术企业税收减免政策的交互项系数显著为正（$\beta = 0.403$，$p < 0.01$），表明企业所有权性质在享受高新技术企业税收减免政策与研发资金投入之间起到了显著的正向调节作用。模型 17 的结果可知，企业所有权性质与研发加计扣除税收减免政策的交互项系数显著为正（$\beta = 0.123$，$p < 0.01$），表明企业所有权性质在研发加计扣除税收减免政策与研发资金投入之间起到了显著的正向调节作用。即假设 H_{4a-1}、H_{4b-1}、H_{4c-1} 成立。

表7.5

通过研发资金投入路径的创新绩效回归结果

变量	经济创新绩效											研发资金投入					
	模型1	模型2	模型3	模型4	模型5	模型6	模型7	模型8	模型9	模型10	模型11	模型12	模型13	模型14	模型15	模型16	模型17
政府补贴	0.246*** (11.38)			0.069*** (4.47)			0.047*** (4.58)	0.026*** (2.75)	0.034** (2.24)			0.285*** (10.78)			0.181*** (6.58)		
高新技术企业减免		0.855*** (41.745)			0.589*** (25.72)		0.500*** (20.02)	0.431*** (18.23)		0.407*** (17.21)			0.819*** (22.49)			0.376*** (7.22)	
研发加计扣除			0.721*** (38.039)			0.474*** (20.09)	0.374*** (17.66)	0.272*** (12.69)			0.38*** (16.25)			0.752*** (25.31)			0.681*** (18.63)
研发资金投入				0.619*** (28.16)	0.324*** (16.99)	0.328*** (14.45)		0.209*** (10.93)	0.559*** (24.98)	0.215*** (11.92)	0.298*** (14.18)						
企业性质									0.008 (0.8)	0.005 (0.84)	0.006 (0.87)				0.022 (1.14)	0.018 (1.18)	0.01 (0.67)
企业性质×政府补贴									0.131*** (7.50)						0.269*** (8.79)		
企业性质×高新技术企业减免										0.247*** (14.23)						0.403*** (11.12)	
企业性质×研发加计扣除											0.204*** (10.4)						0.123*** (3.22)
企业规模	-0.031* (-1.74)	-0.021* (-2.17)	-0.007 (-0.68)	-0.056*** (-4.85)	-0.04*** (-4.95)	-0.03*** (-3.32)	-0.023** (-2.92)	-0.033*** (-4.66)	-0.04*** (-3.49)	-0.03*** (-4.27)	-0.019** (-2.28)	0.0407* (1.87)	0.057*** (3.32)	0.07*** (4.29)	0.069*** (3.31)	0.064*** (3.99)	0.076*** (4.61)
企业年龄	-0.29* (-1.72)	-0.02* (-2.11)	-0.022** (-2.17)	-0.033*** (-2.98)	-0.023*** (-3.03)	-0.025*** (-2.96)	-0.014* (-1.83)	-0.018*** (-2.65)	-0.033*** (-3.17)	-0.014*** (-2.2)	-0.019** (-2.44)	0.005 (0.28)	0.011 (0.64)	0.011 (0.72)	0.004 (0.20)	0.024 (1.56)	0.015 (0.99)
创新能力	0.753*** (35.08)	0.141*** (6.87)	0.283*** (14.80)	0.35*** (17.48)	0.11*** (6.49)	0.224*** (13.24)	0.106*** (6.44)	0.095*** (6.37)	0.399*** (19.77)	0.324*** (15.35)	0.266*** (16.56)	0.652*** (24.72)	0.097*** (2.65)	0.181*** (6.01)	0.674*** (27.09)	0.431*** (9.57)	0.203*** (6.65)
R^2	0.853	0.955	0.948	0.938	0.970	0.962	0.972	0.976	0.943	0.977	0.968	0.777	0.857	0.873	0.804	0.882	0.875
F	840.106	3076.978	2666.909	1746.963	3739.348	2939.010	3332.114	3458.127	1375.66	3633.64	2501.91	507.68	872.705	872.705	397.41	724.68	677.81

注：表中 * 为显著性水平，*** 为 $p < 0.01$，** 为 $p < 0.05$，* 为 $p < 0.1$。

将研发资金投入和企业所有权性质放到主效应中验证所有权性质的调节作用。由模型 9 的结果可知，企业所有权性质与政府补贴政策的交互项系数显著为正（$\beta = 0.131$，$p < 0.01$），表明企业所有权性质在政府补贴政策通过研发资金投入影响创新绩效的过程中起到了显著的正向调节作用。由模型 10 的结果可知，企业所有权性质与享受高新技术企业税收减免政策的交互项系数显著为正（$\beta = 0.247$，$p < 0.01$），表明企业所有权性质在享受高新技术企业税收减免政策通过研发资金投入影响创新绩效的过程中起到了显著的正向调节作用。模型 11 的结果可知，企业所有权性质与研发加计扣除税收减免政策的交互项系数显著为正（$\beta = 0.204$，$p < 0.01$），表明企业所有权性质在研发加计扣除税收减免政策通过研发资金投入影响创新绩效的过程中起到了显著的正向调节作用。即假设 H_{5a-1}、H_{5b-1}、H_{5c-1} 成立。

2. 研发人力投入层面

将三类政府财政激励政策、企业所有权性质及两者交互项引入以研发人力投入为被解释变量的回归模型，研究企业所有权性质的调节作用。表 7.6 中的模型 15、模型 16、模型 17 分别呈现了政府补贴政策、享受高新技术企业税收减免政策、研发加计扣除税收减免政策对研发人力投入的影响效果，7.3.3 已对此部分作了论述，此处不再赘述。由模型 15 的结果可知，企业所有权性质与政府补贴政策的交互项系数显著为正（$\beta = 0.298$，$p < 0.01$），表明企业所有权性质在政府补贴政策与研发人力投入之间起到了显著的正向调节作用。由模型 16 的结果可知，企业所有权性质与享受高新技术企业税收减免政策的交互项系数显著为正（$\beta = 0.508$，$p < 0.01$），表明企业所有权性质在享受高新技术企业税收减免政策与研发人力投入之间起到了显著的正向调节作用。模型 17 的结果可知，企业所有权性质与研发加计扣除税收减免政策的交互项系数显著为正（$\beta = 0.307$，$p < 0.01$），表明企业所有权性质在研发加计扣除税收减免政策与研发人力投入之间起到了显著的正向调节作用。即假设 H_{4a-2}、H_{4b-2}、H_{4c-2} 成立。

将研发人力投入和企业所有权性质放到主效应中验证所有权性质的调节作用。由模型 9 的结果可知，企业所有权性质与政府补贴政策的交互项系数显著为正（$\beta = 0.043$，$p < 0.01$），表明企业所有权性质在政府补贴政策通过研发人力投入影响创新绩效的过程中起到了显著的正向调节作用。由模型 10 的结果可知，企业所有权性质与享受高新技术企业税收减免政

表7.6

通过研发人力投入路径的创新绩效回归结果

变量	经济创新绩效											研发人力投入					
	模型1	模型2	模型3	模型4	模型5	模型6	模型7	模型8	模型9	模型10	模型11	模型12	模型13	模型14	模型15	模型16	模型17
政府补贴	0.246*** (11.38)			0.02** (2.44)			0.047*** (4.58)	0.013* (1.81)	0.01 (1.22)			0.271*** (11.15)			0.156*** (6.37)		
高新技术企业减免		0.855*** (41.74)			0.285*** (14.68)		0.500*** (20.02)	0.267*** (13.60)		0.279*** (14.04)			0.900*** (33.42)			0.345*** (11.69)	
研发加计扣除			0.721*** (38.03)			0.127*** (6.01)	0.374*** (17.66)	0.08*** (4.28)			0.126*** (5.96)			0.815*** (38.76)			0.643*** (27.84)
研发资金投入				0.826*** (62.83)	0.631*** (36.05)	0.727*** (32.99)		0.566*** (25.18)	0.8*** (56.26)	0.604*** (24.03)	0.712*** (28.64)						
企业性质									0.01* (1.8)	0.002 (0.55)	0.01* (1.78)				0.012 (0.72)	0.011 (1.26)	-0.0007 (-0.06)
企业性质×政府补贴									0.043*** (4.26)						0.298*** (10.91)		
企业性质×高新技术企业减免										0.027 (1.51)						0.508*** (24.71)	
企业性质×研发加计扣除											0.022 (1.34)						0.307*** (12.67)
企业规模	-0.031* (-1.74)	-0.021* (-2.17)	-0.007 (-0.68)	-0.057*** (-8.96)	-0.048*** (-8.95)	-0.049*** (-7.86)	-0.023*** (-2.92)	-0.046*** (-8.53)	-0.049*** (-7.66)	-0.046*** (-8.23)	-0.045*** (-6.95)	0.031 (1.57)	0.043*** (3.43)	0.057*** (5.02)	0.061*** (3.24)	0.049*** (5.46)	0.067*** (6.49)
企业年龄	-0.29* (-1.72)	-0.02** (-2.11)	-0.022** (-2.17)	-0.026*** (-4.37)	-0.023*** (-4.48)	-0.025*** (-4.38)	-0.014* (-1.83)	-0.021*** (-4.16)	-0.025*** (-4.27)	-0.022*** (-4.15)	-0.023*** (-3.97)	-0.003 (-0.17)	0.005 (0.45)	0.005 (0.51)	-0.007 (-0.4)	0.02** (2.36)	0.012 (1.25)
创新能力	0.753*** (35.08)	0.141*** (6.87)	0.283*** (14.80)	0.184*** (15.52)	0.108*** (9.5)	0.172*** (14.61)	0.106*** (6.44)	0.104*** (9.23)	0.206*** (16.29)	0.133*** (6.82)	0.179*** (14.18)	0.688*** (28.38)	0.051* (1.89)	0.152*** (7.18)	0.712*** (32.09)	0.47*** (18.37)	0.207*** (10.72)
R^2	0.8525913	0.9549225	0.948	0.981	0.986	0.982	0.9718545	0.986	0.981	0.986	0.982	0.812	0.921	0.936	0.844	0.962	0.95
F	840.106	3076.9781	2666.909	6028.52	8226.39	6345.68	3332.1136	6069.541	4459.44	5880.46	4556.65	627.33	1714.24	2136.81	524.22	2455.36	1840.58

注：表中 * 为显著性水平，*** 为 $p<0.01$，** 为 $p<0.05$，* 为 $p<0.1$。

策的交互项系数不显著，表明企业所有权性质在享受高新技术企业税收减免政策通过研发人力投入影响创新绩效的过程中没有通过调节作用检验。由模型11的结果可知，企业所有权性质与研发加计扣除税收减免政策的交互项系数也不显著，表明企业所有权性质在研发加计扣除税收减免政策通过研发人力投入影响创新绩效的过程中的调节作用也没有通过检验。假设 H_{5a-2} 成立，H_{5b-2}、H_{5c-2} 没有得到证明。

7.4 短期驱动效应实证检验分析

7.4.1 描述性统计及相关性分析

同本书长期实证检验环节类似，在对2016年河北省高新技术企业数据样本实证分析之前，首先进行描述性统计及相关性分析。

1. 描述性统计分析

河北省高新技术企业在2016年短期获得政府的直接补贴、税收减免与创新绩效机制模型中各变量的描述性统计如表7.7所示。

表 7.7　　　　　　　　2016 年描述性统计分析

变量	样本量	最小值	最大值	平均数	标准差
经济创新绩效	832	6	84565153	409133.42	4002713.42
政府补贴	832	0	97044	2288.257	8486.539
高新技术企业减免	832	0	668465	4260.364	32806.071
研发加计扣除	832	0	126144	718.279	6159.44695
研发资金投入	832	0	3607091	28069.358	173498.33
研发人力投入	832	0	16201	143.741	770.9462
企业规模	832	1510	87434501	875615.432	4505097.3
企业年龄	832	5	59	14.72	6.631
创新能力	832	0	4059	44.53	254.734
企业性质	832	0	1	0.837	0.3701

在上文数据选取原则的指导下，本书筛选出 2016 年河北省高新技术企业 832 家。样本企业中的平均新产品销售收入为 409133.42 千元，处于较高水平，说明河北省高新技术企业 2016 年创新绩效较好；标准差为 4002713.42，说明各企业的经济创新绩效差异较大，样本之间存在差异；而样本的新产品销售收入最低仅为 6 千元，最高达到 84565153 千元，说明本书所选的新产品销售收入指标覆盖区间广，使得本书对经济创新绩效影响因素的研究更深入且研究结果适用范围更广。对于三类政府创新激励政策来说，均值大小依次为享受高新技术企业税收减免、政府补贴、研发加计扣除税收减免，说明样本企业获得的税收减免金额最多，而针对研发活动的税收减免最少，三类政策之间存在很大差距；各类政策的标准差都比较大，说明样本企业资本来源差别较大；最大值和最小值之间较大的差距也为本书样本的选取提供了较好的说服力。研发投入指标中，研发资金投入与研发人力投入的均值分别为 28069.358 千元和 143.741 人，说明企业都比较注重创新活动的资金投入和科技人力资源的投入。在众多控制变量中，企业规模相对较大，企业年龄较为成熟，平均年龄为 14 岁，说明大部分企业都不是初创企业；与此同时，样本企业的创新能力都比较强，拥有的有效专利数均值为 44.53，说明大多数企业掌握的先进技术都比较多；此外，样本中大部分企业为非国有企业，约占到 83.7%。

2. 相关性分析

2016 年河北省高新技术企业获得政府的直接补贴、享受高新技术企业税收减免、研发加计扣除税收减免与创新绩效机制模型中各变量的相关性分析如表 7.8 所示。

由表 7.8 可知，政府财政补贴政策与高新技术企业创新绩效（$r = 0.584$，$p < 0.01$）、享受高新技术企业所得税减免政策与企业创新绩效（$r = 0.977$，$p < 0.01$）、研发加计扣除税收减免与企业经济创新绩效（$r = 0.956$，$p < 0.01$）都存在显著的正相关关系。除此之外，企业的研发资金投入（$r = 0.987$，$p < 0.01$）、研发人力投入（$r = 0.983$，$p < 0.01$）、企业规模（$r = 0.930$，$p < 0.01$）以及企业的创新能力（$r = 0.816$，$p < 0.01$）都与高新技术企业的创新绩效有着显著的正相关关系，说明企业增加政府补贴收入、税收减免额，加大研发资金投入、研发人力投入，扩大企业的生产规模，提高企业的创新能力可以增加企业的创新产出。企业的研发资金投入与高新技术企业获得政府的补贴（$r = 0.610$，$p < 0.01$）、高新技术

表 7.8

2016 年样本变量相关性分析

变量	经济创新绩效	政府补贴	高新技术企业减免	研发加计扣除	研发资金投入	研发人力投入	企业规模	企业年龄	创新能力
政府补贴	0.584**								
高新技术企业减免	0.977**	0.591**							
研发加计扣除	0.956**	0.534**	0.938**						
研发资金投入	0.987**	0.610**	0.967**	0.948**					
研发人力投入	0.983**	0.606**	0.959**	0.951**	0.987**				
企业规模	0.930**	0.597**	0.915**	0.892**	0.953**	0.954**			
企业年龄	0.034	0.06	0.054	0.047	0.059	0.064	0.092*		
创新能力	0.816**	0.546**	0.832**	0.765**	0.807**	0.786**	0.817**	0.099*	
企业性质	-0.002	-0.113*	-0.004	-0.039	-0.035	-0.03	-0.08	-0.309**	-0.073

注：* 为显著性水平，** 为 $p < 0.01$（双尾），* 为 $p < 0.05$（双尾）。

企业的税收减免（$r=0.967$，$p<0.01$）、研发加计扣除（$r=0.948$，$p<0.01$）、研发人力投入量（$r=0.987$，$p<0.01$）、企业规模（$r=0.953$，$p<0.01$）和创新能力（$r=0.807$，$p<0.01$）都表现为显著的正相关；企业的研发人力投入也受到高新技术企业获得政府补贴（$r=0.606$，$p<0.01$）、高新技术企业税收减免（$r=0.959$，$p<0.01$）、研发加计扣除（$r=0.951$，$p<0.01$）、研发资金投入量（$r=0.987$，$p<0.01$）、企业规模（$r=0.954$，$p<0.01$）和创新能力（$r=0.786$，$p<0.01$）的显著影响。各变量间有显著的相关性，且相关程度都比较高，当然，Pearson 相关性分析只能反映各变量间的整体相关性，为得到各投入变量与创新绩效之间的具体相关程度，本书对各变量进行了相应的回归分析，以便得出更准确可靠的结论。

3. 多重共线性检验

同上文，本书对各变量间进行多重回归分析的共线性诊断。表 7.9 显示了以新产品销售收入代表的创新绩效为被解释变量而进行的和其他变量的共线性检验结果。由表 7.9 可知，各变量的 VIF 都小于 10，故不存在多重共线性问题。

表 7.9　　　　　　　　　　变量共线性检验结果

变量	创新绩效	
	容忍度	VIF
政府补贴	0.584	1.712
高新技术企业减免	0.985	1.016
研发加计扣除	0.209	4.767
研发资金投入	0.409	2.445
研发人力投入	0.220	4.555
企业规模	0.582	1.717
企业年龄	0.891	1.122
创新能力	0.250	4.002
企业性质	0.851	1.175

7.4.2　政府激励政策对创新绩效的主效应检验

表 7.10 中的模型 1、模型 2 和模型 3 分别展现了政府补贴政策、享受高新技术企业税收减免和研发加计扣除税收减免对于企业创新绩效的主效应检验结果。由模型 1 可以看出，政府直接补贴政策与经济创新绩效的回

归系数不显著，说明政府直接补贴政策对经济创新绩效没有明显的作用，即假设 H_{1a} 没有得到支持。模型 2 中，企业享受高新技术税收减免与经济创新绩效的回归系数 $\beta = 0.784$ （$p < 0.01$），说明高新技术税收减免与经济创新绩效显著正相关，即政府可以通过对高新技术企业的所得税税收减免政策来调节企业的创新绩效，所以假设 H_{1b} 得到支持。模型 3 中，研发加计扣除税收减免与经济创新绩效的回归系数 $\beta = 0.594$，且通过了 0.01 水平的显著性检验，表明国家通过研发加计扣除的税收减免政策有效促进了企业新产品销售收入的增加，提高了企业经济创新绩效，即假设 H_{1c} 得以验证。

考虑到政府研发补贴、高新技术企业税收减免以及研发费用加计扣除税收减免这三项政策存在相互影响，模型 7 中同时加入这三项政策以分析在三种创新激励政策的交互作用下各自对创新绩效的真正影响程度。验证结果如模型 7 所示，政府直接补贴政策与经济创新绩效的回归系数不显著，企业享受高新技术税收减免与经济创新绩效的回归系数 $\beta = 0.560$ （$p < 0.01$），研发加计扣除税收减免与经济创新绩效的回归系数 $\beta = 0.279$ （$p < 0.01$），可知，同时测度三种创新政策对高新技术企业的创新绩效时，得到与上面单独分析相同的结果，并且享受高新技术企业所得税税收减免对创新绩效的刺激力度最大，其次是研发加计扣除所得税税收减免。

在各控制变量对高新技术企业创新绩效的影响中，可以看出，企业规模、企业年龄都对创新绩效表现出了显著的负向影响，而只有企业拥有的有效专利量对企业的创新绩效表现出显著的正向作用（模型 7），与长期结果相似，说明企业规模太大或者企业年龄太老的企业创新活力弱，不如新创企业的创新热情高、产出大。

7.4.3 研发投入的中介效应检验

同长期的验证程序一样，表 7.10 和表 7.11 分别从研发资金投入、研发人力投入两个中介层面，验证了政府财政激励政策（政府补贴政策、享受高新技术税收减免、研发加计扣除税收减免）和创新绩效之间的作用机制，以验证假设 H_{3-1}、H_{3-2} 是否成立。

1. 研发资金投入层面

对于研发资金投入的中介效应，主要从以下两方面加以分析。一方面，由表 7.10 中的模型 12 可知，政府补贴政策与研发资金投入显著正相关（$\beta = 0.056$，$p < 0.01$）；由模型 13 的回归结果可知，享受高新技术税收减免政策与研发资金投入显著正相关（$\beta = 0.621$，$p < 0.01$）；模型 14

显示，研发加计扣除税收减免对研发资金投入有显著促进作用（$\beta = 0.470$，$p < 0.01$）。这表明政府补贴政策、享受高新技术税收减免、研发加计扣除税收减免三类创新激励政策对高新技术企业内部的研发资金投入都表现出显著的促进作用。另一方面，模型8的回归结果显示，研发资金投入与企业经济创新绩效的回归系数 $\beta = 0.653$，并且通过了0.01水平的显著性检验，表明研发资金的投入对于企业经济创新绩效的提高具有显著促进作用。综上所述，研发资金投入在政府财政激励政策与企业创新绩效之间存在中介作用的假定前提成立。

将三类政府财政激励政策与研发资金投入都引入企业创新绩效的影响模型中，得到模型8，由模型8的回归结果可知，三类政府财政激励政策在研发资金投入作用下，对企业创新绩效的回归系数相比模型7都有所减少。具体来说，政府补贴政策的回归系数由之前不显著的0.004降至 -0.019（$p < 0.01$）；享受高新技术税收减免的回归系数由之前的0.560降至0.278（$p < 0.01$）；研发加计扣除税收减免的回归系数由之前的0.279降至0.130（$p < 0.01$）。可以看出，三类政府财政激励政策对创新绩效的影响程度相比之前都有所降低，说明政府补贴政策、享受高新技术税收减免、研发加计扣除税收减免对经济创新绩效的影响部分是通过研发资金投入起作用的，即研发资金投入在政府补贴政策、享受高新技术税收减免、研发加计扣除税收减免对企业创新绩效的影响过程中起部分中介作用。

考虑到政府研发补贴、高新技术企业税收减免以及研发费用加计扣除税收减免这三项政策存在相互影响，模型中同时加入三项政策较难分析出其各自对创新绩效的真正影响模式，为此，在控制其他变量后，分别构建政府研发补贴、高新技术企业税收减免以及研发费用加计扣除税收减免对研发资金投入和创新绩效的模型。由模型4、模型5、模型6可知，政府补贴政策对创新绩效的影响系数由之前不显著的影响变为 -0.031（$p < 0.01$）；享受高新技术税收减免对创新绩效的影响系数由之前的0.784降至0.327（$p < 0.01$）；研发加计扣除税收减免对创新绩效的影响系数由之前的0.594降至0.193（$p < 0.01$）。具体而言，研发资金投入的中介效应占比率依次为：58.2%、67.5%。综上所述，研发资金投入确实在政府财政激励政策对创新绩效的影响中起到了部分中介作用，即假设 H_{2a-1}、H_{2b-1}、H_{2c-1} 得证。

2. 研发人力投入层面

验证研发人力投入的中介效应是否成立，同样也需要先检验各项政府补贴政策与研发人力投入、研发人力投入与经济创新绩效的关系。由表

7.11 中的模型 12 可知，政府补贴政策与研发人力投入显著正相关（$\beta = 0.055$，$p < 0.01$）；由模型 13 的回归结果可知，享受高新技术税收减免政策与研发人力投入显著正相关（$\beta = 0.598$，$p < 0.01$）；模型 14 显示，研发加计扣除税收减免对研发人力投入有显著促进作用（$\beta = 0.492$，$p < 0.01$）。这表明政府补贴政策、享受高新技术税收减免、研发加计扣除税收减免三类创新激励政策对高新技术企业内部的研发人力投入都表现出显著的促进作用。另外，模型 8 的回归结果显示，研发人力投入与企业经济创新绩效的回归系数 $\beta = 0.620$，并且通过了 0.01 水平的显著性检验，表明研发人力投入对于企业经济创新绩效的提高具有显著促进作用。综上所述，研发人力投入在政府财政激励政策与企业创新绩效之间存在中介作用的假定前提成立。

将三类政府财政激励政策与研发人力投入都引入企业创新绩效的影响模型中，得到模型 8，由模型 8 的回归结果可知，三类政府财政激励政策在研发人力投入作用下，对企业创新绩效的回归系数相比模型 7 都有所减少。具体来说，政府补贴政策的回归系数由之前的不显著影响变为 -0.020（$p < 0.05$）；享受高新技术税收减免的回归系数由之前的 0.560 降至 0.339（$p < 0.01$）；研发加计扣除税收减免的回归系数由之前的 0.279 降至 0.097（$p < 0.01$）。可以看出，三类政府财政激励政策对创新绩效的影响程度相比之前都有所降低，说明政府补贴政策、享受高新技术税收减免、研发加计扣除税收减免对经济创新绩效的影响部分是通过研发人力投入起作用的，即研发人力投入在政府补贴政策、享受高新技术税收减免、研发加计扣除税收减免对企业创新绩效的影响过程中起部分中介作用。

考虑到政府研发补贴、高新技术企业税收减免以及研发费用加计扣除税收减免这三项政策存在相互影响，模型中同时加入三项政策较难分析出其各自对创新绩效的真正影响模式，为此，在控制其他变量后，分别构建政府研发补贴、高新技术企业税收减免以及研发费用加计扣除税收减免对研发人力投入和创新绩效的模型。由模型 4、模型 5、模型 6 可知，政府补贴政策对创新绩效的影响系数由之前的不显著影响变为 -0.029（$p < 0.05$）；享受高新技术税收减免对创新绩效的影响系数由之前的 0.784 降至 0.371（$p < 0.01$）；研发加计扣除税收减免对创新绩效的影响系数由之前的 0.594 降至 0.179（$p < 0.01$）。综上所述，研发人力投入确实在三类政府财政激励政策对创新绩效的影响中起到了部分中介作用，即假设 H_{2a-2}、H_{2b-2}、H_{2c-2} 得证。

综上所述，假设 H_{3a}、H_{3b} 通过了验证，如表 7.10 和表 7.11 所示。

表7.10

通过研发资金投入路径的创新绩效回归结果

变量	创新绩效											研发资金投入					
	模型1	模型2	模型3	模型4	模型5	模型6	模型7	模型8	模型9	模型10	模型11	模型12	模型13	模型14	模型15	模型16	模型17
政府补贴	0.029 (1.41)			-0.031*** (-3.47)			0.004 (0.45)	-0.019*** (-2.65)	-0.018* (-1.89)			0.056*** (3.24)			0.108*** (6.22)		
高新技术企业减免		0.784*** (33.07)			0.327*** (12.31)		0.560*** (19.84)	0.278*** (10.73)		0.266*** (10.44)			0.621*** (26.83)			0.497*** (17.59)	
研发加计扣除			0.594*** (24.80)			0.193*** (9.32)	0.279*** (11.82)	0.130*** (6.69)			0.392*** (20.25)			0.470*** (21.17)			0.53*** (28.86)
研发资金投入				1.07*** (44.56)	0.734*** (21.94)	0.853*** (27.47)		0.653*** (18.78)	1.039*** (40.88)	0.645*** (19.76)	0.537*** (18.28)						
企业性质									0.02*** (2.69)	0.018*** (2.98)	0.019*** (3.58)				0.026** (1.9)	0.001 (0.005)	0.007 (0.85)
企业性质×政府补贴									0.015** (2.42)						0.088*** (7.73)		
企业性质×高新技术企业减免										0.166*** (8.64)						0.19*** (7.22)	
企业性质×研发加计扣除											0.17*** (17.42)						0.195*** (15.44)
企业规模	0.781*** (26.17)	-0.029*** (1.78)	0.104*** (5.58)	-0.134*** (-5.55)	-0.084*** (-3.90)	-0.112*** (-4.97)	0.171*** (8.170)	-0.073*** (-3.60)	-0.12*** (-4.99)	-0.107*** (-5.25)	-0.086*** (-4.97)	0.856*** (34)	0.441*** (19.85)	0.504*** (20.38)	0.788*** (31.36)	0.364*** (15.29)	0.35*** (15.6)
企业年龄	-0.054*** (-3.43)	0.239*** (10.53)	0.317*** (11.88)	-0.023*** (-0.02)	-0.021*** (-3.48)	-0.022*** (-3.42)	-0.025*** (-3.25)	-0.02*** (-3.587)	-0.017*** (-2.32)	-0.015*** (-2.52)	-0.008 (-1.53)	-0.031*** (-2.23)	-0.008 (-0.97)	-0.013 (-1.32)	-0.017 (-1.3)	-0.006 (-0.71)	0.003 (0.46)
创新能力	0.166*** (5.83)	-0.028*** (-3.12)	-0.033*** (-3.14)	0.08*** (6.45)	0.021* (1.81)	0.072*** (6.31)	-0.005 (-0.31)	0.029*** (2.68)	0.089*** (6.99)	0.157*** (8.29)	0.119*** (13.06)	0.08*** (3.34)	-0.069*** (-4.28)	0.037** (2.13)	0.119*** (5.17)	0.09*** (3.35)	0.077*** (5.44)
R^2	0.878	0.964	0.948	0.977	0.982	0.980	0.973	0.985	0.978	0.985	0.988	-2.23	0.965	0.955	0.924	0.969	0.971
F	819.063	3051.953	2073.027	3917.370	5121.690	4563.340	2678.738	4133.435	2878.14	4301.92	5669.5	1198.24	3202.29	2434.81	928.269	2381.03	2542.81

注：表中 * 为显著性水平，*** 为 $p<0.01$，** 为 $p<0.05$，* 为 $p<0.1$。

表 7.11 通过研发人力投入路径的创新绩效回归结果

变量	创新绩效												研发人力投入				
	模型1	模型2	模型3	模型4	模型5	模型6	模型7	模型8	模型9	模型10	模型11	模型12	模型13	模型14	模型15	模型16	模型17
政府补贴	0.029 (1.41)			-0.029*** (-3.08)			0.004 (0.45)	-0.020*** (-2.68)	-0.028*** (-2.7)			0.055*** (3.18)			0.117*** (6.92)		
高新技术企业减免		0.784*** (33.07)			0.371*** (14.76)		0.560*** (19.84)	0.339*** (13.48)		0.361*** (14.29)			0.598*** (24.31)			0.357*** (13.77)	
研发加计扣除			0.594*** (24.80)			0.179*** (7.63)	0.279*** (11.82)	0.097*** (4.66)			0.45*** (15.38)			0.492*** (23.15)			0.564*** (39.06)
研发人力投入				1.052*** (41.5)	0.689*** (21.83)	0.842*** (23.92)		0.620*** (17.60)	1.047*** (37.4)	0.634*** (16.5)	0.402*** (8.83)						
企业性质									0.016** (2.01)	0.01 (1.55)	0.019*** (2.95)				0.029** (2.21)	0.012 (1.56)	0.009 (1.4)
企业性质×政府补贴									-0.002 (-0.28)						0.104*** (9.44)		
企业性质×高新技术企业减免										0.059** (2.46)						0.362*** (15.02)	
企业性质×研发加计扣除											0.180*** (12.51)						0.236*** (23.69)
企业规模	0.781*** (26.17)	-0.029*** (-1.78)	0.104*** (5.58)	-0.179*** (-6.68)	-0.115*** (-5.07)	-0.14*** (-5.39)	0.171*** (8.17)	-0.097*** (-4.36)	-0.173*** (-6.32)	-0.107*** (-4.71)	-0.042* (-1.78)	0.913*** (36.18)	0.515*** (21.79)	0.543*** (22.96)	0.832*** (34.08)	0.371*** (17.03)	0.357*** (20.27)
企业年龄	-0.054*** (-3.43)	0.239*** (10.53)	0.317*** (11.88)	-0.03*** (-4.07)	-0.026*** (-4.17)	-0.029*** (-4.05)	-0.025*** (-3.25)	-0.025*** (-4.18)	-0.026*** (-3.3)	-0.022*** (-3.46)	-0.012* (-1.86)	-0.024* (-1.75)	-0.002 (-0.29)	-0.005 (-0.59)	-0.009 (-0.68)	0.005 (0.66)	0.015** (2.26)
创新能力	0.166*** (5.83)	-0.028** (-3.12)	-0.033*** (-3.14)	0.154*** (11.83)	0.061*** (5.02)	0.133*** (10.67)	-0.005 (-0.31)	0.064*** (5.35)	0.153*** (11.4)	0.105*** (4.96)	0.155*** (14.36)	0.011 (0.47)	-0.132*** (-7.71)	-0.034** (-2.07)	0.057** (2.57)	0.174 (0.17)	0.014 (1.26)
R^2	0.878	0.964	0.948	0.974	0.982	0.977	0.973	0.984	0.974	0.982	0.983	0.913	0.961	0.95	0.929	0.974	0.982
F	819.063	3051.953	2073.027	3484.34	5096.21	3860.85	2678.738	3909.543	2500.8	0.982	3798.34	1190.69	2823.86	2669	985.73	2848.75	4157.2

注：表中 * 为显著性水平，*** 为 $p<0.01$，** 为 $p<0.05$，* 为 $p<0.1$。

7.4.4　高新技术企业所有权性质的调节效应检验

高新技术企业的所有权性质在政府财政激励政策（政府补贴政策、享受高新技术税收减免和研发加计扣除税收减免）与企业研发投入以及企业创新绩效之间起着调节作用。本书分别在研发资金投入层面和研发人力投入层面对企业所有权性质的调节效应进行回归分析，检验结果如表 7.10 和表 7.11 所示。

1. 研发资金投入层面

将三类政府财政激励政策、企业所有权性质及两者交互项引入以研发资金投入为被解释变量的回归模型，研究企业所有权性质的调节作用。表 7.10 中的模型 15 的结果可知，企业所有权性质与政府补贴政策的交互项系数显著为正（$\beta = 0.088$，$p < 0.01$），表明企业所有权性质在政府补贴政策与研发资金投入之间起到了显著的正向调节作用。由模型 16 的结果可知，企业所有权性质与享受高新技术税收减免政策的交互项系数显著为正（$\beta = 0.19$，$p < 0.01$），表明企业所有权性质在享受高新技术税收减免政策与研发资金投入之间起到了显著的正向调节作用。模型 17 的结果可知，企业所有权性质与研发加计扣除税收减免政策的交互项系数显著为正（$\beta = 0.195$，$p < 0.01$），表明企业所有权性质在研发加计扣除税收减免政策与研发资金投入之间起到了显著的正向调节作用。即假设 H_{4a-1}、H_{4b-1}、H_{4c-1} 成立。

将研发资金投入和企业所有权性质放到主效应中验证所有权性质的调节作用。由模型 9 的结果可知，企业所有权性质与政府补贴政策的交互项系数显著为正（$\beta = 0.015$，$p < 0.01$），表明企业所有权性质在政府补贴政策通过研发资金投入影响创新绩效的过程中起到了显著的正向调节作用。由模型 10 的结果可知，企业所有权性质与享受高新技术税收减免政策的交互项系数显著为正（$\beta = 0.166$，$p < 0.01$），表明企业所有权性质在享受高新技术税收减免政策通过研发资金投入影响创新绩效的过程中起到了显著的正向调节作用。模型 11 的结果可知，企业所有权性质与研发加计扣除税收减免政策的交互项系数显著为正（$\beta = 0.17$，$p < 0.01$），表明企业所有权性质在研发加计扣除税收减免政策通过研发资金投入影响创新绩效的过程中起到了显著的正向调节作用。即假设 H_{5a-1}、H_{5b-1}、H_{5c-1} 成立。

2. 研发人力投入层面

将三类政府财政激励政策、企业所有权性质及两者交互项引入以研发人力投入为被解释变量的回归模型，研究企业所有权性质的调节作用。由表 7.11 中的模型 15 的结果可知，企业所有权性质与政府补贴政策的交互项系数显著为正（$\beta = 0.104$，$p < 0.01$），表明企业所有权性质在政府补贴政策与研发人力投入之间起到了显著的正向调节作用。由模型 16 的结果可知，企业所有权性质与享受高新技术税收减免政策的交互项系数显著为正（$\beta = 0.362$，$p < 0.01$），表明企业所有权性质在享受高新技术税收减免政策与研发人力投入之间起到了显著的正向调节作用。模型 17 的结果可知，企业所有权性质与研发加计扣除税收减免政策的交互项系数显著为正（$\beta = 0.236$，$p < 0.01$），表明企业所有权性质在研发加计扣除税收减免政策与研发人力投入之间起到了显著的正向调节作用。即假设 H_{4a-2}、H_{4b-2}、H_{4c-2} 成立。

将研发人力投入和企业所有权性质放到主效应中验证所有权性质的调节作用。由模型 9 的结果可知，企业所有权性质与政府补贴政策的交互项系数不显著，表明企业所有权性质在政府补贴政策通过研发人力投入影响创新绩效的过程中没有起到显著的调节作用。由模型 10 的结果可知，企业所有权性质与享受高新技术税收减免政策的交互项系数为 0.059，$p < 0.05$，表明企业所有权性质在享受高新技术税收减免政策通过研发人力投入影响创新绩效的过程中起到正向调节作用。再由模型 11 的结果可知，企业所有权性质与研发加计扣除税收减免政策的交互项系数为 0.180，$p < 0.01$，表明企业所有权性质在研发加计扣除税收减免政策通过研发人力投入影响创新绩效的过程中起到明显的正向调节作用。即假设 H_{5a-2} 不成立，H_{5b-2}、H_{5c-2} 得到证明。

7.5 实证结果汇总

本书运用 Bootstrap 回归的方法，分别对河北省 2014 — 2016 年存续的 586 家高新技术企业进行回归分析，并对 2016 年 832 家高新技术企业当年发展状态进行假设检验。同时，将两次实证结果进行比较，以发掘出更深更有价值的管理启示。综合以上分析可以看出，两次实证分析所得到的结果相同（见表 7.12），这同时也增强了本文结论的说服力。

表 7.12	假设检验结果汇总		

假设	假设内容	检验结果	
		2014—2016	2016
H_{1a}	企业获得政府补贴资金越多，企业创新绩效越高	支持	不支持
H_{1b}	企业享受高新技术企业税收减免额越高，企业创新绩效越高	支持	支持
H_{1c}	企业获得研发加计扣除所得税减免额越高，企业创新绩效越高	支持	支持
H_{2a-1}	直接补贴政策对企业创新资金投入有正向促进作用	支持	支持
H_{2a-2}	直接补贴政策对企业创新人力投入有正向促进作用	支持	支持
H_{2b-1}	享受高新技术企业税收减免政策对企业创新资金投入有正向促进作用	支持	支持
H_{2b-2}	享受高新技术企业税收减免政策对企业创新人力投入有正向促进作用	支持	支持
H_{2c-1}	研发加计扣除减免政策对企业创新资金投入有正向促进作用	支持	支持
H_{2c-2}	研发加计扣除减免政策对企业创新人力投入有正向促进作用	支持	支持
H_{2d-1}	创新资金投入对企业创新经济绩效有正向促进作用	支持	支持
H_{2d-2}	创新人力投入对企业创新经济绩效有正向促进作用	支持	支持
H_{3a}	研发资金投入在创新激励政策与创新绩效作用中起到中介作用	支持	支持
H_{3b}	研发人力投入在创新激励政策与创新绩效作用中起到中介作用	支持	支持
H_{4a-1}	企业私有性质在政府补贴政策与研发资金投入中存在正向调节作用	支持	支持
H_{4a-2}	企业私有性质在政府补贴政策与研发人力投入中存在正向调节作用	支持	支持
H_{4b-1}	企业私有性质在高新技术税收减免政策与研发资金投入中存在正向调节作用	支持	支持
H_{4b-2}	企业私有性质在高新技术税收减免政策与研发人力投入中存在正向调节作用	支持	支持
H_{4c-1}	企业私有性质在研发加计扣除税收减免影响研发资金投入中存在正向调节作用	支持	支持
H_{4c-2}	企业私有性质在研发加计扣除税收减免影响研发人力投入中存在正向调节作用	支持	支持
H_{5a-1}	企业私有性质在政府补贴政策、研发资金投入和创新绩效中起正向调节作用	支持	支持
H_{5a-2}	企业私有性质在政府补贴政策、研发人力投入和创新绩效中起正向调节作用	支持	不支持

假设	假设内容	检验结果	
		2014—2016	2016
H_{5b-1}	企业私有性质在高新技术税收减免、研发资金投入与创新绩效中起正向调节作用	支持	支持
H_{5b-2}	企业私有性质在高新技术税收减免、研发人力投入与创新绩效中起正向调节作用	不支持	支持
H_{5c-1}	企业私有性质在研发加计扣除税收减免、研发资金投入与创新绩效中起正向调节作用	支持	支持
H_{5c-2}	企业私有性质在研发加计扣除税收减免、研发人力投入与创新绩效中起正向调节作用	不支持	支持

7.6 本章研究结论与政策启示

本书以制度理论、技术创新理论等多个理论视角研究成果为基础,构建能够全面深入地解释政府财政激励政策影响企业创新机制的理论框架。将政府对企业创新的激励政策分为政府直接补贴资金投入、高新技术企业税收减免、研发加计扣除税收减免多个不同政策支持方式,建立以企业研发资金投入和研发人力投入为中介条件,企业所有制为调节条件的作用机制模型,运用 Bootstrap 方法分析河北省高新技术企业调查数据,以验证政府财政激励政策对高新技术企业创新影响的作用方式,并从长期和短期两个维度进行对比分析,以期探索不同的政府支持方式对于企业创新的影响是否存在差异,以及各种政府支持方式究竟怎样组合才能更有效地促进企业创新,以及政府支持是否需要一定的路径与中间过程才能促进企业创新等问题。

7.6.1 主要结论及理论贡献

1. 主要结论

综上实证研究结果,可得出以下重要研究结论。

(1) 不同政府财政激励政策对高新技术企业创新绩效的影响存在显著差异。政府研发补贴、研发费用加计扣除税收减免以及高新技术企业税收减免这三项政策存在相互影响,模型中同时加入三项政策以分析其各自对创新绩效的影响程度。结果显示，长期来看，政府研发补贴、高新技术企业税收减免和研发费用加计扣除税收减免对创新绩效的影响系数分别为0.047、0.500、0.374，由此可见，享受高新技术企业税收减免对企业创新绩效的影响是最大的，其次是研发加计扣除税收减免，政府的直接补贴金额对企业创新绩效的影响程度最小。在短期内，政府补贴对企业创新绩效的影响不显著，高新技术企业税收减免和研发费用加计扣除税收减免对创新绩效的影响系数分别为0.560、0.279，同样说明享受高新技术企业所得税税收减免对创新绩效的影响最大，研发加计扣除所得税税收减免次之，政府补贴的影响相对来说最小。

这一发现在实践分析中也得以体现，如表7.13所示将总样本按新产品销售总量的大小平均分为高、中、低三组，可以发现，在新产品销售收入较低的企业中，政府补贴金额占57%，享受高新技术企业税收减免额占32%，研发加计扣除所得税占比11%。而随着企业新产品销售额平均水平的提高，享受高新技术企业所得税额比重不断加大，并成为主导地位，占比为51%，政府补贴比重不断下调。由此可见，对研发结果要求更严的高新技术企业税收减免政策对企业创新的激励效果更加有效。

表7.13　　　　　　　　　　三种政策在样本中的占比情况

组别	新产品销售收入（千元）	补贴收入（占比）	享受高新技术企业所得税减免（占比）	研发加计扣除所得税减免（占比）
低	42067	3246（0.57）	1805（0.32）	618（0.11）
中	246818	4446（0.39）	4752（0.42）	2206（0.19）
高	1895808	17585（0.38）	23906（0.51）	5259（0.11）

究其原因，这主要是由于政府研发补贴是一种直接经济补助，是政府在一定时期内根据需要，对特定的地区、产业、部门、企事业单位的研发活动提供一定数额的财政补助。税收优惠，则是一种间接形式补助，是政府通过税收手段给特定的课税对象、纳税人或地区的税收激励和照顾措施，直接体现为应纳税额的减少。研发补贴的限制低、监督措施不到位等，导致一些企业得到政府补贴后并未将其投入研发活动中。而研发加计扣除税收减免是在企业会计年度末对企业实施的税收优惠政策，该项减免对企业是否进行研发活动具有针对性，再者，高新技术企业税收减免虽然也属于税收优惠政策，但更是一种针对研发成果的奖励，相应的激励制度和惩罚制度健全，且税收减免力度很大。虽然研发补贴的方法有助于调动

企业的创新积极性，从而提高创新效率，但是，由于政府补贴是一种事前补贴，申请门槛比较低，也不具备对研发成果的有效控制，因此，政府补贴对企业创新活动的激励程度有限。反观高新技术企业税收减免，它是一种针对研发成果的奖励，企业研发成果产出越多，享受的该项税收减免额越大，故其对企业研发活动的激励效果更强。研发加计扣除税收减免是针对企业是否开展研发活动而进行的税收减免，这种政策只针对研发过程，不针对研发结果，故很多企业可能没有进行研发活动而虚报，或是虚报研发投入成本，以骗取高额的税收减免。目前政府针对高新技术企业税收减免骗税等行为制定了更加明确的惩罚措施，将在一定程度上遏制"伪研发"申请税收减免的现象，有效杜绝企业的"搭便车"骗税行为，激励了企业的研发活动。

（2）研发投入在三类政策财政激励政策对高新技术企业创新绩效的激励过程中起到了明显的中介作用。研发资金投入在三类政府财政激励政策对高新技术企业创新绩效的激励过程中起到了显著的中介作用。由 7.5 节实证结果可知，长期来看，研发资金投入对不同政府财政激励政策均起到中介作用，说明三类财政激励政策对创新绩效的作用在很大程度上是通过增加高新技术研发资金投入，加大创新活动力度，进而间接影响企业创新绩效的提高。中介效应系数占比分别为 71.5%、30.9%、34.1%。在短期内，加入研发资金投入的中介变量在政府补贴对高新技术的创新绩效的影响由不显著的正向影响变为显著的负影响，且中介效应显著，此外，研发投入在享受高新技术企业所得税税收减免与研发加计扣除税收减免后对高新技术企业的创新绩效起到了部分中介效应。中介效应指数占比分别为 58.2%、67.5%。

研发人力投入在三类政府财政激励政策对高新技术企业创新绩效的激励过程中也起到了显著的中介作用。长期来看，研发人力投入对不同政府财政激励政策均起到中介作用，中介效应系数占比分别为 91.1%、66.4%、82.2%。在短期内，研发人力投入对高新技术企业创新绩效的中介效应与研发资金投入情况相同，此处就不再赘述。说明政府激励政策对企业创新绩效的影响还有很大一部分是通过增加研发活动的人力投入，进而提升企业的创新绩效的。

这说明三类财政激励政策对创新绩效的作用很大一部分是通过增加高新技术企业研发活动的资金投入和研发人员的投入量以加强科技创新活动，进而间接提高企业的创新绩效。这一点在企业实践过程中也得到印证，由 2014—2016 年河北省高新技术企业的统计情况可以看出，加大政府财政支持的力度会导致企业增加科技活动的投入量（见表7.14），同时企业的创新绩效也得到明显提升，这与7.5节的实证回归结果两相印证，再次说明我们分析的结果是对企业创新情况的真实反映。

表7.14 政策支持与企业科技活动投入情况

组别	新产品销售收入（千元）	政府财政支持总额	企业平均科技活动人员	企业平均科技活动资金投入
低	15128	3774	32	21279
中	113798	3594	87	33393
高	6788924	116464	572	488813

（3）企业所有权性质在政府财政激励政策对研发投入和创新绩效的影响中起到了调节作用。长期来看，在政府财政激励的作用下，企业所有权性质私有成分越高，越能刺激企业增加研发活动的资金投入量和研发人力投入量，也越有利于加深三类政府激励政策通过研发资金投入中介路径对创新绩效的影响。在通过研发人力投入的中介路径中，企业所有权性质越私有化，越有利于政府补贴对创新绩效的激励作用，而在高新技术企业税收减免和研发加计扣除与创新绩效的影响活动中未能有效调节。

在短期内，企业所有权性质私有化程度越高，越有利于三类政府创新激励政策激励企业加大研发活动资金投入和研发人力投入量。企业所有权性质在对三类政府激励政策通过研发资金投入的中介路径影响创新绩效的过程中都起到了正向促进作用。在对政府创新激励政策通过研发人员的中介路径影响创新绩效的作用过程中，高新技术企业税收减免和研发加计扣除税收减免政策更能引导非国有化企业进行研发人力投入，而政府补贴政策对不同企业的创新激励程度差异不大。

2. 理论贡献

（1）深入探索政府政策支持作用于企业创新的传导机制与内部过程。挖掘和验证在这个过程中可能发挥重要作用的中介变量，争取逐步打开政府支持作用于企业创新的内部"黑箱"。政府支持对于企业创新的影响可能不是一个简单的直接过程。对政府政策支持与企业创新之间关系的情境因素进行了探索与检验（如企业所有权的影响等），并检验其调节作用机制，在此基础上实现情境的理论化。

（2）选取不同政策支持方式的角度不同于以往大多数研究。本书分析了政府补贴、研发加计扣除减免和享受高新技术税收减免三种政府创新支持方式对于企业创新效果激励程度的差异，在此基础上形成有效促进企业创新的最优政府支持方式组合或嵌套。

（3）时间轴上的对比分析法不同于以往研究。从长期和短期两个维度探索政策激励作用路径是否有差异。进行大样本企业的实证对比研究，从而为综合理论框架的完善提供更全面的实证证据。

7.6.2　政策启示

本书研究的政策效应值得我国政府在今后制定相关政策时作为参考，考虑创新产出，提高研发经费的使用水平。从实践管理角度分析，研发投入受主观因素影响比较大，因此，针对激励加大研发投入的政策设计不一定能够为企业带来预期的产出。为了更加高效地提高企业创新绩效，从激励角度讲，研发补贴和税收优惠应该兼顾企业研发过程和研发结果，只有这样，才能激励企业，提高企业的创新绩效。否则，即使相应的财政激励政策可以导致研发投入的增加，也未必可以增加多少产出，很可能会造成财政资源的浪费。具体政策启示如下。

第一，应丰富高新技术企业税收减免等事后补贴政策的扶植形式。政府补贴属于事前补贴，由于这种事前补贴在审批、考核与监管机制缺位的情况下，容易引发企业骗补等情况，并不能保证补贴资金的合理利用，偏离了政府财政帮扶的初衷。对此，政府应加强对欺骗行为的惩处力度，杜绝"伪研发"。研发补贴的方法应该有助于调动企业的研发积极性，政府可以从研发补贴的发放时机以及申请研发补贴企业的研发成果等方面制定相应标准。比如，从发放时机看，应该尽量选用事后研发补贴的方式，只有通过企业"研发"努力之后才能获得研发补贴，以此调动企业的研发积极性；从研发成果方面看，应该尽量加强对企业研发成果的限制，提高申请研发补贴的研发成果标准，等等。而高新技术企业税收减免针对研发成果有严格限定且对作弊行为惩罚较重，所以其对企业研发活动的激励较大，但这种事后优惠形式还比较单一，应当借鉴其他发达国家做法，丰富相关政策，激励企业研发活动的积极性。研发加计扣除这种事中减免的方式要加大对研发成果的控制，避免不必要的资金浪费，而应开展更加有效的激励企业的创新活动。

第二，加大对企业创新人才支出的税收优惠力度和研发资金投入监管力度。当前应在财政可承受的范围内加大财政扶持投入力度，尤其要增加针对人力资本的财政补贴。既要提高对企业创新人才支出的税前扣除标准，在员工层面加大个人所得税优惠力度，减征或免征科研人员奖金和分红的税收，引导和鼓励企业加大研发人力资本投入；也要加大资金监管力度，企业自主披露财政扶持资金的详细使用情况和政府相关部门建立严格的监督检查机制相结合，共同确保政府财政扶持资金用在"刀刃"上。

第三，对不同企业性质的企业申请研发补贴和税收减免，政府应该做到一视同仁。可能由于体制原因，我国国有企业多集中于垄断行业，其利润主要依靠市场垄断地位而不是依赖技术研发，因而，即使政府给予研发补贴和税收优惠，也难以有效促使其增加创新投资。反观我国民营企业，多集中于市场竞争激烈的行业，企业必须依靠高质量的产品来获取市场份额才能生存和发展，为了获取高额利润，企业会争相进行技术创新以开发新产品。而研发活动需要持续的资金支持，民营企业研发创新资源不充足，如果政府加大对民营企业的扶持力度，将会更加有效地提高其研发活动的积极性，进而提升其创新绩效。

第8章 合作研发对高新技术企业创新驱动机制研究

8.1 合作研发方式理论基础与研究假设

8.1.1 高新技术企业合作研发模式的类型

1. 股权特点

以股权特点为分类标准对合作研发的模式进行分类，可得股权式合作研发和契约式合作研发，契约式合作研发具有广泛的形式，涵盖了对外委托合作研发、非股权非委托合作研发等活动形式[93]。合作研发模式主要表现为以下三种形式：股权式合作研发、对外委托合作研发、非股权非委托合作研发。

（1）股权式合作研发。这种研发合作组织具有实体性质，出现在市场上的形式大部分是研发合作企业，指的是几个企业或组织将各自的研发资源联合起来，合作的每个企业或组织按照一定的比例提供资本，然后一起组建一家具有独立法人性质的实验室或者研发企业。当合作双方的资源有较强互补性时，倾向于采取股权合作研发[228]。

（2）对外委托合作研发。包括研发招标合同和技术外包两种分类[229]。企业为了获得某项特定的技术，常常会通过研发合同招标的方式，将研发合同外包给所选中的研发机构。这种形式实质上就是由企业提供资金，投标机构提供人力和设备进行合作知识生产，属于对外委托合作研发的一种重要形式。技术外包是指企业为了把有限资源集中打造在核心优势能力上，常常将自己无法胜任的，或非优势的研发业务剥离，转而向外部优秀的供应商购买。狭义技术外包的技术是企业的核心能力理论。当合作双方技术差距较大时，倾向于采取对外委托合作[228]。

（3）非股权非委托合作研发。包括联合研发形式、研发联盟形式、研究协会形式、研发网络形式、研发卡特尔等形式[93]。当合作双方技术实力相当时，倾向于采取非股权非委托合作研发模式[228]。

现有关于研发合作的模式研究，学者更多的是从合作伙伴的类型来划分，这样便于研究不同合作伙伴对参与企业的影响。

2. 合作对象

按照合作伙伴的类型对研发合作的模式进行分类，得到三种类型：横向、纵向及产学研合作。总体来说，以合作伙伴的类型为标准的研发合作模式主要是上述三种，区别在于说法的不同，但实质是一样的。

比如，钱（Chan）和桃乐茜这两位学者按照企业在研发的不同阶段选择不同性质的联盟合作伙伴，将研发合作分为用户、供应商、竞争者、互补性和促进性五种类型的合作创新联盟[230]。我国学者杨梅英等按研发合作对象的不同将科技创新研发投入合作划分为三类：横向合作（与竞争对手和其他企业合作）、纵向合作（与供应商和客户合作）、产学研合作（与高校和科研院所合作）[94]。横向合作研发一般是指企业与所在行业内其他企业进行合作研发，合作的企业在技术创新链条上处于同一环节。纵向合作研发模式是指企业与供应商和用户进行合作研发，从而巩固与增强本企业的市场地位和竞争能力。与供应商和用户合作，企业可以在技术研发的早期获得相关的技术信息，缩短技术研发的周期。产学研合作主要是指在技术研发过程中，企业与大学、科研机构进行技术研发的合作。大学和科研机构的科技研究力量较强，致力于技术研发，企业致力于把技术研发成果推向市场，并把市场需求反馈给院校和科研机构。更多的学者则按照组织类型的不同，将合作伙伴分为客户、供应商、竞争对手、创新服务部门、信息服务部门、监督服务部门、科技中介机构、技术市场、行业协会、风险投资机构、大学、科研机构、学院或技术学院等[231-233]。之后，学者姚潇颖按合作对象，将产学研合作模式细分为产—学合作、产—研合作，同时指出，按合作方式可分为技术转让、联合研发、咨询服务、人才培养、非正式交流、设备共享和其他[95]。本书研究按组织类型对合作研发进行分类，即为企业与研究机构、企业与高等院校、企业与政府机构以及企业与境外机构，简称产研合作、产学合作、产政合作及境外合作。

8.1.2　合作研发模式对企业创新绩效的机理分析

企业与产业和非产业伙伴的合作作为企业创新绩效的重要驱动力已被

广泛接受[96]。合作可以刺激创新，因为它允许访问外部资源和知识，而这可能是企业内部所缺乏的[97]。高新技术企业是知识和智力密集型，并需要高额投资，且伴随着高风险高收益的产业；高新技术发展较快，产品更新周期短且产业呈高速发展态势；学科带动性强，多为交叉学科综合而成；具有高度的战略重要性，是国际军事和经济的竞争焦点。高新技术企业存在的前提是不断地进行科学技术的创新。在开放式创新背景下，新的科学技术产生越来越快，企业单单依靠自身内部研发难以实现创新需要的知识变革[59]，需要增强与其他主体的研发合作，充分利用企业边界之外的知识源（如顾客、供应商、大学和科研机构等），获取自身所不具备的各类异质性知识，最大化实现企业创新产出。合作研发一般集中在新兴技术和高新技术产业，以合作进行研究开发（R&D）为主要形式。关于合作研发与创新绩效，国内外许多学者进行了大量实证研究。

很多学者已经对合作研发与企业创新绩效的影响关系进行实证研究，但对不同合作研发模式的实证研究较少，本书将深入探讨这一问题。8.1.1已梳理目前学者们关于合作研发模式的分类方式，本书将合作研发分为产研合作研发模式、产学合作研发模式、产政合作研发模式以及境外合作研发模式，以探究哪种合作研发模式更能增强企业创新绩效。

1. 产研合作研发模式对创新绩效的机理分析

科研机构的科技研究力量较强，企业与科研机构进行技术研发合作，科研机构致力于合作，而企业致力于把技术研究成果不断地推向市场，从市场中获得消费者等客户的需求反馈，最后将这种市场信息反馈给科研机构，对技术成果进行再创新。在这样的循环合作网络中，企业与科研机构共担技术创新的不确定风险，科研机构获得技术研发相关资金与市场需求信息，企业则以较低的成本获得外部技术支持。自主研发能力弱的企业可以充分利用外部技术优势，突破自身条件限制，使技术研发周期缩短，技术成果可以迅速向生产转化，减少企业的重复开发，使得企业的有限资源得到合理利用。贝尔德伯斯等高校和科研院所的合作通过提供最先进的重要资源和技术知识可能会促使根本的新一代创新的产生[234]，这样的合作会导致现存技术的新应用和开发或者全新技术的应用与发展[235]。综上所述，产研合作模式具有杠杆效应，能有效地提高企业的创新绩效。因此，本书提出以下假设。

H_{1a}：产研合作研发模式对企业创新绩效有正向影响。

2. 产学合作研发模式对创新绩效的机理分析

基于产学合作的研究非常多，企业可采取多种方式与大学进行合作，通常包括合作科学研究（共同发表论文）、合作技术开发（共同申请专利）、培训、咨询、会议、股权合资和非正式交流等[52-53]。企业通过上述渠道从大学中获取科学知识，科思等人的研究表明其中最重要的渠道是发表论文和会议，其次是非正式交流和咨询，企业获得的科学知识不仅可以为新的研发项目提供灵感，而且有助于完善现有的研发项目[236]。科伯恩和亨德森（1998）研究了美国医药行业，同样发现企业与学术组织合作发表文章能够显著促进其技术创新绩效的提升[237]。裴云龙、蔡虹和向希尧对中国有机精细化学的研究也发现，产学学术合作可以有效提高企业的创新绩效[238]。尽管基于知识基础观（knowledge basis view，KBV）的创新研究显示，企业技术创新活动的知识密集性日益增大[239]，不同的产业对自身知识基础的依赖程度也不同[240]。但是处于知识密集型的高新技术产业，例如，医药行业和生物行业中的企业对基础科学的依赖性较高，因此，尽管科学研究成果会通过学术发表外溢出去，但是这些行业的企业依然需要经常进行基础科学研究。同时与大学合作，能允许企业以较低的费用和风险获取专业知识和一般、基础的研发[241]。通过与大学的学术合作，企业可以与科学共同体建立联系，获取前沿科学知识，保持企业创新活力，提高企业创新绩效。因此，本书提出以下假设。

H_{1b}：产学合作研发模式对企业创新绩效有正向影响。

3. 产政合作研发模式对创新绩效的机理分析

作为企业外部网络中影响力最大、最为复杂，也是最难预测的重要构成要素，政府机构与企业之间的合作研发关系无疑会对企业的生产和经营绩效产生重要的影响。实践中，全球各地的政府都十分重视企业创新活动，并为实现企业的创新发展制定了相应的宏观经济导向战略、科技发展规划、针对人才引进的户籍优惠政策、针对新兴产业的财税扶持政策等，进而带动整个地区和国家的经济社会发展。从效果上看，政府的资金扶持和相关政策的制定与实施会对企业创新绩效产生重要的影响。政府可以通过制定相关法令和法规，以配套的技术政策，承担专利保护和专利数据库建设职能，为企业的开放式创新提供政策支持环境[242]；发布优惠的产业政策和人才政策支持高新技术产业的发展；提供金融支持以及相关财政补贴鼓励企业进行研发；借助税收减免政策引导企业的研发投入，并放大企业内部投入的效应绩效等。在市场经济的新形势下，政府与企业之间不同于以往计划经济时的单一行政权力形势的指挥运营，而更多的是相互合作关系，是委托人与代理人的关系。基于政府本身属性，政府与企业间的这种联系，更利于政策引导，同时使发挥创新核心作用的企业更能表现出其特有的活力，增加企业产出，带动区域经济发展。秦雪征、尹志锋的研究表明，企业与政府研发合作，参与政府科技计划，将提高企业的研发资金的使用效率以及员工的边际创新生产率，最终使得企业进行产品创新的概率显著提高[243]。陈庆江基于我国沪、深两市制造业上市公司数据，采用DEA – Tobit 两阶段模型研究发现：政府科技投入与企业科技创新产出的水平有正相关性[244]。政府是社会生产与生活的组织者，在政府与企业合作研发中，政府为企业直接提供一定的科技资助，并且为其发展提供适宜的政策环境和宏观指导，基于投入产出理论，研发资源的增加将带来产出的增加。因此，本书提出以下假设。

H_{1c}：产政合作研发模式对企业创新绩效有正向影响。

4. 境外合作研发模式对创新绩效的机理分析

境外合作研发模式是我国高新技术企业研发国际化主要方式之一。企业在国际化过程中，通过与当地供应商、客户、竞争对手、大学和研究机构、政府及技术中介等咨询机构以股权或契约等方式进行合作研发活动，能够降低创新风险和创新成本，提高创新成功率，从而提高企业创新绩效。哈格多恩等研究证明，企业在东道国建立合作关系能够使企业获取新的互补的技术，改进现有的产品与技术，使企业价值最大化[245]。戈德（Godeo）通过对挪威电信组织的跨国研发联盟（国际电信协会的基础上）长达 10 年（1980 —1990 年）的案例追踪研究，发现跨国亲密和持久的跨国合作更有可能产生突破性创新[246]。纳伊米（Alnuaimi）等人发现跨国的合作带来更多更好的创意，多方面的观点可以为参与发明的每一方都带来长期的利益[247]。我国学者王建华研究发现，对于发展中国家的企业，为了熟悉他国文化、经营方式、管理风格、规章制度等，在国际化起步阶段采取技术联盟或合作研发的方式是比较好的选择[248]。因此，本书提出以下假设。

H_{1d}：境外合作研发模式对企业创新绩效有正向影响。

8.1.3 企业知识存量和技术水平的中介作用机理

创新过程中与各类外部知识源深入广泛地展开合作，是许多企业弥补和调整内部创新资源，提高创新的重要途径[249]。合作研发有助于创新主体之间的知识交流和转移。由组织学习和知识管理理论可知，知识是影响企业竞争优势的重要战略资源，其中隐性知识因难以被竞争对手模仿和获取，而被很多学者认为是决定企业竞争优势的根本因素。但隐性知识主要依附于个人的不能编码、难以明晰化和不能通过语言进行交流的主观知识，根植于人们的行为和身体中[250]。因此，在企业合作研发过程中，双方除了可以通过契约等明确规定来实现转移技术专利、生产工艺技术等显性知识交流之外，更为重要的是如何学习对方的隐性知识。通过企业间合作研发关系的建立，双方相互派驻技术人员参与到对方的生产、新产品开发等活动之中，并共同解决各种技术性问题，这些都会促进合作各方知识，特别是隐性知识的交流和转移，加速双方显性知识的产生[251]。

创新网络的知识获取和创新产出，是影响创新绩效的因素。哈格顿和萨顿认为，企业的合作网络整合企业间资源，促进资源共享，缩短技术开发周期，促进企业创新绩效。企业等同于扮演了各创新主体网络中技术中介的角色，扩充了企业的知识库，也提升了企业的技术产出[252]。阿胡亚指出，企业之间的合作网络不仅能够促进网络中各主体共享知识，还能够促进各主体创造新知识，提升创新产出绩效[253]。综上所述，企业与其他创新主体开展合作研发，不仅能促进主体间的显性知识的交流与转移，还能促进主体间隐性知识的学习，企业对外部知识再进行消化吸收整合，增大企业知识库和技术库，极大地提升企业创新绩效。因此，本书提出以下假设。

H_{2a-1}：企业知识存量在产研合作研发模式与创新绩效之间发挥中介作用。

H_{2b-1}：企业知识存量在产学合作研发模式与创新绩效之间发挥中介作用。

H_{2c-1}：企业知识存量在产政合作研发模式与创新绩效之间发挥中介作用。

H_{2d-1}：企业知识存量在境外合作研发模式与创新绩效之间发挥中介作用。

H_{2a-2}：企业技术水平在产研合作研发模式与创新绩效之间发挥中介作用。

H_{2b-2}：企业技术水平在产学合作研发模式与创新绩效之间发挥中介作用。

H_{2c-2}：企业技术水平在产政合作研发模式与创新绩效之间发挥中介作用。

H_{2d-2}：企业技术水平在境外合作研发模式与创新绩效之间发挥中介作用。

8.1.4 企业内部研发对企业合作研发与创新绩效的调节效应机理

现有研究指出，企业获取外部知识的能力取决于企业内部研发投资的力度[254]，即"企业必须有资源才能得到资源"[255]。企业需要积极开展内部活动，提高企业在合作研发中对知识合计数的获取和利用的效率，增强对知识的消化和整合能力，培养自身的创新能力[256]。企业通过内部研发投资，逐步积累了与产品相关的专有技术领域的知识，同时也越能够发现和预测外部技术机会和发展趋势，从而更好地选择机会来进行研发合作项目[257]。

企业内部研发与外部研发合作具有一定的互补性[258]。首先，企业内部研发投资越高，越能评价和吸收外部环境中的新知识，及时地把外部知识与现有技术知识进行整合，给新产品和新市场带来机会。其次，企业更好地理解技术发展趋势、未来市场机会，能够认识到外部知识的价值，并把它内化和运用到创新活动中。企业内部研发投资越多，企业的研发能力越强，企业的搜寻成本降低，从而可以更容易选择有前景的项目和合作伙伴。阿罗拉和甘巴德利亚发现，企业评价合作研发项目的能力越强，越倾向于选择适量的、更有价值的合作伙伴[259]。相反，当企业进行外部研发活动，但是内部投入较低，会付出较高的搜寻成本。在企业依赖外部研发的极端情况下，企业内部的知识存量有限，研发合作伙伴众多，企业很难审查、发现、利用外部知识[260]。布格莱茵（Bougrain）研究发现，内部研发能力提高会进一步巩固合作创新的基础，同时还能提高企业合作创新绩效[261]。卡斯曼和威格勒（Cassiman & Veugeler）企业之间的技术互补程度对企业研发模式的选择具有重要影响，如果企业的吸收能力非常强，则企业更倾向于采取研发合作模式[262]。当企业通过与其他创新主体合作研发获取外部技术和知识时，若要真正提高自身的技术水平，增加知识存量，则需企业具有较强的知识吸收能力，而吸收能力的强弱一定程度上取决于内部研发的强弱[263]。综上所述，企业内部研发能够强化合作研发与企业创新绩效间的关系。因此，本书提出以下假设。

H_{3a-1}：企业内部研发能够强化产研合作研发模式与企业知识存量之间的关系。

H_{3b-1}：企业内部研发能够强化产学合作研发模式与企业知识存量之间的关系。

H_{3c-1}：企业内部研发能够强化产政合作研发模式与企业知识存量之间的关系。

H_{3d-1}：企业内部研发能够强化境外合作研发模式与企业知识存量之间的关系。

H_{3a-2}：企业内部研发能够强化产研合作研发模式与企业技术水平之

间的关系。

H_{3b-2}：企业内部研发能够强化产学合作研发模式与企业技术水平之间的关系。

H_{3c-2}：企业内部研发能够强化产政合作研发模式与企业技术水平之间的关系。

H_{3d-2}：企业内部研发能够强化境外合作研发模式与企业技术水平之间的关系。

8.1.5 合作研发模式影响创新绩效的机制模型

基于上述假设，本书构建了高新技术企业合作研发模式影响创新绩效的机制模型，即合作研发模式通过知识存量和技术水平的中介作用对企业创新绩效产生影响，同时内部研发在合作研发模式与企业知识存量和技术水平之间存在调节作用（见图8.1）。

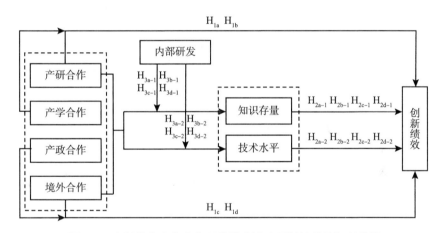

图 8.1 高新技术企业合作研发模式影响创新绩效的机制模型

8.2 样本、数据及计量模型设计

8.2.1 研究样本与数据来源

本书以河北省高新技术产业开发区企业中经省级认定、各国家高新技术产业开发区批准入区的高新技术企业为研究样本，采用 2014 —2016 年《国家高新技术产业开发区企业统计报表》中的相关统计数据为研究变量，数据源自科技部火炬高技术产业开发中心，采用的是已验收数据，要经过主管部门的审计，保证了其真实性。在分析之前，根据研究所需，考虑到创新产出的时间滞后性，本书首先筛选出 2014—2016 年存续的高新技术企业 879 家，然后剔除重要指标数据为空、填写明显错误的数据（报告期内企业销售收入为 0、企业注册年份缺失、数值型变量出现字符、理应为正数的数据出现负数抑或缺失）、比值没意义的数据（企业年研发支出与营业收入的比值大于 1，不合乎常理，应予以剔除）、科技活动人员数为 0（企业内部存在科技人员，说明此类企业缺乏基本科技研发活动，与本书所需分析的高新技术企业普遍属性相悖，故而剔除）或大于企业从业人员数（该类样本数据出现明显的不合理现象）的数据以及 2016 年新产品销售收入为 0 的数据（因为这样的企业其创新性过低，不利于对整体创新性进行综合实证分析）。

通过上述条件筛选，本书首先选取 2014—2016 年存续的河北省高新技术企业 816 家，对 8.1 节假设进行检验。所选企业范围涵盖生物医药技术、电子信息、新材料、高端技术装备制造、新能源、环境保护、航空航天等众多领域，大规模的指标数据和众多领域的研究样本为本书研究奠定了坚实基础。此外，考虑到企业合作研发投入、内部研发投入、知识存量、技术水平等要素反映到企业绩效上具有时间的滞后性，因此本书实证分析分为两部分：①将 2014—2016 年三年数据汇总进行检验，旨在检验资本来源对创新绩效的长期影响。②将 2016 年三年数据汇总进行检验，旨在检验资本来源对创新绩效的短期影响。本书分别对上述两个样本容量进行实证分析，对两次检验的结果进行比较，剖析更深层次原因。

8.2.2 变量定义及计算方式

1. 被解释变量

创新绩效。本书采用报告年度内企业新产品销售收入来衡量企业的创新绩效。通过文献整理分析可以发现，由于学者的研究目的不同，样本企业属性不同等，创新绩效的衡量很难统一。虽然利用专利数据的做法比较广泛，但是，由于专利在反映创新成果的质量和市场化水平方面存在明显不足，所以本书引入新产品销售收入作为创新绩效的衡量指标以反映创新成果的市场价值。

2. 解释变量

（1）产研合作。本书采用报告年度内企业委托或与境内独立研究机构合作开展科技活动而支付予其的经费支出来衡量企业与研究机构的合作研发程度。

（2）产学合作。本书采用报告年度内企业委托或与境内高等学校合作开展科技活动而支付预期的经费支出来衡量企业与高等教育部门的合作研发程度。

（3）产政合作。本书采用报告年度内企业使用来自政府部门的科技活动资金总额（包括纳入国家计划的中间试验费等）来衡量企业与政府机构的合作研发程度。

（4）境外合作。本书采用报告年度内企业委托或与境外（国外和中国港澳台）机构合作开展科技活动而支付预期的经费支出来衡量企业与境外机构部门的合作研发程度。

3. 中介变量

本书将企业知识存量和技术水平作为研究高新技术企业合作研发模式与企业创新绩效之间关系的中介变量。

（1）知识存量。本书采用报告年度内企业立项的科技项目产生的并在有正规刊号的刊物上发表的科技论文数量来衡量企业的知识存量。

（2）技术水平。本书采用报告年度内企业向国内外知识产权行政部门提出专利申请并被受理的件数来衡量企业的技术水平。

4. 调节变量

在之前的分析中，本书将内部研发设定为影响企业合作研发模式与知识存量和技术水平之间关系的调节变量。企业内部研发投资越高，越能评价和吸收外部环境中的新知识，及时地把外部知识与现有技术知识进行整合，给新产品和新市场带来机会。因此本书选取内部研发作为调节变量，采用报告年度企业内部用于全部科技活动的支出总额来衡量企业内部自主研发的能力，即企业创新原动力。

5. 控制变量

（1）企业规模。早在1943年，熊彼特经过研究就发现，企业创新效果与市场集中度、企业规模有着密切关系。一般而言，企业规模越大，企业的规模经济、融资渠道、风险抵抗优势越明显，越有利于企业提升创新绩效。对于企业规模的测度，陈琨、周永根、杨国梁等[176]学者以企业人数来度量。在本书看来，企业员工人数是一个较为主观的标准，没有统一的标准来衡量企业是大企业还是中小企业。因此，本书借鉴孙玉涛、臧帆[177]所选取的指标，以企业资产总额的自然对数来测度企业规模。

（2）企业年龄。企业年龄同样是企业创新绩效的影响因素。结合之前的研究发现，企业年龄越大，企业拥有的资质越高、资源越广、核心技术越多，越有利于企业开展创新。因此，本书将企业年龄作为研究的控制变量。书中的企业年龄是指企业的自然年龄，通过"2017 — 企业注册年份"计算而得。

（3）科技人员。高素质的科技人员是企业创新中最具能动性的要素，是企业创新绩效的重要决定性因素。本书认为企业科技人员比重越大，企业的创新氛围越好，对创新成果中包含的隐性、复杂、异质性的知识吸收越好，对企业创新绩效的提高具有显著正向关系。本书所指科技人员，是报告年度内企业科技活动人员数与从业人员数比值。

（4）研发强度。研发强度是创新绩效的重要影响因素之一，是衡量企业研发投入时应用最为广泛的指标。与总量指标相比，研发强度更能反映与企业规模、市场地位相适应的研发投入情况，在不同企业之间更具有可比性。一般而言，企业研发强度越高，创新绩效越好。本书借鉴戴小勇、成力为[153]的研究，将企业年研发支出与年营业收入的比值作为衡量企业研发强度的指标。

综合以上分析，本书研究指标的具体变量定义及计算方式如表 8.1所示。

表 8.1　　　　　　　　　　　变量定义及计算方式

变量类型	变量名称	变量代码	变量单位	计算方式
被解释变量	企业创新绩效	*ECIN*	千元	报告年度内企业新产品销售收入
解释变量	产研合作	*BINS*	千元	报告年度内企业对境内研究机构的科技活动经费支出
	产学合作	*BUNI*	千元	报告年度内企业对境内高等学校的科技活动经费支出
	产政合作	*BGOV*	千元	报告年度内企业使用来自政府部门的科技活动资金总额
	境外合作	*BFOR*	千元	报告年度内企业对境外的科技活动经费支出
中介变量	知识存量	*KNST*	篇	报告年度内企业发表科技论文数
	技术水平	*TELE*	项	报告年度内企业申请专利数
调节变量	内部研发	*INRD*	千元	报告年度内企业内部用于全部科技活动的支出总额

变量类型	变量名称	变量代码	变量单位	计算方式
控制变量	企业规模	*SIZE*	—	报告年度内企业资产总额的自然对数
	企业年龄	*AGE*	岁	2017—企业注册年份
	科技人员	*PERSON*	—	报告年度内企业科技活动人员数与从业人员数比值
	研发强度	*INTE*	—	报告年度内企业年研发支出与年营业收入的比值

8.2.3 研究方法和模型设计

本书采用逐步回归分析的方法，运用 SPSS 22.0 对技术水平、知识存量的中介作用和内部研发的调节作用进行检验。

第一阶段，按照中介效应检验程序，分别检验技术水平 *TELE*、知识存量 *KNST* 在产研合作 *BINS*、产学合作 *BUNI*、产政合作 *BGOV*、境外合作 *BFOR* 与企业创新绩效 *ECIN* 中的中介作用。

针对主效应，本书构建如下计量模型进行检验

$$ECIN_{i,t} = \beta_0 + \beta_1 BINS_{i,t} + \beta_2 BUNI_{i,t} + \beta_3 BGOV_{i,t}$$
$$+ \beta_4 BFOR_{i,t} + \beta_5 \sum Control_{i,t} + \varepsilon_{i,t} \tag{8.1}$$

本书中的中介变量为技术水平、知识存量。根据现有文献，本书依据中介效应的检验步骤检验中介效应。

第一步，构建模型（8.2）~模型（8.5）检验企业研发合作模式对知识存量的影响；构建模型（8.6）~模型（8.9）检验企业研发合作模式对技术水平的影响。

$$KNST_{i,t} = \beta_0 + \beta_1 BINS_{i,t} + \beta_2 \sum Control_{i,t} + \varepsilon_{i,t} \tag{8.2}$$

$$KNST_{i,t} = \beta_0 + \beta_1 BUNI_{i,t} + \beta_2 \sum Control_{i,t} + \varepsilon_{i,t} \tag{8.3}$$

$$KNST_{i,t} = \beta_0 + \beta_1 BGOV_{i,t} + \beta_2 \sum Control_{i,t} + \varepsilon_{i,t} \tag{8.4}$$

$$KNST_{i,t} = \beta_0 + \beta_1 BFOR_{i,t} + \beta_2 \sum Cntrol_{i,t} + \varepsilon_{i,t} \tag{8.5}$$

$$TELE_{i,t} = \beta_0 + \beta_1 BINS_{i,t} + \beta_2 \sum Control_{i,t} + \varepsilon_{i,t} \tag{8.6}$$

$$TELE_{i,t} = \beta_0 + \beta_1 BUNI_{i,t} + \beta_2 \sum Control_{i,t} + \varepsilon_{i,t} \tag{8.7}$$

$$TELE_{i,t} = \beta_0 + \beta_1 BGOV_{i,t} + \beta_2 \sum Control_{i,t} + \varepsilon_{i,t} \tag{8.8}$$

$$TELE_{i,t} = \beta_0 + \beta_1 BFOR_{i,t} + \beta_2 \sum Control_{i,t} + \varepsilon_{i,t} \qquad (8.9)$$

第二步，构建模型（8.10）检验企业知识存量对创新绩效的影响，构建模型（8.11）检验企业技术水平对创新绩效的影响。

$$ECIN_{i,t} = \beta_0 + \beta_1 KNST_{i,t} + \beta_2 \sum Control_{i,t} + \varepsilon_{i,t} \qquad (8.10)$$

$$ECIN_{i,t} = \beta_0 + \beta_1 TELE_{i,t} + \beta_2 \sum Control_{i,t} + \varepsilon_{i,t} \qquad (8.11)$$

第三步，检验知识存量、技术水平在企业合作研发模式与创新绩效之间是否具有中介作用。分别将知识存量、技术水平引入模型（8.1），得到模型（8.12）、模型（8.13），分析主效应的变化。

$$ECIN_{i,t} = \beta_0 + \beta_1 BINS_{i,t} + \beta_2 BUNI_{i,t} + \beta_3 BGOV_{i,t} + \beta_4 BFOR_{i,t}$$
$$+ \beta_5 TELE_{i,t} + \beta_6 \sum Control_{i,t} + \varepsilon_{i,t} \qquad (8.12)$$

$$ECIN_{i,t} = \beta_0 + \beta_1 BINS_{i,t} + \beta_2 BUNI_{i,t} + \beta_3 BGOV_{i,t} + \beta_4 BFOR_{i,t}$$
$$+ \beta_6 KNST_{i,t} + \beta_7 \sum Control_{i,t} + \varepsilon_{i,t} \qquad (8.13)$$

式中，β_0 表示常数项，ε 表示误差项，i 表示企业，t 表示年份。

第二阶段，依据调节效应检验步骤，分别分析内部研发在企业合作研发模式与知识存量、技术水平间的调节效应。分别将知识存量 $KNST$、技术水平 $TELE$ 作为被解释变量，将产研合作 $BINS$、产学合作 $BUNI$、产政合作 $BGOV$、境外合作 $BFOR$、内部研发 $INRD$ 以及交互项 $INRD \cdot BINS$、$INRD \cdot BUNI$、$INRD \cdot BGOV$、$INRD \cdot BFOR$ 作为解释变量引入回归方程，构建计量模型（8.14）~模型（8.21），以验证内部研发在企业合作研发模式与知识存量、技术水平间的调节效应。

1. 企业知识存量层面

$$KNST_{i,t} = \beta_0 + \beta_1 BINS_{i,t} + \beta_2 INRD_{i,t} + \beta_3 INRD \cdot BINS_{i,t} + \varepsilon_{i,t} \qquad (8.14)$$

$$KNST_{i,t} = \beta_0 + \beta_1 BUNI_{i,t} + \beta_2 INRD_{i,t} + \beta_3 INRD \cdot BUNI_{i,t} + \varepsilon_{i,t} \qquad (8.15)$$

$$KNST_{i,t} = \beta_0 + \beta_1 BGOV_{i,t} + \beta_2 INRD_{i,t} + \beta_3 INRD \cdot BGOV_{i,t} + \varepsilon_{i,t} \qquad (8.16)$$

$$KNST_{i,t} = \beta_0 + \beta_1 BFOR_{i,t} + \beta_2 INRD_{i,t} + \beta_3 INRD \cdot BFOR_{i,t} + \varepsilon_{i,t} \qquad (8.17)$$

2. 企业技术水平层面

$$TELE_{i,t} = \beta_0 + \beta_1 BINS_{i,t} + \beta_2 INRD_{i,t} + \beta_3 INRD \cdot BINS_{i,t} + \varepsilon_{i,t} \qquad (8.18)$$

$$TELE_{i,t} = \beta_0 + \beta_1 BUNI_{i,t} + \beta_2 INRD_{i,t} + \beta_3 INRD \cdot BUNI_{i,t} + \varepsilon_{i,t} \qquad (8.19)$$

$$TELE_{i,t} = \beta_0 + \beta_1 BGOV_{i,t} + \beta_2 INRD_{i,t} + \beta_3 INRD \cdot BGOV_{i,t} + \varepsilon_{i,t} \qquad (8.20)$$

$$TELE_{i,t} = \beta_0 + \beta_1 BFOR_{i,t} + \beta_2 INRD_{i,t} + \beta_3 INRD \cdot BFOR_{i,t} + \varepsilon_{i,t} \qquad (8.21)$$

同时将企业合作研发模式、内部研发以及二者交互项等变量同时引入模型考虑，构建计量模型（8.22）~模型（8.23），进一步检验企业内部研发的调节效应。

$$KNST_{i,t} = \beta_0 + \beta_1 BINS_{i,t} + \beta_2 BUNI_{i,t} + \beta_3 BGOV_{i,t} + \beta_4 BFOR_{i,t}$$
$$+ \beta_5 INRD \cdot BINS_{i,t} + \beta_6 INRD \cdot BUNI_{i,t} + \beta_7 INRD \cdot BGOV_{i,t}$$
$$+ \beta_8 INRD \cdot BFOR_{i,t} + \varepsilon_{i,t} \qquad (8.22)$$

$$TELE_{i,t} = \beta_0 + \beta_1 BINS_{i,t} + \beta_2 BUNI_{i,t} + \beta_3 BGOV_{i,t} + \beta_4 BFOR_{i,t}$$
$$+ \beta_5 INRD \cdot BINS_{i,t} + \beta_6 INRD \cdot BUNI_{i,t} + \beta_7 INRD \cdot BGOV_{i,t}$$
$$+ \beta_8 INRD \cdot BFOR_{i,t} + \varepsilon_{i,t} \qquad (8.23)$$

式中，β_0 表示常数项，$INRD \cdot BINS$ 表示企业产研合作研发程度与内部研发的交互项，$INRD \cdot BUNI$ 表示企业产学合作研发程度与内部研发的交互项，$INRD \cdot BGOV$ 表示企业产政合作研发程度与内部研发的交互项，$INRD \cdot BFOR$ 表示企业境外合作研发程度与内部研发的交互项，ε 表示误差项，i 表示企业，t 表示年份。

在进行实证分析之前，本书采用 Z – score 标准化方法对变量的数值进行标准化处理，使得各项指标的数据平均值为 0，标准差为 1，进而将不同量纲的原始数据放在同一个矩阵进行测评，以便进行分层回归分析和相关系数比较。

8.3 长期驱动效应实证检验分析

8.3.1 描述性统计及相关性分析

为了准确把握数据之间的基本特征以及变量之间的相关关系，本书首先进行描述性统计及相关性分析。描述性统计及相关性分析是进行其他统计分析的基础和前提。通过描述性统计对指标数字特征量的呈现，可以对样本来自总体的特征有比较准确的把握；相关性分析可以计算出两两变量之间的相关系数，反映变量之间的相关方向和程度。

1. 描述性统计分析

2014 —2016 年河北省高新技术企业合作研发模式与创新绩效机制模型中各变量的描述性统计如表 8.2 所示。在考虑到企业合作投入与企业创新绩效时间滞后性的情况下，本文使用 2014 —2016 年河北省高新技术企业的样本，个数为 816。样本企业的平均新产品销售收入为 782001.460 千元，处于较高水平，说明三年来河北省高新技术企业经济创新绩效较好；标准差为 7540200.150，说明各企业间的经济创新绩效差距较大；而样本的新产品销售收入最低仅为 2 千元，最高达到 210807528 千元，说明本书所选的新产品销售收入覆盖区间广，使得本书对经济创新绩效影响因素的研究更深入且研究结果适用范围更广。样本企业 2014—2016 年专利平均申请量为 23.720 项，河北省企业整体的技术创新绩效较高，但标准差为159.165，申请量高的企业达 3606 项，远远大于样本的均值，各企业的技术创新参差不齐；样本企业三年内平均论文发表量为 8.340 篇，河北省高新技术企业整体的知识转化能力不高，知识存量较低。发表论文数的标准差为 43.385，样本离散性高，代表性较强，为本书研究结果的适用性奠定了良好基础。对于四类合作研发情况，样本企业产研合作平均投入1182.086 千元，标准差为 7687.891；产学合作平均投入 331.668 千元，标准差为 3332.930；来自产政合作平均经费为 1235.880 千元，标准差为42240.912；境外合作平均投入 113.434 千元，标准差为 1943.958。可见，样本企业与政府和研究机构的合作研发较为密切，而产学合作和境外合作大体上还不够深入。各类合作研发的标准差都远远大于其均值，说明样本企业对合作研发模式的选择差异较大；最大值和最小值之间较大的差距为本书样本的选取提供了较好的说服力。从内部研发数据看，大部分样本企业较为重视自主研发，三年内企业内部自主研发平均投入额为 66116.424千元，标准差为 394813.603，最低自主研发投入额仅有 18 千元，样本企业研发战略差异性较大。在众多控制变量中，企业规模相对较大，企业年龄较为成熟，而 R&D 强度相对不足，均值仅为 10.9%，但企业科技人员与从业人员比值为 30.6%，总体说明样本企业参与 R&D 的热情较高，有较好的创新环境。

表 8.2　　　　　　　　　　统计变量描述性统计

变量代码	样本数	均值	标准差	最小值	最大值
企业创新绩效	816	782001.460	7540200.150	2	210807528
产研合作	816	1182.086	7687.891	0	113180
产学合作	816	331.668	3332.930	0	88500
产政合作	816	1235.880	4240.912	0	57538
境外合作	816	113.434	1943.958	0	53027
知识存量	816	8.340	43.385	0	984
技术水平	816	23.720	159.165	0	3606
内部研发	816	66116.424	394813.603	18	9111323

变量代码	样本数	均值	标准差	最小值	最大值
企业规模	816	11.979	1.637	6.869	19.153
企业年龄	816	14.060	6.492	5	64
科技人员	816	0.306	0.153	0.051	0.925
研发强度	816	0.109	0.394	0.006	10.476

2. 相关性分析

2014—2016年河北省高新技术企业合作研发模式对创新绩效作用机制研究模型中各个变量的相关性分析如表8.3所示。高新技术企业产研合作与企业创新绩效（$r = 0.197$，$p < 0.05$）、产学合作与企业创新绩效（$r = 0.09$，$p < 0.05$）、境外合作与企业创新绩效（$r = 0.949$，$p < 0.01$）以及产政合作与企业创新绩效（$r = 0.308$，$p > 0.1$）均存在显著正相关关系；产研合作与企业知识存量（$r = 0.283$，$p < 0.01$）、产学合作与企业知识存量（$r = 0.093$，$p < 0.01$）、产政合作与企业知识存量（$r = 0.384$，$p < 0.05$）、境外合作与企业知识存量（$r = 0.768$，$p < 0.01$）均存在显著正相关；产研合作与企业技术水平（$r = 0.131$，$p < 0.01$）、产学合作与企业技术水平（$r = 0.079$，$p < 0.05$）、产政合作与企业技术水平（$r = 0.243$，$p < 0.01$）以及境外合作与企业技术水平（$r = 0.654$，$p < 0.01$）都存在显著正相关，同时企业知识存量与企业技术水平（$r = 0.588$，$p < 0.01$）之间也呈显著正相关关系；企业知识存量与企业创新绩效存在显著正相关（$r = 0.810$，$p < 0.01$）；企业技术水平与企业创新绩效存在显著正相关（$r = 0.692$，$p < 0.01$）；内部研发与企业知识存量（$r = 0.705$，$p < 0.01$）、内部研发与企业技术水平（$r = 0.561$，$p < 0.01$）之间存在显著正相关关系。除企业年龄外，其他各控制变量与企业创新绩效之间也存在显著正相关关系。

3. 多重共线性检验

在进行实证分析之前，另一个需要注意的是多重共线性问题。多重共线性是指变量之间存在近似的线性关系，即某个变量能够近似地用其他变量的线性函数来表示。为了检验变量之间是否存在共线性问题，本书在将所有变量 Z – score 标准化之后，进行多重回归分析的共线性诊断，如表8.4所示。

表 8.3

统计变量相关性分析

变量代码	企业创新绩效	产研合作	产学合作	产政合作	境外合作	知识存量	技术水平	内部研发	企业规模	企业年龄	科技人员
产研合作	0.197**										
产学合作	0.090*	0.157**									
产政合作	0.308**	0.181**	0.054								
境外合作	0.949**	0.181**	0.044	0.288**							
知识存量	0.810**	0.283**	0.093**	0.348**	0.768**						
技术水平	0.692**	0.131**	0.079*	0.243**	0.654**	0.588**					
内部研发	0.828**	0.370**	0.074	0.278**	0.780**	0.705**	0.561**				
企业规模	0.225**	0.234**	0.138**	0.239**	0.150**	0.283**	0.223**	0.290**			
企业年龄	0.039	0.070*	-0.018	0.226**	0.021	0.107**	0.106**	0.038	0.257**		
科技人员	0.027	-0.045	-0.061	0.052	-0.006	-0.004	0.007	-0.01	-0.356**	-0.093**	
研发强度	0.015	-0.004	-0.009	0.06	-0.008	-0.007	-0.01	0.199**	-0.088*	-0.04	0.143**

注: 表中 * 为显著性水平, ** 为 $p < 0.01$, * 为 $p < 0.05$; $N = 503$。

表8.4 变量共线性检验结果

变量	ECIN	
	容忍度	VIF
产研合作	0.777	1.287
产学合作	0.956	1.046
产政合作	0.803	1.245
境外合作	0.228	4.393
知识存量	0.341	2.929
技术水平	0.536	1.867
内部研发	0.263	3.803
企业规模	0.657	1.522
企业年龄	0.886	1.128
科技人员	0.83	1.204
研发强度	0.829	1.207

表8.4显示了分别以企业创新绩效为被解释变量而进行的其他变量共线性检验结果。如表8.4所示，本章实证分析中各变量的VIF都小于5，故不存在多重共线性问题。

8.3.2 合作研发模式与创新绩效的主效应检验

表8.5的模型1显示了控制变量与被解释变量的关系。整体而言，四个控制变量均通过显著性检验，能够较好地解释各变量对被解释变量的影响。具体而言，企业规模与创新绩效正相关（$\beta = 0.254$，$p < 0.01$），企业年龄与创新绩效正相关（$\beta = -0.021$，$p < 0.1$），企业科技人员比例与创新绩效正相关（$\beta = 0.066$，$p < 0.05$），企业研发强度与创新绩效正相关（$\beta = 0.015$，$p < 0.1$）。

表8.5的模型2~模型6显示了企业合作研发模式与创新绩效的主效应检验结果。模型2的回归结果显示，产研合作与创新绩效的回归系数为$\beta = 0.153$（$p < 0.01$），产研合作与创新绩效显著正相关，说明企业与研究机构的研发合作能够带动创新绩效的提升，假设H_{1a}得到支持。模型3的回归结果显示，产学合作与创新绩效的回归系数为$\beta = 0.061$（$p < 0.1$），说明企业与高等教育部门的合作研发对提升企业创新绩效具有显著影响，假设H_{1b}得到支持。模型4的回归结果显示，产政合作与创新绩效的回归

系数为 $\beta = 0.313$（$p < 0.01$），产政合作与企业创新绩效显著正相关，说明企业与政府之间的研发合作能获得新产品销售市场的极大回报，假设 H_{1c} 得到支持。模型 5 的回归结果显示，境外合作与创新绩效的回归系数为 $\beta = 0.936$（$p < 0.01$），境外合作与企业创新绩效显著正相关，说明企业积极地加大与境外机构的研发合作能够提升企业创新绩效，假设 H_{1d} 得到支持。将四类合作研发模式进一步综合回归，如模型 6 显示，四种研发合作都能促进企业创新产出，其中与境外研究机构合作，效果最为明显（$\beta = 0.928$，$p < 0.01$）。

8.3.3 知识存量、技术水平的中介作用检验

8.1 节的理论假设提到，知识存量、技术水平在合作研发模式（产研合作、产学合作、产政合作、境外合作）与企业创新绩效之间的关系中起着中介作用。表 8.5 和表 8.6 显示了知识存量和技术水平的中介效应检验结果，以验证假设 H_{2a-1}、H_{2b-1}、H_{2c-1}、H_{2d-1}、H_{2a-2}、H_{2b-2}、H_{2c-2}、H_{2d-2} 是否成立。

1. 知识存量中介效应检验

为了验证企业知识存量的中介效应是否成立，首先需检验四种合作研发模式与企业知识存量的关系，其次检验知识存量与企业创新绩效的关系，最后检验在控制知识存量的情况下，合作研发模式与企业创新绩效的影响关系变化。模型 11 显示，产研合作与企业知识存量的回归系数为 $\beta = 0.223$（$p < 0.1$），可见，企业与研究机构进行研发合作可以显著增加企业知识存量；模型 7 显示，企业知识存量与企业创新绩效的回归系数为 $\beta = 0.817$（$p < 0.01$），可见，企业知识存量可以显著预测企业创新绩效；对比模型 6 与模型 10，在控制了企业知识存量的情况下，产研合作对企业创新绩效的影响系数降低（β 绝对值由 0.022 降至 0.016，$p < 0.01$），说明知识存量在产研合作与企业创新绩效间起部分中介作用，假设 H_{2a-1} 得到支持。模型 12 显示，产学合作与企业知识存量的回归系数为 $\beta = 0.056$（$p < 0.01$），可见，企业与高等教育部门进行研发合作可以显著增加企业知识存量；模型 7 显示企业知识存量与企业创新绩效的回归系数为 $\beta = 0.817$（$p < 0.01$），可见，企业知识存量可以显著预测企业创新绩效；对比模型 6 与模型 10，在控制了企业知识存量的情况下，产学合作对企业创新绩效的影响系数降低（β 绝对值由 0.044 降至 0.033，$p < 0.01$），说明知识存量在产学合作与创新绩效间起部分中介作用，假设 H_{2b-1} 得到支持。模型 13 显示，产政合作与企业知识存量的回归系数为 $\beta = 0.319$（$p <$

0.01），可见，企业与政府部门的研发合作可以显著增加企业知识存量；模型 7 显示，企业知识存量与企业创新绩效的回归系数为 $\beta = 0.817$（$p < 0.01$），可见，企业知识存量可以显著预测企业创新绩效；对比模型 6 与模型 10，在控制了企业知识存量的情况下，产政合作对企业创新绩效的影响系数降低（β 绝对值由 0.035 降至 0.008，$p < 0.05$），说明知识存量在产政合作与企业创新绩效间起较大中介作用，假设 H_{2c-1} 得到支持。模型 14 显示，境外合作与企业知识存量的回归系数为 $\beta = 0.740$（$p < 0.01$），可见，企业与境外机构部门进行研发合作可以显著推动企业知识存量的积累；模型 7 显示，企业知识存量与企业创新绩效的回归系数为 $\beta = 0.817$（$p < 0.01$），可见，企业知识存量可以显著预测企业创新绩效；对比模型 6 与模型 10，同样在控制企业知识存量的情况下，境外合作对企业创新绩效的影响系数降低（β 绝对值由 0.928 降至 0.805，$p < 0.01$），说明知识存量在境外合作与创新绩效间的部分中介作用显著，假设 H_{2d-1} 得到支持。综上所述，产研合作、产学合作、产政合作和境外合作都部分通过企业知识存量的中介效应作用于创新绩效，且中介效应占比分别为 $0.023 \times 0.176/0.015 \times 100\% = 26.99\%$、$0.056 \times 0.176/0.045 \times 100\% = 21.90\%$、$0.119 \times 0.176/0.033 \times 100\% = 63.47\%$、$0.740 \times 0.176/0.928 \times 100\% = 14.03\%$。

2. 技术水平中介效应检验

为了验证企业技术水平的中介效应是否成立，首先需检验四种合作研发模式与企业技术水平的关系，其次检验技术水平与企业创新绩效的关系，最后检验在控制技术水平的情况下，合作研发模式与企业创新绩效的影响关系变化。如表 8.5 所示模型 15 显示，产研合作与企业技术水平的回归系数为 $\beta = 0.077$（$p < 0.05$），可见，企业与研究机构进行研发合作可以显著推动企业技术水平的提高；模型 8 显示，企业技术水平与企业创新绩效的回归系数为 $\beta = 0.678$（$p < 0.01$），可见，企业技术水平可以显著预测企业创新绩效；对比模型 6 与模型 9，同样在控制企业技术水平的情况下，产研合作对企业创新绩效的影响系数降低（β 绝对值由 0.052 降至 0.018，$p < 0.1$），说明技术水平在产研合作与企业创新绩效间的部分中介作用显著，假设 H_{2a-2} 得到支持。模型 16 显示，产学合作与企业技术水平的回归系数为 $\beta = 0.054$（$p < 0.1$），可见，企业与高等教育机构进行研发合作能加速企业技术水平的提高；模型 8 显示企业技术水平与企业创新绩效的回归系数为 $\beta = 0.678$（$p < 0.01$），可见，企业技术水平可以显著预测企业创新绩效；对比模型 6 与模型 9，在同样控制企业技术水平的情况下，产学合作对企业创新绩效的影响系数降低（β 绝对值由 0.045 降至 0.034，$p < 0.01$），

表 8.5　经济创新绩效层面的回归结果

变量	经济创新绩效									
	模型 1	模型 2	模型 3	模型 4	模型 5	模型 6	模型 7	模型 8	模型 9	模型 10
产研合作		0.153 *** (4.366)				0.015 * (1.777)			0.018 * (1.657)	0.016 (1.702)
产学合作			0.061 * (1.749)			0.045 *** (3.978)			0.034 *** (3.202)	0.033 *** (3.280)
产政合作				0.313 *** (8.571)		0.033 *** (3.055)			0.021 * (1.749)	0.008 ** (1.963)
境外合作					0.936 *** (86.131)	0.928 *** (81.990)			0.861 *** (61.582)	0.805 *** (50.870)
知识存量							0.817 *** (37.730)			0.176 *** (10.546)
技术水平								0.678 *** (25.924)	0.107 *** (7.686)	
企业规模	0.254 *** (6.712)	0.217 *** (5.674)	0.245 *** (6.455)	0.169 *** (4.518)	0.089 *** (7.470)	0.079 *** (6.339)	-0.006 (-0.240)	0.083 ** (2.914)	0.064 *** (5.300)	0.053 *** (4.499)
企业年龄	-0.021 * (-1.887)	-0.029 (-0.840)	-0.021 (-0.582)	-0.050 (-1.471)	-0.004 (-0.303)	-0.006 (-0.536)	-0.045 ** (-2.124)	-0.050 * (-1.907)	-0.012 (-1.089)	-0.011 (0.111)

变量	经济创新绩效									
	模型 1	模型 2	模型 3	模型 4	模型 5	模型 6	模型 7	模型 8	模型 9	模型 10
科技人员	0.066* (1.741)	0.060* (1.678)	0.066* (1.765)	0.044* (1.706)	0.012 (0.985)	0.011 (0.922)	−0.020 (−0.864)	−0.004 (−0.147)	0.004 (0.328)	0.001 (0.111)
研发强度	0.015* (1.731)	0.023* (1.651)	0.015* (1.740)	0.119*** (3.335)	0.005* (1.725)	0.013* (1.712)	−0.033 (−1.558)	−0.009 (−0.341)	−0.012 (−1.056)	−0.012 (−1.110)
R^2	0.855	0.871	0.953	0.934	0.908	0.970	0.966	0.9486	0.916	0.921
F	1376.344	1252.075	1009.943	1024.840	1579.202	1205.642	1190.543	1151.515	965.600	1029.868

注：表中＊为显著性水平，＊＊＊为 $p<0.01$，＊＊为 $p<0.05$，＊为 $p<0.1$；$N=816$。

表 8.6

知识存量和技术水平层面的回归结果

变量	知识存量					技术水平		
	模型 11	模型 12	模型 13	模型 14	模型 15	模型 16	模型 17	模型 18
产研合作	0.023*** (6.591)				0.077** (2.185)			
产学合作		0.056* (1.645)				0.054* (1.757)		
产政合作			0.119*** (8.930)				0.102*** (5.897)	
境外合作				0.740*** (33.825)				0.632*** (23.813)
企业规模	0.264*** (7.155)	0.310*** (8.319)	0.232*** (6.334)	0.187*** (7.790)	0.233*** (6.045)	0.244*** (6.442)	0.192*** (5.022)	0.140*** (4.794)
企业年龄	0.017 (0.509)	0.030 (0.867)	0.010 (0.674)	0.043* (1.952)	0.039 (1.092)	0.043 (1.221)	0.022 (0.642)	0.054** (2.018)
科技人员	0.096*** (2.671)	0.105*** (2.851)	0.082** (2.3230)	0.062** (2.599)	0.096*** (2.668)	0.103*** (2.759)	0.087** (2.371)	0.066** (2.305)
研发强度	0.011 (0.320)	0.021 (0.622)	-0.084** (-2.412)	0.030 (1.357)	-0.13 (-0.373)	-0.010 (-0.273)	-0.082** (-2.258)	-0.002 (-0.082)
R^2	0.914	0.996	0.975	0.927	0.966	0.963	0.901	0.945
F	925.962	1698.221	1396.336	968.640	1113.712	1010.804	917.760	1031.110

注：表中 * 为显著性水平，*** 为 $p < 0.01$，** 为 $p < 0.05$，* 为 $p < 0.1$；$N = 816$。

说明技术水平在产学合作与企业创新绩效间的部分中介作用显著，假设 H_{2b-2} 得到支持。模型 17 显示，产政合作与企业技术水平的回归系数为 $\beta = 0.102$（$p < 0.01$），可见，企业与政府部门进行研发合作可以显著推动企业技术水平的提高；模型 8 显示，企业技术水平与企业创新绩效的回归系数为 $\beta = 0.678$（$p < 0.01$），可见，企业技术水平可以显著预测企业创新绩效；对比模型 6 与模型 9，在同样控制了企业技术水平的情况下，产政合作对企业创新绩效的影响系数降低（β 绝对值由 0.033 降至 0.021，$p < 0.1$），说明技术水平在产政合作与企业创新绩效间的部分中介作用显著，假设 H_{2c-2} 得到支持。模型 18 显示，境外合作与企业技术水平的回归系数为 $\beta = 0.632$（$p < 0.01$），可见，企业与境外机构部门进行研发合作可以显著推动企业技术水平的提高；模型 8 显示，企业技术水平与企业创新绩效的回归系数为 $\beta = 0.678$（$p < 0.01$），可见，企业技术水平可以显著预测企业创新绩效；对比模型 6 与模型 9，在同样控制了企业技术水平的情况下，境外合作对企业创新绩效的影响系数降低（β 绝对值由 0.928 降至 0.861，$p < 0.01$），说明技术水平在境外合作与企业创新绩效间的部分中介作用显著，假设 H_{2d-2} 得到支持。综上所述，产研合作、产学合作、产政合作和境外合作都部分通过企业技术水平的中介效应作用于创新绩效，且中介效应占比分别为 $0.077 \times 0.107/0.015 \times 100\% = 54.93\%$、$0.054 \times 0.107/0.045 \times 100\% = 12.84\%$、$0.102 \times 0.107/0.033 \times 100\% = 33.07\%$、$0.632 \times 0.107/0.928 \times 100\% = 7.29\%$。

8.3.4 内部研发的调节效应检验

高新技术企业内部研发在合作研发模式（产研合作、产学合作、产政合作、境外合作）与企业知识存量、技术水平之间起着调节作用。为了验证假设 H_{3a-1}、H_{3b-1}、H_{3c-1}、H_{3d-1}、H_{3a-2}、H_{3b-2}、H_{3c-2}、H_{3d-2} 是否成立，本书分别在知识存量层面和技术水平层面对内部投入的调节效应进行回归分析，检验结果如表 8.7 和表 8.8 所示。

1. 知识存量层面

将四类合作研发、内部投入及其两者交互项引入以企业知识存量为被解释变量的回归模型，研究内部投入的调节效应。表 8.7 中的模型 19 ~ 模型 22 分别验证了产研合作、产学合作、产政合作、境外合作对企业知识存量的影响显著。模型 23 ~ 模型 26 分别验证了对各自变量进行内部研发的调节效应检验。模型 23 显示，产研合作与内部研发的交互项显著影响企业知识存量（$\beta = -0.619$，$p < 0.01$），说明内部研发在产研合作与企

知识存量间起负向调节作用，假设 H_{3a-1} 没有得到支持。模型 24 显示，产学合作与内部研发的交互项显著影响企业知识存量（$\beta = 0.508$，$p < 0.01$），说明内部研发在产学合作与企业知识存量间起正向调节作用，假设 H_{3b-1} 得到支持。模型 25 显示，产政合作与内部研发的交互项显著影响企业知识存量（$\beta = 0.614$，$p < 0.01$），说明内部研发在产政合作与企业知识存量间起正向调节作用，假设 H_{3c-1} 得到支持。模型 26 显示，境外合作与内部研发的交互项显著影响企业知识存量（$\beta = 0.505$，$p < 0.01$），说明内部研发在境外合作与企业知识存量间起正向调节作用，假设 H_{3d-1} 得到支持。模型 27 将所有变量同时放入模型考虑，结果进一步验证了内部研发对产学合作、产政合作、境外合作与企业知识存量的正向调节效应，以及对产研合作的显著负向影响。综上所述，假设 H_{3b-1}、H_{3c-1}、H_{3d-1} 成立，假设 H_{3a-1} 不成立。

2. 技术水平层面

同企业知识存量层面类似，将四类合作研发、内部投入及其两者交互项引入以企业技术水平为被解释变量的回归模型，研究内部投入的调节效应。表 8.8 中的模型 28 ~ 模型 31 分别验证了产研合作、产学合作、产政合作、境外合作对企业技术水平的影响显著。模型 32 ~ 模型 35 分别验证了对各自变量进行内部研发的调节效应检验。模型 32 显示，产研合作与内部研发的交互项显著影响企业技术水平（$\beta = -0.541$，$p < 0.01$），说明内部研发在产研合作与企业知识存量间起负向调节作用，假设 H_{3a-2} 没有得到支持。模型 33 显示，产学合作与内部研发的交互项显著影响企业技术水平（$\beta = 0.722$，$p < 0.01$），说明内部研发在产学合作与企业技术水平间起正向调节作用，假设 H_{3b-2} 得到支持。模型 34 显示，产政合作与内部研发的交互项显著影响企业技术水平（$\beta = 0.394$，$p < 0.01$），说明内部研发在产政合作与企业技术水平间起正向调节作用，假设 H_{3c-2} 得到支持。模型 35 显示，境外合作与内部研发的交互项显著影响企业技术水平（$\beta = -0.448$，$p < 0.01$），说明内部研发在境外合作与企业技术水平间起负向调节作用，假设 H_{3d-2} 没有得到支持。模型 36 将所有变量同时放入模型考虑，结果进一步验证了内部研发对产学合作、产政合作与企业技术水平的正向调节效应，以及对产研合作、境外合作与企业技术水平的显著负向影响。综上所述，假设 H_{3b-2}、H_{3c-2} 成立，假设 H_{3a-2}、H_{3d-2} 不成立。

表 8.7　　企业知识存量层面的调节效应检验

变量	知识存量								
	模型 19	模型 20	模型 21	模型 22	模型 23	模型 24	模型 25	模型 26	模型 27
产研合作	0.283 *** (8.376)				0.139 *** (5.468)				0.133 *** (5.455)
产学合作		0.093 *** (2.654)							0.092 (1.589)
产政合作			0.351 *** (10.629)				0.091 *** (4.165)		-0.010 (-0.347)
境外合作				0.769 *** (34.074)				0.134 * (1.863)	0.047 (0.708)
内部研发					1.175 *** (28.312)	0.521 *** (16.869)	0.192 *** (5.648)	0.195 *** (5.460)	0.507 *** (8.566)
内部研发 × 产研合作					-0.619 *** (-14.172)				-0.302 *** (-6.967)
内部研发 × 产学合作						0.508 *** (9.259)			0.307 ** (2.331)

变量	知识存量								
	模型 19	模型 20	模型 21	模型 22	模型 23	模型 24	模型 25	模型 26	模型 27
内部研发 × 产政合作							0.614*** (17.713)		0.437*** (5.083)
内部研发 × 境外合作								0.505*** (6.663)	0.314*** (3.838)
R^2	0.483	0.519	0.423	0.591	0.597	0.546	0.657	0.638	0.695
F	1070.152	1007.042	912.970	1161.034	399.021	323.867	512.463	473.880	505.1

注：表中 * 为显著性水平，*** 为 $p<0.01$，** 为 $p<0.05$，* 为 $p<0.1$；$N=816$。

表 8.8

企业技术水平层面的调节效应检验

变量	模型 28	模型 29	模型 30	模型 31	技术水平 模型 32	模型 33	模型 34	模型 35	模型 36
产研合作	0.131*** (3.742)				0.009 (0.305)				0.079** (2.572)
产学合作		0.079** (2.249)				-5.41*** (-9.506)			-0.544*** (-7.509)
产政合作			0.246*** (7.200)				0.048 (1.629)		0.098*** (2.845)
境外合作				0.654*** (24.518)				0.928*** (10.430)	0.877*** (10.439)
内部研发					1.014*** (19.950)	0.300*** (8.554)	0.236*** (5.142)	0.197*** (4.474)	0.536*** (7.210)
内部研发 × 产研合作					-0.541*** (-10.119)				-0.348*** (-6.383)
内部研发 × 产学合作						0.722*** (11.567)			0.671*** (8.208)

变量	知识存量								
	模型 19	模型 20	模型 21	模型 22	模型 23	模型 24	模型 25	模型 26	模型 27
内部研发 × 产政合作							0.394*** (8.437)		0.221** (2.207)
内部研发 × 境外合作								-0.448*** (-4.791)	-0.382*** (-3.681)
R^2	0.517	0.496	0.561	0.428	0.399	0.412	0.377	0.448	0.518
F	983.999	945.056	1051.843	601.114	177.549	189.300	163.177	218.932	297.286

注：表中 * 为显著性水平，*** 为 $p < 0.01$，** 为 $p < 0.05$，* 为 $p < 0.1$；$N = 816$。

8.4 短期驱动效应实证检验分析

8.4.1 描述性统计及相关性分析

同上文类似，在对 2016 年河北省高新技术企业数据样本实证分析之前，首先进行描述性统计及相关性分析。

1. 描述性统计分析

2016 年河北省高新技术企业合作研发模式与创新绩效机制模型中各变量的描述性统计如表 8.9 所示。

表 8.9　　　　　　　　　　　统计变量描述性统计

变量代码	样本数	均值	标准差	最小值	最大值
企业创新绩效	816	330202.649	3036845.642	2	84565153
产研合作	816	340.790	2949.855	0	63205.02
产学合作	816	52.364	327.589	0	5300
产政合作	816	414.993	2283.964	0	54717
境外合作	816	85.300	1876.174	0	53027
知识存量	816	2.810	18.949	0	440
技术水平	816	9.540	74.751	0	1869
内部研发	816	21689.249	144823.472	14	3155641
企业规模	816	11.997	1.611	6.035	18.286
企业年龄	816	14.060	6.492	5	64
科技人员	816	0.303	0.170	0.024	0.970
研发强度	816	0.098	0.170	0.001	2.165

在考虑到企业合作投入与企业创新绩效时间滞后性的情况下，本书使用 2016 年河北省高新技术企业的样本，个数为 816。样本企业的平均新产品销售收入为 330202.649 千元，处于较高水平，说明三年来河北省高新技术企业经济创新绩效较好；标准差为 3036845.642，说明各企业间的经济创新绩效差距较大；而样本的新产品销售收入最低，仅为 2 千元，最高达到 84565153 千元，说明本书所选的新产品销售收入覆盖区间广，使得

本书对经济创新绩效影响因素的研究更深入且研究结果适用范围更广。样本企业 2016 年专利平均申请量为 9.540 项，河北省企业整体的技术创新绩效较高，但标准差为 74.751，申请量高的企业达 1869 项，远远大于样本的均值，各企业的技术创新参差不齐；样本企业三年内平均论文发表量为 2.810 篇，河北省高新技术企业整体的知识转化能力不高，知识存量较低。发表论文数的标准差为 18.949，样本离散性高，代表性较强，为本书研究结果的适用性奠定了良好基础。对于四类合作研发情况，样本企业产研合作平均投入 340.790 千元，标准差为 2949.855；产学合作平均投入 52.364 千元，标准差为 327.589；来自产政合作平均经费为 414.993 千元，标准差为 2283.964；境外合作平均投入 85.300 千元，标准差为 1876.174。可见，样本企业与政府和研究机构的合作研发较为密切，而产学合作和境外合作大体上还不够深入。各类合作研发的标准差都远远大于其均值，说明样本企业对合作研发模式的选择差异较大；最大值和最小值之间较大的差距为本书样本的选取提供了较好的说服力。从内部研发数据看，大部分样本企业较为重视自主研发，三年内企业内部自主研发平均投入额为 21689.249 千元，标准差为 144823.472，最低自主研发投入额仅有 14.060 千元，样本企业研发战略差异性较大。在众多控制变量中，企业规模相对较大，企业年龄较为成熟，而 R&D 强度相对不足，均值仅为 9.8%，但企业科技人员与从业人员比值为 30.3%，总体说明样本企业参与 R&D 的热情较高，有较好的创新环境。

2. 相关性分析

2016 年河北省高新技术企业合作研发模式对创新绩效作用机制研究模型中各个变量的相关性分析如表 8.10 所示。高新技术企业产研合作与企业创新绩效（$r = 0.069$，$p < 0.05$）、产学合作与企业创新绩效（$r = 0.112$，$p < 0.01$）、境外合作与企业创新绩效（$r = 0.974$，$p < 0.01$）存在显著正相关关系，但产政合作与企业创新绩效（$r = 0.052$，$p > 0.1$）的关系不显著；产研合作与企业知识存量（$r = 0.120$，$p < 0.01$）、产学合作与企业知识存量（$r = 0.253$，$p < 0.01$）、产政合作与企业知识存量（$r = 0.078$，$p < 0.05$）、境外合作与企业知识存量（$r = 0.808$，$p < 0.01$）均存在显著正相关；产学合作与企业技术水平（$r = 0.184$，$p < 0.01$）、境外合作与企业技术水平（$r = 0.522$，$p < 0.01$）存在显著正相关，同时企业知识存量与企业技术存量（$r = 0.468$，$p < 0.01$）之间也呈显著正相关关系，而产政合作与企业技术水平（$r = 0.057$，$p < 0.1$）相关性较为显著，产研合作与企业技术水平（$r = 0.027$，$p > 0.1$）相关性不显著；企业知识存量

表 8.10

统计变量相关性分析

变量代码	企业创新绩效	产研合作	产学合作	产政合作	境外合作	知识存量	技术水平	内部研发	企业规模	企业年龄	科技人员	研发强度
企业创新绩效	1											
产研合作	0.069*	1										
产学合作	0.112**	0.228**	1									
产政合作	0.052	0.058	0.038	1								
境外合作	0.974**	0.043	0.093**	0.049	1							
知识存量	0.825**	0.120**	0.253**	0.078*	0.808**	1						
技术水平	0.551**	0.027	0.184**	0.057	0.522**	0.468**	1					
内部研发	0.793**	0.502**	0.104**	0.059	0.759**	0.682**	0.428**	1				
企业规模	0.244**	0.194**	0.189**	0.120**	0.150**	0.278**	0.213**	0.292**	1			
企业年龄	0.035	0.025	0.039	0.236**	0.018	0.095**	0.106**	0.033	0.251**	1		
科技人员	0.035*	-0.019	-0.041	0.044	-0.003	-0.017	0.01	-0.008	-0.373**	-0.121**	1	
研发强度	0.035*	0.002	-0.013	0.081*	-0.015	-0.019	-0.02	-0.004	-0.244**	-0.125**	0.378**	1

注：显著性水平 ** 为 $p < 0.01$（双尾），* 为 $p < 0.05$（双尾）；$N = 832$。

与企业创新绩效存在显著正相关（$r = 0.825$，$p < 0.01$）；企业技术水平与企业创新绩效存在显著正相关（$r = 0.551$，$p < 0.01$）；内部研发与企业知识存量（$r = 0.682$，$p < 0.01$）、内部研发与企业技术水平（$r = 0.428$，$p < 0.01$）之间存在显著正相关关系。除企业年龄外，其他各控制变量与企业创新绩效之间也存在显著正相关关系。

3. 多重共线性检验

同上文类似，在进行 2016 年河北省高新技术企业实证分析之前，还应进行多重共线性检验。检验结果如表 8.11 所示，境外合作和技术水平的 VIF 值分别为 5.679 和 5.537，大于 5，小于 10，出现轻微共线但仍可接受。此外，其他各变量的 VIF 都小于 5，样本数据的多重共线性处于可以接受的范围之内。

表 8.11　　　　　　　　　　变量共线性检验结果

变量代码	经济创新绩效	
	允差	VIF
产研合作	0.434	2.302
产学合作	0.8	1.25
产政合作	0.916	1.091
境外合作	0.176	5.679
知识存量	0.291	3.442
技术水平	0.682	1.467
内部研发	0.181	5.537
企业规模	0.656	1.524
企业年龄	0.872	1.147
科技人员	0.754	1.326
研发强度	0.829	1.206

8.4.2　合作研发模式与创新绩效的主效应检验

表 8.12 的模型 1 显示了控制变量与被解释变量的关系。整体而言，四个控制变量均通过显著性检验，能够较好地解释各变量对被解释变量的影响。具体而言，企业规模与创新绩效正相关（$\beta = 0.269$，$p < 0.01$），企业年龄与创新绩效正相关（$\beta = -0.030$，$p < 0.1$），企业科技人员比例与创新绩效正相关（$\beta = 0.060$，$p < 0.1$），企业研发强度与创新绩效正相关

（$\beta = 0.013$，$p < 0.1$）。

表 8.12 中的模型 2~模型 6 显示了企业合作研发模式与创新绩效的主效应检验结果。模型 2 的回归结果显示，产研合作与创新绩效的回归系数为 $\beta = 0.021$（$p < 0.05$），产研合作与创新绩效显著正相关，说明企业与研究机构的研发合作能够带动创新绩效的提升，假设 H_{1a} 得到支持。模型 3 的回归结果显示，产学合作与创新绩效的回归系数为 $\beta = 0.070$（$p < 0.05$），说明企业与高等教育部门的合作研发对提升企业创新绩效具有显著影响，假设 H_{1b} 得到支持。模型 4 的回归结果显示，产政合作与创新绩效的回归系数为 $\beta = 0.023$（$p > 0.1$），产政合作与企业创新绩效之间关系不显著，说明短期内企业与政府之间的研发合作不能及时获得新产品销售市场的回报，假设 H_{1c} 没有得到支持。模型 5 的回归结果显示，境外合作与创新绩效的回归系数为 $\beta = 0.960$（$p < 0.01$），境外合作与企业创新绩效显著正相关，说明企业积极地加大与境外机构的研发合作能够提升企业创新绩效，假设 H_{1d} 得到支持。将四类合作研发模式进一步综合回归，如模型 6 显示，四种研发合作都能促进企业创新产出，其中与境外研究机构合作，效果最为明显（$\beta = 0.959$，$p < 0.01$），而与政府机构间的合作研发效果不显著。

8.4.3 知识存量、技术水平的中介效应检验

上文的理论假设提到，知识存量、技术水平在合作研发模式（产研合作、产学合作、产政合作、境外合作）与企业创新绩效之间的关系中起着中介作用。表 8.12 和表 8.13 显示了知识存量和技术水平的中介效应检验结果，以验证假设 H_{2a-1}、H_{2b-1}、H_{2c-1}、H_{2d-1}、H_{2a-2}、H_{2b-2}、H_{2c-2}、H_{2d-2} 是否成立。

1. 知识存量中介效应检验

为了验证企业知识存量的中介效应是否成立，首先需检验四种合作研发模式与企业知识存量的关系，其次检验知识存量与企业创新绩效的关系，最后检验在控制知识存量的情况下，合作研发模式与企业创新绩效的影响关系变化。模型 11 显示，产研合作与企业知识存量的回归系数为 $\beta = 0.062$（$p < 0.1$），可见企业与研究机构进行研发合作可以显著增加企业知识存量，模型 7 显示，企业知识存量与企业创新绩效的回归系数为 $\beta = 0.825$（$p < 0.01$），可见企业知识存量可以显著预测企业创新绩效，对比模型 6 与模型 10，在控制了企业知识存量的情况下，产研合作对企业创新绩效的影响系数降低（β 绝对值由 0.023 降至 0.019，$p < 0.01$），说明知

识存量在产研合作与创新绩效间起部分中介作用，假设 H_{2a-1} 得到支持。模型 12 显示，产学合作与企业知识存量的回归系数为 $\beta = 0.105$（$p < 0.01$），可见企业与高等教育部门进行研发合作可以显著增加企业知识存量，对比模型 6 与模型 10，同样控制了企业知识存量的情况下，产学合作对企业创新绩效的影响系数降低（β 绝对值由 0.017 降至 0.009，$p < 0.05$），说明知识存量在产学合作与创新绩效间起较大中介作用，假设 H_{2b-1} 得到支持。模型 6 显示，产政合作与企业创新绩效之间关系不显著，因而不做中介效应分析，即假设 H_{2c-1} 没有得到支持。模型 14 显示，境外合作与企业知识存量的回归系数为 $\beta = 0.782$（$p < 0.01$），可见企业与境外机构部门进行研发合作可以显著推动企业知识存量的积累，对比模型 6 与模型 10，同样控制了企业知识存量的情况下，境外合作对企业创新绩效的影响系数降低（β 绝对值由 0.959 降至 0.938，$p < 0.01$），说明知识存量在境外合作与创新绩效间的部分中介作用显著，假设 H_{2d-1} 得到支持。综上所述，产研合作、产学合作和境外合作都部分通过企业知识存量的中介效应作用于创新绩效，且中介效应占比分别为 $0.062 \times 0.106 / 0.023 \times 100\% = 28.57\%$、$0.105 \times 0.106 / 0.017 \times 100\% = 65.47\%$、$0.782 \times 0.106 / 0.959 \times 100\% = 8.64\%$。

2. 技术水平中介效应检验

为了验证企业技术水平的中介效应是否成立，首先需检验四种合作研发模式与企业技术水平的关系，其次检验技术水平与企业创新绩效的关系，最后检验在控制技术水平的情况下，合作研发模式与企业创新绩效的影响关系变化。模型 15 显示，产研合作与企业技术水平的回归系数为 $\beta = -0.019$（$p > 0.1$），可见企业与研究机构进行研发合作和企业技术水平的关系不显著，但是模型 2 显示，产研合作与企业创新绩效的关系显著正相关（$\beta = 0.021$，$p < 0.05$），模型 8 显示，企业技术水平与企业创新绩效的回归系数为 $\beta = 0.525$（$p < 0.01$），可见企业技术水平可以显著预测企业创新绩效，根据温忠麟[81]等总结的中介效应检验程序，ab 有一个不显著，需要进行 sobel 检验，sobel 检验 Z 值为 0.3533，其绝对值小于 1.96，未达到 0.05 显著水平，中介效应不显著，假设 H_{2a-2} 没有得到支持。模型 16 显示，产学合作与企业技术水平的回归系数为 $\beta = 0.074$（$p < 0.01$），可见企业与高等教育部门进行研发合作可以显著提高企业技术水平，模型 8 显示，企业技术水平与企业创新绩效的回归系数为 $\beta = 0.525$（$p < 0.01$），可见企业技术水平可以显著预测企业创新绩效，对比模型 6 与模型 9，同样控制了企业技术水平的情况下，产学合作对企业创新绩效的影响系数降

表 8.12　经济创新绩效层面的回归结果

变量	经济创新绩效									
	模型 1	模型 2	模型 3	模型 4	模型 5	模型 6	模型 7	模型 8	模型 9	模型 10
产研合作		0.021** (1.954)				0.023*** (2.910)			0.011*** (3.192)	0.019** (2.383)
产学合作			0.070* (2.0118)			0.017** (2.078)			0.009** (1.970)	0.007* (1.939)
产政合作				0.023 (0.643)		-0.007 (-0.894)			-0.007 (-0.982)	-0.007 (-1.023)
境外合作					0.960*** (133.020)	0.959*** (132.620)			0.938*** (113.850)	0.888*** (67.954)
知识存量							0.825*** (39.756)			0.106*** (7.874)
技术水平								0.525*** (17.549)	0.057*** (6.332)	
企业模型	0.269*** (7.202)	0.265*** (6.945)	0.256*** (6.780)	0.266*** (7.050)	0.101*** (12.873)	0.100*** (12.262)	0.017 (0.759)	0.145*** (4.458)	0.094*** (11.589)	0.089*** (10.955)
企业年龄	-0.030*	-0.030	-0.036	-0.030	-0.009	-0.009*	-0.043**	-0.053*	-0.011*	-0.010*

经济创新绩效

变量	模型 1	模型 2	模型 3	模型 4	模型 5	模型 6	模型 7	模型 8	模型 9	模型 10
科技人员	(1.838) 0.060*	(-0.841) 0.059*	(-1.009) 0.058*	(-0.860) 0.059	(-1.201) 0.003	(1.718) 0.003	(-2.095) -0.010	(-1.771) 0.007	(1.706) 0.000	(1.746) 0.001
研发强度	(1.684) 0.013*	(1.866) 0.015*	(1.926) 0.013**	(1.563) 0.017*	(0.442) 0.002**	(0.420) 0.002*	(-0.466) -0.028	(0.232) -0.004	(0.044) -0.001	(0.100) -0.003
R^2	(1.860) 0.673	(1.813) 0.863	(2.361) 0.567	(1.762) 0.637	(2.268) 0.959	(.720) 0.959	(-1.371) 0.685	(-0.116) 0.319	(-0.162) 0.961	(-0.464) 0.961
F	1413.360	2410.753	911.544	1076.3	3785.660	2365.631	347.869	76.375	2173.642	2194.479

注：表中 * 为显著性水平，*** 为 $p < 0.01$，** 为 $p < 0.05$，* 为 $p < 0.1$；$N = 816$。

表8.13　知识存量和技术水平层面的回归结果

变量	知识存量					技术水平		
	模型 11	模型 12	模型 13	模型 14	模型 15	模型 16	模型 17	模型 18
产研合作	0.062 * (1.803)				-0.019 (-0.545)			
产学合作		0.105 *** (6.066)				0.074 *** (4.142)		
产政合作			0.036 * (1.933)				0.027 * (1.778)	
境外合作				0.782 *** (38.715)				0.498 *** (16.600)
企业规模	0.292 *** (7.780)	0.268 *** (7.332)	0.300 *** (8.066)	0.169 *** (7.644)	0.240 *** (6.279)	0.210 *** (5.581)	0.232 *** (6.135)	0.149 *** (4.545)
企业年龄	0.016 (0.455)	-0.002 (-0.045)	0.015 (0.427)	0.033 (1.607)	0.045 (1.270)	0.032 (0.923)	0.044 (1.240)	0.056 * (1.822)
科技人员	0.083 ** (2.228)	0.078 ** (2.144)	0.084 ** (2.244)	0.039 * (1.768)	0.100 *** (2.642)	0.095 ** (2.530)	0.099 *** (2.603)	0.070 ** (2.149)
研发强度	0.013 (0.3700)	0.019 (0.546)	0.013 (0.354)	0.028 (1.331)	-0.016 (-0.443)	-0.018 (-0.500)	-0.022 (-0.618)	-0.012 (-0.391)
R^2	0.689	0.525	0.586	0.682	0.756	0.575	0.656	0.298
F	415.624	202.959	251.46	341.628	529.495	243.066	289.561	67.796

注：表中 * 为显著性水平，*** 为 $p < 0.01$，** 为 $p < 0.05$，* 为 $p < 0.1$；$N = 816$。

低（β 绝对值由 0.017 降至 0.009，$p < 0.05$），说明技术水平在产学合作与企业创新绩效间起部分中介作用，假设 H_{2b-2} 得到支持。模型 6 显示产政合作与企业创新绩效之间关系不显著，因而不做中介效应分析，即假设 H_{2c-2} 没有得到支持。模型 18 显示，境外合作与企业技术水平的回归系数为 $\beta = 0.498$（$p < 0.01$），可见企业与境外机构部门进行研发合作可以显著推动企业技术水平的提高，模型 8 显示，企业技术水平与企业创新绩效的回归系数为 $\beta = 0.525$（$p < 0.01$），可见企业技术水平可以显著预测企业创新绩效，对比模型 6 与模型 9，同样控制了企业技术水平的情况下，境外合作对企业创新绩效的影响系数降低（β 绝对值由 0.959 降至 0.938，$p < 0.01$），说明技术水平在境外合作与企业创新绩效间的部分中介作用显著，假设 H_{2d-2} 得到支持。综上所述，产学合作和境外合作都部分通过企业技术水平的中介效应作用于创新绩效，且中介效应占比分别为 $0.074 \times 0.057/0.017 \times 100\% = 24.81\%$，$0.498 \times 0.057/0.959 \times 100\% = 2.96\%$。

8.4.4　内部研发的调节效应检验

高新技术企业内部研发在合作研发模式（产研合作、产学合作、产政合作、境外合作）与企业知识存量、技术水平之间起着调节作用。为了验证假设 H_{3a-1}、H_{3b-1}、H_{3c-1}、H_{3d-1}、H_{3a-2}、H_{3b-2}、H_{3c-2}、H_{3d-2} 是否成立，本书分别在知识存量层面和技术水平层面对内部投入的调节效应进行回归分析，检验结果如表 8.14 和表 8.15 所示。

1. 知识存量层面

将四类合作研发、内部投入及其两者交互项引入以企业知识存量为被解释变量的回归模型，研究内部投入的调节效应。表 8.14 中的模型 19 ~ 模型 22 分别验证了产研合作、产学合作、产政合作、境外合作对企业知识存量的影响显著。模型 23 ~ 模型 26 分别验证了对各自变量进行内部研发的调节效应检验。模型 23 显示，产研合作与内部研发的交互项显著影响企业知识存量（$\beta = -0.808$，$p < 0.01$），说明内部研发在产研合作与企业知识存量间起负向调节作用，假设 H_{3a-1} 没有得到支持。模型 24 显示，产学合作与内部研发的交互项显著影响企业知识存量（$\beta = 0.687$，$p < 0.01$），说明内部研发在产学合作与企业知识存量间起正向调节作用，假设 H_{3b-1} 得到支持。模型 25 显示，产政合作与内部研发的交互项显著影响企业知识存量（$\beta = 0.681$，$p < 0.01$），说明内部研发在产政合作与企业知识存量间起正向调节作用，假设 H_{3c-1} 得到支持。模型 26 显示，境外合作与内部研发的交互项显著影响企业知识存量（$\beta = 0.441$，$p < 0.01$），说明

表8.14　企业知识存量层面的调节效应检验

变量	知识存量								
	模型19	模型20	模型21	模型22	模型23	模型24	模型25	模型26	模型27
产研合作	0.120*** (3.417)				0.161*** (5.948)				0.072*** (2.617)
产学合作		0.253*** (7.404)				0.019 (0.979)			0.056*** (2.664)
产政合作			0.079** (2.247)				-0.099*** (-4.891)		-0.94*** (-3.107)
境外合作				0.808*** (38.883)				0.253* (1.744)	-0.465*** (-3.598)
内部研发					1.132*** (47.930)	0.209*** (8.042)	0.224*** (8.357)	0.155*** (4.937)	0.970*** (12.956)
内部研发×产研合作					-0.808*** (-25.956)				-0.577*** (-10.503)
内部研发×产学合作						0.687*** (25.343)			0.302*** (5.651)

续表

变量	知识存量								
	模型 19	模型 20	模型 21	模型 22	模型 23	模型 24	模型 25	模型 26	模型 27
内部研发×产政合作							0.681*** (24.641)		0.498*** (3.812)
内部研发×境外合作								0.441*** (3.040)	0.183** (2.046)
R^2	0.514	0.664	0.576	0.652	0.746	0.722	0.697	0.668	0.777
F	911.673	1354.816	1185.050	1511.877	783.493	693.307	613.911	537.313	307.823

注：表中*为显著性水平，*** 为 $p<0.01$，** 为 $p<0.05$，* 为 $p<0.1$；$N=816$。

表 8.15 企业技术水平层面的调节效应检验

变量	技术水平								
	模型 28	模型 29	模型 30	模型 31	模型 32	模型 33	模型 34	模型 35	模型 36
产研合作	0.027 (0.0754)				0.004 (0.084)				-0.068 * (-1.924)
产学合作		0.184 *** (5.320)				-0.001 (-0.0210)			-0.135 *** (-4.923)
产政合作			0.058 * (1.653)				-0.031 (-0.964)		0.045 (1.147)
境外合作				0.521 *** (17.330)				3.714 *** (20.664)	2.682 *** (16.045)
内部研发					0.722 *** (18.396)	0.021 (0.530)	0.215 *** (5.045)	0.130 ** (3.345)	0.810 *** (8.355)
内部研发 × 产研合作					-0.450 *** (-8.695)				-0.423 *** (-5.945)
内部研发 × 产学合作						0.594 *** (14.564)			0.871 *** (12.591)

变量	技术水平								
	模型 28	模型 29	模型 30	模型 31	模型 32	模型 33	模型 34	模型 35	模型 36
内部研发 × 产政合作							0.316 *** (7.189)		0.232 ** (2.373)
内部研发 × 境外合作								-3.324 *** (-18.521)	0.810 *** (8.355)
R^2	0.701	0.534	0.603	0.272	0.695	0.570	0.434	0.592	0.622
F	1701.569	928.303	1482.734	300.323	613.116	496.982	218.674	543.651	148.148

注：表中 * 为显著性水平，*** 为 $p < 0.01$，** 为 $p < 0.05$，* 为 $p < 0.1$；$N = 816$。

内部研发在境外合作与企业知识存量间起正向调节作用，假设 H_{3d-1} 得到支持。模型 27 将所有变量同时放入模型考虑，结果进一步验证了内部研发对产学合作、产政合作、境外合作与企业知识存量的正向调节效应，以及对产研合作的显著负向影响。综上所述，假设 H_{3b-1}、H_{3c-1}、H_{3d-1} 成立，假设 H_{3a-1} 不成立。

2. 技术水平层面

同企业知识存量层面类似，将四类合作研发、内部投入及其两者交互项引入以企业知识存量为被解释变量的回归模型，研究内部投入的调节效应。表 8.15 中的模型 28 ~ 模型 31 分别验证了产研合作、产学合作、产政合作、境外合作对企业知识存量的影响显著。表 8.15 中的模型 32 ~ 模型 35 分别验证了对各自变量进行内部研发的调节效应检验。模型 32 显示，产研合作与内部研发的交互项显著影响企业知识存量（$\beta = -0.450$，$p < 0.01$），说明内部研发在产研合作与企业知识存量间起负向调节作用，假设 H_{3a-2} 没有得到支持。模型 33 显示，产学合作与内部研发的交互项显著影响企业知识存量（$\beta = 0.594$，$p < 0.01$），说明内部研发在产学合作与企业知识存量间起正向调节作用，假设 H_{3b-2} 得到支持。模型 34 显示，产政合作与内部研发的交互项显著影响企业知识存量（$\beta = 0.316$，$p < 0.01$），说明内部研发在产政合作与企业知识存量间起正向调节作用，假设 H_{3c-2} 得到支持。模型 35 显示，境外合作与内部研发的交互项显著影响企业知识存量（$\beta = -3.324$，$p < 0.01$），说明内部研发在境外合作与企业知识存量间起负向调节作用，假设 H_{3d-2} 没有得到支持。模型 36 将所有变量同时放入模型考虑，结果进一步验证了内部研发对产学合作、产政合作与企业知识存量的正向调节效应，以及对产研合作、境外合作与企业知识存量的显著负向影响。综上所述，假设 H_{3b-2}、H_{3c-2} 成立，假设 H_{3a-2}、H_{3d-2} 不成立。

8.5 实证结果汇总及分析

本书运用逐步回归分析的方法，分别对河北省 2014 — 2016 年存续的 816 家高新技术企业进行演化回归，并对 2016 年与之相对应的 816 家高新技术企业当年发展状态进行假设检验。同时，将两次实证结果进行比较，以发掘出更深更有价值的管理启示。综合以上分析可以看出，两次实证分析所得到的结果如表 8.16 所示。

表 8.16   **假设检验结果汇总表**

假设名称		假设内容	检验结果	
			2014—2016	2016
主效应	H_{1a}	产研合作研发模式对企业创新绩效有正向影响	支持	支持
	H_{1b}	产学合作研发模式对企业创新绩效有正向影响	支持	支持
	H_{1c}	产政合作研发模式对企业创新绩效有正向影响	支持	不支持
	H_{1d}	境外合作研发模式对企业创新绩效有正向影响	支持	支持
中介效应	H_{2a-1}	企业知识存量在产研合作研发模式与创新绩效之间发挥中介作用	支持	支持
	H_{2b-1}	企业知识存量在产学合作研发模式与创新绩效之间发挥中介作用	支持	支持
	H_{2c-1}	企业知识存量在产政合作研发模式与创新绩效之间发挥中介作用	支持	不支持
	H_{2d-1}	企业知识存量在境外合作研发模式与创新绩效之间发挥中介作用	支持	支持
	H_{2a-2}	企业技术水平在产研合作研发模式与创新绩效之间发挥中介作用	支持	不支持
	H_{2b-2}	企业技术水平在产学合作研发模式与创新绩效之间发挥中介作用	支持	支持
	H_{2c-2}	企业技术水平在产政合作研发模式与创新绩效之间发挥中介作用	支持	不支持
	H_{2d-2}	企业技术水平在境外合作研发模式与创新绩效之间发挥中介作用	支持	支持
调节效应	H_{3a-1}	企业内部研发能够强化产研合作研发模式与企业知识存量之间的关系	不支持	不支持
	H_{3b-1}	企业内部研发能够强化产学合作研发模式与企业知识存量之间的关系	支持	支持
	H_{3c-1}	企业内部研发能够强化产政合作研发模式与企业知识存量之间的关系	支持	支持
	H_{3d-1}	企业内部研发能够强化境外合作研发模式与企业知识存量之间的关系	支持	支持

假设名称		假设内容	检验结果	
			2014—2016	2016
调节效应	H_{3a-2}	企业内部研发能够强化产研合作研发模式与企业技术水平之间的关系	不支持	不支持
	H_{3b-2}	企业内部研发能够强化产学合作研发模式与企业技术水平之间的关系	支持	支持
	H_{3c-2}	企业内部研发能够强化产政合作研发模式与企业技术水平之间的关系	支持	支持
	H_{3d-2}	企业内部研发能够强化境外合作研发模式与企业技术水平之间的关系	不支持	不支持

具体而言，首先，从2014—2016年长期实证结果看，高新技术企业产研合作、产学合作、产政合作、境外合作与企业创新绩效正相关，主效应假设都成立。但从2016年短期实证结果看，高新技术企业产研合作、产学合作、境外合作与企业创新绩效正相关，假设 H_{1a}、H_{1b}、H_{1d} 均获得支持，但产政合作与企业创新绩效之间关系不显著，假设 H_{1c} 没有得到支持。

其次，对于知识存量和技术水平的中介效应的检验，2014—2016年长期实证结果都显示，知识存量和技术水平在高新技术企业产研合作、产学合作、产政合作、境外合作与企业创新绩效之间起到中介作用，上文提出的中介效应假设都成立。2016年短期实证结果显示，在剔除主效应不显著的产政合作情况下，知识存量在高新技术企业产研合作产学合作、境外合作与企业创新绩效之间起到中介作用，技术水平在高新技术企业产学合作、境外合作与企业创新绩效之间起到中介作用，而在产研合作与创新绩效之间中介效应不显著，即假设 H_{2c-1}、H_{2a-2}、H_{2c-2} 不成立。

最后，对于内部研发的调节效应检验，两次实证结果都表明，内部研发在除产研合作之外的其他合作研发模式（产学合作、产政合作、境外合作）与企业知识存量之间具有正向调节作用，内部研发仅在高新技术企业产学合作、产政合作与企业知识存量之间具有正向调节作用，即除假设 H_{3a-1}、H_{3a-2}、H_{3d-2} 之外的其他中介效应假设均成立。

8.5.1 合作研发模式与创新绩效关系分析

（1）从相关系数的显著性来看，无论是否考虑创新绩效的时间滞后性，在控制了企业规模、企业年龄、科技人员以及研发强度等因素的情况下，高新技术企业产研合作、产学合作、境外合作对企业创新绩效均产生显著正向影响，短期内，企业与政府机构的研发合作和创新绩效之间的关系不显著，但从长期看，产政合作能显著提升企业的创新绩效。

从知识基础论的角度而言，异质性知识越多，进行知识整合、实现产品和服务创新的概率越大，因此企业需要与所依赖环境的其他创新主体不断地互动，以适应持续的创新发展。科研机构是具有强时效性的高技术信息集散中心，能为合作方提供大量具有发展潜力的"技术种子"，通过与之合作，企业可以获取技术和信息资源的渠道[82]。而高校具有丰富的科研人员、设备和前沿的技术知识，但缺乏足够的经费支持，企业为其提供一定的经费支持进行产研合作，在帮助高校获得实现技术突破的资金和设备的同时，企业能克服自身消极的路径依赖、知识搜索近视，逐步进行探索性技术搜寻，最终形成产品和工艺的创新。境外合作研发使得企业在国际市场上获取大量异质性资源，具有海外研发机构的企业比国内企业有更多的学习机会，能产生更多的知识积累，还能使企业与国外企业及研发机构开展科技交流，建立密切联系，促使其分享知识技术，促使企业创新得以实现。而政府作为国家权力机关的执行机构及其相关的支配力量，往往拥有资金与组织的调控能力，是技术创新政策与环境的创造者和维护者，能够承担一定的技术创新风险。在政府的协助下建立技术开发中心等，享受政府提供的一系列项目、设备、人力等服务，利于企业长期开展科学技术研究，增强创新水平，扩大创新产出。但是政府合作项目筹备周期较长，项目跨度较大，企业需要逐步融入，在有一定组织交流基础上，获取创新资源，故而产研合作对创新绩效短期效应不明显，产研合作研发对创新绩效的影响存在一定滞后性。综上所述，企业积极开展与不同创新主体的合作研发，对于集聚创新资源，汇聚研究力量，推动企业关键产品、关键技术的创新开发具有重要的意义。

（2）从长、短期相关系数的大小来看，各个合作研发模式对企业创新绩效的长、短期影响程度也是存在差异的。具体而言，产研合作和境外合作对创新绩效的长期作用效果较小于短期作用效果，而产学合作的长期作用效果更强，产政合作的短期作用效果不显著（表8.5模型6与表8.4模型6对照）。从统计原始数据看，选取2014—2016年只进行产政合作的企业数据，发现当三年产政合作总额相差不大时，2014—2015年产政合作额越大（即2016年产政合作额较小），2016年新产品销售收入越大。例如，唐山渤海冶金设备有限公司与唐山创通科技有限公司的三年产政合作金额分别为3160千元、3164千元，2016年产政合作金额分别为809千元、1492千元，而最终前者2016年新产品销售收入远大于后者。2014—2016年产学合作的统计数据在分析中也发现不少这样的现象。

由此可见，产学合作与产政合作对创新绩效存在明显滞后性，产研合作和境外合作的效应滞后性不明显。究其原因，高校较侧重于基础研究，注重知识的积累、建立新的科学理论，改进、发展或检验已有理论，做出新发现，更偏科学的范畴，并且高校教师在开展研究的同时，也需要给学生讲课，指导学生科研，因而投入科研时间有限，科研项目周期较长；政府与企业间进行合作研发，是为了整合更多的资源，集中优势，提高区域创新能力，促进区域经济发展，企业的目的是为实现自身利益最大化，两方利益相悖，短期内企业合作效应会不明显，但政府支持的创新发展平台与创新环境将利于企业对多方创新资源的吸收整合；科研机构专注于科研工作，经费较足，科研设备较好，人员素质高，并且省级及以下单位的研究更接近于生产实际，科研成果能较快地转化成市场绩效；通过境外合作，企业能及时获取东道国资源或转移过剩产能，有效把握东道国消费者、供应商在内的整体市场信息和知识技术更新进度与趋势，进而将有效信息或知识输回企业实现再创新[83]。

（3）从不同合作研发相关系数的大小来看，无论是否考虑创新绩效的时间滞后性，高新技术企业不同合作研发模式与创新绩效的影响程度会存在细微差别。具体而言，从2014—2016年长期数据实证分析看，境外合作、产学合作、产政合作、产研合作对企业创新绩效的作用效果依次递减（表8.5模型6）；从2016年短期数据实证分析看，境外合作、产研合作、产学合作对企业创新绩效的作用效果依次递减（表8.14模型6），较之长期，产研合作与产学合作的作用效果发生对调。河北省高新技术企业在实践经验中，同样发现境外合作能极大提高企业创新绩效，并逐步加大境外合作研发力度，2015年境外合作经费总计仅为11797.99千元，2016年增至69605千元，增加了近5倍，而产研合作、产学合作、产政合作分别减少了6.48%、36.53%、9.66%，但新产品销售收入增加了81070408.23千元，增加了43.04%。

无论从长、短期来看，境外合作研发对创新绩效影响都最强，实践中也证实了这点。究其原因，阿玛拉等[84]曾将企业研发的信息来源分为四大类，即内部信息、市场信息、科研信息和通用信息。而较之其他合作研发模式，企业境外合作研发除获取研发相关知识等外，还能获取大量的海外市场知识，企业能基于多样化的海外顾客需求，及时推出本土化的新技术和新产品，从而更好地适应东道国顾客的需求和偏好，极大提高企业新产品产出与出口。长期看，产学合作对创新绩效的作用效果强于产研合作，但短期两种合作模式效应大小发生对调。这主要是由于高校与科研机构的科研工作存在差异，专职的科研机构以科研工作为主，机构中的每个单位及个人都有自己的研究方向，注重合作，并经常例会讨论，是科技进步的标准模式，但存在交叉交流方面的不足，长此以往，易形成定式模式，故步自封。而学校虽说是育人为主的地方，但也需要对学生进行科研训练和新知识、新思想的熏陶，是个活跃的场所，不仅有师生间的交流，还有不同学科之间以及不同行业之间的交流，知识更新快而广，不乏实现行业间的技术融合创新，同时还能为企业输送精英人才。故而，长期看，产研合作效应更大，但科研机构标准的科研模式，又使得科研产出节奏较快，其短期绩效效应更强。

8.5.2 合作研发模式对创新绩效作用机制分析

本书分别验证了 2014—2016 年以及 2016 年河北省高新技术企业知识存量、技术水平在合作研发模式与创新绩效之间的中介效应，具体中介效应占比情况如表 8.17 所示。

2014—2016 年实证结果显示，企业知识存量、技术水平在产研合作与创新绩效之间的中介效应显著，中介效应占比分别为 26.99%、54.92%；2016 年实证结果显示，企业知识存量的中介效应仍显著，中介占比为 28.57%，但技术水平在产研合作与创新绩效间的中介效应不显著。企业与科研机构的研发合作能增进组织间的技术交流，加深缄默知识的转换，提高技术转移效率。2016 年河北省高新技术企业中仅有 8.52% 的企业进行了合作研发，但发生境内技术购买活动的企业中有 53.33% 的企业进行了产研合作，这个现象侧面反映了合作能促进技术转移。短期内，产研合作更多的是促进技术转移而非企业技术创新能力，而长期来看，科研机构和企业研发之间具有较强的互补性，企业通过互动式学习合作，依托科研机构提高外部知识的整合与吸收能力，实现自身研发能力与创新绩效的有效提升[85]，带来的技术贡献大于知识贡献，能提高企业专利产出。河北省 2014—2016 年三年内高新技术企业论文以及专利的平均产出量分别为 8.33 篇、23.72 项，而开展产研合作研发的企业平均产出量分别为

20.63 篇、60.21 篇，从统计数据上证明了产研合作能极大促进企业的知识与技术产出。

无论是否考虑时间的滞后性，企业知识存量、技术水平在产学合作与创新绩效之间的中介效应均显著；长期来看，知识存量、技术水平的中介效应占比分别为 21.90%、12.84%，而短期看，知识存量、技术水平的中介效应占比分别为 65.47%、24.81%。无论长、短期，产学合作与创新绩效之间受知识存量的中介效应更明显。在与大学进行合作研发中，企业可以获得对科学原理更深刻的理解并为其技术搜索提供地图指导，还能获取隐性的前沿科学知识，增进两组织间信息交流，产生新知识和新技术，开发出新产品。从中介效应占比看，无论长、短期分析，知识存量的效应都较大。究其原因，本书是用报告年度内企业发表的论文量来衡量企业知识存量，高校研究人员重视基础研究，看重论文的发表，企业与高校合作可以获取前沿的技术知识以及科研人员丰富的经验，总结交流中增加企业论文产出。河北省 2014—2016 年三年内开展产学合作的高新技术企业论文与专利的平均产出量分别为 21.93 篇、61.29 项，较之总体平均水平上升了 163%、158%，与实证结果相呼应，产学合作能提升企业知识、技术产出能力。

2014—2016 年实证结果显示，企业知识存量、技术水平在产政合作与创新绩效之间的中介效应显著，中介效应占比分别为 63.47%、33.07%；2016 年产政合作与创新绩效影响不显著，不做中介效应分析。长期看，企业与政府机构之间的研发合作，是通过知识存量和技术水平间接作用于企业创新绩效，并且更多通过知识的获取，进而影响企业的创新绩效。政府与企业之间的研发合作，往往是政府在中间作为"领导者"，建立科研相关的发展平台，整合各方资源，集中各方优势，参与企业能充分利用多方信息源，进行知识搜索，吸收内化成企业内部显性知识，提高知识存量，促进企业产品及工艺创新，增加创新收入。河北省 2014—2016 年三年内开展产政合作的高新技术企业论文与专利的平均产出量分别为 13.45 篇、36.02 项，较之总体平均水平上升了 61%、51%，与实证结果相呼应，产政合作能提升企业知识、技术产出能力。

无论是否考虑时间的滞后性，企业知识存量、技术水平在境外合作与创新绩效之间的中介效应均显著；长期看，知识存量、技术水平的中介效应占比分别为 14.03%、7.29%，而短期看，知识存量、技术水平的中介效应占比分别为 8.64%、2.96%。无论长、短期，境外合作与创新绩效之间受知识存量的中介效应更明显。通过境外合作，借助开放式创新平台，企业可实现全球化创新资源的整合与互动，获取东道国资源或转移过剩产能，把握东道国消费者、供应商在内的整体市场信息和知识技术更新进度与趋势，及时进行创新并反馈给东道国市场。河北省2014—2016年三年内开展境外合作的高新技术企业论文与专利的平均产出量分别为80.59篇、394.291项，是总体平均水平的10倍、16倍，与实证结果相呼应，境外合作能提升企业知识技术产出能力，且对企业专利产出影响极大，这与实证结果略微不同，本书认为这可能是其他创新因素的干扰，如开展境外合作的企业内部研发平均投入额远超总体水平。

表8.17　　中介变量对合作研发模式与创新绩效的中介效应占比率　　单位：%

企业创新绩效	合作研发模式	中介变量	
		知识存量	技术水平
2014—2016年	产研合作	26.99	54.92
	产学合作	21.90	12.84
	产政合作	63.47	33.07
	境外合作	14.03	7.29
2016年	产研合作	28.57	—
	产学合作	65.47	24.81
	产政合作	—	—
	境外合作	8.64	2.96

8.5.3　内部研发调节作用的实证结果分析

实证研究结果表明：（1）无论是否考虑时间滞后性，内部研发对企业产研合作与知识存量的关系起负向调节作用；（2）无论是否考虑时间滞后性，内部研发对企业产学合作与知识存量、技术水平的关系均起正向调节作用；（3）无论是否考虑时间滞后性，内部研发对企业产政合作与知识存量、技术水平的关系均起正向调节作用；（4）无论是否考虑时间滞后性，内部研发对企业境外合作与知识存量的关系起正向调节作用，对企业境外合作与技术水平的关系起负向调节作用。

随着创新复杂性、系统性和不确定性的态势发展，企业愈加需要与各类外部知识源进行深入、广泛的合作，获取异质性研发资源，弥补和调整内部研发资源，提高创新水平。本书证实了内部研发投入对此过程具有显著调节作用。企业积极开展内部研发活动，可以加强对知识的消化和整合能力，提高企业在研发合作中对知识、技术的获取和利用能力，培养自身的创新能力[73]。具体来看，无论在长、短期内，企业内部研发活动越大，企业越能在与高校和政府部门的研发合作中积累知识和技术，支持本书假设。而在企业与境外机构的研发合作中，企业内部研发活动的加大显著提高了企业对研发合作中知识的吸收和内化能力，但并没有提高企业的技术创新产出能力，相反，技术产出还降低了。从2014—2015年样本数据看，内部研发的均值为66116.42千元，而参与境外合作企业的内部研发平均投入是727406千元，大于总体内部研发水平。企业自身研发资源就比较充足，但是企业内部技术管理有限，内部资源较之外部资源相对更显性，更易于进行技术转化，因而企业内部研发水平过高时，对境外研发合作方的资源无法充分进行技术转化。本书实证结果显示，内部研发不仅对企业境外合作与技术水平之间的关系有抑制作用，而且在企业产研合作与知识存量、技术水平之间同样起抑制作用。该结果证实了以交易成本为核心的研究，合作研发与内部研发存在相互替代的关系[264]。企业内部研发活动会对其与外部创新主体的研发合作产生挤压效应，因其专注于自身资源转化，以致未能充分吸收外部资源，造成合作研发产出效应低下，降低了合作研发绩效。

8.6 本章研究结论与启示

8.6.1 主要结论及理论贡献

1. 主要结论

基于合作研发模式与创新绩效之间的关系，本章从产研合作、产学合作、产政合作、境外合作四个方面研究了研发合作模式对企业创新绩效的影响以及企业的知识存量、技术水平在其中发生作用的中介机制。最后分析了内部研发对企业合作研发模式与创新绩效作用机制的调节作用。主要结论如下。

（1）无论是否考虑时间滞后性，产研合作、产学合作、境外合作均对企业创新绩效具有显著正向影响，而产政合作对创新绩效的影响具有一定滞后性，即长期来看影响显著，短期内影响不显著。长期而言，境外合作、产学合作、产政合作、产研合作对企业创新绩效的作用效果依次递减；短期内，除影响不显著的产政合作外，境外合作的作用效果仍最大，但产研合作与产学合作的作用效果发生对调。

（2）长期看，产研合作、产学合作、产政合作、境外合作均通过企业知识存量、技术水平的中介效应作用于创新绩效；短期看，除主效应不显著的产政合作外，仅有企业技术水平对产研合作与创新绩效间的中介效应不显著，其他中介效应均显著。通过对中介效应的大、小分析发现，产研合作更多通过企业技术水平的中介效应作用于创新绩效，其他合作研发模式则更多通过企业知识存量的中介效应作用于创新绩效。

（3）无论是否考虑时间滞后性，企业内部研发在产学合作、产政合作、境外合作与知识存量的关系间起显著正向调节作用，而在产研合作与知识存量的关系间起负向调节作用；企业内部研发在产学合作、产政合作与技术存量的关系间起显著正向调节作用，而在产研合作、境外合作与技术存量的关系间起负向调节作用。

2. 理论贡献

尽管已有许多学者对企业研发合作与创新绩效之间的关系进行研究，但是对于不同合作研发模式与创新绩效间的影响以及影响过程这一"黑箱"的研究较少。本书先按合作伙伴不同梳理出企业各类合作研发模式，然后对各类合作研发、企业知识存量、技术水平与企业创新绩效之间的关系进行研究，对内部研发的调节效应进行深度分析，对相关理论进行了拓展和深化。主要理论贡献包括以下几个方面。

（1）丰富了高新技术企业合作研发相关研究。在企业合作研发的研究领域，学者大多研究合作研发或是企业合作研发网络对企业创新绩效的影响，明确地区分合作伙伴的不同合作研发模式与创新绩效影响研究较少。本书将合作研发按合作伙伴不同分为产研合作、产学合作、产政合作、境外合作，分别剖析企业不同合作研发模式对高新技术企业绩效的影响，四类合作研发模式置于同一研究框架，比较各合作研发模式的区别，深化了合作研发相关的理论研究。同时，本书对企业合作研发与创新绩效的影响关系分别进行了长、短期实证分析，发现不同合作研发模式对创新绩效的长期影响普遍强于短期影响，证实合作研发的影响具有滞后性，对滞后性相关研究提供了支持。

（2）阐明了合作研发模式对创新绩效的作用机制。以往有关合作研发的研究中，多数研究考虑的是合作研发或某类合作研发模式对企业创新绩效的直接作用，没有考虑企业研发投入与产出的转化过程中，知识和技术对其与创新绩效的中介作用。而本书结合河北省高新技术企业的大样本数据，分别从长期和短期两个维度对不同合作研发模式给企业创新绩效带来影响的机理进行了规范的实证分析，明确了合作研发不仅直接提高了创新绩效，还通过增加企业的知识存量、提高技术水平，进一步提升企业创新绩效。不同的研发模式在不同的作用路径下呈现出结果的差异性，这很好地解释了现有研究成果的多样性和混合性，同时对河北省高新技术企业提升企业创新绩效有一定的理论借鉴意义。

（3）深化了合作研发对创新绩效不同影响的情景分析。合作研发对创新绩效的影响已经得到了大部分学者的认同，但是这种作用的大小和方向受到内部研发的影响，短期与长期内，内部研发通过不同的中介路径调节不同内部研发模式对创新绩效的影响。这为河北省高新技术企业根据自身内部研发水平、知识存量和技术水平，合理进行合作研发战略选择，为实现企业资源与能力有效匹配，以期达到企业创新绩效最大化提供了理论支撑。

8.6.2 实践启示

本书研究结论不仅在理论上充实了现有相关研究，而且在实践中也具有十分重要的实践启示。

（1）积极进行国际化研发合作。上文实证结果显示，无论是否考虑创新绩效的滞后性，境外合作对创新绩效的作用效果最为明显。企业在合作研发资源有限时，首先应积极开展国际化研发合作，通过与当地供应商、客户、竞争对手、大学和研究机构、政府与技术中介等进行合作研发，不仅获取新的互补技术，改进现有产品与技术，还能获取大量的市场信息，开辟新市场。从目前河北省高新技术企业合作研发情况看，境外合作研发投入虽有所加大，但进行境外合作研发的企业并不多，政府可以制定相关政策，创建好的科技平台，引导企业参与国际化研发，充分利用海外资源，提高企业创新水平，推动区域经济发展。

（2）加强与科研机构的研发合作。实证研究结果表明，无论是否考虑创新绩效的时间滞后性，产研合作对提升企业创新绩效均产生显著正向影响。科研机构专注于科研工作，作为高技术信息集散中心，科研成果具有强时效性，与高校相比，科研成果产出效率高且更接近于实际，不仅重视理论基础研究，还十分看重实用技术研究和产品开发。企业与科研机构的合作，一方面，借助其雄厚科研实力，快速提高研发合作经济绩效，增加知识与技术的积累；另一方面，持续的研发合作利于组织间交流，促进技术转移。

（3）加强与高校的科研联系。实证研究结果表明，无论是否考虑创新绩效的时间滞后性，产学合作对提升企业创新绩效均产生显著正向影响。一方面，企业与高校的合作打破了组织的边界限制，削减不同领域以及不同行业之间的信息壁垒，将企业的创新理念、市场需求信息与高校的技术前沿知识充分融合，实现"产业问题科学化、科学问题商业化"[265]的互补转化；另一方面，企业与高校合作，便于高学历、高经验人才的引进，加强技术团队建设。

（4）踊跃参与政府科技计划项目。实证研究结果表明，企业长期与政府部门开展科学技术合作能显著推动创新绩效的提升。随着创新驱动发展战略的提出，政府愈加重视创新，并通过执行政策与项目、提供技术或资金支持、帮助企业获取各种许可等方式支持企业、区域的创新发展。企业应积极地参与创新活动，参与政府科技创新项目，获取政府创新支持，利用政府创新平台，获取其他主体的创新资源，提高企业创新绩效。

（5）重视企业知识技术管理。实证研究结果表明，合作研发会通过知识和技术的积累间接作用于创新绩效，加强知识技术的管理，能有效增强企业对外部异质性知识的吸收、整合和转化。根据知识基础观理论，知识基础是企业在创新过程中最独特也是最重要的资源，不同合作研发模式侧重的知识也不同，企业需要将知识技术管理作为企业管理的一项重要内容，增强研发合作交流中知识的吸收与内化，增大创新产出。

（6）合理配置内、外部研发资源。实证研究结果表明，内部研发在合作研发与创新绩效之间具有显著调节作用，并且内部研发对各类研发模式的调节作用不同。一方面，内部研发能力的增强会促进企业信息获取能力和吸收能力的提高[18]，提升企业研发合作中知识搜索和转化能力；另一方面，内部研发与合作研发之间又具有相互替代性，对合作研发绩效具有挤压效应。企业需要依据自身内部研发投入来衡量企业创新吸收能力，对不同的合作研发模式进行合理资源分配。

第9章 国际化程度对高新技术企业创新驱动机制研究

9.1 国际化程度理论基础与本章研究假设

9.1.1 理论基础

随着世界经济一体化的加深，企业逐渐开始通过开拓国际市场来增强自身竞争力，国际市场上各种贸易活动日益频繁，企业国际化也随之成为学术领域内的重要研究课题。虽然不同学者对企业国际化的定义不尽相同，但都认为国际化是指企业从国内转向国外进行跨国经营活动。大多数学者认为企业国际化经营对企业自身绩效的提升有促进作用，目前针对企业国际化影响创新这一进程，主要有两大理论基础：资源观理论和组织学习理论。

在竞争日益激烈的大环境下，企业要想脱颖而出，就必须整合大量异质性资源，坚持创新，资源观应运而生，国际化能够提高企业资源投入的动力并为企业带来创新所需的资源。卡弗洛斯[266]等都证实，企业进行国际化活动能够获取创新所需的大量资源。国际市场上的差异化资源是跨国企业创新的重要来源，而这些资源往往是国内所不能获得的。

阿吉里斯和肖恩[267]的《组织学习》一书开启了学术界对组织学习的大规模研究。组织学习理论是指企业通过不断汲取外界新知识，积极应对复杂多变的外界环境。部分学者认为企业国际化的一个重要目标就是学习。金姆[268]指出企业可以通过国际化增进知识积累和组织学习来提高企业创新能力。扎赫拉[269]等学者认为从不同国家间的差异与规模经济中进行学习是竞争优势的主要来源，国际间的范围经济实质是一个知识分享和知识积累的过程，可以促进组织学习。随着企业国际化的地理分散程度与文化多样性提高，企业技术学习的深度与宽度都会增加。

9.1.2 高新技术企业国际化程度相关研究

关于企业国际化的定义不能一概而论，作为其衍生概念的国际化程度自然不能同一而论。对于国际化程度这一概念，研究者并未给出明确定义，只是将其作为描述企业参与国际化活动程度的衡量指标，有学者直接认为国际化等同于国际化程度。通过文献梳理，针对影响企业国际化程度的因素可以分为内部因素和外部因素。

内部来看：个人层面，企业管理者及研发团队是影响国际化程度的重要因素。企业层面，知识和能力是提高企业国际化程度的重要因素。学习能力和吸收能力越强，企业越容易发挥新进入者的学习优势，进而提高国际化程度。现有研究除了证实经验性学习知识负向调节先天性经验学习对国际化程度的影响[270]，还研究如何通过社会网络位置来提高组织学习能力和吸收能力，进而影响企业国际化程度。同时，企业战略层面和产品层面对国际化程度具有一定影响。外部来看：网络层面，网络位置对提高企业国际化程度起着重要作用[271]。真野（Manolove）[272]等发现，企业社会网络关系为正向影响企业国际化程度。制度层面，东道国和母国的制度环境对企业国际化程度有不可忽视的影响。米海维（Mihailove）[273]基于高新技术企业样本数据发现，母国制度环境中管制因素负向调节国际化程度，而规范和认知因素则正向调节国际化程度。

国际化程度泛指企业涉足国外市场的程度，而对于国际化程度测量，已有研究对其进行了基本介绍。但不同学者所使用的指标却不完全相同。通过文献梳理，发现企业外国销售额占总销售额的百分比是使用频率最高的测量指标。布伊格斯（BUIGUES）[118]对100家大型跨国公司国际化的研究中使用外国销售额占总销售额的百分比（FSTS）、外国资产占总资产的百分比（FATA）、外国雇员人数占总雇员人数的百分比（FETE）和海外子公司占总子公司数的百分比（OSTS）4个指标测量企业的国际化程度。不难发现，对于国际化程度的测量，不论是单指标测量还是多指标测量，FSTS是唯一不变的测量指标。

9.1.3 国际化程度与创新绩效关系研究综述

经济全球化促使越来越多的企业开始实施"走出去"的国际化战略，企业的国际化问题在理论界日益得到重视。许多学者从不同角度探讨了企业国际化程度与创新绩效间的关系，研究成果丰富且结论各不相同。通过梳理文献，发现当前关于国际化与企业绩效之间的关系主要有以下几种观点：正相关、负相关、倒 "U" 形（企业绩效随着国际化的加深先升后降）、"U" 形（企业绩效随着国际化的加深先降后升）和 "S" 形。

1. 国际化程度与企业绩效正相关

传统对外直接投资理论主要探讨了企业对外直接投资的动因和条件，认为国际化会对企业绩效产生正面影响，即国际化与企业绩效正相关。许多学者的实证研究也为这一理论假设提供了实证支持：格兰特（Grant）[274] 对 304 家英国企业进行实证研究，在控制产业特征、企业规模、资本结构等其他绩效影响因素的情况下，对国际化程度和企业绩效进行回归分析，得出国际化与企业绩效正相关。同时，尔润和森贝特（Errunz & Senbet）[275] 以 TSTS、NOS（企业的海外子公司数量）等指标衡量国际化程度，基于 60 项证券与市场超额报酬历史证实国际化程度与企业绩效正相关。

2. 国际化程度与企业绩效负相关

传统对外直接投资理论探讨了国际化为企业带来的正面利益。随着企业国际化经营行为的深化，很多学者开始关注国际化所带来的成本，这些国际化产生的成本会抵消国际化所带来的收益，负面影响企业创新绩效。柯林斯[276] 通过对美国财富 150 家大企业的业绩与国际化程度的比较分析，得出在发达国家开辟国际业务的国际化企业与国内企业的绩效没有较大差异，但在发展中国家开辟国际业务的国际化企业绩效明显低于国内企业。丹尼斯和约斯特[277] 对 7520 家美国公司进行的研究中，以 FSTS 作为国际化程度的衡量指标，通过比较回归分析证实：随着国际多元化的发展，国际化企业的市值相对于国内经营企业会有所下降。

3. 国际化程度与企业绩效呈倒 "U" 形关系

国际化既能为企业带来收益，也会因此产生成本。有学者认为企业国际化是一个渐进的逐步演化过程。高照军通过研究高新区企业国际化与创新绩效的关系指出，二者之间呈现倒 "U" 形关系[278]，国际化初期，创新绩效能够得到显著提高，随着国际化的深入发展，反而对创新绩效存在一定的抑制作用。布鲁克[279] 则基于美国与英国样本证实了国际化程度与创新绩效间存在倒 "U" 形关系。

4. 国际化程度与企业绩效呈 "U" 形关系

针对国际化与企业绩效间的倒 "U" 形关系，不少学者提出质疑，企业在国际化早期因为对国外环境不熟悉、文化差异、资源和能力不足等因素，国际化的成本会高于国际化的利益，因而导致企业绩效的负面影响[280]。随着企业国际化程度的加深，企业在组织学习过程中不断适应当地市场的文化，逐渐融入当地市场环境，企业的规模经济、范围经济以及当地的区位优势逐渐凸显出来，此时企业国际化收益高于国际化成本。因此，不少学者认为，企业国际化程度与企业绩效呈"U"形关系。瑞格洛克和瓦格纳[281]基于组织学习视角对国际化与企业绩效的关系进行研究，发现二者间呈"U"形关系。卡博和科塔贝[282]以 FSTS 衡量国际化程度，对 81 家德国服务业企业的研究也得出了国际化与企业绩效呈"U"形关系的结论。

5. 国际化程度与企业绩效呈水平"S"形关系

进入 21 世纪后，针对国际上的不同研究得出的结论，一些学者试图整合各方面的观点，提出一个综合性的理论框架。康特拉克特、昆都和许[283]认为，企业国际化过程存在三个阶段，企业随着国际化程度的加深，企业绩效会呈现出第一阶段下降，第二阶段上升，第三阶段再下降的三阶段关系。陆和比米什[284]运用图示法形象地说明了国际化程度与企业绩效呈水平"S"形曲线关系的产生机理。

国内学者针对国际化程度与企业创新绩效间的关系也做了一定研究。曹鑫基于内部化理论，以中国上市公司为样本进行研究，发现国际化程度与企业绩效在营销能力的调节作用下呈现"U"形曲线关系[285]。海本禄[286]从动态能力视角出发，证实了国际化程度对企业绩效有显著正向影响，同时，动态能力正向调节二者关系。曾德明[287]基于国际化程度和企业创新绩效间的"S"形关系，即"三段论"的探讨和整合，表明现有理论在描述企业国际化扩张过程中的绩效变化趋势，提出企业国际化过程有四个明显阶段，在这四阶段中，国际化程度与企业绩效间呈现"M"形曲线关系。

通过对文献的阅读及梳理发现：首先，目前关于企业国际化程度的研究多是以发达经济体为研究对象。新兴经济体各国在历史、文化、制度和经济发展水平等方面存在差异，其国际化程度对绩效产生的影响也会有差异。因此，需要对发展中国家企业国际化程度的研究做进一步验证，本书以河北省高新技术企业为样本，探讨其国际化程度与企业创新绩效间的关系，以期进一步完善国际化相关理论。其次，对于国际化程度与创新绩效间的关系，通过上文梳理，发现多数学者采用非此即彼的单一变量衡量企业国际化程度，因而所得结论不尽相同，然而企业的国际化程度不只体现在一方面，本书针对河北省高新技术企业从多角度衡量国际化程度，分别验证其对企业创新绩效的影响。最后，大多数研究聚焦于国际化程度与企业绩效的直接关系，然而现实中这一过程是复杂的，本书认为企业从国际市场上获取的知识与资源绝不是直接作用于企业绩效的，近年来学者逐渐开始探究二者之间的"黑箱"，特别是对于发展中国家。企业进入国际市场主要是为了获取资源（知识、技术、生产原料等），如若企业能很好地将这些知识资源进行内化吸收，则会显著促进创新的发生，因此本书从吸收能力的视角，进一步打开企业国际化与绩效间的"黑箱"，明确二者间的影响机理。同时考虑到企业对异质性资源的挖掘吸收需要投入定量的人力、物力及财力，因此引入研发投入，分析其对影响机制的调节作用。

9.1.4 国际化程度对企业创新绩效的作用机理

1. 海外出口对企业创新绩效的作用机理

海外出口是解释企业国际化程度的重要因素。出口贸易推动发展中国家企业经济快速增长，是企业国际化的主导模式之一。基于资源观理论，企业通过出口，在实现规模经济的同时还可以获取学习国外先进技术知识和管理经验的机会，产生相应的知识溢出效应。通过国外顾客、供应商发生一定的交互作用，有机会获取关于改进制造工艺、产品设计和质量、顾客偏好等各种有益信息，促进企业创新。若阿基姆和瓦格纳（Wagner）[288]运用德国数据考证出口与企业绩效之间的关系，发现出口企业比非出口企业就业增长率高出 0.6 个百分点，平均工资增长率高出 2.65 个百分点。克罗斯曼[289]等认为企业通过出口可以从国外供应商处获得技术支持，同时有机会近距离接触外国消费者并获取工艺制造、产品设计等方面的信息。同时，激烈的国际竞争使得出口企业更加努力提升自身创新能力以获得生存发展[290]。李逢春[291]基于中国高新技术企业的调查数据对企业出口与自主研发间的关系进行探究，发现对于追求短期利润的企业而言，出口负向调节企业自主研发创新，而对于追求长期绩效的企业而言，出口则会显著促进自主研发创新。佟家栋[292]等通过构建多产品多市场的理论模型，研究出口多元化对企业盈利和生产率的影响，结果证实提升企业出口多样化水平，有利于降低负向需求冲击对企业绩效的不利影响。基于此，本书提出如下假设。

H_{1a-1}：海外出口与企业经济创新绩效正相关。

H_{1a-2}：海外出口与企业技术创新绩效正相关。

2. 海外人才对企业创新绩效的作用机理

海外人才的引进一定程度上体现了企业的国际化程度，具有较丰富的海外学习经验和工作经验的海外人才，对企业了解国际市场形势、获取知识信息资源、提升企业绩效具有重要影响[293]。人才是推动经济社会发展的战略性资源，海外人才资源是我国加快转变经济发展方式的重要推动力。胡明明[294]等以2011—2014年高技术服务业上市公司数据为样本，通过实证研究，证明人才与企业绩效显著正相关。米宁和张[295]研究江淮汽车和长安汽车位于意大利的两家研发中心认为，这些企业一方面雇佣本地的汽车造型设计专家，打通接触当地知识环境的渠道；另一方面外派中国总部的研发人员与当地的员工在合作中学习知识、技能和管理理念，实现人才培养的目的，这些外派员工可极大提升母公司的自主研发实力。基于知识基础观，知识是企业的重要资源，那些不容易被理解且很难被表达的隐性知识对于企业创造竞争优势发挥着关键作用。人作为知识载体，对提升企业创新绩效具有十分重要的作用。刘凤朝[296]等以中国计算机、通信和其他电子设备制造业2005—2012年A股上市公司为样本，实证分析了具有海外背景的高管团队对企业专利申请量存在积极作用。基于此，本书提出如下假设。

H_{1b-1}：海外人才与企业经济创新绩效正相关。

H_{1b-2}：海外人才与企业技术创新绩效正相关。

3. 海外研发对企业创新绩效的作用机理

随着全球市场竞争的加速，海外研发作为重要的战略和竞争手段，越来越受到跨国公司的重视，它们充分利用全球技术资源提升自己的竞争优势和技术创新能力。当今，许多企业选择通过海外投资方式及设立海外研发机构的方式提升自身创新能力。钟昌标[297]等以中国高科技企业为对象的研究发现，新兴经济体企业的海外研发对渐进式创新和颠覆式创新都有显著提升作用。吴剑峰[298]等基于中国电子设备制造企业样本的调研数据发现，企业国际研发合作与技术创新绩效之间具有正向效应。但是也有学者提出了相反的观点，拉希里[299]对全球半导体芯片制造业100家企业专利数据的研究发现，海外研发与企业创新绩效间存在倒"U"形关系。新兴市场企业海外研发的一个重要目的是通过母国的扩张战略主动搜寻和吸收海外技术知识，正向影响企业创新绩效。海外投资可以使企业以相对较低的价格买到国际市场上的原材料，雇佣到优秀的技术专家和管理专家，正向影响企业创新绩效。基于此，本书提出如下假设。

H_{1c-1}：海外研发与企业经济创新绩效正相关。

H_{1c-2}：海外研发与企业技术创新绩效正相关。

9.1.5　吸收能力的中介作用机理

纵观关于企业国际化与创新绩效的已有文献，大部分学者基于资源观和组织学习理论来研究企业国际化对创新绩效的直接影响，有的学者研究不同国际化战略对创新绩效的影响，有的学者研究处在不同行业中企业的国际化活动对创新绩效的影响，大都认为国际化可以给企业带来更多的获取创新资源和知识的机会，从而促进企业创新，但是对于企业国际化与企业创新绩效的中间机理关注不够。如何利用获得的各种资源实现企业的创新？本书认为，企业仅拥有相关创新资源是不够的，还必须拥有吸收这些资源的能力，进而提升创新绩效，本书将吸收能力作为国际化程度与创新绩效发生作用的中介机制来加以研究。

自 20 世纪 80 年代开始，学者们提出影响创新绩效的两大理论：资源基础论和竞争战略优势理论。吸收能力理论继这两大理论之后出现。学者们从不同层面来定义吸收能力。目前学术界大部分采用科亨和利文索尔[300]提出的定义：吸收能力是指企业获取、消化、整合和利用外部新知识的能力，是先前创新活动和问题解决的副产品，依赖于组织成员的个体吸收能力。汪曲[301]基于 1995—2009 年中国省区面板数据，实证分析了吸收能力与 R&D 溢出交互效应中所发挥的作用，结论表明，吸收能力通过与不同渠道技术溢出的交互作用，对地区 TFP 产生正向影响。徐超[302]等基于社会资本理论，运用实证的方法，证实企业吸收能力与企业财务绩效及创新绩效显著正相关。

1. 吸收能力对海外出口与企业绩效的中介作用机理

发展中国家企业在创新能力上普遍低于发达国家企业，同时缺乏创新所需的资源。企业通过出口，能够与国外顾客、供应商、分销商等建立联系，获取关于企业竞争性产品和顾客偏好等方面的信息，由于出口产生的知识溢出增加了企业学习机会，拓展企业视野，提升企业吸收能力，更好地整合外部资源，进而提升企业绩效。同时在竞争激烈的国际市场上，高技术企业不可避免地参与国际竞争，国际压力迫使企业不断学习，不断提高自身的知识吸收能力。余升国[303]实证分析发现，高技术产业通过出口贸易所产生的知识技术外溢，经由企业内部消化显著正向促进了产业发展。基于此，本书提出如下假设。

H_{2a-1}：海外出口通过吸收能力的中介效应影响企业经济创新绩效。

H_{2a-2}：海外出口通过吸收能力的中介效应影响企业技术创新绩效。

2. 吸收能力对海外人才与企业绩效的中介作用机理

随着创新全球化网络的逐步形成，拥有海外背景的高素质人才越来越多，他们掌握着国外先进的科学知识、管理经验和前沿科技信息，是国家经济社会建设中的中坚力量[131]。海外人才也是企业建设发展的中坚力量，他们的加入，增加了企业的科技知识存量，从而使企业具备一定创新优势，同时也提升了企业的知识吸收能力。布鲁斯（BruceFallick）等认为海外人才跨国流动是知识转移的主要渠道，海外人才流动导致的知识溢出效应极大促进了企业创新水平的提高[142]。代谦、别朝霞基于人力资本视角，指出人力资本是制约发展中国家吸收 FDI 带来的新技术的能力[87]。杨河清[304]等发现海归回流显著影响中国知识溢出，本土人力资本吸收能力越强，知识溢出效果越好。基于此，本书提出如下假设。

H_{2b-1}：海外人才通过吸收能力的中介效应影响企业经济创新绩效。

H_{2b-2}：海外人才通过吸收能力的中介效应影响企业技术创新绩效。

3. 吸收能力对海外研发与企业绩效的中介作用机理

企业所拥有的或所能接触到的科学知识是影响创新的重要因素，海外研发机构的建立形成了一个庞大的知识资源库。企业在境外设立研发机构，可以时时检测东道国企业的技术发展动向，有利于搜索新技术，同时，可以帮助本土企业从不同国家受到启发而产生新思想、新创意，并将其整合用于开发新产品。不同于海外出口，海外研发机构的设立，促使企业与东道国市场、供应商及顾客发生深度交互，可以获得更有深度的技术知识资源。里特尔等[305]研究发现，嵌入企业与其海外客户之间社会资本的结构维度和该企业的知识获取量显著正相关。企业吸收能力的提高是一个持续的过程，其持续性主要表现在企业原有知识储量与现有吸收能力之间的正相关性，只有当企业对其领域的相关知识有一定的积累，其内部吸收能力才会得到提升。基于此，本书提出如下假设。

H_{2c-1}：海外研发通过吸收能力的中介效应影响企业经济创新绩效。

H_{2c-2}：海外研发通过吸收能力的中介效应影响企业技术创新绩效。

9.1.6　研发投入的调节效应机理

随着企业国际化程度的发展，其创新绩效还可能受到研发投入强度的调节作用。创新能力的提升和创新绩效的产生需要企业付出相应的努力，即有意识地投入时间、人力和物力于技术学习活动中。很多研究都从理论上分析了内部研发投入对企业国际化与创新之间关系的调节作用。研发投入越多，企业越有可能购买先进仪器设备，为研发工作提供必要物质保障[306]；研发投入水平越高，企业越有可能提升自身对技术的探索水平，突破现有的知识技术壁垒、消化吸收外部的先进知识，从而开发新产品、形成新专利等；同时，研发投入的高低表明了企业管理层对创新的重视程度[307]。基于此，本书提出如下假设。

H_{3a}：研发投入在海外出口与吸收能力间起正向调节作用。

H_{3b}：研发投入在海外人才与吸收能力间起正向调节作用。

H_{3c}：研发投入在海外研发与吸收能力间起正向调节作用。

9.1.7 国际化程度对高新技术企业创新驱动机制的理论模型

基于上述假设，本书构建了高新技术企业国际化程度影响创新绩效的机制模型，即国际化程度通过企业吸收能力的中介作用对创新绩效产生影响，同时研发投入在国际化程度与吸收能力之间存在调节作用（见图9.1）。

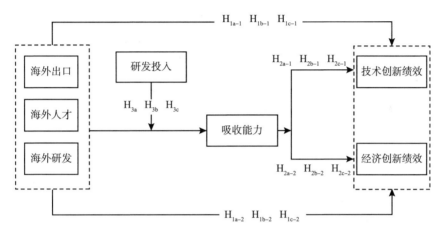

图9.1 高新技术企业国际化程度影响创新绩效的机制模型

9.2 样本、数据及计量模型设计

9.2.1 研究样本与数据来源

本书以河北省高新技术产业开发区企业中经省级认定、各国家高新技术产业开发区批准入区的高新技术企业为研究样本，采用2014—2016年《国家高新技术产业开发区企业统计报表》中的相关统计数据为研究变量，数据源自科技部火炬高技术产业开发中心，采用的是已验收数据，要经过主管部门的审计，保证了其真实性。在数据分析开始之时，根据本书研究所需，从以下几个方面对数据样本进行剔除删减：①剔除重要指标数据为空或者填写明显错误的数据，如企业注册年份缺失、数值型变量出现字符、理应为正数的数据出现负数抑或缺失、报告期内企业销售收入为0；

②剔除没有意义、不合乎常理的数据，如企业年研发支出与年销售收入的比值大于1；③剔除企业年龄小于1的企业数据，由于这样的企业还未稳定，各项指标往往出现异常，影响整体分析结果。

基于上述数据处理过程，同时考虑到创新产出的时间滞后性，本书首先筛选出2014—2016年存续的企业879家，将其三年数据汇总，进行假设检验。同时为了对比时间滞后性是否对研究结果造成影响，基本按照上述数据筛选依据，同样选出879家2016年的企业数据样本，对两次实证结果进行对比分析。本书的企业数据样本中涵盖了生物医药技术、电子信息、新材料、高端技术装备制造、新能源、环境保护、航空航天等众多行业领域，大规模的指标数据和众多领域的研究样本为本书研究奠定了坚实基础。

9.2.2 变量定义及计算方式

本章具体变量定义及计算方式如表9.1所示。

表9.1 变量定义及计算方式

变量类型	变量名称	变量代码	变量单位	计算方式
被解释变量	经济创新绩效	ECIN	千元	报告年度内企业的新产品销售收入
	技术创新绩效	TEIN	项	报告年度内企业的专利申请数量
解释变量	海外出口	EXPO	千元	报告年度内企业出售给外部部门或直接出售给外商的产品或商品的总金额
	海外人才	OVEX	人	报告年度内企业内留学归国的员工数量及企业引进的外籍专家数量之和
	海外研发	OVRE	个	报告年度内企业在境外设立分支机构的数量
中介变量	吸收能力	ABLE	千元	报告年度内企业发表的科技论文数量
调节变量	研发投入	REPU	千元	报告年度内企业内部科技活动费用的自然对数
控制变量	企业规模	SIZE	—	报告年度内企业资产总额的自然对数
	企业年龄	AGE	岁	2017—企业注册年份
	资产结构	STRU	人	报告年度内企业总负债与总资产的比值
	研发强度	INTENSITY	—	报告年度内企业年研发支出与年销售收入的比值
	创新能力	ABILTITY	项	报告年度内企业拥有的有效专利数量

1. 被解释变量

创新绩效。根据本书 2.2.3 的分析可知，由于学者的研究目的不同，样本企业属性不同等，国内外学者对于企业创新绩效的测度还没有广为认可的统一指标或指标体系。为了避免单个指标以偏概全，本书从经济创新绩效和技术创新绩效两方面分别采用新产品销售收入和专利申请数量来测度企业创新绩效，新产品销售收入反映创新成果的市场价值，专利申请数量反映企业的创新成果。

2. 解释变量

（1）海外出口。本书采用报告年度内企业出售给外部部门或直接出售给外商的产品或商品的总金额来衡量企业出口水平。

（2）海外人才。本书采用报告年度内企业拥有的出国学习，取得学位归来的员工数量及企业引进的外籍专家数量来衡量企业海外人才水平。

（3）海外研发。本书采用报告年度内企业在境外设立分支机构的情况来衡量企业海外研发水平。其中，包括企业在境外设立的营销服务机构、技术研发机构以及生产制造基地等。

3. 中介变量

本书将企业吸收能力作为企业国际化程度与创新绩效之间关系的中介变量。

吸收能力：本书采用报告年度内企业立项的科技项目产生的并在有正规刊号的刊物上发表的科技论文数量来衡量企业的吸收能力。

4. 调节变量

研发投入：企业的研发投入反映了管理层对企业创新的重视程度，为组织和员工进行创新活动提供财务支持。本书采用报告年度内企业内部科技活动费用支出的自然对数来衡量研发投入，其中包括企业内部用于科技活动的政府经费及非政府经费。

5. 控制变量

（1）企业年龄。企业年龄是企业创新绩效的影响因素。现有研究大多认为，企业年龄越大，资质越高，其拥有的资源越广、核心技术越多，从而利于企业开展创新活动。本书将企业年龄作为控制变量，通过"2017—企业注册年份"计算而得。

（2）企业规模。企业规模同样是影响企业创新绩效的重要影响因素。企业规模越大，与之有联系的政府部门及商业伙伴的数量越多，越有利于企业提升创新绩效。对于企业规模的测度，吴三清等学者采用企业人数进行衡量[26]。但企业人数本身具有流动性，本书借鉴武志勇等学者的观点[308]，采用企业资产总额的自然对数来测度企业规模。

（3）资产结构。研究发现，资产结构对于企业绩效具有十分重要的影响。资产结构是指企业中各种资产占总资产的比重，企业绩效是不同资产间共同作用的结果，合理的资产结构是提高企业绩效的重要因素。本书借鉴吴先明、刘婧[309-310]等学者的观点，采用资产负债率，即负债总额与资产总额之比来反映企业的资产结构。

（4）研发强度。研发强度是影响企业绩效的重要因素。与总量指标相比，研发强度更能反映与企业规模、市场地位相适应的研发投入情况，在不同企业之间更具有可比性。一般而言，企业研发强度越高，创新绩效越好。本书借鉴戴小勇[153]等学者的观点，将企业年研发支出与年销售收入的比值作为衡量研发强度的指标。

（5）创新能力。创新能力强的企业具有更强的吸收能力，能够有效吸收、整合和利用现有知识或技术，并将之转化为创新绩效。同时，创新能力强的企业能更准确地辨识获取并协调来自不同技术领域的合作伙伴的异质性知识，实现企业内、外部知识的互补和协同。因此，本书认为企业创新能力与创新绩效具有显著正相关，并选取企业在报告期末拥有的有效专利数量作为测度创新能力的指标。

9.2.3 研究方法和模型设计

本书采用两阶段分层回归模型，运用 SPSS22.0 对吸收能力的中介效应以及研发投入的调节效应进行假设检验。

第一阶段，按照中介效应的检验程序，检验吸收能力 ABLE 在海外出口 EXPO、海外人才 OVEX、海外研发 OVRE 与经济创新绩效 ECIN 和技术创新绩效 TEIN 中的中介作用。本书分别从企业经济创新绩效和技术创新绩效两个层面构建计量模型。

1. 企业经济创新绩效层面

针对主效应，本书构建如下计量模型进行检验。

$$ECIN_{i,t} = \beta_0 + \beta_1 EXPO_{i,t} + \beta_2 OVEX_{i,t} + \beta_3 OVRE_{i,t}$$
$$+ \beta_4 \sum Control_{i,t} + \varepsilon_{i,t} \tag{9.1}$$

本书的中介变量为吸收能力。借鉴已有研究，本书根据中介效应的检验步骤检验中介效应。

第一步，构建模型（9.2）~模型（9.4）分别检验三方面的国际化程度与吸收能力之间的关系。

$$ABLE_{i,t} = \beta_0 + \beta_1 EXPO_{i,t} + \beta_2 \sum Control_{i,t} + \varepsilon_{i,t} \qquad (9.2)$$

$$ABLE_{i,t} = \beta_0 + \beta_1 OVEX_{i,t} + \beta_2 \sum Control_{i,t} + \varepsilon_{i,t} \qquad (9.3)$$

$$ABLE_{i,t} = \beta_0 + \beta_1 OVRE_{i,t} + \beta_2 \sum Control_{i,t} + \varepsilon_{i,t} \qquad (9.4)$$

第二步，构建模型（9.5），检验吸收能力对经济创新绩效的影响。

$$ECIN_{i,t} = \beta_0 + \beta_1 ABLE_{i,t} + \beta_2 \sum Control_{i,t} + \varepsilon_{i,t} \qquad (9.5)$$

第三步，检验吸收能力在三方面国际化程度与经济创新绩效之间是否真实存在中介作用，将吸收能力引入模型（9.1），得到模型（9.6），分析主效应的变化。

$$ECIN_{i,t} = \beta_0 + \beta_1 EXPO_{i,t} + \beta_2 OVEX_{i,t} + \beta_3 OVRE_{i,t} + \beta_4 ABLE_{i,t}$$
$$+ \beta_5 \sum Control_{i,t} + \varepsilon_{i,t} \qquad (9.6)$$

2. 企业技术创新绩效层面

针对主效应，本书构建如下计量模型进行检验。

$$TEIN_{i,t} = \beta_0 + \beta_1 EXPO_{i,t} + \beta_2 OVEX_{i,t} + \beta_3 OVRE_{i,t}$$
$$+ \beta_4 \sum Control_{i,t} + \varepsilon_{i,t} \qquad (9.7)$$

同企业经济创新绩效层面类似，本书继续研究吸收能力在企业国际化程度与技术创新绩效之间的中介作用。

第一步，构建模型（9.8）~模型（9.10），分别检验三方面的国际化程度与吸收能力之间的关系。

$$ABLE_{i,t} = \beta_0 + \beta_1 EXPO_{i,t} + \beta_2 \sum Control_{i,t} + \varepsilon_{i,t} \qquad (9.8)$$

$$ABLE_{i,t} = \beta_0 + \beta_1 OVEX_{i,t} + \beta_2 \sum Control_{i,t} + \varepsilon_{i,t} \qquad (9.9)$$

$$ABLE_{i,t} = \beta_0 + \beta_1 OVRE_{i,t} + \beta_2 \sum Control_{i,t} + \varepsilon_{i,t} \qquad (9.10)$$

第二步，构建模型（9.11），检验吸收能力对技术创新绩效的影响。

$$TEIN_{i,t} = \beta_0 + \beta_1 ABLE_{i,t} + \beta_2 \sum Control_{i,t} + \varepsilon_{i,t} \qquad (9.11)$$

第三步，检验吸收能力在三方面国际化程度与技术创新绩效之间是否真实存在中介作用，将吸收能力引入模型（9.7），得到模型（9.12），分析主效应的变化。

$$TEIN_{i,t} = \beta_0 + \beta_1 EXPO_{i,t} + \beta_2 OVEX_{i,t} + \beta_3 OVRE_{i,t} + \beta_4 ABLE_{i,t}$$
$$+ \beta_5 \sum Control_{i,t} + \varepsilon_{i,t} \qquad (9.12)$$

式中，β_0 表示常数项，ε 表示误差项，i 表示企业，t 表示年份。

第二阶段，按照调节效应的检验步骤，分析研发投入在国际化程度与吸收能力之间的调节效应。将吸收能力作为被解释变量，将海外出口 EXPO、海外人才 OVEX、海外研发 OVRE、研发投入 REPU 以及交互项 EXPO·REPU、OVEX·REPU、OVRE·REPU 作为解释变量引入回归方程，构建模型（9.13）~ 模型（9.15）。

$$ABLE_{i,t} = \beta_0 + \beta_1 EXPO_{i,t} + \beta_2 REPU_{i,t} + \beta_3 EXPO \cdot REPU_{i,t} + \varepsilon_{i,t} \quad (9.13)$$

$$ABLE_{i,t} = \beta_0 + \beta_1 OVEX_{i,t} + \beta_2 REPU_{i,t} + \beta_3 OVEX \cdot REPU_{i,t} + \varepsilon_{i,t} \quad (9.14)$$

$$ABLE_{i,t} = \beta_0 + \beta_1 OVER_{i,t} + \beta_2 REPU_{i,t} + \beta_3 OVER \cdot REPU_{i,t} + \varepsilon_{i,t} \quad (9.15)$$

同时将国际化程度、研发投入及二者交互项引入回归模型，可得计量模型（9.16），以进一步检验研发投入的调节效应。

$$ABLE_{i,t} = \beta_0 + \beta_1 EXPO_{i,t} + \beta_2 OVEX_{i,t} + \beta_3 OVRE_{i,t} + \beta_4 REPU_{i,t}$$
$$+ \beta_5 EXPO \cdot REPU_{i,t} + \beta_6 OVEX \cdot REPU_{i,t} + \beta_7 OVRE \cdot REPU_{i,t} + \varepsilon_{i,t}$$
$$(9.16)$$

式中，β_0 表示常数项，ε 表示误差项，i 表示企业，t 表示年份，$EXPO \cdot REPU$ 表示企业海外出口与研发投入的多元化交互项，$OVEX \cdot REPU$ 表示企业海外人才与研发投入的多元化交互项，$OVRE \cdot REPU$ 表示企业海外研发与研发投入的多元化交互项。

在实证分析开始之前，本书采用 Z-score 标准化方法对变量的数值进行标准化处理，使得各项指标的数据平均值为 0，标准差为 1，进而将不同量纲的原始数据放在同一个矩阵进行测评，以便进行分层回归分析和相关系数比较。

9.3 长期驱动效应实证检验分析

9.3.1 描述性统计及相关性分析

为了准确把握数据之间的基本特征以及变量之间的相关关系，本书首先进行描述性统计及相关性分析。描述性统计及相关性分析是进行其他统计分析的基础和前提。通过描述性统计对指标数字特征量的呈现，可以对样本来自总体的特征有比较准确的把握；相关性分析可以计算出两两变量之间的相关系数，反映变量之间的相关方向和程度。

1. 描述性统计

2014—2016 年河北省高新技术企业国际化程度与创新绩效机制模型中各变量的描述性统计如表 9.2 所示。在考虑到创新绩效时间滞后性的情况下，本书使用 2014—2016 年河北省高新技术企业的样本，个数为 879。样本企业的平均新产品销售收入为 729566.658 千元，处于较高水平，说明三年来河北省高新技术企业经济创新绩效较好。标准差为 7267492.062，说明各企业的经济创新绩效差异较大。而样本数据中新产品销售收入最低值仅为 0，最高达到 210807528 千元，说明本书所选的样本企业覆盖区间广，使得本书对经济创新绩效影响因素的研究更深入且研究结果使用范围更广；样本企业 2014—2016 年专利申请量的平均值为 22.46 项，表明三年来河北省高新技术企业整体的技术创新绩效较高。标准差为 153.441，远远大于样本均值，这说明各企业的技术创新情况参差不齐。同样，样本企业的专利申请量最大值与最小值的差异较大，表明所选企业覆盖面广，代表性强，在一定程度上消除了结论偶然性，使得研究结果适用性更强；针对样本企业的国际化程度，本书从三方面进行测度，均值大小依次为海外出口（320932.7551）、海外人才（0.58）、海外研发（0.04），表明 2014—2016 年以来河北省高新技术企业在国际化经营方面，更为重视海外出口，在引进海外人才及设立海外研发机构方面处在较低水平。另外，三种国际化程度的标准差都远远大于其均值，再次说明样本企业国际化经营活动差异较大。最大值与最小值间的差距为本书样本的选取提供了较好的说服力。在吸收能力这一指标中，均值为 8.22，表明三年来河北省高新技术企业的吸收能力整体水平偏低，有待提高。2014—2016 年河北省高新技术企业研发投入平均值为 4.2551，标准差为 0.63366，说明河北省高新技术企业十分重视企业创新。在众多控制变量中，企业规模相对较大，企业年龄较为成熟，平均值为 13.81，而 R&D 强度相对不足，均值仅为 0.0467。资本结构的均值 0.4985，说明企业负债率相对较低。专利授权数平均值为 75.44，说明河北省高新技术企业的创新能力处在较高水平。

表9.2　　　　　　　　　　统计变量描述性统计

变量名称	变量代码	样本个数	均值	标准差	最小值	最大值
经济创新绩效	ECIN	879	729566.658	7267492.062	0	210807528
技术创新绩效	TEIN	879	22.46	153.441	0	3606
海外出口	EXPO	879	320932.7551	1967120.655	0	45538181.25
海外人才	OVEX	879	0.58	9.561	0	281
海外研发	OVRE	879	0.04	0.42	0	9
吸收能力	ABLE	879	8.22	42.914	0	984
研发投入	REPU	879	4.2551	0.63366	1.41	7.01
企业年龄	AGE	879	13.81	6.341	3	62

变量名称	变量代码	样本个数	均值	标准差	最小值	最大值
企业规模	SIZE	879	5.6486	0.72028	3.46	8.8
资本结构	STRU	879	0.4985	0.2528	−0.0378	1.8028
研发强度	INTENSITY	879	0.0467	0.273	0.0043	0.9670
创新能力	ABILITY	879	75.44	418.08	0	10452

2. 相关性分析

2014—2016年河北省高新技术企业国际化程度与创新绩效研究模型中各统计变量的相关性分析如表9.3所示。由表9.3可知，高新技术企业海外出口与经济创新绩效（$r = 0.314$，$p < 0.01$）、技术创新绩效（$r = 0.738$，$p < 0.01$），海外人才与经济创新绩效（$r = 0.971$，$p < 0.01$）、技术创新绩效（$r = 0.591$，$p < 0.01$），海外研发与经济创新绩效（$r = 0.414$，$p < 0.01$）、技术创新绩效（$r = 0.763$，$p < 0.01$）都存在显著的正相关关系。海外出口与吸收能力（$r = 0.314$，$p < 0.01$）、海外人才与吸收能力（$r = 0.773$，$p < 0.01$）、海外研发与吸收能力（$r = 0.340$，$p < 0.01$）之间都存在显著正相关关系。吸收能力与经济创新绩效（$r = 0.789$，$p < 0.01$）、技术创新绩效（$r = 0.575$，$p < 0.01$）之间存在显著正相关关系。研发投入与吸收能力（$r = 0.307$，$p < 0.01$）之间也存在显著正相关关系。同时，各控制变量与经济创新绩效、技术创新绩效间也存在显著关系。

3. 多重共线性检验

在进行实证分析之前，另一个需要注意的是多重共线性问题。多重共线性是指变量之间存在近似的线性关系，即某个变量能够近似地用其他变量的线性函数来表示。为了检验变量之间是否存在共线性问题，本书在将所有变量 Z-score 标准化之后，进行多重回归分析的共线性诊断。表9.4显示了分别以经济创新绩效和技术创新绩效为被解释变量而进行的其他变量共线性检验结果。其中，容忍度是以每个变量作为因变量对其他变量进行回归分析时得到的残差比例；方差膨胀因子（VIF）是容忍度的倒数。VIF越大，共线性越严重。当 VIF 大于 10 时，表示有严重的共线性存在。如表9.4所示，各变量的 VIF 都小于 10，故不存在多重共线性问题。

表 9.3

统计变量相关性分析

变量	企业创新绩效	技术创新绩效	海外出口	海外人才	海外研发	吸收能力	研发投入	创新能力	企业年龄	资本结构	研发强度	企业规模
经济创新绩效	1.000											
技术创新绩效	0.692**	1.000										
海外出口	0.314**	0.738**	1.000									
海外人才	0.971**	0.591**	0.180**	1.000								
海外研发	0.414**	0.763**	0.610**	0.346**	1.000							
吸收能力	0.789**	0.575**	0.314**	0.773**	0.340**	1.000						
研发投入	0.247**	0.235**	0.300**	0.166**	0.164**	0.307**	1.000					
创新能力	0.898**	0.916**	0.547**	0.840**	0.641**	0.764**	0.263**	1.000				
企业年龄	0.041	0.107**	0.127**	0.016	0.045	0.157**	0.273**	0.104**	1.000			
资本结构	0.015*	0.016*	0.029*	0.012*	0.011**	0.015	0.160**	0.013*	0.021*	1.000		
研发强度	0.005*	0.006*	0.009*	0.03*	0.004*	0.001*	0.056	0.02*	0.02	-0.05*	1.000	
企业规模	0.219**	0.218**	0.281**	0.145**	0.155**	0.281**	0.819**	0.246**	0.275**	0.210**	0.009	1.000

注：显著性水平 ** 为 $p < 0.01$（双尾），* 为 $p < 0.05$（双尾）；$N = 879$。

表 9. 4　　　　　　　　　　　　　变量共线性检验结果

变量	经济创新绩效		技术创新绩效	
	容忍度	VIF	容忍度	VIF
海外出口	0.373	2.681	0.373	2.681
海外人才	0.175	5.725	0.175	5.725
海外研发	0.609	1.642	0.609	1.642
吸收能力	0.307	3.262	0.307	3.262
研发投入	0.358	2.793	0.358	2.793
企业年龄	0.909	1.1	0.909	1.1
企业规模	0.347	2.886	0.347	2.886
资产结构	0.961	1.041	0.961	1.041
研发强度	0.997	1.003	0.997	1.003
创新能力	0.147	6.818	0.147	6.818

9.3.2　国际化程度与创新绩效的主效应检验

表 9.5 的模型 1 和表 9.6 的模型 8 显示了各控制变量与被解释变量的关系。整体而言，五个控制变量均通过了显著性检验，能够较好地解释各变量对被解释变量的影响。具体而言，企业年龄与经济创新绩效（$\beta = 0.058$，$p < 0.01$）和技术创新绩效（$\beta = 0.015$，$p < 0.1$）显著正相关；企业规模与经济创新绩效（$\beta = 0.012$，$p < 0.1$）和技术创新绩效（$\beta = 0.013$，$p < 0.1$）显著正相关；企业资产结构与经济创新绩效（$\beta = -0.001$，$p < 0.1$）和技术创新绩效（$\beta = -0.007$，$p < 0.1$）显著负相关；企业 R&D 强度与经济创新绩效（$\beta = 0.020$，$p < 0.05$）和技术创新绩效（$\beta = 0.040$，$p < 0.05$）显著正相关；企业创新能力与经济创新绩效（$\beta = 0.901$，$p < 0.01$）和技术创新绩效（$\beta = 0.917$，$p < 0.01$）显著正相关。

表 9.5 的模型 2 和表 9.6 的模型 9 展现了企业国际化程度与创新绩效的主效应检验结果。在经济创新绩效层面，模型 2 的回归结果显示，海外出口与经济创新绩效的回归系数为 $\beta = 0.066$（$p < 0.01$），T 检验值为 7.205，说明海外出口与经济创新绩效显著正相关，企业可以通过加大出口力度来提高经济创新绩效，假设 H_{1a-1} 得到支持。海外人才与经济创新绩效的回归系数为 $\beta = 0.770$（$p < 0.01$），T 检验值为 52.778，表明企业可以通过引进海外专家、海外人才来提高经济创新绩效，假设 H_{1b-1} 得到

支持。海外研发与经济创新绩效的回归系数为 $\beta = 0.052$，T 检验值为 5.761，且通过了 0.01 水平的显著性检验，表明企业通过在海外设立研发机构，加强海外研发强度，促进企业新产品销售收入的增加，提高了企业经济创新绩效，假设 H_{1c-1} 得到支持。综上所述，假设 H_{1a-1}、H_{1b-1}、H_{1c-1} 均成立。同时，在技术创新绩效方面，模型 9 的回归结果显示，海外出口与技术创新绩效的回归系数为 $\beta = 0.151$（$p < 0.01$），T 检验值为 15.201，说明海外出口与技术创新绩效显著正相关，企业对海外出口这一国际化模式的重视可以提高自身技术创新绩效，假设 H_{1a-2} 得到支持。海外人才与技术创新绩效的回归系数为 $\beta = 0.415$，T 检验值为 26.389，并且通过了 0.01 水平的显著性检验，表明企业可以通过引进海外专家、海外人才来提高技术创新绩效，假设 H_{1b-2} 得到支持。海外研发与技术创新绩效的回归系数为 $\beta = 0.096$（$p < 0.01$），T 检验值为 10.037，表明企业可以通过在境外设立研发机构来增加企业专利申请数量，提升企业技术创新绩效，假设 H_{1c-2} 得到支持。综上所述，假设 H_{1a-2}、H_{1b-2}、H_{1c-2} 均通过检验。

9.3.3 吸收能力的中介效应检验

上文的理论假设中提到，吸收能力在国际化程度（海外出口、海外人才、海外研发）和创新绩效（经济创新绩效、技术创新绩效）之间起着中介作用。表 9.5 和表 9.6 分别从经济创新绩效和技术创新绩效两个层面，展现了吸收能力的中介效应检验结果，以验证假设 H_{2a-1}、H_{2a-2}、H_{2b-1}、H_{2b-2}、H_{2c-1}、H_{2c-2} 是否成立。

1. 企业经济创新绩效层面

为了验证吸收能力的中介效应能否成立，需要先检验国际化程度与吸收能力、吸收能力与经济创新绩效的关系。一方面，由表 9.5 中模型 5 可知，海外出口与吸收能力显著正相关（$\beta = 0.179$，$p < 0.01$）；由模型 6 的回归结果可知，海外人才对于吸收能力具有显著正向作用（$\beta = 0.489$，$p < 0.01$）；由模型 7 可知，海外研发对吸收能力具有显著正向影响作用（$\beta = 0.253$，$p < 0.01$）。另一方面，模型 3 的回归结果显示，吸收能力与企业经济创新绩效的回归系数 $\beta = 0.263$，并且通过了 0.01 水平的显著性检验，表明吸收能力对于企业经济创新绩效的提高具有显著促进作用。因此，吸收能力在国际化程度与经济创新绩效之间存在中介作用的前提成立。为了验证吸收能力的中介效应是否真的存在，将海外出口、海外人才、海外研发与吸收能力都引入对经济创新绩效的影响模型，得到模型

4 的回归结果。海外研发在吸收能力的作用下，对经济创新绩效的回归系数相比模型 2 有所减少。具体来说，海外研发的回归系数由之前的 0.052 降至 0.051 （$p < 0.01$），回归系数的减少表明其对经济创新绩效的影响程度相比之前都有所降低，这说明海外研发对经济创新绩效的影响部分是通过吸收能力起作用的，即吸收能力在海外研发对企业经济创新绩效的影响过程中起着部分中介作用。具体而言，吸收能力在海外研发与经济创新绩效间的中介效应占比率为 $0.253 \times 0.064 / 0.052 \times 100\% = 31.14\%$。就海外出口而言，不论是否加入吸收能力的作用，其回归系数都为 0.066，说明吸收能力在海外出口与经济创新绩效间的中介效应不存在；而对于海外人才，加入吸收能力的作用后，其回归系数反而由 0.770 增长至 0.772，说明海外人才并没有部分通过吸收能力进而促进企业经济创新绩效，故吸收能力在海外人才与经济创新绩效之间不存在中介效应。综上所述，假设 H_{2c-1} 得到支持，而 H_{2a-1}、H_{2b-1} 则未得到支持。

表9.5　　　　　　　　　　　经济创新绩效层面的回归结果

变量	经济创新绩效				吸收能力		
	模型 1	模型 2	模型 3	模型 4	模型 5	模型 6	模型 7
海外出口		0.066 *** (7.205)		0.066 *** (7.214)	0.179 *** (6.979)		
海外人才		0.770 *** (52.778)		0.772 *** (50.461)		0.489 *** (13.292)	
海外研发		0.052 *** (5.761)		0.051 *** (4.760)			0.253 *** (9.409)
吸收能力			0.263 *** (12.165)	0.064 *** (7.435)			
企业年龄	0.058 *** (3.750)	0.014 ** (2.307)	0.073 *** (5.102)	0.014 ** (2.227)	−0.064 *** (−2.922)	0.088 *** (4.255)	0.052 *** (2.433)
企业规模	0.012 * (1.741)	0.039 *** (5.927)	−0.011 * (−1.729)	0.039 *** (5.918)	0.114 *** (4.911)	0.111 *** (5.137)	0.088 *** (3.926)
资本结构	−0.001 * (−1.603)	−0.012 * (−1.906)	0.005 * (1.639)	−0.011 * (−1.899)	0.015 (0.694)	0.007 * (1.766)	0.013 * (1.615)
研发强度	0.020 ** (2.014)	0.020 (2.870)	0.002 (0.154)	0.004 (0.287)	0.003 * (1.778)	−0.002 * (−1.604)	0.010 (0.050)

变量	经济创新绩效				吸收能力		
	模型1	模型2	模型3	模型4	模型5	模型6	模型7
创新能力	0.901 *** (58.674)	0.239 *** (12.943)	0.707 *** (33.153)	0.241 *** (12.711)	0.827 *** (32.661)	0.317 *** (8.422)	0.899 *** (32.801)
R^2 值	0.810	0.970	0.837	0.970	0.618	0.665	0.634
F 值	733.521	3486.166	740.050	3095.913	232.593	285.468	249.047

注：表中 * 为显著性水平，*** 为 $p < 0.01$，** 为 $p < 0.05$，* 为 $p < 0.1$；$N = 879$。

2. 企业技术创新绩效层面

同企业经济创新绩效层面类似，为了验证吸收能力的中介效应是否成立，首先应该检验国际化程度与吸收能力、吸收能力与技术创新绩效的关系。

表 9.6　　　　　　　　技术创新绩效层面的回归结果

变量	技术创新绩效				吸收能力		
	模型8	模型9	模型10	模型11	模型12	模型13	模型14
海外出口		0.151 *** (15.201)		0.156 *** (16.511)	0.179 *** (6.979)		
海外人才		0.415 *** (26.389)		0.369 *** (23.547)		0.489 *** (13.292)	
海外研发		0.096 *** (10.037)		0.083 *** (9.048)			0.253 *** (9.409)
吸收能力			0.308 *** (16.385)	0.103 *** (9.751)			
企业年龄	0.015 * (1.781)	0.013 * (1.960)	0.033 ** (2.661)	0.005 * (1.747)	-0.064 *** (-2.922)	0.088 *** (4.255)	0.052 *** (2.433)
企业规模	0.013 * (1.867)	0.055 *** (7.856)	-0.014 * (-1.871)	0.045 *** (6.622)	0.114 *** (4.911)	0.111 *** (5.137)	0.088 *** (3.926)
资本结构	-0.007 * (-1.621)	-0.003 * (-1.685)	0.003 * (1.671)	-0.002 * (-1.632)	0.015 (0.694)	0.007 * (1.766)	0.013 * (1.615)
研发强度	0.040 ** (2.261)	0.020 (0.263)	0.050 * (1.893)	0.003 (0.272)	0.003 * (1.778)	-0.002 * (-1.604)	0.010 (0.050)

变量	技术创新绩效				吸收能力		
	模型 8	模型 9	模型 10	模型 11	模型 12	模型 13	模型 14
创新能力	0.917 *** (34.864)	0.135 *** (26.925)	0.144 *** (31.628)	0.177 *** (30.628)	0.827 *** (32.661)	0.317 *** (8.422)	0.899 *** (32.801)
R^2 值	0.839	0.965	0.877	0.969	0.618	0.665	0.634
F 值	896.541	2984.146	1023.414	2953.312	232.593	285.468	249.047

注：表中 * 为显著性水平，*** 为 $p < 0.01$，** 为 $p < 0.05$，* 为 $p < 0.1$；$N = 879$。

一方面，由表 9.6 中模型 12 可知，海外出口与吸收能力显著正相关（$\beta = 0.179$，$p < 0.01$）；由模型 13 的回归结果可知，海外人才对于吸收能力具有显著正向作用（$\beta = 0.489$，$p < 0.01$）；由模型 14 可知，海外研发对吸收能力具有显著正向影响作用（$\beta = 0.253$，$p < 0.01$）。另一方面，模型 10 的回归结果显示，吸收能力与企业技术创新绩效的回归系数 $\beta = 0.308$，并通过了 0.01 水平的显著性检验，表明吸收能力对于企业技术创新绩效的提高具有显著促进作用。因此，吸收能力在国际化程度与技术创新绩效之间存在中介作用的前提成立。为了验证吸收能力的中介效应是否真的存在，将海外出口、海外人才、海外研发与吸收能力都引入对技术创新绩效的影响模型，得到模型 11 的回归结果。由结果可知，海外人才、海外研发在吸收能力的作用下，对技术创新绩效的回归系数相比模型 9 都有所减少。具体来说，海外人才的回归系数由之前的 0.415 降至 0.369（$p < 0.01$）；海外研发的回归系数由之前的 0.096 降至 0.083。二者回归系数的减少表明其对技术创新绩效的影响程度相比之前都有所降低，说明海外人才及海外研发对技术创新绩效的影响部分是通过吸收能力起作用的，即吸收能力在海外人才、海外研发对企业技术创新绩效的影响过程中起部分中介作用。具体而言，吸收能力的中介效应占比率依次为：0.489×0.103/0.415×100% = 12.14%，0.253×0.103/0.096×100% = 27.14%。而对于海外出口来说，在加入吸收能力的作用后，其回归系数由 0.151 增长至 0.156，说明吸收能力在海外出口与技术创新绩效间不存在中介效应。综上所述，假设 H_{2b-2}、H_{2c-2} 得到了支持，而 H_{2a-2} 则未得到支持。

9.3.4 研发投入的调节效应检验

高新技术企业研发投入在国际化程度（海外出口、海外人才、海外研发）与吸收能力之间起着调节作用。为了验证假设 H_{3a}、H_{3b}、H_{3c} 是否成立，本书在吸收能力层面对研发投入的调节效应进行回归分析，检验结果如表9.7所示。

表9.7　　　　　　　　吸收能力层面的调节效应检验

变量	吸收能力						
	模型15	模型16	模型17	模型18	模型19	模型20	模型21
海外出口	0.314*** (9.794)			0.591*** (12.382)			0.604*** (4.754)
海外人才		0.773*** (36.068)			0.096 (0.514)		0.153 (0.815)
海外研发			0.340*** (10.690)			0.510*** (8.739)	0.185*** (3.545)
研发投入				0.397*** (12.661)	0.199*** (9.380)	0.259*** (9.423)	0.204*** (8.721)
海外出口研发投入				0.839*** (14.667)			0.015*** (6.589)
海外人才投入					0.648*** (3.473)		0.649*** (3.412)
海外研发投入						0.912*** (15.675)	0.534*** (6.043)
R^2值	0.785	0.897	0.915	0.718	0.735	0.861	0.672
F值	658.904	747.842	942.805	234.799	506.527	363.761	254.4721

注：表中 * 为显著性水平，*** 为 $p<0.01$，** 为 $p<0.05$，* 为 $p<0.1$；$N=879$。

将海外出口、海外人才、海外研发、研发投入以及交互项加入以吸收能力为被解释变量的回归模型，研究研发投入的调节效应。表9.7中的模型15~模型17分别呈现了海外出口、海外人才、海外研发对吸收能力的影响效果，其中海外出口与吸收能力（$\beta=0.314$，$p<0.01$）、海外人才与吸收能力（$\beta=0.773$，$p<0.01$）、海外研发与吸收能力（$\beta=0.340$，$p<0.01$）都具有显著正相关关系。根据模型18的结果，假设 H_{3a} 得到验证，研发投入在海外出口与吸收能力之间起到显著的正向调节作用（$\beta=0.839$，$p<0.01$）。模型19的结果验证了假设 H_{3b}（$\beta=0.648$，$p<0.01$），研发投入在海外人才与吸收能力之间起到显著正向调节作用。模型20的结果验证了假设 H_{3c}（$\beta=0.912$，$p<0.01$），研发投入在海外研发与吸收能力之间起到显著的正向调节作用。综上所述，假设 H_{3a}、H_{3b}、H_{3c} 均通过

检验，即研发投入在海外出口、海外人才、海外研发与吸收能力间均存在显著调节效应。

9.4　短期驱动效应实证检验分析

9.4.1　描述性统计及相关性分析

同本书9.3节类似，在对2016年河北省高新技术企业数据样本实证分析之前，首先进行描述性统计及相关性分析。

1. 描述性统计

2016年河北省高新技术企业国际化程度与创新绩效机制模型中各变量的描述性统计如表9.8所示。在上文数据选取原则的指导下，本书筛选出2016年河北省高新技术企业879家。2016年样本企业的平均新产品销售收入为310591.821千元，处于较高水平，说明2016年河北省高新技术企业经济创新绩效较好。标准差为2945395.786，远远大于平均值，说明各企业的经济创新绩效差异较大。而样本数据中新产品销售收入最低值仅为0，最高达到84565153千元，说明本书所选的样本企业覆盖区间广，使得本书对经济创新绩效影响因素的研究更深入且研究结果适用范围更广；样本企业2016年专利申请量的平均值为9.126项，表明2016年来河北省高新技术企业整体的技术创新绩效水平较高。标准差为72.5041，同样远远大于样本均值，这说明各企业的技术创新情况参差不齐。样本企业的专利申请量最大值与最小值的差异较大，表明所选企业覆盖面广，代表性强，在一定程度上消除了结论偶然性，使得研究结果适用性更强；针对样本企业的国际化程度，本书从三方面进行测度，均值大小依次为海外出口（234807.3266）、海外人才（0.4015）、海外研发（0.013），表明2016年河北省高新技术企业在国际化经营方面，更为重视海外出口，在引进海外人才及设立海外研发机构方面处在较低水平。另外，三种国际化程度的标准差分别为1486431.911、8.947、0.1551，都远远大于其均值，再次说明样本企业国际化经营活动差异较大。最大值与最小值间的差距为本书样本的选取提供了较好的说服力。在吸收能力这一指标中，均值为2.766，表明2016年河北省高新技术企业的吸收能力整体水平偏低，有待提高。2016年河北省高新技术企业研发投入平均值为3.7178，标准差为0.6686，说明河北省高新技术企业十分重视企业创新。在众多控制变量中，企业规模相对较大，企业年龄较为成熟，平均值为 13.859，而 R&D 强度相对不足，均值仅为 0.0385。资本结构的均值为 0.4930，说明企业负债率相对较低。专利授权数平均值为 32.65，说明河北省高新技术企业的创新能力处在较高水平。

表9.8   统计变量描述性统计

变量名称	变量代码	样本个数	均值	标准差	最小值	最大值
经济创新绩效	ECIN	879	310591.821	2945395.786	0	84565153
技术创新绩效	TEIN	879	9.126	72.5041	0	1869
海外出口	EXPO	879	234807.3266	1486431.911	0	35491902
海外人才	OVEX	879	0.4015	8.947	0	281
海外研发	OVRE	879	0.013	0.1551	0	3
吸收能力	ABLE	879	2.766	18.505	0	440
研发投入	REPU	879	3.7178	0.6686	1.16	6.51
企业年龄	AGE	879	13.859	6.3497	3	62
企业规模	SIZE	879	5.1891	0.7102	2.53	7.94
资本结构	STRU	879	0.4930	0.2845	0	2.2283
研发强度	INTENSITY	879	0.0385	0.149	0.0013	0.9991
创新能力	ABILITY	879	32.65	186.7761	0	4059

2. 相关性分析

2016 年河北省高新技术企业国际化程度与创新绩效研究模型中各统计变量的相关性分析如表9.9所示。由表9.9可知，高新技术企业海外出口与经济创新绩效（$r = 0.277$，$p < 0.01$）、技术创新绩效（$r = 0.773$，$p < 0.01$），海外人才与经济创新绩效（$r = 0.967$，$p < 0.01$）、技术创新绩效（$r = 0.475$，$p < 0.01$），海外研发与经济创新绩效（$r = 0.087$，$p < 0.01$）、技术创新绩效（$r = 0.575$，$p < 0.01$）都存在显著的正相关关系。海外出口与吸收能力（$r = 0.267$，$p < 0.01$）、海外人才与吸收能力（$r = 0.807$，$p < 0.01$）、海外研发与吸收能力（$r = 0.071$，$p < 0.05$）之间都存在显著正相关关系。吸收能力与经济创新绩效（$r = 0.819$，$p < 0.01$）、技术创新绩效（$r = 0.465$，$p < 0.01$）之间存在显著正相关关系。研发投入与吸收能力（$r = 0.281$，$p < 0.01$）之间也存在显著正相关关系。同时，各控制变量与经济创新绩效、技术创新绩效间也存在显著关系。

表9.9

统计变量相关性分析

变量	ECIN	TEIN	EXPO	OVEX	OVRE	ABLE	REPU	ABILITY	AGE	STRU	INTENSITY	SIZE
经济创新绩效	1.000											
技术创新绩效	0.551**	1.000										
海外出口	0.277**	0.773**	1.000									
海外人才	0.967**	0.475**	0.161**	1.000								
海外研发	0.087**	0.575**	0.526**	0.035	1.000							
吸收能力	0.819**	0465**	0.267**	0.807**	0.071*	1.000						
研发投入	0.250**	0.209**	0.287**	0.168**	0.131**	0.281**	1.000					
创新能力	0.806**	0.918**	0.621**	0.755**	0.427**	0.694**	0.254**	1.000				
企业年龄	0.036	0.106**	0.129**	0.027	0.021	0.123**	0.242**	0.104**	1.000			
资本结构	0.019*	0.018*	0.020*	0.005*	0.005**	0.008	0.099**	0.013	0.007	1.000		
研发强度	0.005*	0.005*	0.007*	0.002	0.003*	0.005*	0.025*	0.003	0.015	-0.006*	1.000	
企业规模	0.236**	0.207**	0.276**	0.154**	0.137**	0.273**	0.793**	0.254**	0.267**	0.162**	0.045	1.000

注：显著性水平 ** 为 $p < 0.01$（双尾），* 为 $p < 0.05$（双尾）；$N = 879$。

3. 多重共线性检验

在进行实证分析之前，另一个需要注意的是多重共线性问题。多重共线性是指变量之间存在近似的线性关系，即某个变量能够近似地用其他变量的线性函数来表示。为了检验变量之间是否存在共线性问题，本书在将所有变量 Z-score 标准化之后，进行多重回归分析的共线性诊断。表 9.10 显示了分别以经济创新绩效和技术创新绩效为被解释变量而进行的其他变量共线性检验结果。其中，容忍度是以每个变量作为因变量对其他变量进行回归分析时得到的残差比例；方差膨胀因子（VIF）是容忍度的倒数。VIF 越大，共线性越严重。当 VIF 大于 10 时，表示有严重的共线性存在。如表 9.10 所示，各变量的 VIF 都小于 10，故不存在多重共线性问题。

表 9.10   **变量共线性检验结果**

变量	经济创新绩效		技术创新绩效	
	容忍度	方差膨胀因子	容忍度	方差膨胀因子
海外出口	0.373	2.681	0.373	2.681
海外人才	0.175	5.725	0.175	5.725
海外研发	0.609	1.642	0.609	1.642
吸收能力	0.307	3.262	0.307	3.262
研发投入	0.358	2.793	0.358	2.793
企业年龄	0.909	1.1	0.909	1.1
企业规模	0.347	2.886	0.347	2.886
资本结构	0.961	1.041	0.961	1.041
研发强度	0.997	1.003	0.997	1.003
创新能力	0.147	6.818	0.147	6.818

9.4.2   国际化程度与创新绩效的主效应检验

表 9.11 的模型 1 和表 9.12 的模型 8 显示了各控制变量与被解释变量的关系。整体而言，五个控制变量均通过了显著性检验，能够较好地解释各变量对被解释变量的影响。具体而言，企业年龄与经济创新绩效（$\beta = 0.060$，$p < 0.01$）和技术创新绩效（$\beta = 0.020$，$p < 0.05$）显著正相关；企业规模与经济创新绩效（$\beta = 0.050$，$p < 0.05$）和技术创新绩效（$\beta = 0.035$，$p < 0.05$）显著正相关；企业资本结构与经济创新绩效（$\beta = -0.002$，$p < 0.1$）和技术创新绩效（$\beta = -0.012$，$p < 0.1$）显著负相关；

企业 R&D 强度与经济创新绩效（$\beta = 0.001$，$p < 0.1$）和技术创新绩效（$\beta = 0.004$，$p < 0.1$）显著正相关；企业创新能力与经济创新绩效（$\beta = 0.800$，$p < 0.01$）和技术创新绩效（$\beta = 0.925$，$p < 0.01$）显著正相关。

表 9.11 的模型 2 和表 9.12 的模型 9 展现了企业国际化程度与创新绩效的主效应检验结果。在经济创新绩效层面，模型 2 的回归结果显示，海外出口与经济创新绩效的回归系数为 $\beta = 0.074$（$p < 0.01$），T 检验值为 6.290，说明海外出口与经济创新绩效显著正相关，企业可以通过加大出口力度来提高经济创新绩效，假设 H_{1a-1} 得到支持。海外人才与经济创新绩效的回归系数为 $\beta = 0.863$（$p < 0.01$），T 检验值为 7.953，表明企业可以通过引进海外专家、海外人才来提高经济创新绩效，假设 H_{1b-1} 得到支持。海外研发与经济创新绩效的回归系数为 $\beta = 0.039$，T 检验值为 4.149，且通过了 0.01 水平的显著性检验，表明企业通过在海外设立研发机构可以促进企业新产品销售收入的增加，提高了企业经济创新绩效，假设 H_{1c-1} 得到支持。综上所述，假设 H_{1a-1}、H_{1b-1}、H_{1c-1} 均成立。同时，在技术创新绩效方面，模型 9 的回归结果显示，海外出口与技术创新绩效的回归系数为 $\beta = 0.127$（$p < 0.01$），T 检验值为 12.009，说明海外出口与技术创新绩效显著正相关，企业对海外出口这一国际化模式的重视可以提高自身技术创新绩效，假设 H_{1a-2} 得到支持。海外人才与技术创新绩效的回归系数为 $\beta = 0.389$，T 检验值为 29.140，并且通过了 0.01 水平的显著性检验，表明企业可以通过引进海外专家、海外人才来提高技术创新绩效，假设 H_{1b-2} 得到支持。海外研发与技术创新绩效的回归系数为 $\beta = 0.048$（$p < 0.01$），T 检验值为 5.782，表明企业通过在境外设立研发机构可以增加企业专利申请数量，提升企业技术创新绩效，假设 H_{1c-2} 得到支持。综上所述，假设 H_{1a-2}、H_{1b-2}、H_{1c-2} 均通过检验。

9.4.3　吸收能力的中介效应检验

上文的理论假设中提到，吸收能力在国际化程度（海外出口、海外人才、海外研发）和创新绩效（经济创新绩效、技术创新绩效）之间起着中介作用。表 9.11 和表 9.12 分别从经济创新绩效和技术创新绩效两个层面，展现了吸收能力的中介效应检验结果，以验证假设 H_{2a-1}、H_{2a-2}、H_{2b-1}、H_{2b-2}、H_{2c-1}、H_{2c-2} 是否成立。

1. 企业经济创新绩效层面

为了验证吸收能力的中介效应能否成立，需要先检验国际化程度与吸收能力、吸收能力与经济创新绩效的关系。一方面，由表 9.11 中模型 5

可知，海外出口与吸收能力显著正相关（$\beta = 0.298$，$p < 0.01$）；由模型 6 的回归结果可知，海外人才对于吸收能力具有显著正向作用（$\beta = 0.675$，$p < 0.01$）；由模型 7 可知，海外研发对吸收能力具有显著正向影响作用（$\beta = 0.279$，$p < 0.01$）。另一方面，模型 3 的回归结果显示，吸收能力与企业经济创新绩效的回归系数 $\beta = 0.510$，并且通过了 0.01 水平的显著性检验，表明吸收能力对于企业经济创新绩效的提高具有显著促进作用。因此，吸收能力在国际化程度与经济创新绩效之间存在中介作用的前提成立。为了验证吸收能力的中介效应是否真的存在，将海外出口、海外人才、海外研发与吸收能力都引入对经济创新绩效的影响模型，得到模型 4 的回归结果。海外出口以及海外人才在吸收能力的作用下，对经济创新绩效的回归系数相比模型 2 都有所减少。具体来说，海外出口的回归系数由之前的 0.074 降至 0.071（$p < 0.01$）；海外人才的回归系数由之前的 0.863 降至 0.831（$p < 0.01$）；二者回归系数的减少表明其对经济创新绩效的影响程度相比之前都有所降低，说明海外出口和海外人才对经济创新绩效的影响部分是通过吸收能力起作用的，即吸收能力在海外出口和海外人才对企业经济创新绩效的影响过程中起着部分中介作用。具体而言，吸收能力在海外出口与经济创新绩效间的中介效应占比率为 $0.298 \times 0.046/0.074 \times 100\% = 18.52\%$，在海外人才与经济创新绩效间的中介效应占比率为 $0.675 \times 0.046/0.863 \times 100\% = 3.60\%$。而对于海外研发来说，加入吸收能力的作用后，其回归系数从 0.039 上升至 0.063，说明吸收能力在海外研发与经济创新绩效之间不存在中介效应。综上所述，假设 H_{2a-1}、H_{2b-1} 得到支持，而 H_{2c-1} 则未得到支持。

表 9.11　　　　　　　　　　经济创新绩效层面的回归结果

变量	企业创新绩效				吸收能力		
	模型 1	模型 2	模型 3	模型 4	模型 5	模型 6	模型 7
海外出口		0.074 *** (6.290)		0.071 *** (6.020)	0.298 *** (9.911)		
海外人才		0.863 *** (7.953)		0.831 *** (8.077)		0.675 *** (22.860)	
海外研发		0.039 *** (4.149)		0.063 *** (5.864)			0.279 *** (10.967)
吸收能力			0.510 *** (22.722)	0.046 *** (3.525)			

变量	企业创新绩效				吸收能力		
	模型 1	模型 2	模型 3	模型 4	模型 5	模型 6	模型 7
企业年龄	0.060 *** (2.853)	0.024 *** (3.178)	0.072 *** (4.350)	0.026 *** (3.494)	0.035 (1.452)	-0.055 *** (-2.741)	0.014 * (1.892)
企业规模	0.050 ** (2.247)	0.065 *** (8.142)	-0.004 (-0.228)	0.060 *** (7.388)	0.141 *** (5.518)	0.123 *** (5.862)	0.116 *** (4.653)
资本结构	-0.002 * (-1.613)	-0.009 (-1.259)	-0.011 * (-1.815)	-0.010 * (-1.756)	0.024 * (1.808)	0.014 * (1.739)	-0.024 (-1.019)
研发强度	0.001 * (1.704)	0.003 * (1.751)	0.002 * (1.647)	0.003 (0.413)	-0.002 * (-0.698)	0.001 (0.039)	0.002 (0.081)
创新能力	0.800 *** (38.008)	0.111 *** (5.852)	0.460 *** (20.634)	0.105 *** (5.580)	0.840 *** (28.126)	0.148 *** (4.884)	0.783 *** (29.965)
R^2	0.654	0.956	0.786	0.956	0.547	0.688	0.658
F	317.441	2253.752	513.246	2032.130	168.517	308.279	275.781

注：表中 * 为显著性水平，*** 为 $p<0.01$，** 为 $p<0.05$，* 为 $p<0.1$；$N=879$。

2. 企业技术创新绩效层面

同企业经济创新绩效层面类似，为了验证吸收能力的中介效应是否成立，首先应该检验国际化程度与吸收能力、吸收能力与技术创新绩效的关系。

表 9.12　　　　　　　　技术创新绩效层面的回归结果

变量	技术创新绩效				吸收能力		
	模型 8	模型 9	模型 10	模型 11	模型 12	模型 13	模型 14
海外出口		0.127 *** (12.009)		0.133 *** (12.841)	0.298 *** (9.911)		
海外人才		0.389 *** (29.140)		0.336 *** (22.079)		0.675 *** (22.860)	
海外研发		0.048 *** (5.782)		0.044 *** (5.343)			0.279 *** (10.967)
吸收能力			0.335 *** (21.945)	0.077 *** (6.754)			

变量	技术创新绩效				吸收能力		
	模型 8	模型 9	模型 10	模型 11	模型 12	模型 13	模型 14
企业年龄	0.020 ** (2.224)	0.001 * (1.783)	0.028 ** (2.487)	0.003 (0.402)	0.035 (1.452)	−0.055 *** (−2.741)	0.014 * (1.892)
企业规模	0.035 ** (2.372)	0.063 *** (8.742)	−0.002 (−0.005)	0.054 *** (7.542)	0.141 *** (5.518)	0.123 *** (5.862)	0.116 *** (4.653)
资本结构	−0.012 * (−1.855)	−0.009 * (−1.661)	−0.005 * (−1.716)	−0.008 * (−1.726)	0.024 * (1.808)	0.014 * (1.739)	−0.024 (−1.019)
研发强度	0.004 * (1.696)	0.003 (0.506)	0.003 * (1.606)	0.003 * (1.611)	−0.002 * (−0.698)	0.001 (0.039)	0.002 (0.081)
创新能力	0.925 *** (35.536)	0.129 *** (36.546)	0.335 *** (21.945)	0.138 *** (38.625)	0.840 *** (28.126)	0.148 *** (4.884)	0.783 *** (29.965)
R^2	0.845	0.964	0.901	0.966	0.547	0.688	0.658
F	910.245	2829.780	1273.803	2654.817	168.517	308.279	275.781

注：表中 * 为显著性水平，*** 为 $p < 0.01$，** 为 $p < 0.05$，* 为 $p < 0.1$；$N = 879$。

　　一方面，由表 9.12 中模型 12 可知，海外出口与吸收能力显著正相关（$\beta = 0.298$，$p < 0.01$）；由模型 13 的回归结果可知，海外人才对于吸收能力具有显著正向作用（$\beta = 0.675$，$p < 0.01$）；由模型 14 可知，海外研发对吸收能力具有显著正向影响作用（$\beta = 0.279$，$p < 0.01$）。另一方面，模型 10 的回归结果显示，吸收能力与企业技术创新绩效的回归系数 $\beta = 0.335$，并通过了 0.01 水平的显著性检验，表明吸收能力对于企业技术创新绩效的提高具有显著促进作用。因此，吸收能力在国际化程度与技术创新绩效之间存在中介作用的前提成立。为了验证吸收能力的中介效应是否真的存在，将海外出口、海外人才、海外研发与吸收能力都引入对技术创新绩效的影响模型，得到模型 11 的回归结果。由结果可知，海外人才和海外研发在吸收能力的作用下，对技术创新绩效的回归系数相比模型 9 都有所减少。具体来说，海外人才的回归系数由之前的 0.389 降至 0.336（$p < 0.01$）；海外研发的回归系数由之前的 0.048 降至 0.044。二者回归系数的减少表明其对技术创新绩效的影响程度相比之前都有所降低，说明海外人才和海外研发对技术创新绩效的影响部分是通过吸收能力起作用的，即吸收能力在海外人才、海外研发对企业技术创新绩效的影响过程中起部分中介作用。具体而言，吸收能力在海外人才与技术创新绩效间的中介效应占

比率为 $0.675 \times 0.077/0.389 \times 100\% = 13.36\%$，在海外研发与技术创新绩效间的中介效应占比率为 $0.279 \times 0.077/0.048 \times 100\% = 44.76\%$。而对于海外出口来说，加入吸收能力的作用后，其回归系数由 0.127 上升至 0.133，说明吸收能力在海外出口与技术创新绩效间的中介效用不存在。综上所述，假设 H_{2b-2}、H_{2c-2} 得到了支持，而 H_{2a-2} 未得到支持。

9.4.4 研发投入的调节效应检验

高新技术企业研发投入在国际化程度（海外出口、海外人才、海外研发）与吸收能力之间起着调节作用。为了验证假设 H_{3a}、H_{3b}、H_{3c} 是否成立，本书在吸收能力层面对研发投入的调节效应进行回归分析，检验结果如表 9.13 所示。

表 9.13　　　　　　吸收能力层面的调节效应检验

变量	吸收能力						
	模型 15	模型 16	模型 17	模型 18	模型 19	模型 20	模型 21
海外出口	0.267 *** (8.144)			0.375 *** (9.294)			0.637 *** (5.670)
海外人才		0.807 *** (40.158)			0.139 (1.086)		0.085 (0.710)
海外研发			0.071 *** (2.105)			0.040 (0.504)	0.417 *** (7.148)
研发投入				0.370 *** (10.867)	0.167 *** (8.465)	0.279 *** (8.469)	0.169 *** (7.833)
海外出口 × 研发投入				0.576 *** (10.910)			1.089 *** (8.097)
海外人才投入 × 研发投入					0.647 *** (5.081)		0.572 *** (4.736)
海外研发 × 研发投入						0.082 (1.035)	0.731 *** (8.836)
R^2 值	0.871	0.651	0.574	0.724	0.682	0.791	0.723
F 值	766.327	612.695	247.432	683.043	617.710	725.560	320.844

注：表中 * 为显著性水平，*** 为 $p < 0.01$，** 为 $p < 0.05$，* 为 $p < 0.1$；$N = 879$。

将海外出口、海外人才、海外研发、研发投入以及交互项引入以吸收能力为被解释变量的回归模型，研究研发投入的调节效应。表 9.13 中的模型 15～模型 17 分别呈现了海外出口、海外人才、海外研发对吸收能力的影响效果，其中海外出口与吸收能力（$\beta = 0.267$，$p < 0.01$）、海外人才与吸收能力（$\beta = 0.807$，$p < 0.01$）、海外研发与吸收能力（$\beta = 0.071$，$p < 0.01$）都具有显著正相关关系。根据模型 18 的结果，假设 H_{3a} 得到验证，研发投入在海外出口与吸收能力之间起到显著的正向调节作用（$\beta = 0.576$，$p < 0.01$）。模型 19 的结果验证了假设 H_{3b}（$\beta = 0.647$，$p < 0.01$），研发投入在海外人才与吸收能力之间起到显著的正向调节作用。但是，模型 20 的结果显示，假设 H_{3c} 并没有得到支持，研发投入在海外研发与吸收能力之间没有显著的调节作用（$\beta = 0.082$，$p > 0.1$）。综上所述，假设 H_{3a}、H_{3b} 成立，而假设 H_{3c} 则不成立。

9.5 实证结果汇总及分析

9.5.1 实证结果汇总

本书运用两阶段分层回归的方法，分别对河北省 2014—2016 年存续的 879 家高新技术企业进行演化回归，并对 2016 年 879 家高新技术企业当年发展状态进行假设检验。同时，将两次实证结果进行比较，以发掘出更深更有价值的管理启示。综合以上分析，两次实证分析所得到的结果如表 9.14 所示。

表 9.14　　　　　　　　假设检验结果汇总表

假设名称		假设内容	检验结果	
			2014—2016	2016
主效应	H_{1a-1}	海外出口与企业经济创新绩效正相关	支持	支持
	H_{1a-2}	海外出口与企业技术创新绩效正相关	支持	支持
	H_{1b-1}	海外人才与企业经济创新绩效正相关	支持	支持
	H_{1b-2}	海外人才与企业技术创新绩效正相关	支持	支持
	H_{1c-1}	海外研发与企业经济创新绩效正相关	支持	支持
	H_{1c-2}	海外研发与企业技术创新绩效正相关	支持	支持

假设名称		假设内容	检验结果	
			2014—2016	2016
中介效应	H_{2a-1}	海外出口通过吸收能力的中介效应影响企业经济创新绩效	不支持	支持
	H_{2a-2}	海外出口通过吸收能力的中介效应影响企业技术创新绩效	不支持	不支持
	H_{2b-1}	海外人才通过吸收能力的中介效应影响企业经济创新绩效	不支持	支持
	H_{2b-2}	海外人才通过吸收能力的中介效应影响企业技术创新绩效	支持	支持
	H_{2c-1}	海外研发通过吸收能力的中介效应影响企业经济创新绩效	支持	不支持
	H_{2c-2}	海外研发通过吸收能力的中介效应影响企业技术创新绩效	支持	支持
调节效应	H_{3a}	研发投入在海外出口与吸收能力间起正向调节作用	支持	支持
	H_{3b}	研发投入在海外人才与吸收能力间起正向调节作用	支持	支持
	H_{3c}	研发投入在海外研发与吸收能力间起正向调节作用	支持	不支持

9.5.2 实证结果分析

1. 国际化程度与创新绩效关系分析

实证研究结果表明，无论是否考虑创新绩效的时间滞后性，在控制了企业年龄、企业规模、资产结构、研发强度以及创新能力等因素的情况下，高新技术企业国际化程度对创新绩效均产生显著正向影响，在相关系数的显著度上，海外出口、海外人才及海外研发对创新绩效的作用程度都通过了 0.01 水平的显著性检验。

长期而言，2014—2016 年河北省高新技术企业内出口总额分别为 42274242.74 千元、35991206.68 千元、203834442.1 千元；企业内部海外归国人员、外籍人员及境外专家等拥有海外背景的人员数量分别为 862 人、1004 人、1395 人；企业在境外设立的机构数分别为 857 家、912 家、509 家，企业新产品销售收入分别为 184904646.2 千元、188707291.1 千元、269677155.1 千元，企业专利申请数量分别为 5012 件、6803 件、7926 件。总体来看，随着海外出口额的增加、海外人员数量的上涨及海外研发强度的提高，企业经济创新绩效与技术创新绩效都呈现上升趋势，由于企业海外研发作用于企业绩效的时间滞后性，虽然 2016 年企业境外机构数量有所下降，但是之前年份设立的海外机构会持续对企业绩效产生影响。短期内，海外出口强度较低的企业，其经济绩效为 775684 千元，技术绩效为 9 件，海外出口轻度较高的企业，其经济绩效为 269677155.1 千元，技术绩效为 7926 件；企业内具有海外背景人员数量较少的企业，其经济绩效为

65890 千元，技术绩效为 18 件，人员数量较多的企业，其经济绩效为 269677155.1 千元，技术绩效为 7926 件；企业拥有境外研发机构较少的企业，其经济绩效为 14888.24 千元，技术绩效为 4 件，研发机构较多的企业，其经济绩效为 269677155.1 千元，技术绩效为 7926 件。短期数据同样说明，随着企业国际化程度的加深，其经济创新绩效也得到显著提升。从相关系数大小来看，经济创新绩效层面，2014—2016 年海外出口、海外人才、海外研发对企业绩效的影响系数小于 2016 年海外出口、海外人才、海外研发对企业绩效的影响系数（表9.5 模型 2 和表9.11 模型 2）。技术创新绩效层面，2014—2016 年海外出口、海外人才、海外研发对企业绩效的影响系数大于 2016 年海外出口、海外人才、海外研发对企业绩效的影响系数（表9.6 模型 2 和表9.12 模型 2）。究其原因，本书采用新产品销售收入测度企业经济创新绩效，用专利申请量测度技术创新绩效。产品创新分为突破式产品创新和渐进式产品创新，突破式产品创新是指企业依托新的技术知识开发出新的产品，渐进式产品创新是在原有产品基础上进行部分改良，使得产品性能越来越好。基于一定的市场环境及客户需求，企业可以在短时间内有针对性地实现产品创新，而专利的产生则需要企业花费大量时间及人力、物力，存在时间滞后性。因此，上述实证结果得以解释。

无论是否考虑时间滞后性，海外人才、海外出口、海外研发对企业创新绩效的作用效果依次递减（表9.5 模型 2 和表9.11 模型 2）。究其原因，作为高素质人才的代表，海归人士普遍具备更加开阔的国际化思维和更前沿的知识储备，具有海外背景的人才在国外学习和工作及在国外市场上积累的独特知识，对本国企业产生明显的知识溢出效应，在一定程度上增强企业的创新能力，提升企业创新水平。海外人员的加入，有利于降低国际化环境的不确定性，为企业决策带来更多的观点和思路，促进海外市场的开拓，从而实现企业绩效提升和全面发展。通过海外出口，企业可以实现规模经济，增加市场销售额，能够获取学习国外先进技术的机会，产生相应的技术知识溢出。可以与国外顾客、供应商发生一定交互作用，获取关于企业竞争性技术产品和顾客偏好等方面的创新资源和信息，了解国际市场发展趋势，促进企业创新。海外研发使得企业在国际市场上获取大量异质性研发资源，具有海外研发机构的企业比国内企业有更广阔的学习空间和更多的机会，能更广泛地积累知识，同时与国外尖端企业及研发机构开展密切的科技交流，积极建立合作研发战略关系，实现多方知识共享，促使企业创新得以实现。2009 年，河北省发布相关文件，针对该省人才匮乏这一实际情况，鼓励企业机构大力引进海外留学人才及国外高层次人才；2013年，省科技厅出台文件明确鼓励和支持"千人计划"；今年河北省出台第一个关于外国人才引进的规范性文件。不难看出，河北省重视人才培养与引进，将人才建设放在发展首位，近年来该省在海外人才引进数量与质量上都有大幅提升，作为外部异质性知识资源的载体，海外人员的跨国流动对企业绩效的作用效果无疑是最好的。河北省高新技术企业进出口贸易经历了近三十年的发展，国家就对外贸易的发展进行了政策调整，但是，在对外贸易过程中需要企业自身对市场机会进行甄别和利用进而提高创新绩效，所以，海外出口对企业绩效的作用效果要弱于海外人才。而对于海外研发，我国河北省高新技术企业海外研发机构的设立年限较短，规模十分有限，在技术获取上主要依靠东道国及当地组织的"技术溢出"效应，获取方式较为被动，而企业通过海外出口搜寻技术知识时应具有主动性和及时性。另外，目前该省拥有境外研发机构的企业数量远远低于具有海外出口业务的企业数量。因此，海外研发对企业绩效的作用效果最弱。

2. 吸收能力中介效应实证结果分析

本书验证了2014—2016年三年以及2016年一年中河北省高新技术企业吸收能力在国际化程度与创新绩效间的中介效应。经济绩效层面，长期来看，2014—2016年的实证研究结果显示，企业吸收能力在海外研发与创新绩效间存在显著中介效应。而在海外出口、海外人才与创新绩效间中介效应不显著。短期内，2016年的实证研究结果显示，企业吸收能力在海外出口、海外人才与创新绩效间存在中介效应。而海外研发通过影响企业吸收能力进而提升创新绩效这一路径不显著。究其原因，作为一种贸易行为，企业通过海外出口在国际市场上所能接触到的信息源往往较为单一，难以与国外市场及消费者发生深度交互作用，对国外市场发展动态的了解十分有限。本书以科技论文发表数量来衡量企业吸收能力，从企业通过出口而获得的信息量来看，距离科技论文的成功转化还需要很长时间。但是短期来看，海外出口通过企业吸收能力促进经济绩效的中介路径却得以成立。以保定市两家企业为例，天威英利公司2016年出口总额为9186.392千元，发表科技论文为1篇，新产品销售收入为182165千元。长安客车公司2016年出口总额为674355.47千元，发表科技论文为10篇，新产品销售收入为1457812千元，基于面板数据，似乎在短期内提高出口强度，会促进企业吸收能力进而提升创新绩效，但这与事实严重不符，通过数据表发现，天威英利公司内部研发支出为36397千元，远远小于长安客车公司257900千元，这也许是原因所在，因此本书认为短期数据存在一定错位，造成了一种"假象"。通过本章分析，企业通过海外出口提升企业吸收能力具有极大的时间滞后性，因此，对于此中介路径，本书以长期效应为主，故吸收能力在海外出口与经济创新绩效间的中介效应不存在；海外人才或在国外高校受到前沿学术的熏陶，具备较强的科研学术能力，或是有着较为丰富的海外工作经验，具备一定的社会网络关系，海外人才的加入，有效强化了企业接受外界知识的能力，能够增强企业吸收能力，促进企业吸收外部异质性知识，整合有效资源，提升新产品创新绩效。但长期来看，海外人员与本土员工之间存在思维观念差异，易产生情感冲突，影响企业内部沟通效率与交流深度，加之海外人员对中国市场和制度环境的有限理解，使得企业无法有效内化吸收境外人才的知识专业技能。以河北省秦皇岛高新技术企业为例，2016 年企业共有海外人员数量 19 人，发表科技论文数量 109 篇，2014—2016 年共有海外人员数量 55 人，发表科技论文数量共计 217 篇，显而易见，随着时间的变化，人均发表论文强度明显下降，说明长期而言，企业对海外人员知识信息的吸收转化受到负向影响。企业设立海外研发机构相较海外出口更为接近当地消费者，有利于准确把握东道国市场趋势。由于时间滞后性，研发机构成立之初，自身发展不稳定，以致对国际市场动态感知不灵敏，相关信息获取量较少，短期内企业吸收能力在海外研发与经济绩效间中介效应不显著。随着时间增长，企业海外研发机构国际市场的嵌入性越来越高，对国际市场发展走向反应迅速，企业信息知识库明显扩大，提升了企业外部知识包容性，显著增强了企业吸收能力。基于大样本数据，2016 年河北省高新技术企业拥有海外研发机构数量 209 家，发表科技论文 2401 篇，比值约为 0.21，2014—2016年海外研发机构共计 2278 家，发表科技论文 7225 篇，比值约为 0.33，可见，长期来讲，企业吸收能力较强。

技术绩效层面，无论是否考虑时间滞后性，企业吸收能力在海外人才、海外研发与创新绩效间存在显著中介效应，而在海外出口与创新绩效间中介效应不成立。究其原因，企业技术创新的发生要求高数量、高质量的知识储备，根据本章分析，企业通过海外出口所获得的技术知识信息，距离完成科技论文的转化同样需要很长时间，企业吸收能力在海外出口与技术创新绩效间不存在中介效应；海外人才对技术专利制度的理解更为深刻，倾向于技术成果的开发与保护，从而显著促进专利申请量的增加[139]。企业技术绩效层面，基于企业对新技术开发的愿景，海外人员的知识溢出效应使企业技术知识存量显著增加，企业吸收能力增强，而在产品经济绩效方面，基于国情的不同，海外人员的"水土不服"降低了企业知识吸收水平；企业通过海外研发有机会发现并接近具有创新前景或进行创新活动的企业，通过建立合作关系促进二者间知识流动，扩大企业知识容量，通过雇佣当地人员，增强企业技术知识吸收能力，同时能够促进企业与当地居民、政府等建立起社会关系网络，从而突破知识转移壁垒，在国际范围内整合技术知识资源，增强溢出效应，实现企业技术创新。

3. 研发投入调节作用的实证结果分析

实证研究结果表明：（1）无论是否考虑时间滞后性，研发投入对海外出口与企业吸收能力间的关系起正向调节作用；（2）无论是否考虑时间滞后性，研发投入对海外人才与吸收能力间的关系起正向调节作用；（3）考虑时间滞后性，长期来看，研发投入对海外研发与吸收能力间的关系起正向调节作用，短期内，研发投入对海外研发与吸收能力间的调节效用不显著。

研发投入反映了企业管理层对创新的重视程度，有利于调动企业内部研发的积极性，加强企业内部知识吸收能力，促进企业创新绩效的提升。加大研发投入可以使企业吸引更多、更优秀的海外人才加盟，作为知识元素的有形载体，境外人才数量不断增加，质量不断提升，加速了企业内部知识流动与共享，增强了企业创新概率。企业通过海外出口及在境外设立研发机构而获得不同深度和广度的异质性资源及知识，加大研发投入可以促使企业更多地进行技术知识搜寻活动，加强企业内部对新知识的挖掘探索，突破现有知识技术壁垒，扩大自身知识库规模，提升学习、消化、吸收外部先进知识的能力。短期内，海外研发机构建立初期，自身发展与知识获取方面不稳定，此时研发投入对海外研发与吸收能力间的调节作用不显著。随着时间的增长，研发机构发展趋于稳定，知识获取量逐渐增多，对知识探索吸收的重要性逐渐显现，此时研发投入在海外研发与吸收能力间的调节效应显著。

9.6　本章研究结论与启示

9.6.1　本章结论

基于国际化程度与创新绩效之间的关系，本书从海外出口、海外人才、海外研发三方面研究了高新技术企业国际化程度对创新绩效的影响以及企业的知识吸收能力在其中发生作用的中介机制。最后，分析了研发投入对国际化程度与创新绩效的调节作用，主要结论如下。

（1）无论是否考虑时间滞后性，海外人才、海外出口、海外研发对企业技术创新绩效及经济创新绩效都具有显著正向作用，且作用效果依次递减。

（2）在考虑时间滞后性的情况下，企业吸收能力在国际化程度与创新绩效间的作用效果不同。经济创新绩效层面，企业吸收能力短期内在海外出口、海外人才与创新绩效间存在中介效应，长期来看仅在海外研发与创新绩效间具有显著中介效应。技术创新绩效层面，无论是否考虑时间滞后性，企业吸收能力在海外出口与企业绩效间均不存在显著中介效应。同时，值得注意的是，本书实证研究证明，海外出口对企业经济及技术创新绩效均有显著促进作用，却未通过企业吸收能力的中介效应检验，因此，本书认为，海外出口是通过其他未知中介路径来提升创新绩效的。

（3）在考虑时间滞后性的情况下，企业研发投入的调节效果不尽相同。长期而言，研发投入在海外出口、海外人才、海外研发与吸收能力间起正向调节作用；短期内，研发投入在海外出口、海外人才与吸收能力间起正向调节作用，在海外研发与吸收能力间调节作用不显著。

9.6.2 实践启示

本书的研究结论不仅在理论上充实了现有文献，而且在实践中也具有十分重要的实践启示。

（1）实证研究结果表明，海外人才对于提升企业创新绩效具有显著正向作用。对于新兴经济体来说，海外人员的人力资本和社会资本方面可以为企业带来本土员工无法带来的优势，然而，境外人才所存在的"水土不服"是影响其专业知识能力发挥的重要影响因素。因此，企业应建立长远竞争机制，充分发挥海外人才优势，避免其劣势，促进企业对先进知识溢出的吸收。同时要注重资源的优化整合，重视海外人才与本土员工的融合问题，加强冲突管理，增强团队凝聚力，促进互动协作。对于政府而言，应加大力度积极引进境外专家，构建以企业为主体，以人才为关键的人才吸引体系，使企业成为充分发挥海外人才优势的优质平台。

（2）实证研究结果表明，海外出口对于提升企业创新绩效具有显著正向作用。对于中国等发展中国家而言，应认识到海外出口对企业创新的战略意义，善于从中寻找创新机会。企业应该认识到出口过程中的学习作用，重视技术产品开发过程中的市场导向作用，积极创造有利的学习条件，为市场知识的学习建立学习渠道，完善公司制度。例如，通过监测顾客需求变化及竞争者行为变化评估未来经营环境等，基于恰当的制度，促进市场知识的萃取、捕获及内化。对于政府而言，要鼓励企业建立并完善相应的企业出口管理制度，通过适当的优惠政策支持企业进行海外出口。

（3）实证研究结果表明，海外研发对于提升企业创新绩效具有显著正向作用。对于中国这样的新兴国家来说，在境外设立研发机构的海外研发活动是主动嵌入全球创新网络和提升企业创新能力的有效途径。目前我国河北省高新技术企业拥有的境外研发机构数量较少，海外研发水平较低，企业应逐步加大对海外研发机构的资金投入，提升自身对知识技术的吸收能力。要尽量使研发机构靠近国际技术领先区域，加强海外机构在东道国的嵌入性，加快境外机构的升级，更大程度地获取东道国的技术溢出，促进母公司的绩效提升。对于政府而言，应明确国际研发的重点领域与国家，通过金融措施鼓励企业进行海外研发，加入全球创新网络。

（4）通过以上分析，可以看出，不论是提升海外出口强度、引进海外人才还是设立海外研发机构，都会产生不同程度的知识、技术溢出效应，而溢出效果则受到企业自身吸收能力的影响。从根本上说，创新的实现取决于企业自身识别、吸收、整合外部知识的能力，而培育这种能力的关键因素就是研发投入。我国高新技术企业研发费用投入处在较低水平，企业要合理加强研发投入强度，拓展投入资金来源，加大企业对产品技术的研究开发力度，增加企业知识存量，提高企业吸收能力，避免出现"多引进、少吸收"的问题。

第 10 章 "六位一体"创新驱动路径间的协同效应

10.1 "六位一体"创新驱动路径间的协同分析

10.1.1 "六位一体"创新驱动要素间的作用机制网络模型

在以上各章节创新驱动"六位一体"各要素对高新技术企业创新驱动机制研究中,我们了解了"六位一体"各创新要素对企业创新的驱动路径模式以及各要素之间的相互关联。通过整合各创新要素的创新驱动路径及关联,我们得到更加完善的创新驱动"六位一体"作用机制网络模型。整理出的"六位一体"创新驱动要素作用路径如图 10.1 所示。

由图 10.1 可见,高新技术企业要实现创新驱动发展,就必须积极地开展创新活动,而充足的资金支持是创新活动得以顺利开展的前提和保障。企业资金来源于多方经济主体,不同主体的经济目的以及风险承受能力是有差异的,同时创新是一项高投入、高风险、高收益的探索性活动,企业不同资金来源将影响企业科技活动内、外部投入水平,此外,政府创新激励政策对企业的研发投入决策具有一定引导作用。政府补贴及高新技术企业税收减免等政策在一定程度上降低创新成本和风险,促进企业资金和人才的研发投入,并且私有化程度高的企业受政府创新政策的激励更大。企业将研发资源进行多方面分配,通过自主研发、合作研发、技术引进、技术购买等方式,不断地获取技术、积累知识,提高企业创新能力。企业与其他创新主体的合作研发活动,是企业获取外部异质性资源,尤其是外部隐性资源的有效方式之一。企业内部的隐性知识大多以人为载体,储存在组织的人力资本中。企业拥有的人力资本的特性决定了企业的创新潜力,不同特性的人力资本有助于企业吸收整合内、外部知识,产生

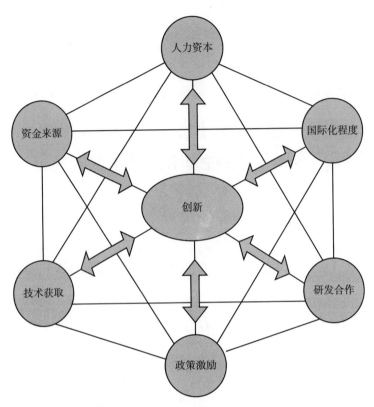

图 10.1 高新技术企业"六位一体"创新驱动机制网络模型

新知识和技术，进一步提升企业的吸收能力和技术创新能力。而企业国际化程度越高，越能增加组织的学习机会，产生更多、更广泛的创意灵感，扩大企业创新知识积累，提高吸收能力，促进创新产出。从上述创新驱动机制网络模型可以清晰地看出六个要素各自对创新的驱动路径。

对高新技术企业创新驱动"六位一体"各创新驱动路径的独立作用机制进行分析后，我们发现，在高新技术企业的创新驱动过程中，"六位一体"创新驱动路径相互支撑，交叉影响，彼此促进，缺一不可，因此只有"六位一体"各创新要素协同发展，共同作用，才能产生合力，促进企业的创新。

10.1.2 "六位一体"创新驱动要素间的协同

在开放式创新背景下，多种要素共同发挥作用且彼此间又有明显差异，这种多主体协同交互的驱动研究已成为创新驱动发展的重点，却长期被忽视。相比传统的单一创新驱动路径，其开放式创新条件下寻求内、外部一切知识技术等资源，重视内、外部研发创新以及非研发创新途径，视角较新，文献较少，实证机理研究微乎其微。对于多创新驱动路径体系，究竟"六位一体"创新驱动路径对高新技术企业创新绩效产生了怎样的影响，哪种创新路径才是最有效的，以及哪几种创新路径之间发挥了较好的协同效应，企业如何从整体上充分认识和正确选择这几种创新路径，这对于探索和构建有效的创新发展提升路径，有效实现企业创新发展绩效体系及配置最优化具有重要的意义。

本章基于前文"六位一体"整体创新路径驱动系统结构和关系理论，从线性驱动效应及其协同交互驱动效应两个方面展开各创新路径对高新技术企业创新驱动效应的实证研究。

与已有研究相比，本章首次将"六位一体"创新驱动路径和创新驱动效应纳入统一框架，利用河北省高新技术企业数据系统探究创新驱动发展战略下多种创新驱动路径对高新技术企业创新驱动效应产生的线性影响及其差异，并进一步深入分析人力资本、外部来源资金、内外部技术获取、政府激励政策、研发合作模式以及国际化水平之间的协同效应，考虑多路径之间的交互溢出影响规律，以期为产业优化创新资源配置、进行创新范式转型探索独特、有效的多样化创新路径。

10.2　模型设定与研究方法

10.2.1　线性驱动模型构建

创新驱动是构建知识生产函数，将新的生产要素和生产条件重新配置引入生产体系。考虑知识溢出对创新绩效的影响，格里利兹[311]将创新产出作为研发投入的函数，即知识生产函数，其基本假设如下。

$$Y = f(\text{R\&D}_{input}) \tag{10.1}$$

除了研发投入（K），杰斐[312]又在影响创新产出的投入要素中加入人员投入因素（L），对知识生产函数做了如下改进。

$$Y = f(K, L) \tag{10.2}$$

本书中，在格里利兹、杰斐函数模型基础上进行扩展，将人力资本、外部来源资金、内外部技术获取、激励政策、研发合作以及国际化水平引入创新驱动函数，并采用柯布—道格拉斯形式将创新驱动线性模型的生产函数设定如下。

$$Y_{it} = a \times HRD_{it}^{\alpha_1} \times ESF_{it}^{\alpha_2} \times IET_{it}^{\alpha_3} \times GIP_{it}^{\alpha_4} \times CRD_{it}^{\alpha_5} \times DOI_{it}^{\alpha_6} \times AGE_{it}^{\alpha_7}$$
$$\times SIZ_{it}^{\alpha_8} \times INT_{it}^{\alpha_9} \times \varepsilon_{it} \tag{10.3}$$

式中，i 表示企业，t 表示年份，a 为常数，$\alpha_i (i=1,2,\cdots,9)$ 为弹性系数，ε_{it} 为随机误差项。Y 是高新技术企业创新驱动绩效，HRD 是人力资本，ESF 是外部来源资金，IET 是内外部技术获取，GIP 是政府激励政策，CRD 是合作研发，DOI 是国际化程度，AGE 是企业年龄，SIZ 是企业规模，INT 是研发强度。基于已有研究，加之模型估计变量显著性和模型拟合度，在我国高新技术企业创新过程中，除了人力资本、外部来源资金、内外部技术获取、激励政策、研发合作以及国际化水平等要素外，高新技术企业的年龄、规模以及企业的研发强度与其创新驱动绩效也存在着密切的联系。由此，基于模型1、模型2和模型3，系统地对其线性驱动模型进行分解细化分析。

针对"六位一体"创新各要素

$$\ln Y_{it} = \beta + \alpha_1 \ln HRD_{it} + \alpha_2 \ln ESF_{it} + \alpha_3 \ln IET_{it} + \alpha_4 \ln GIP_{it}$$
$$+ \alpha_5 \ln CRD_{it} + \alpha_6 \ln DOI_{it} + \mu_i + \varepsilon_{it} \tag{10.4}$$

式中，β 为常数，其他变量和符号同式（10.3）。

考虑控制因素影响

$$\ln Y_{it} = \beta + \alpha_1 \ln HRD_{it} + \alpha_2 \ln ESF_{it} + \alpha_3 \ln IET_{it} + \alpha_4 \ln GIP_{it} + \alpha_5 \ln CRD_{it}$$
$$+ \alpha_6 \ln DOI_{it} + \alpha_7 \ln AGE_{it} + \alpha_8 \ln SIZ_{it} + \alpha_9 \ln INT_{it} + \mu_i + \varepsilon_{it} \tag{10.5}$$

其中，β 为常数，其他变量和符号同式（10.3）。

考虑控制因素和时滞影响

$$\ln Y_{it} = \beta + \alpha_1 \ln HRD_{it-1} + \alpha_2 \ln ESF_{it-1} + \alpha_3 \ln IET_{it-1} + \alpha_4 \ln GIP_{it-1} + \alpha_5 \ln CRD_{it-1}$$
$$+ \alpha_6 \ln DOI_{it-1} + \alpha_7 \ln AGE_{it} + \alpha_8 \ln SIZ_{it} + \alpha_9 \ln INT_{it} + \mu_i + \varepsilon_{it} \tag{10.6}$$

其中，β 为常数，$t-1$ 为第 t 期的滞后，由于创新驱动相关资本投入与溢出是一个运行和消化吸收的系统过程，因此还需要考虑设置相关变量的滞后项。创新驱动投入要素发挥过程的时滞影响通常设定为一年[313]。

10.2.2 协同交互驱动模型构建

以上模型在重点考虑创新驱动"六位一体"各要素驱动路径的同时，分析加入控制因素和使用多元滞后模型，进行综合对比分析。此外，考虑到高新技术企业创新路径之间的交互协同影响，加入人力资本、外部来源资金、内外部技术获取、激励政策、研发合作以及国际化水平变量两两相互乘积，表示单一创新驱动路径的间接引致作用和多种创新路径的协同效应。

$$\ln Y_{it} = \beta + \alpha_1 \ln HRD_{it-1} + \alpha_2 \ln ESF_{it-1} + \alpha_3 \ln IET_{it-1} + \alpha_4 \ln GIP_{it-1}$$
$$+ \alpha_5 \ln CRD_{it-1} + \alpha_6 \ln DOI_{it-1} + \alpha_7 \ln AGE_{it} + \alpha_8 \ln SIZ_{it}$$
$$+ \alpha_9 \ln INT_{it} + \alpha_{10} \ln HRD_{it-1} \times \ln ESF_{it-1} + \mu_i + \varepsilon_{it} \qquad (10.7)$$

$$\ln Y_{it} = \beta + \alpha_1 \ln HRD_{it-1} + \alpha_2 \ln ESF_{it-1} + \alpha_3 \ln IET_{it-1} + \alpha_4 \ln GIP_{it-1}$$
$$+ \alpha_5 \ln CRD_{it-1} + \alpha_6 \ln DOI_{it-1} + \alpha_7 \ln AGE_{it} + \alpha_8 \ln SIZ_{it}$$
$$+ \alpha_9 \ln INT_{it} + \alpha_{10} \ln HRD_{it-1} \times \ln IET_{it-1} + \mu_i + \varepsilon_{it} \qquad (10.8)$$

$$\ln Y_{it} = \beta + \alpha_1 \ln HRD_{it-1} + \alpha_2 \ln ESF_{it-1} + \alpha_3 \ln IET_{it-1} + \alpha_4 \ln GIP_{it-1}$$
$$+ \alpha_5 \ln CRD_{it-1} + \alpha_6 \ln DOI_{it-1} + \alpha_7 \ln AGE_{it} + \alpha_8 \ln SIZ_{it}$$
$$+ \alpha_9 \ln INT_{it} + \alpha_{10} \ln HRD_{it-1} \times \ln GIP_{it-1} + \mu_i + \varepsilon_{it} \qquad (10.9)$$

$$\ln Y_{it} = \beta + \alpha_1 \ln HRD_{it-1} + \alpha_2 \ln ESF_{it-1} + \alpha_3 \ln IET_{it-1} + \alpha_4 \ln GIP_{it-1}$$
$$+ \alpha_5 \ln CRD_{it-1} + \alpha_6 \ln DOI_{it-1} + \alpha_7 \ln AGE_{it} + \alpha_8 \ln SIZ_{it}$$
$$+ \alpha_9 \ln INT_{it} + \alpha_{10} \ln HRD_{it-1} \times \ln CRD_{it-1} + \mu_i + \varepsilon_{it} \qquad (10.10)$$

$$\ln Y_{it} = \beta + \alpha_1 \ln HRD_{it-1} + \alpha_2 \ln ESF_{it-1} + \alpha_3 \ln IET_{it-1} + \alpha_4 \ln GIP_{it-1}$$
$$+ \alpha_5 \ln CRD_{it-1} + \alpha_6 \ln DOI_{it-1} + \alpha_7 \ln AGE_{it} + \alpha_8 \ln SIZ_{it}$$
$$+ \alpha_9 \ln INT_{it} + \alpha_{10} \ln HRD_{it-1} \times \ln DOI_{it-1} + \mu_i + \varepsilon_{it} \qquad (10.11)$$

$$\ln Y_{it} = \beta + \alpha_1 \ln HRD_{it-1} + \alpha_2 \ln ESF_{it-1} + \alpha_3 \ln IET_{it-1} + \alpha_4 \ln GIP_{it-1}$$
$$+ \alpha_5 \ln CRD_{it-1} + \alpha_6 \ln DOI_{it-1} + \alpha_7 \ln AGE_{it} + \alpha_8 \ln SIZ_{it}$$
$$+ \alpha_9 \ln INT_{it} + \alpha_{10} \ln ESF_{it-1} \times \ln IET_{it-1} + \mu_i + \varepsilon_{it} \qquad (10.12)$$

$$\ln Y_{it} = \beta + \alpha_1 \ln HRD_{it-1} + \alpha_2 \ln ESF_{it-1} + \alpha_3 \ln IET_{it-1} + \alpha_4 \ln GIP_{it-1}$$
$$+ \alpha_5 \ln CRD_{it-1} + \alpha_6 \ln DOI_{it-1} + \alpha_7 \ln AGE_{it} + \alpha_8 \ln SIZ_{it}$$
$$+ \alpha_9 \ln INT_{it} + \alpha_{10} \ln ESF_{it-1} \times \ln GIP_{it-1} + \mu_i + \varepsilon_{it} \qquad (10.13)$$

$$\ln Y_{it} = \beta + \alpha_1 \ln HRD_{it-1} + \alpha_2 \ln ESF_{it-1} + \alpha_3 \ln IET_{it-1} + \alpha_4 \ln GIP_{it-1}$$
$$+ \alpha_5 \ln CRD_{it-1} + \alpha_6 \ln DOI_{it-1} + \alpha_7 \ln AGE_{it} + \alpha_8 \ln SIZ_{it} +$$
$$\alpha_9 \ln NT_{it} + \alpha_{10} \ln ESF_{it-1} \times \ln CRD_{it-1} + \mu_i + \varepsilon_{it} \qquad (10.14)$$

$$\ln Y_{it} = \beta + \alpha_1 \ln HRD_{it-1} + \alpha_2 \ln ESF_{it-1} + \alpha_3 \ln IET_{it-1} + \alpha_4 \ln GIP_{it-1}$$
$$+ \alpha_5 \ln CRD_{it-1} + \alpha_6 \ln DOI_{it-1} + \alpha_7 \ln AGE_{it} + \alpha_8 \ln SIZ_{it}$$
$$+ \alpha_9 \ln INT_{it} + \alpha_{10} \ln ESF_{it-1} \times \ln DOI_{it-1} + \mu_i + \varepsilon_{it} \qquad (10.15)$$

$$\ln Y_{it} = \beta + \alpha_1 \ln HRD_{it-1} + \alpha_2 \ln ESF_{it-1} + \alpha_3 \ln IET_{it-1} + \alpha_4 \ln GIP_{it-1}$$
$$+ \alpha_5 \ln CRD_{it-1} + \alpha_6 \ln DOI_{it-1} + \alpha_7 \ln AGE_{it} + \alpha_8 \ln SIZ_{it}$$
$$+ \alpha_9 \ln INT_{it} + \alpha_{10} \ln IET_{it-1} \times \ln GIP_{it-1} + \mu_i + \varepsilon_{it} \qquad (10.16)$$

$$\ln Y_{it} = \beta + \alpha_1 \ln HRD_{it-1} + \alpha_2 \ln ESF_{it-1} + \alpha_3 \ln IET_{it-1} + \alpha_4 \ln GIP_{it-1}$$
$$+ \alpha_5 \ln CRD_{it-1} + \alpha_6 \ln DOI_{it-1} + \alpha_7 \ln AGE_{it} + \alpha_8 \ln SIZ_{it}$$
$$+ \alpha_9 \ln INT_{it} + \alpha_{10} \ln IET_{it-1} \times \ln CRD_{it-1} + \mu_i + \varepsilon_{it} \qquad (10.17)$$

$$\ln Y_{it} = \beta + \alpha_1 \ln HRD_{it-1} + \alpha_2 \ln ESF_{it-1} + \alpha_3 \ln IET_{it-1} + \alpha_4 \ln GIP_{it-1}$$

$$+ \alpha_5 \ln CRD_{it-1} + \alpha_6 \ln DOI_{it-1} + \alpha_7 \ln AGE_{it} + \alpha_8 \ln SIZ_{it}$$
$$+ \alpha_9 \ln INT_{it} + \alpha_{10} \ln IET_{it-1} \times \ln DOI_{it-1} + \mu_i + \varepsilon_{it} \tag{10.18}$$

$$\ln Y_{it} = \beta + \alpha_1 \ln HRD_{it-1} + \alpha_2 \ln ESF_{it-1} + \alpha_3 \ln IET_{it-1} + \alpha_4 \ln GIP_{it-1}$$
$$+ \alpha_5 \ln CRD_{it-1} + \alpha_6 \ln DOI_{it-1} + \alpha_7 \ln AGE_{it} + \alpha_8 \ln SIZ_{it}$$
$$+ \alpha_9 \ln INT_{it} + \alpha_{10} \ln GIP_{it-1} \times \ln CRD_{it-1} + \mu_i + \varepsilon_{it} \tag{10.19}$$

$$\ln Y_{it} = \beta + \alpha_1 \ln HRD_{it-1} + \alpha_2 \ln ESF_{it-1} + \alpha_3 \ln IET_{it-1} + \alpha_4 \ln GIP_{it-1}$$
$$+ \alpha_5 \ln CRD_{it-1} + \alpha_6 \ln DOI_{it-1} + \alpha_7 \ln AGE_{it} + \alpha_8 \ln SIZ_{it}$$
$$+ \alpha_9 \ln INT_{it} + \alpha_{10} \ln GIP_{it-1} \times \ln DOI_{it-1} + \mu_i + \varepsilon_{it} \tag{10.20}$$

$$\ln Y_{it} = \beta + \alpha_1 \ln HRD_{it-1} + \alpha_2 \ln ESF_{it-1} + \alpha_3 \ln IET_{it-1} + \alpha_4 \ln GIP_{it-1}$$
$$+ \alpha_5 \ln CRD_{it-1} + \alpha_6 \ln DOI_{it-1} + \alpha_7 \ln AGE_{it} + \alpha_8 \ln SIZ_{it}$$
$$+ \alpha_9 \ln INT_{it} + \alpha_{10} \ln CRD_{it-1} \times \ln DOI_{it-1} + \mu_i + \varepsilon_{it} \tag{10.21}$$

10.2.3 方法选择

基于本书构建的"六位一体"创新要素的线性驱动模型与协同交互驱动模型，分析人力资本、外部来源资金、内外部技术获取、激励政策、研发合作以及国际化水平对创新绩效的驱动效应，探究有效的多样化创新驱动路径效应。在估计方法上，一方面，相比横截面数据或时间序列数据，面板数据既能有效弥补遗漏指标数据缺陷，也可以运用科学系统的模型进行检验，避免模型设定出现偏差，进而使研究更为稳健与可靠；为增强估计稳健有效性，本章从格里利兹、杰斐函数模型基础上进行扩展，分别通过基本模型、加入控制因素影响与考虑控制因素和时滞影响进行对比，系统地进行分解细化分析，以确保模型在经济意义和计量方法上稳健有效。另一方面，面板数据包括固定效应、随机效应和混合 OLS 方法。本章方法思路为：首先，采用 F 检验确定选择混合 OLS 还是固定效应。F 检验统计量在统计上显著，说明固定效应模型回归优于混合横截面模型。在此基础上，运用豪斯曼检验确定固定效应模型与随机效应模型。其次，本书在估计过程中为了避免伪回归，进行了单位根检验来检验数据的平稳性，检验结果显示数据平稳，从而确保了估计结果的有效性。横截面的异方差与序列的自相关是运用面板数据模型时遇到的最为常见的问题，为了消除影响，在回归时采用了截面加权的方式，PSCE 面板校正标准误差的估计方法再次进行估计。最后，对估计结果进行稳健性检验，对核心解释变量重新测度，进行新的估计验证，以确定研究结论的稳健性。

10.3　变量选择与数据说明

10.3.1　变量设置与处理

结合前几章对创新驱动要素的研究基础，本章所涉及的研究变量及选取情况如下。

1. 被解释变量

创新驱动绩效（Y）。本章采用新产品销售收入来测度。新产品销售收入反映的是企业新产品被市场认可后给企业带来的经济收益，是创新成果转化或产业化的绩效。

2. 核心解释变量

（1）人力资本（HRD）。与内部研发资本一样，研发人员投入是传统的创新资源要素，通过人力资本效应直接影响创新绩效。本书选择国际上通用的用于比较科技人力投入的 R&D 人员全时当量指标表示高新技术企业研发人力情况。

（2）外部来源资金（ESF）。结合前文第五章内容，本章高新技术企业外部来源资金变量选择企业实收资本、债务资本、财政补贴、风险资本这四项指标之和。

（3）内外部技术获取（IET）。结合前文第六章内容，本章高新技术企业内外部技术获取变量选择内部自主研发支出，委托外单位开展研发活动支出与国内外技术引进、购买以及消化吸收费用之和。

（4）政府政策激励（GIP）。本章中，政府通过政策激励企业创新变量采取政府对企业每年的各项税收减免额和直接补贴额度之和表示。

（5）合作研发度（CRD）。高新技术企业和外单位的合作变量采用企业每年委托高等学校、研究机构、政府以及其他企业开展研发活动的经费支出之和来测量。

（6）国际化程度（DOI）。本章中，高新技术企业的国际化水平变量采用企业每年的新产品总出口额度来测量。

3. 控制变量

（1）企业年龄（AGE）。企业年龄同样是企业创新绩效的影响因素。结合之前的研究发现，企业年龄越大，企业的资质越高、资源越广、核心技术越多，越有能力开展创新活动。因此，本书将企业年龄作为研究的控制变量。书中的企业年龄是指企业的自然年龄，通过"2018—企业注册年份"计算而得。

（2）企业规模（*SIZ*）。一般而言，企业规模越大，企业的规模经济、融资渠道、风险抵抗优势越明显，越有利于企业提升创新绩效，本章以企业资产总额的自然对数来测度企业规模。

（3）研发强度（*INT*）。本章进一步使用研发创新投入强度来衡量，计算方法为产业企业 R&D 经费内部支出占其主营业务收入比重[313]。

10.3.2　数据描述性分析

本章以河北省 274 家高新技术产业开发区企业中经省级认定、各国家高新技术产业开发区批准入区的高新技术企业为研究样本，采用 2013—2017 年《国家高新技术产业开发区企业统计报表》中的相关统计数据为研究变量，数据源自科技部火炬高技术产业开发中心，采用的是已验收数据，要经过主管部门的审计，保证了其真实性。在分析之前，根据研究所需，按照以下原则对统计数据进行筛选：①剔除重要指标数据为空或者填写明显错误的数据，例如，报告期内企业销售收入为 0、企业注册年份缺失、数值型变量出现字符、理应为正数的数据出现负数或者缺失，这样的样本不利于数据处理，其准确性得到怀疑，应予以剔除。②剔除企业年龄小于 1 的企业，因为这样的企业经营还未稳定，各项指标往往出现异常，影响整体分析结果。数据处理与实证分析均使用 EViews 9.0 完成。描述性统计如表 10.1 所示。

表 10.1　　　　　　　　　　样本描述性统计

变量	均值	中值	最大值	最小值	标准差
创新驱动绩效	54719.400	6019.600	8456515.000	4.100	418757.500
人力资本	194.633	72.000	16201.000	2.000	905.713
外部来源资金	77482.060	15239.350	6618653.000	23.300	325320.500
内外部技术获取	4834.489	929.100	417831.500	6.500	23863.650
政府政策激励	1138.298	119.350	102091.000	0.000	6246.547
合作研发度	205.023	0.000	33502.300	0.000	1431.593
国际化程度	20837.440	0.000	4292206.000	0.000	164556.300
企业年龄	13.375	13.000	60.000	1.000	6.376
企业规模	114480.500	23857.100	10362290.000	225.500	504975.500
研发强度	0.137	0.058	7.000	0.003	0.526

10.4 实证检验结果及检验

10.4.1 面板模型回归估计

从表10.2的估计结果可以看出，无论是针对人力资本、外部来源资金、内外部技术获取、激励政策、研发合作以及国际化水平，还是考虑控制因素和时滞影响，F检验和豪斯曼检验的结果都支持选择固定效应，因此得到固定效应的估计结果模型4、模型5和模型6。同时为了避免固定效应回归中存在异方差和组内相关等问题，本章进一步采用截面加权的方式，以PSCE面板校正标准误差的估计方法进行更为有效的固定效应估计，得到模型4′、模型5′和模型6′。

表10.2   基本模型选择与估计结果

变量	模型4	模型5	模型6	模型4′	模型5′	模型6′
人力资本	0.050 (0.715)	0.074 (1.035)		0.042 *** (4.036)	0.050 *** (3.638)	
滞后一期人力资本			0.038 (0.483)			0.012 (0.142)
外部来源资金	0.227 *** (3.412)	−0.003 (−0.026)		0.236 *** (9.395)	−0.038 (−1.364)	
滞后一期外部来源资金			0.09 (1.199)			0.105 *** (4.055)
内外部技术获取	0.281 *** (5.772)	0.287 *** (5.760)		0.279 *** (12.318)	0.271 *** (11.325)	
滞后一期内外部技术获取			0.021 (0.398)			0.051 * (1.909)
政府政策激励	0.012 *** (3.642)	0.011 *** (3.312)		0.008 *** (7.589)	0.008 *** (7.560)	
滞后一期政府政策激励			0.001 (0.279)			0.001 (0.688)
合作研发度	−0.002 (−0.742)	−0.000 (−0.993)		−0.002 ** (−1.934)	−0.000 (−0.215)	

变量	模型 4	模型 5	模型 6	模型 4′	模型 5′	模型 6′
滞后一期合作研发度			-0.003 (-1.057)			-0.003*** (-8.122)
国际化程度	-0.002 (-0.578)	-0.002 (-0.633)		-0.000 (-0.326)	-0.000 (-1.258)	
滞后一期国际化程度			-0.001 (-0.319)			-0.001* (-1.764)
企业年龄		0.247* (1.772)	-0.100 (-0.529)		0.128*** (3.780)	-0.102* (-1.862)
企业规模		0.296** (2.467)	0.434*** (4.109)		0.365*** (11.716)	0.444*** (14.629)
研发强度		-0.030** (-2.385)	-0.115** (-2.456)		-0.029*** (-3.111)	-0.106*** (-4.835)
常数	4.209*** (5.962)	2.619*** (3.134)	2.961** (2.408)	4.181*** (12.620)	2.790*** (9.173)	2.666*** (12.427)
R^2 值	0.874	0.876	0.893	—	—	—
F 检验值	7.877***	7.814***	7.228***	—	—	—
Hausman 检验值	46.943***	34.063***	69.697***	—	—	—
D - W 值	1.976	1.988	2.399	—	—	—

注：括号内为 t 值，* 表示在 10% 水平上显著，** 表示在 5% 水平上显著，*** 表示在 1% 水平上显著，下同。

总体来说，各模型估计关于人力资本、外部来源资金、内外部技术获取、激励政策、研发合作以及国际化水平对企业创新驱动效应的影响基本一致。模型 4、模型 5、模型 6 以及模型 4′、模型 5′、模型 6′对同一个变量系数的估计结果符号基本相同，显著性逐渐改善但性质基本不变，估计结果是有效和稳健的。模型 4 中，人力资本的影响系数为正，但并不显著，呈现出微弱的正向作用。外部来源资金、内外部技术获取和激励政策的影响系数在1% 水平下显著为正，呈现出强劲的正向效应，研发合作和国际化水平影响系数为负，但并不显著，呈现出微弱的负向作用。模型 5 中，人力资本仍然呈现出不显著的正向效应，而外部来源资金的影响系数为负，但并不显著，内外部技术获取和激励政策的影响系数仍在1% 水平下显著为正，研发合作和国际化水平影响系数仍然为负，呈现出微弱的负向作用。模型 6 中，人力资本（滞后一期）、外部来源资金（滞后一期）、内外部技术获取（滞后一期）和激励政策（滞后一期）呈现微弱的正向效应，研发合作（滞后一期）

以及国际化水平（滞后一期）保持微弱的负向作用。由于多元滞后，模型6的模型拟合度最好，说明研发与非研发的资金、人力等方面投入的溢出存在一定的滞后性。进一步采用截面加权（表示允许异方差的存在）的方式，以PSCE面板校正标准误的估计方法得到的模型6′可以说是在计量方法和经济意义上均更符合实际。因此，基于模型6′，可以认为，目前高新技术企业研发创新结构存在一定不合理情况，而企业通过外部来源资金、内外部技术获取对创新驱动绩效产生了显著的正向影响，人力资本和激励政策对创新驱动绩效产生了微弱的正向影响，研发合作和国际化水平对创新驱动绩效产生了显著的负向影响，需要引起足够的重视。

基于滞后因素考虑，分别加入人力资本、外部来源资金、内外部技术获取、激励政策、研发合作和国际化水平的交互项，得到模型7～模型21。从表10.3、表10.4和表10.5估计结果中可以看出，人力资本、外部来源资金、内外部技术获取和激励政策对创新驱动效应的影响作用呈现出微弱的正向效应，而研发合作和国际化水平对新产品收入的影响作用异质呈现出微弱的负向效应。模型7′～模型21′也均保持了一致，显著性增强但性质基本不变，进一步支持上文表10.2的基本模型选择与估计结果。

表10.3的模型7中，人力资本和外部来源资金的交互项系数为负，模型8中，人力资本和内外部技术获取的交互项系数为正，模型9中，人力资本和激励政策的交互项系数为负，模型10中，人力资本和研发合作的交互项系数为正，模型11中，人力资本和国际化水平的交互项系数为正，但这五个模型均呈现不显著影响；相对应的模型7′中，人力资本和外部来源资金的交互项系数仍然为负，并通过了5%的显著性水平检验，模型8′中，人力资本和内外部技术获取的交互项系数在1%水平下显著为正，呈现出强劲的正向效应，模型9′中，人力资本和激励政策的交互项系数由负变正，并在10%的水平下显著，模型10′中，人力资本和研发合作的交互项系数由正变负，但并不显著，模型11′中，人力资本和国际化水平的交互项系数仍然为正，并在1%的水平下显著，表明人力资本构成未能与企业的外部资金来源发挥正向的协同作用。

表10.4的模型12中，外部来源资金和内外部技术获取的交互项系数为正，模型13中，外部来源资金和激励政策的交互项系数为负，模型14中，外部来源资金和研发合作的交互项系数为负，模型15中，外部来源资金和国际化水平的交互项系数为负，模型16中，内外部技术获取和激励政策的交互项系数为正，但这五个模型均呈现不显著影响；相对应的模型12′中，外部来源资金和内外部技术获取的交互项系数仍然为正，呈现

表10.3

協同效应检验（1）

	模型7	模型8	模型9	模型10	模型11	模型7′	模型8′	模型9′	模型10′	模型11′
滞后一期人力资本	0.453 (1.175)	-0.172 (-0.706)	0.038 (0.475)	0.039 (0.450)	0.069 (0.797)	0.291** (2.172)	-0.162*** (-3.886)	0.005 (0.524)	0.002 (0.089)	0.030** (2.578)
滞后一期外部来源资金	0.257 (1.518)	0.085 (1.122)	0.090 (1.187)	0.09 (1.198)	0.090 (1.193)	0.216*** (3.069)	0.105*** (3.673)	0.104*** (4.254)	0.105*** (4.179)	0.112*** (4.018)
滞后一期内外部技术获取	0.018 (0.347)	-0.092 (-0.683)	0.020 (0.379)	0.021 (0.396)	0.023 (0.442)	0.050* (1.909)	-0.062 (-1.557)	0.052* (1.947)	0.053* (1.936)	0.043* (1.778)
滞后一期政府政策激励	0.001 (0.250)	0.001 (0.335)	0.005 (0.310)	0.001 (0.279)	0.001 (0.279)	0.001 (0.701)	0.001 (1.138)	-0.007 (-1.631)	0.001 (0.631)	0.001 (0.633)
滞后一期合作研发度	-0.003 (-1.053)	-0.003 (-1.050)	-0.003 (-1.056)	-0.003 (-0.262)	-0.003 (-1.081)	-0.003*** (-9.101)	-0.003*** (-10.765)	-0.003*** (-7.342)	0.000 (0.110)	-0.003*** (-6.669)
滞后一期国际化程度	-0.001 (-0.309)	-0.001 (-0.315)	-0.001 (-0.316)	-0.001 (-0.319)	-0.015 (-0.916)	-0.001* (-1.762)	-0.001 (-1.494)	-0.001** (-2.001)	-0.001* (-1.817)	-0.008** (-2.109)
企业年龄	-0.087 (-0.456)	-0.107 (-0.565)	-0.103 (-0.540)	-0.100 (-0.528)	-0.090 (-0.475)	-0.087* (-1.727)	-0.110** (-2.135)	-0.089* (-1.673)	-0.106* (-1.961)	-0.104** (-2.132)
企业规模	0.447*** (4.203)	0.429*** (4.053)	0.434*** (4.098)	0.434*** (4.106)	0.436*** (4.125)	0.456*** (18.000)	0.428*** (13.285)	0.434*** (15.619)	0.443*** (14.742)	0.448*** (14.420)
研发强度	-0.115** (-2.464)	-0.114** (-0.452)	-0.114** (-2.449)	-0.115** (-2.453)	-0.116** (-2.478)	-0.104*** (-4.699)	-0.104*** (-4.866)	-0.105*** (-4.980)	-0.107*** (-4.795)	-0.101*** (-4.299)
滞后一期人力资本×滞后一期外部来源资金	-0.042 (-1.100)					-0.028** (-2.036)				

	模型7	模型8	模型9	模型10	模型11	模型7'	模型8'	模型9'	模型10'	模型11'
滞后一期人力资本×滞后一期内外部技术获取		0.030 (0.912)					0.026*** (4.012)			
滞后一期人力资本×滞后一期政府政策激励			-0.001 (-0.249)					0.002* (1.923)		
滞后一期人力资本×滞后一期合作研发度				0.000 (0.010)					-0.001 (-0.715)	
滞后一期外部来源资金×滞后一期国际化程度					0.003 (0.864)					0.002* (1.865)
常数	1.209 (0.601)	3.837** (2.459)	2.995** (2.420)	2.959** (2.372)	2.743** (2.186)	1.434** (2.122)	3.575*** (10.756)	2.751*** (12.982)	2.716*** (11.660)	2.531*** (12.930)
R^2	0.893	0.893	0.893	0.893	0.893	—	—	—	—	—
F 检验	7.209***	7.171***	7.189***	7.212***	7.215***	—	—	—	—	—
Hausman 检验	70.976***	64.778***	70.095***	68.900***	68.581***	—	—	—	—	—
DW 值	2.404	2.397	2.399	2.400	2.404	—	—	—	—	—

注：括号内为 t 值，* 表示在10%水平上显著，** 表示在5%水平上显著，*** 表示在1%水平上显著。

表 10.4

协同效应检验（2）

	模型 12	模型 13	模型 14	模型 15	模型 16	模型 12′	模型 13′	模型 14′	模型 15′	模型 16′
滞后一期人力资本	0.038 (0.477)	0.039 (0.495)	0.039 (0.488)	0.038 (0.483)	0.042 (0.526)	0.013 (1.465)	0.012 (1.383)	0.012 (1.477)	0.013 (1.443)	0.016* (1.923)
滞后一期外部来源资金	0.066 (0.373)	0.071 (0.905)	0.081 (1.029)	0.088 (0.993)	0.094 (1.240)	0.039 (0.518)	0.092*** -3.546	0.092*** -3.433	0.099*** -3.849	0.116*** -5.216
滞后一期内外部技术获取	-0.015 (-0.062)	0.023 (0.434)	0.021 (0.390)	0.021 (0.396)	0.034 (0.627)	-0.046 (-0.525)	0.051* (1.863)	0.053** (2.008)	0.051* (1.936)	0.052** -2.394
滞后一期政府政策激励	0.001 (0.280)	0.021 (0.956)	0.001 (0.269)	0.001 (0.282)	-0.014 (-0.835)	0.001 (0.749)	-0.005 (-1.098)	0.001 (0.662)	0.001 (0.677)	-0.022*** (-5.575)
滞后一期合作研发度	-0.003 (-1.050)	-0.003 (-1.110)	0.004 (0.223)	-0.003 (-1.060)	-0.003 (-1.058)	-0.003*** (-8.805)	-0.002*** (-6.283)	0.005 (1.169)	-0.003*** (-7.986)	-0.003*** (-10.647)
滞后一期国际化程度	-0.001 (-0.337)	-0.001 (-0.287)	-0.001 (-0.337)	0.001 (0.039)	-0.001 (-0.326)	-0.001 (-1.644)	-0.001** (-1.975)	-0.001* (-1.895)	0.003 (0.436)	-0.001** (-2.044)
企业年龄	-0.101 (-0.531)	-0.106 (-0.556)	-0.100 (-0.529)	-0.102 (-0.533)	-0.099 (-0.521)	-0.099* (-1.867)	-0.102* (-1.789)	-0.106** (-2.024)	-0.103* (-1.908)	-0.086* (-1.720)
企业规模	0.433*** (4.071)	0.433*** (4.102)	0.431*** (4.067)	0.435*** (4.107)	0.435*** (4.115)	0.433*** (16.273)	0.426*** (13.565)	0.440*** (14.262)	0.444*** (14.565)	0.439*** (17.643)
研发强度	-0.115** (-2.457)	-0.113** (-2.418)	-0.115** (-2.464)	-0.114** (-2.449)	-0.115** (-2.465)	-0.107*** (-4.991)	-0.105*** (-4.932)	-0.105*** (-4.907)	-0.106*** (-4.904)	-0.104*** (-4.963)

续表

	模型 12	模型 13	模型 14	模型 15	模型 16	模型 12′	模型 13′	模型 14′	模型 15′	模型 16′
滞后一期外部来源资金×滞后一期内外部技术获取	0.004 (0.151)					0.01 (1.106)				
滞后一期外部来源资金×滞后一期政府政策激励		-0.002 (-0.922)					0.001 (1.254)			
滞后一期外部来源资金×滞后一期合作研发度			-0.001 (-0.404)					-0.001* (-1.832)		
滞后一期外部来源资金×滞后一期国际化程度				-0.000 (-0.084)					-0.000 (-0.655)	
滞后一期内外部技术获取×滞后一期政府政策激励					0.002 (0.918)					0.003*** (6.29)
常数	3.199 (1.595)	3.166** (2.534)	3.086** (2.433)	2.999** (2.283)	2.796** (2.250)	3.390*** (4.276)	2.974*** (12.133)	2.827*** (11.883)	2.715*** (11.885)	2.521*** (21.182)
R^2	0.893	0.893	0.893	0.893	0.893	—	—	—	—	—
F 检验	7.157***	7.215***	7.220***	7.218***	7.180***	—	—	—	—	—
Hausman 检验	65.812***	71.443***	69.660***	69.340***	66.671***	—	—	—	—	—
DW 值	2.399	2.401	2.34	2.399	2.399	—	—	—	—	—

注：括号内为 t 值，* 表示在 0.1 水平上显著，** 表示在 0.05 水平上显著，*** 表示在 0.01 水平上显著。

不显著的正向效应，模型 13′ 中，外部来源资金和激励政策的交互项系数由负变正，但并不显著，模型 14′ 中，外部来源资金和研发合作的交互项系数仍然为负，并通过了 10% 的显著性水平检验，模型 15′ 中，外部来源资金和国际化水平的交互项系数仍然为负，呈现微弱的负向效应，模型 16′ 中，内外部技术获取和激励政策的交互项系数在 1% 水平下显著为正，呈现出强劲的正向效应。这说明企业的外部资金来源与企业委托外单位进行研发合作之间未能对企业的创新发展起到很好的推动作用，相反，抑制了企业的创新效应。

表 10.5 的模型 17 中，内外部技术获取和研发合作交互项系数为负，模型 18 中，内外部技术获取和国际化水平的交互项系数为正，模型 19 中，激励政策和研发合作的交互项系数为正，模型 20 中，激励政策和国际化水平的交互项系数为正，模型 21 中，研发合作和国际化水平的交互项系数为负，但这五个模型均呈现不显著影响；相对应的模型 17′ 中，内外部技术获取和研发合作交互项系数仍然为负，呈现不显著的负向效应，模型 18′、模型 19′、模型 20′ 和模型 21′ 中，各交互项系数仍然保持原来的估计结果符号，并分别通过了 1%、5%、1% 和 1% 的显著性水平检验。

以上的估计结果说明了现阶段中国高新技术企业人力资本结构、外部来源资金、内外部技术获取、政府政策激励以及研发合作与企业国际化程度之间的协同驱动效应呈现出一定程度或微弱的负向作用，多样化且高效的创新驱动路径正向协同效应没有得到充分体现，表明现阶段我国高新技术企业多要素之间没有起到很好的共同促进作用，反而彼此抑制了企业的创新，这值得我们深刻反思其根源。

10.4.2　稳健性检验

为了确保估计结果有效可靠，本书进一步进行稳健性检验，再次对高新技术企业"六位一体"创新驱动要素变量进行测量，用高新技术企业新产品产值指标替代原来的新产品销售额指标，重新验证人力资本结构、外部来源资金、内外部技术获取、政府政策激励以及研发合作与企业国际化程度对企业创新驱动效应的影响。

由表 10.6 和表 10.7 估计结果可知，以人力资本结构、外部来源资金、内外部技术获取、政府政策激励以及研发合作与企业国际化程度六种核心指标进行分析，重新估计的各模型结果与基本模型相比，各变量影响系数的符号、数值及显著性均未发生较大变化，总体估计结果基本一致。由此，再次证明了前文的结论，本章的回归结果是稳健的。

表10.5

协同效应检验（3）

	模型17	模型18	模型19	模型20	模型21	模型17′	模型18′	模型19′	模型20′	模型21′
滞后一期人力资本	0.037 (0.473)	0.039 (0.491)	0.038 (0.483)	0.045 (0.568)	0.043 (0.536)	0.014 (1.579)	0.011 (1.199)	0.013 (1.452)	0.015* (1.695)	0.007 (0.746)
滞后一期外部来源资金	0.091 (1.207)	0.091 (1.202)	0.093 (1.235)	0.094 (1.247)	0.09 (1.198)	0.102*** (3.916)	0.110*** (4.399)	0.099*** (4.109)	0.120*** (5.759)	0.084*** (3.393)
滞后一期内外部技术获取	0.011 (0.187)	0.065 (1.009)	0.025 (0.470)	0.02 (0.380)	0.018 (0.341)	0.047* (1.813)	0.069*** (3.364)	0.049 (1.630)	0.047** (1.998)	0.066** (2.295)
滞后一期政府政策激励	0.001 (0.276)	0.001 (0.242)	0.005 (1.015)	0.004 (0.853)	0.001 (0.328)	0.001 (0.660)	0.001 (1.307)	0.003** (2.125)	0.003*** (5.837)	0.001 (0.556)
滞后一期合作研发度	0.002 (0.127)	-0.003 (-1.068)	-0.004 (-1.188)	-0.003 (-1.095)	-0.005 (-1.429)	0.000 (0.055)	-0.003*** (-12.083)	-0.002*** (-5.150)	-0.003*** (-7.031)	-0.004*** (-9.031)
滞后一期国际化程度	-0.001 (-0.318)	-0.024 (-1.229)	-0.001 (-0.280)	-0.002 (-0.510)	-0.003 (-0.710)	-0.001* (-1.757)	-0.012*** (-3.006)	-0.001 (-1.536)	-0.002*** (-2.672)	-0.002*** (-5.576)
企业年龄	-0.098 (-0.513)	-0.090 (-0.472)	-0.094 (-0.495)	-0.098 (-0.518)	-0.108 (-0.570)	-0.093* (-1.652)	-0.112** (-2.363)	-0.073 (-1.079)	-0.045 (-0.840)	-0.084 (-1.257)
企业规模	0.433*** (4.096)	0.434*** (4.109)	0.432*** (4.091)	0.441*** (4.169)	0.431*** (4.078)	0.445*** (14.082)	0.437*** (16.668)	0.436*** (14.738)	0.428*** (18.044)	0.430*** (13.298)
研发强度	-0.114** (-2.450)	-0.118** (-2.525)	-0.115** (-2.473)	-0.120** (-2.599)	-0.115** (-2.466)	-0.106*** (-4.819)	-0.111*** (-4.986)	-0.099*** (-4.791)	-0.107*** (-4.997)	-0.106*** (-5.114)

	模型17	模型18	模型19	模型20	模型21	模型17'	模型18'	模型19'	模型20'	模型21'
滞后一期内外部技术获取×滞后一期合作研发度	-0.001 (-0.336)					-0.000 (-0.683)				
滞后一期内外部技术获取×滞后一期国际化程度		0.003 (1.189)					0.002*** (3.218)			
滞后一期政府政策激励×滞后一期合作研发度			0.000 (1.279)					0.000** (1.986)		
滞后一期政府政策激励×滞后一期国际化程度				0.000 (1.083)					0.000*** (3.997)	
滞后一期合作研发度×滞后一期国际化程度					-0.000 (-1.048)					-0.000*** (-4.675)
常数	3.035** (2.428)	2.587** (2.039)	2.901** (2.359)	2.792** (2.253)	3.004** (2.442)	2.674*** (12.562)	2.555*** (16.044)	2.753*** (10.930)	2.525*** (13.089)	2.880*** (14.005)
R^2	0.893	0.893	0.893	0.893	0.893	—	—	—	—	—
F检验	7.217***	7.205***	7.221***	7.221***	7.233***	—	—	—	—	—
Hausman检验	69.385***	66.910***	68.739***	69.713***	70.214***	—	—	—	—	—
DW值	2.398	2.405	2.405	2.404	2.399	—	—	—	—	—

注：括号内为 t 值，* 表示在 0.1 水平上显著，** 表示在 0.05 水平上显著，*** 表示在 0.01 水平上显著。

表 10.6

模型稳健性检验（1）

	模型 4'	模型 5'	模型 6'	模型 7'	模型 8'	模型 9'	模型 10'	模型 11'	模型 12'
滞后一期人力资本			0.071*** (3.385)	0.516*** (3.208)	0.352*** (5.818)	0.069*** (3.193)	0.073** (2.308)	0.062*** (3.196)	0.070*** (3.416)
滞后一期外部来源资金			0.123*** (4.136)	0.302*** (3.797)	0.104*** (3.152)	0.115*** (3.478)	0.115*** (3.958)	0.123*** (4.263)	0.112* (1.958)
滞后一期内外部技术获取			-0.055*** (-2.960)	-0.058** (-2.483)	0.107*** (2.995)	-0.066*** (-3.542)	-0.055*** (-3.044)	-0.059*** (-3.034)	-0.072 (-1.063)
滞后一期政府政策激励			0.004*** (3.399)	0.004*** (2.670)	0.004*** (3.386)	0.012*** (3.501)	0.004*** (3.598)	0.004*** -3.645	0.004*** (3.424)
滞后一期合作研发度			-0.001 (-0.613)	-0.001 (-1.316)	-0.001 (-1.123)	-0.001 (-0.780)	0.001 (0.162)	-0.000 (-0.424)	-0.001 (-0.605)
滞后一期国际化程度			-0.000 (-0.389)	0.000 (0.048)	-0.001 (-0.655)	-0.000 (-0.344)	-0.000 (-0.365)	0.005 (1.507)	-0.001 (-0.413)
企业年龄		控制	控制	控制	控制	控制	控制	控制	控制
企业规模		控制	控制	控制	控制	控制	控制	控制	控制
研发强度		控制	控制	控制	控制	控制	控制	控制	控制
滞后一期人力资本×滞后一期外部来源资金				-0.046*** (-2.912)					

	模型 4′	模型 5′	模型 6′	模型 7′	模型 8′	模型 9′	模型 10′	模型 11′	模型 12′
滞后一期人力资本 × 滞后一期内外部技术获取									
滞后一期人力资本 × 滞后一期政府政策激励					−0.042 *** (−4.936)				
滞后一期人力资本 × 滞后一期合作研发度						−0.002 *** (−2.839)			
滞后一期外部来源资金 × 滞后一期国际化程度							−0.000 (−0.262)		
滞后一期外部来源资金 × 滞后一期内外部技术获取								−0.001 (−1.563)	0.002 (0.247)
人力资本	0.025 (1.131)	0.025 (0.873)							
外部来源资金	0.072 *** (3.711)	0.007 (0.207)							
内外部技术获取	0.000 (0.024)	0.079 *** (3.246)							

续表

	模型 4′	模型 5′	模型 6′	模型 7′	模型 8′	模型 9′	模型 10′	模型 11′	模型 12′
政府政策激励	0.004 *** (3.170)	0.001 (1.252)							
合作研发度	0.002 ** (2.020)	0.003 *** (2.648)							
国际化程度	0.001 (1.328)	0.000 (0.203)							
常数	7.905 *** (43.820)	6.940 *** (26.557)	6.585 *** (34.468)	4.679 *** (4.422)	5.644 *** (11.760)	6.852 *** (27.032)	6.619 *** (28.811)	6.662 *** (36.200)	6.727 *** (10.530)

注：括号内为 t 值，* 表示在 0.1 水平上显著，** 表示在 0.05 水平上显著，*** 表示在 0.01 水平上显著。

表 10.7

模型稳健性检验 (2)

	模型 13'	模型 14'	模型 15'	模型 16'	模型 17'	模型 18'	模型 19'	模型 20'	模型 21'
滞后一期人力资本	0.069*** (3.226)	0.069*** (3.131)	0.059*** (3.020)	0.068*** (2.903)	0.074*** (3.236)	0.070*** (3.213)	0.071*** (3.315)	0.046** (2.425)	0.073*** (3.092)
滞后一期外部来源资金	0.123*** (4.071)	0.165*** (5.547)	0.102*** (3.777)	0.118*** (3.266)	0.125*** (4.177)	0.123*** (4.079)	0.127*** (4.093)	0.112*** (3.573)	0.119*** (4.775)
滞后一期内外部技术获取	-0.055*** (-2.882)	-0.051*** (-2.637)	-0.047*** (-2.808)	-0.052** (-2.304)	-0.031 (-1.521)	-0.061*** (-3.900)	-0.047*** (-2.686)	-0.071*** (-4.559)	-0.055** (-2.564)
滞后一期政府政策激励	-0.006 (-1.381)	0.005*** (3.527)	0.005*** (3.831)	0.004 (0.691)	0.005*** (3.005)	0.004*** (3.579)	0.005** (2.354)	0.002 (1.452)	0.005*** (4.342)
滞后一期合作研发度	-0.000 (-0.461)	-0.029*** (-8.853)	-0.001 (-1.223)	-0.001 (-0.668)	-0.017*** (-4.192)	-0.001 (-0.651)	-0.000 (-0.402)	-0.001* (-1.672)	-0.002** (-2.097)
滞后一期国际化程度	-0.000 (-0.396)	-0.000 (-0.166)	0.016*** (2.646)	-0.000 (-0.126)	-0.000 (-0.152)	0.004 (1.215)	-0.000 (-0.347)	0.001 (0.632)	-0.004*** (-4.890)
企业年龄	控制	控制	控制	控制	控制	控制	控制	控制	控制
企业规模	控制	控制	控制	控制	控制	控制	控制	控制	控制
研发强度	控制	控制	控制	控制	控制	控制	控制	控制	控制
滞后一期外部来源资金 × 滞后一期政府政策激励	0.001** (2.173)								

续表

	模型13'	模型14'	模型15'	模型16'	模型17'	模型18'	模型19'	模型20'	模型21'
滞后一期外部来源资金 × 滞后一期合作研发度		0.003 *** (8.561)							
滞后一期外部来源资金 × 滞后一期国际化程度			−0.002 ** (−2.553)						
滞后一期内外部技术获取 × 滞后一期政府政策激励				0.000 (0.109)					
滞后一期内外部技术获取 × 滞后一期合作研发度					0.002 *** (4.102)				
滞后一期外部技术获取 × 滞后一期国际化程度						−0.001 (−1.605)			
滞后一期政府政策激励 × 滞后一期合作研发度							0.000 (0.326)		
滞后一期政府政策激励 × 滞后一期国际化程度								−0.000 *** (−3.493)	
滞后一期合作研发度 × 滞后一期国际化程度									−0.000 *** (−4.777)
常数	6.417 *** (27.880)	6.047 *** (27.122)	7.236 *** (29.971)	6.692 *** (23.842)	6.345 *** (27.260)	6.681 *** (29.853)	6.421 *** (27.334)	7.469 *** (35.120)	6.623 *** (37.550)

注：括号内为 t 值，* 表示在 0.1 水平上显著，** 表示在 0.05 水平上显著，*** 表示在 0.01 水平上显著。

10.5 实证检验结果分析

10.5.1 线性驱动作用结果分析

高新技术企业现阶段创新驱动结构存在一定程度的负向效应。而企业通过外部来源资金和内外部技术获取整体上对创新绩效的提高产生了显著的正向影响。中国高新技术企业创新投入相对严重不足，核心技术创新能力整体偏弱，需要注意的是，模型估计中也显示，人力资本及政府激励政策路径对于创新绩效的正向促进作用并不显著，需要引起足够的重视。

外部来源资金及内外部技术获取对企业起正向促进作用，这也正是因为企业外部资金来源直接促进了企业的研发资金的投入，这种驱动效应要比引入科技人才、海外留学归国人员等具有更直接的促进作用。而企业内部技术获取与外部技术合作有一定的互补性。首先，企业内部研发投资越高，越能评价和吸收外部环境中的新知识，及时地把外部知识与现有技术知识进行联合，给新产品和新市场带来机会。其次，企业能够更好地理解技术发展趋势、未来市场机会，认识到外部知识的价值，并把它内化和运用到创新活动中。当企业内部研发投资越多，企业的研发能力越强，企业的搜寻成本越会降低，更容易选择有前景的项目和合作伙伴。而国际化程度却表现出了显著的微弱的负向作用，可能是由于企业在和国际接轨时接触到的海外先进技术及知识未能很好地消化吸收转化为自身的创新能力。此外，企业可能需要加大对具有海外经验的人员的引进，因为这些科技人员本身就已经掌握着某些海外先进的技术以及知识，能够快速提高企业的消化吸收的转化能力。

10.5.2 协同交互驱动作用结果分析

高新技术企业"六位一体"创新驱动路径之间的协同驱动效应呈现出不显著或微弱的负向作用，多样化有效创新路径正向协同效应没有充分体现出来。具体来说，人力资本与外部来源资金之间的协同、外部资金来源与合作研发之间的协同以及合作研发与国际化水平之间的协同效应表现出显著的微弱的负向效应。

部分企业存在的过度依赖外部合作可能会损害企业进行自主研发的积极性，而外部来源资金也受到企业创新合作方的信誉、能力水平等方面的影响，导致外部来源资金与合作研发的协同驱动效应中产生了替代作用。同时，部分企业可能也存在外部来源资金与合作研发的重复交叉选择，多次引进，机制不当，成本增加，削弱了多样化创新途径的正向协同溢出影响。

研发合作为企业提供了丰富的外部知识接收源，有利于企业获取新知识，对内部知识进行快速更迭。强交互紧密度的产学研合作关系不仅有助于增强合作双方的"信任"与"忠诚"，减少合作关系的内部冲突与破坏，降低知识外部转移过程中的不确定性，而且有助于企业节约搜寻新的合作对象以及建立关系所需的时间和成本。而部分企业可能过度依赖外部合作和境外技术获取，可能又会损害产业进行自主研发的积极性，研发合作以及国际化水平之间的协同效应对企业内部研发的协同驱动效应产生了替代作用。

总之，需要正确处理人力资本、外部来源资金、内外部技术获取、激励政策、研发合作以及国际化水平驱动路径之间的关系，充分发挥多样化创新途径的正向协同溢出效应。应尽可能地利用外部资金来源和技术与政府扶持政策为高新技术企业内部自身创新活动提供更加优良的内外部环境和基础，避免过度强化外部技术源"替代"影响，以免损害高新技术企业自主研发的积极性；要进一步建立完善高新技术企业多样化创新路径的有效实施平台和监督机制，进行合理筛选、引进、改造与积累。通过合理适当分配多样化创新路径协同，使"六位一体"创新驱动路径之间发挥出"1+1+1+1+1+1＞6"的溢出效应。

10.6 本章研究结论与启示

10.6.1 研究结论

本章在前文理论框架与数据研究的基础上，构建了高新技术企业"六位一体"创新驱动路径之间的驱动作用模型，从线性驱动效应及其协同交互驱动效应两个方面展开创新路径对高新技术企业创新驱动作用关系的实证研究。结果表明，高新技术企业现阶段创新驱动体系结构还存在一定不合理性，呈现出微弱的负向效应，具体为以下两点。

第一，外部来源资金对企业创新绩效的积极驱动作用要强于其他路径，其次是企业的内外部技术获取路径，而高新技术企业的研发合作方式和企业的国际化水平对企业的创新绩效表现出显著的消极效应，虽然效应程度十分微弱，但还是需要引起足够的重视。正是因为企业外部资金来源直接促进了企业的研发资金的投入，这种驱动效应要比引入科技人才、海外留学归国人员等，具有更直接的促进作用。

第二，在协同效应中，企业人力资本驱动路径同内外部技术获取路径、政府激励政策以及国际化水平驱动路径之间的协同对于企业的创新活动发挥出了较好的正向效应。而人力资本驱动路径与外部资金来源路径、外部资金来源路径与政府激励政策以及国际化水平之间的协同作用未能很好地发挥出来，表现出了负向驱动效应。这也说明企业的资金投入和人员投入之间的冲突作用决定了企业在进行战略选择时，往往顾此失彼，很难协调好资金和人员的关系，对于加大研发投入，到底是加大资金投入还是人员投入，企业往往难以抉择。这些都需要引起企业的高度重视，及时调整企业的发展战略，以使各驱动路径之间的正向协同效应充分地发挥出来。

10.6.2　创新发展对策与建议

通过以上研究，本书针对河北省高新技术企业"六位一体"各创新驱动路径协同发展提出如下具体建议。

（1）在企业人力资本方面，应完善人才引进机制，引导员工在职学习，并为海外留学归国人力资本建立完备的创新环境，扩大企业技术合作网络，增强专业人力资本环境的异质性，鼓励员工进行知识分享。企业对高学历人员的引进可以给予更完善的政策，尤其是对于技术人员应给予更好的研究平台与充足的科研基金；同时对企业自身的员工实施科学的内部培训，鼓励引导员工申请在职学习，与相关科研组织联合培养高水平人员；并为企业员工创造优越的工作环境和创新所需要的相关设备条件等。企业在嵌入本土关系网络后，要力争不断提高其网络中心度以获取更多优质资源，帮助海外留学归国人员克服本土障碍。技术合作能够从合作方获得重要的互补知识，增强企业高级人力资本所处环境的异质性，通过其将新知识与原有知识结合，以提高企业创新绩效。企业应开发设计不同的知识管理策略或者对员工实施不同的知识分享激励政策，引导和激励研发经验丰富的员工进行知识分享，增强企业员工的知识分享意愿，提高企业人力资本在创新过程中规避风险的能力，以便顺利开展企业新研发活动。企业在保证内部人力资本投入，建立完善的创新环境、体系的同时，还应该积极有效地整合外部资源，与高等院校、研发机构、企业进行更为深入的研发合作。

（2）在高新技术企业资金来源方面，企业应积极引入风险资本，合理进行债务融资，对于政府资金做到专款专用并保持较低的财务杠杆区间。风险资本除了给高新技术企业带来"资金＋服务"之外，还会对研发资金的使用起到监督和治理作用，促进企业提高创新绩效。高新技术企业应该努力通过正当手段达到政策要求，通过获取财政补贴缓解融资压力。同时，企业还要做到将财政补贴用于科技活动投入，避免成为管理层进行机会主义行为的"工具"。在条件允许范围内，企业要合理进行债务融资，确保有足够的资金在第一时间开辟新市场，将新产品、新工艺、新服务等创新成果市场化，抢占竞争制高点，获取高额收益。应内外并举，高新技术企业不仅要保证内部 R&D 有序进行，同时还应该有效整合外部资源，积极寻求与高等学校、科研院所等机构单位更为深入的创新合作。双管齐下，有利于企业改善内外创新环境，取得更好的创新绩效。对于政府方面，应健全风险投资市场机制，加强风险投资法律建设。还可以考虑推广科技金融超市服务模式，拓宽高新技术企业融资渠道；构建科技资源数据智能共享服务系统，推动产学研科技资源互通共享。

（3）在企业技术来源方面，高新技术企业要合理配置科技创新资源，建立自主研发和技术引进的互动创新机制，强化消化吸收力度。当前高新技术企业应该重点关注技术引进，扩大国外技术引进的配套资源投入，同时充分发挥购买国内技术所带来的技术溢出效应，更加注重对购买技术的学习、模仿和再创新，让所购买的国内技术成为产业进行进一步技术创新的基础和平台。应建立自主研发与技术引进的配套机制，促使国外引进技术的有效转化。可以从技术创新的产出绩效中提取一定比例的自主研发创新基金，还可以对企业技术引进后的消化吸收创新性改造行为给予特殊研发补助等。对自主研发创新来说，首先要切实建立自主创新过程监督与绩效评估机制。由于国内创新主体除了企业，还有大学、科研机构等，因此有必要激励自主创新多元主体的协同创新，对协同创新予以鼓励，提升国内技术购买对技术创新绩效的贡献程度。对于技术引进来说，政府要逐步建立健全产业的国内国外技术信息数据库，以抑制重复引进技术；鼓励高新技术企业走技术引进、模仿创新、工艺流程创新、渐进式技术变革、突破式技术再创新的技术引进变革创新之路。要加强对我国高新技术产业中高素质科技人才的培养和激励，增加科学家和工程师等优秀人才在科研人员中的比例，优化科研人员结构，促进科研人员创新效率提升。

（4）在创新激励政策方面，政府应丰富高新技术企业税收减免等事后补贴政策的扶植形式，加大对企业创新人才支出的税收优惠力度和研发资金投入监管力度，同时，对不同企业性质的企业申请研发补贴和税收减免，政府应该做到一视同仁。研发补贴的方法应有助于调动企业的研发积极性，政府可以从研发补贴的发放时机以及申请研发补贴企业的研发成果等方面制定相应标准。而高新技术企业税收减免针对研发成果有严格限定且对作弊行为惩罚较重，所以其对企业研发活动的激励较大，但这种事后优惠形式还比较单一，应当借鉴其他发达国家做法，完善相关政策，提高企业研发活动的积极性。研发加计扣除这种事中减免的方式要加大对研发成果的控制，避免不必要的资金浪费，更加有效地激励企业的创新活动。当前应在财政可承受的范围内增加针对人力资本的财政补贴，既要提高对企业创新人才支出的税前扣除标准，在员工层面加大个人所得税优惠力度，减征或免征科研人员奖金和分红的税收，引导和鼓励企业加大研发人力资本投入，也要加大资金监管力度，企业自主披露财政扶持资金的详细使用情况和政府相关部门建立严格的监督检查机制相结合，共同确保政府财政扶持资金用在"刀刃"上。

（5）在研发合作方面，高新技术企业应积极进行国际化研发合作，以及与科研机构的研发合作，踊跃参与政府科技计划项目，加强技术知识的管理，并合理配置内、外部研发资源。企业要积极开展国际化研发合作，可以通过与当地供应商、客户、竞争对手、大学和研究机构、政府和技术中介等进行合作研发，不仅能获取新的互补技术，改进现有产品与技术，还能获取大量的市场信息，开辟新市场。科研机构专注于科研工作，作为高技术信息集散中心，与高校相比，其科研成果具有强时效性，产出效率高且更接近于实际，不仅重视理论基础研究，还十分看重实用技术研究和产品开发。企业与科研机构的合作，一方面借助其雄厚科研实力，快速提高研发合作经济绩效，增加知识与技术的积累；另一方面，持续的研发合作利于组织间交流，促进技术转移。企业应积极地参与创新活动，参与政府科技创新项目，获取政府创新支持，利用政府创新平台，获取其他主体的创新资源，提高企业创新绩效。企业应重视并加强技术知识管理，这样能有效增强企业对外部异质性知识的吸收、整合和转化。根据知识基础观理论，知识基础是企业在创新过程中最独特也是最重要的资源，不同合作研发模式侧重的知识也不同，企业要将知识技术管理作为企业管理的一项重要内容，提升研发合作交流中对知识的吸收与内化，增大创新产出。

（6）从企业国际化发展角度来说，高新技术企业应加大力度积极引进境外专家，同时要重视海外人才与本土员工的融合问题，使研发机构靠近国际技术领先区域，加强海外研发机构在东道国的嵌入性，并加大企业的研发投入以增强企业自身识别、吸收、整合外部知识的能力。企业应建立长远竞争机制，充分发挥海外人才优势，避免其劣势，促进自身对先进知识溢出的吸收。在境外设立研发机构的海外研发活动是主动嵌入全球创新网络和提升企业创新能力的有效途径。要尽量使研发机构靠近国际技术领先区域，加强海外机构在东道国的嵌入性，加快境外机构的升级，更大程度地获取东道国的技术溢出，促进母公司的绩效提升。另外，企业要合理加强研发投入强度，拓展投入资金来源，加大企业对产品技术的研究开发力度，增加企业知识存量，提高企业吸收能力，避免出现"多引进、少吸收"的问题。

第 11 章 研究总结与展望

11.1 研 究 总 结

本研究将创新驱动相关影响要素系统归纳为六个方面，即人力资本特性、企业资金来源、内外部技术获取途径、政府激励政策、研发合作模式以及国际化程度，提出创新驱动的"六位一体"创新要素体系，并提出上述六方面创新驱动要素具体驱动创新的过程模型，使用实证研究的方法，运用2014—2016 年《国家高新技术产业开发区企业统计报表》中河北省高新技术企业样本数据进行两阶段分层回归和 Bootstrap 回归分析，从短期和长期两个维度对比分析了各创新驱动要素驱动企业创新的路径影响。最后，又从协同创新视角，研究了创新驱动"六位一体"各要素之间的交互协同效应，为高新技术企业的"六位一体"创新驱动路径的协同发展指明了方向。

本研究的创新之处包括以下三个方面：第一，提出一个完善的创新驱动要素体系模型，即"六位一体"的创新驱动要素体系，包含人力资本特性、企业资金来源、内外部技术获取途径、政府激励政策、研发合作模式和国际化程度六个主体要素；第二，运用实证研究的方法构建模型，探索各要素驱动创新的作用路径，打开各要素驱动企业创新的内部过程的"黑箱"；第三，分析了各创新驱动要素之间的驱动效应差异以及各要素之间的交互协同效应，为企业和政府协调各创新驱动要素之间的关系提供了合理对策与建议，特别是针对河北省给出了依靠高新技术企业实施创新驱动发展的具体建议。

论文需要说明的问题：本书在实证分析部分的思路是经过分析，将高新技术企业外部因素分为人力资本特性、企业资金来源、内外部技术获取途径、政府激励政策、研发合作模式和国际化程度六个方面。从字面意思看，六个方面无直接关联，或没有明显的因果关系。同时考虑到六个方面各自又有诸多具体的因素，比如，国际化方面包括海外人才、海外出口和海外研发等行为，这些具体行为又不能忽略，如果不对其进行分析，结果可能粗浅，因此本书在实证部分将六个方面独立开展回归研究，一是可以更深入地分析每个方面包括的具体因素；二是为提出更具有实操性质的建议做准备，以增加论文的实践价值。

由于独立分析，在第四章至第九章的实证研究过程中出现了结构上的不对等情况，这也体现出本书本着体现实际出发，具体问题具体分析的原则。首先，在构建方程模型方面，中介变量、调节变量和因变量并没有完全相同的设置，原因是在具体测算过程中，提出过多种假设模型，可能实证的高新技术企业数据指标情况，难以找到统一的架构模型，只能针对所研究的实证重点方向进行方程模型构建。这样可以最大限度地拟合各个方面的创新路径和影响情况，同时也反映了实证的高新技术企业在各个方面发展不均衡，各方面的因素对它们的影响也不尽相同，有的因素更多地影响了经济绩效，有的因素却只影响技术绩效，所以本书在分析的过程中，模型只保留了相对符合实际情况的变量。

其次，在指标解释和数据选择方面也有类似的情况。比如，本书对创新绩效、技术创新绩效和经济创新绩效等的描述，也是根据实证企业的客观实际进行因变量设定。本书的出发点是探索并区分对技术创新绩效和经济创新绩效的影响，但是实证显示，有的因素只对技术创新绩效产生影响，有的因素只对经济创新绩效产生影响，所以在模型试算后保留了与现实情况最大吻合度的变量。论文中提到的创新绩效只是考虑了技术方面和经济方面的绩效。在数据选择上也是考虑最大程度上能代表变量意义的数据指标，这可能出现一个新的问题，就是在不同的实证章节里，同一个指标反映的现实意义不一样，这不影响数据使用，我们只是使用了该指标数据的不同属性特征。

11.2　研究局限与展望

高新技术企业作为国家创新体系的重要载体，提高其创新绩效是顺应"双创"浪潮的关键举措。学术界对高新技术企业创新绩效的研究见仁见智，本书从人力资本特性、资金来源、内外部技术获取途径、政府激励政策、研发合作模式以及国际化程度的"六位一体"角度为企业提高创新绩效提供了新的思路。当然，不可避免，本书的研究存在一些局限，构成了现阶段研究的主要阻碍，有待进一步研究。

首先，本研究的不足之处在于，文献研读阶段对要素的提炼、归纳分类等还是有些主观。通过对国内外相关文献的分析，将创新驱动相关影响因素大致归纳为六个方面，即人力资本特性、企业资金来源、内外部技术获取途径、政府激励政策、研发合作方式以及国际化程度。这种主观的归类也是文献整理分析当中避免不了的。

其次，本书的研究对象均为河北省高新技术企业，并且企业并未按照所属领域进行划分。由于不同地区的创新环境、不同领域的行业特征可能存在很大差异，这些差异可能会影响本书的研究结论的一般性。因此，未来的研究应该扩大样本地域范围，对全国不同省、市高新技术企业进行对比分析。同时，还应该分行业、分领域对企业进行研究，进一步探讨"不同省、市高新技术企业的创新驱动要素与创新绩效的相关性是否不同""不同行业的高新技术企业研究结论是否一致"等问题。这有助于完善本书的机制模型，增强研究结论的适用性。

然后，本书探索各个中介变量在"六位一体"创新驱动要素与企业创新绩效之间的中介作用时，发现大多数中介都是起着部分中介的作用，而不是完全中介的作用，但这并不意味着在"六位一体"创新驱动要素对企业创新绩效的影响过程中，各中介变量是仅有的或是最重要的中介变量。我们需要进一步探讨其他中介变量在上述关系中所起的作用，从而完善该领域研究的理论框架。因此，未来的研究可以更详细地探讨机制模型中存在的其他驱动路径。

最后，创新驱动的"六位一体"各创新驱动路径之间高效协同发展才能够更加有效地提高企业创新绩效。但是在具体实施时，我们必须对系统的发展状况有一个清晰的了解，现实中往往受到资源和其他条件的限制，想要在创新各个阶段上同时保持较高的协同度几乎是不现实的。再者由于本研究周期较长，在协同效应的研究中，本书以河北省 2013—2017 年的面板数据为样本进行研究，与前文的 2014—2016 年的数据选取略有不同，也是本文的一个局限，可能造成前后部分不一致，这是我们今后努力的方向。

参 考 文 献

［1］ 任爱莲. 高新技术企业创新绩效审计评价研究 ［D］. 上海：东华大学，2011.

［2］ 余金珊. 基于生命周期的高新技术企业融资方式研究 ［D］. 天津：天津财经大学，2012.

［3］ 吕洁华. 高新技术企业核心竞争力研究 ［D］. 哈尔滨：东北林业大学，2005.

［4］ 张玉臣，王兆欢. 上海市高新技术企业享受税收优惠状况及趋势 ［J］. 中国科技论坛，2015（3）：99－105.

［5］ 钟田丽，胡彦斌. 高技术创业企业人力资本特征对 R&D 投资与融资结构的影响 ［J］. 科学学与科学技术管理，2014（3）：164－174.

［6］ 刘叶云，朱洪慧. 我国高新技术企业人力资本投入对 EVA 的贡献研究 ［J］. 科研管理，2013（s1）：95－105.

［7］ 梁启宁. 高新技术企业高管股权激励与创新绩效研究 ［D］. 广州：广东省社会科学院，2016.

［8］ 科技部，财政部，国家税务总局. 高新技术企业认定管理办法 ［EB/OL］.（2016－01－29）. http：//www. most. gov. cn/mostinfo/xinxifenlei/fgzc/gfxwj/gfxwj2016/201602/t20160205_123998. htm.

［9］ Rogers E. Diffusion of Innovation，4th，ed ［M］. New York：The Free Press，1995.

［10］ Schumpeter J. The Theory of Economic Development ［M］. Cambridge Harvard University Press，1934.

［11］ Schumpeter J. Business Cycles ［M］. New York McGraw－Hill Book Company，1939.

［12］ 郝俊峰. 企业创新行为对顾客感知价值及购买行为的影响研究 ［D］. 天津：天津大学，2011.

[13] 胡义东，仲伟俊．高新技术企业技术创新绩效影响因素的实证研究 [J]．中国科技论坛，2011 (4)：80 – 85.

[14] 张玉臣，吕宪鹏．高新技术企业创新绩效影响因素研究 [J]．科研管理，2013，34 (12)：58 – 65.

[15] 张玉臣，周洁．外资高新技术企业创新绩效及其行为特征 [J]．科技进步与对策，2013，30 (17)：81 – 86.

[16] Tsai K H, Wang J C. Does R&D performance decline with firm size? —A re-examination in terms of elasticity [J]. Research Policy, 2005, 6 (34)：966 – 967.

[17] 严圣艳，唐成伟．企业规模与中国高新技术企业的创新绩效研究 [J]．管理现代化，2012 (5)：72 – 74.

[18] 谢洪明，赵丽，程聪．网络密度、学习能力与技术创新的关系研究 [J]．科学学与科学技术管理，2011，10 (32)：57 – 63.

[19] 任爱莲．企业学习能力与开放创新绩效的关系研究 [J]．统计与决策，2011 (14)：182 – 184.

[20] 施放，朱吉铭，SHIFang，等．创新网络、组织学习对创新绩效的影响研究——基于浙江省高新技术企业 [J]．华东经济管理，2015，29 (10)：21 – 26.

[21] 熊捷．企业社会资本、技术知识获取与产品创新绩效关系研究 [D]．北京：北方工业大学，2016.

[22] 陈学光，俞红，樊利钧．研发团队海外嵌入特征、知识搜索与创新绩效——基于浙江高新技术企业的实证研究 [J]．科学学研究，2010，28 (1)：151 – 160.

[23] 殷俊杰，邵云飞．跨界搜索均衡对企业创新绩效的影响——战略柔性的调节作用 [J]．技术经济，2017，36 (7)：1 – 8.

[24] Kuenzi M., Schminke M. Assembling Fragments Into a Lens：A Review, Critique, and Proposed Research Agenda for the Organizational Work Climate Literature [J]. Journal of Management, 2009, 35 (3)：634 – 717.

[25] 苏晓华，李倩倩，王平．创业导向对高新技术企业绩效的影响——基于强弱关系的调节作用 [J]．软科学，2013，27 (1)：10 – 14.

[26] 吴三清，王婧．组织学习、创新氛围和创新绩效的关系研究 [J]．科技管理研究，2014，34 (2)：178 – 182.

[27] 王金凤，吴蕊强，冯立杰，等．企业创新氛围、员工创新意愿
与创新绩效机理研究——基于高新技术企业的实证分析［J］．
经济与管理研究，2017，38（9）：127 – 136.

[28] 李京勋，金意颖．创新氛围、双元创新与创新绩效：网络嵌入
性的调节作用［J］．延边大学学报（社会科学版），2017，50
（2）：99 – 105.

[29] 耿合江．知识获取视角下互惠性与自利性企业文化对创新绩效
的影响研究［J］．科技进步与对策，2014（13）：135 – 140.

[30] 孙丽华．战略人力资源管理、企业文化对创新绩效的影响［J］．
国际商务（对外经济贸易大学学报），2016（6）：137 – 147.

[31] 解学梅，戴智华，刘丝雨．高新技术企业科技研发投入与新产
品创新绩效——基于面板数据的比较研究［J］．工业工程与管
理，2013，18（3）：92 – 96.

[32] 孙慧，王慧．政府补贴、研发投入与企业创新绩效——基于创
业板高新技术企业的实证研究［J］．科技管理研究，2017，37
（12）：111 – 116.

[33] 冯文娜．高新技术企业研发投入与创新产出的关系研究——基
于山东省高新技术企业的实证［J］．经济问题，2010（9）：
74 – 78.

[34] 马文聪，侯羽，朱桂龙．研发投入和人员激励对创新绩效的影
响机制——基于新兴产业和传统产业的比较研究［J］．科学学
与科学技术管理，2013，34（3）：58 – 68.

[35] 张玉臣，杜千卉．高新技术企业研发投入失效现象及成因分析
［J］．科研管理，2017（s1）：309 – 316.

[36] 孙文松，唐齐鸣，董汝婷．知识溢出对中国本土高新技术企业
创新绩效的影响——基于国际创新型人才流动的视角［J］．技
术经济，2012，31（12）：7 – 12.

[37] 孔群喜．影响外商投资企业出口的决定因素——江苏省高新技
术企业的例证［J］．国际贸易问题，2011（7）：145 – 153.

[38] 孙德梅，胡媚琦，王正沛，等．政府行为、金融发展与区域创
新绩效——基于省际面板数据的实证研究［J］．科技进步与对
策，2014（20）：34 – 41.

[39] 朱思文，游达明．开放式创新背景下企业知识资本与创新绩效
实证研究［J］．湘潭大学学报（哲学社会科学版），2013，37

（4）：72 –76.

[40] 朱建民，丁莹莹. 知识型企业人力资本对创新绩效的影响——基于知识管理能力视角 [J]. 科技管理研究，2017, 37 (11)：141 –147.

[41] 邹艳，张雪花. 企业智力资本与技术创新关系的实证研究——以吸收能力为调节变量 [J]. 软科学，2009, 23 (3)：71 –75.

[42] 曹勇，苏凤娇，赵莉. 技术创新资源投入与产出绩效的关联性研究——基于电子与通信设备制造行业的面板数据分析 [J]. 科学学与科学技术管理，2010, 31 (12)：29 –35.

[43] Mahmood. I. P, Rufin C. Government's Dilemma：The Role of Government in Imitation and Innovation [J]. Academy of Management Review, 2005, 30 (2)：338 –360.

[44] Sam Garrett-jones. From Citadels to Clusters：the Evolution of Regional Innovation Policies in Australia [J]. R&D Management, 2004, 34 (1)：3 –16.

[45] 古利平，张宗益，康继军. 专利与 R&D 资源：中国创新的投入产出分析 [J]. 管理工程学报，2006 (1)：147 –151.

[46] 吴延兵. 中国工业产业创新水平及影响因素——面板数据的实证分析 [J]. 产业经济评论，2006, 5 (2)：155 –171.

[47] 王一卉. 政府补贴、研发投入与企业创新绩效——基于所有制、企业经验与地区差异的研究 [J]. 经济问题探索，2013 (7)：138 –143.

[48] Koga T. Firm Size and R&D Tax Incentives [J]. Technovation, 2003, 23 (7)：643 –648.

[49] 樊琦，韩民春. 政府 R&D 补贴对国家及区域自主创新产出影响绩效研究——基于中国 28 个省域面板数据的实证分析 [J]. 管理工程学报，2011, 25 (3)：183 –188.

[50] 徐小阳. 中国政府公共 R&D 与自主创新关系的实证研究 [J]. 科技管理研究，2011, 31 (6)：12 –14.

[51] 李维安，李浩波，李慧聪. 创新激励还是税盾？——高新技术企业税收优惠研究 [J]. 科研管理，2016, 37 (11)：61 –70.

[52] 周海涛，张振刚. 政府研发资助方式对企业创新投入与创新绩效的影响研究 [J]. 管理学报，2015, 12 (12)：1797 –1804.

[53] 郑春美，李佩. 政府补助与税收优惠对企业创新绩效的影响——

基于创业板高新技术企业的实证研究 [J]. 科技进步与对策，2015（16）：83 - 87.

[54] 简兆权，马琦，王晨. 网络镶嵌对创新绩效的影响——基于华南地区的实证研究 [J]. 研究与发展管理，2013，25（1）：1 - 11.

[55] 张悦，梁巧转，范培华. 网络嵌入性与创新绩效的 Meta 分析 [J]. 科研管理，2016，37（11）：80 - 88.

[56] 李卫宁，黄玮. 集群、网络与管理创新绩效——珠三角地区高新技术企业实证研究 [J]. 科技管理研究，2012，32（5）：5 - 9.

[57] 谢洪明，张霞蓉，程聪，等. 网络互惠程度对企业技术创新绩效的影响：外部社会资本的中介作用 [J]. 研究与发展管理，2012，24（3）：49 - 55.

[58] 常红锦，仵永恒. 网络异质性、网络密度与企业创新绩效——基于知识资源视角 [J]. 财经论丛（浙江财经大学学报），2013，175（6）：83 - 88.

[59] Fleming L. Recombinant Uncertainty in Technological Search [J]. Management Science, 2001, 47 (1): 117 - 132.

[60] Un C. A, Cuervo-cazurra A. , Asakawa K. R&d Collaborations and Product Innovation [J]. Journal of Product Innovation Management, 2010, 27 (5): 673 - 689.

[61] Tomlinson P. R. Co-operative Ties and Innovation: Some New Evidence for Uk Manufacturing [J]. Research Policy, 2010, 39 (6): 762 - 775.

[62] Kang. K. N, Park H. Influence of Government R&d Support and Interfirm Collaborations on Innovation in Korean Biotechnology Smes [J]. Technovation, 2012, 32 (1): 68 - 78.

[63] Shin K. , Sang. J. K, Park G. How Does the Partner Type in R&d Alliances Impact Technological Innovation Performance? A Study on the Korean Biotechnology Industry [J]. Asia Pacific Journal of Management, 2016, 33 (1): 141 - 164.

[64] 王龙伟，任胜钢，谢恩. 合作研发对企业创新绩效的影响研究——基于治理机制的调节分析 [J]. 科学学研究，2011（5）：785 - 792.

[65] 张运生，高维，张利飞. 集成创新企业与零部件开发商合作创新类型与治理结构匹配机制研究 [J]. 中国科技论坛，2016

(6)：49-54.

[66] 杨冬梅，王琳，孟子禾．科技研发合作对企业研发绩效的效应分析——来自高新技术企业的证据 [J]．经济与管理评论，2017（2）：58-63.

[67] Chen S. Task Partitioning in New Product Development Teams：A Knowledge and Learning Perspective [J]．Journal of Engineering and Technology Management，2005，22（4）：291-314.

[68] Grant. R. M. Multinationality and Performance among British Manufacturing Companies [J]．Journal of International Business Studies，1987，18（3）：79-89.

[69] Collins. J. M. A Market Performance Comparison of U. S. Firms Active in Domestic，Developed and Developing Countries [J]．Journal of International Business Studies，1990，21（2）：271-287.

[70] Hitt. M. A，Hoskisson. R. E，Kim H. International Diversification：Effects on Innovation and Firm Performance in Product-Diversified Firms [J]．Academy of Management Journal，1997，40（4）：767-798.

[71] Li L. Is Regional Strategy more Effective than Global Strategy in the US Service Industries？[J]．Mir Management International Review，2005，45（1）：37-57.

[72] 李梅，余天骄．海外研发投资与母公司创新绩效——基于企业资源和国际化经验的调节作用 [J]．世界经济研究，2016（8）：101-113.

[73] 马丕玉．国际化程度与经营绩效：基于进出口上市公司的实证 [J]．统计与决策，2011（11）：141-142.

[74] 徐晨，吕萍．创新国际化行为对创新绩效的影响研究 [J]．管理评论，2013，25（9）：40-50.

[75] [美] 迈克尔·波特．国家竞争化势 [M]．李明轩，邱如美，译．北京：华夏出版社，2002.

[76] 洪银兴．科技创新与创新型经济 [J]．管理世界，2011（7）：1-8.

[77] 刘志彪．从后发到先发：关于实施创新驱动战略的理论思考 [J]．产业经济研究，2011（4）：1-7.

[78] 甘文华．创新驱动的四重维度——基于方法论视角的分析 [J]．

党政干部学刊，2013（1）：49 - 52.

[79] 李建钢，李秉祥. 后发企业迈向创新型企业过程中创新驱动特征分析——以中兴通讯公司为例［J］. 科技进步与对策，2014，31（2）：78 - 82.

[80] 殷群. "世界级"创新型企业成长路径及驱动因素分析——以苹果、三星、华为为例［J］. 中国软科学，2014（10）：174 - 181.

[81] 倪鹏飞，白晶，杨旭. 城市创新系统的关键因素及其影响机制——基于全球436个城市数据的结构化方程模型［J］. 中国工业经济，2011（2）：16 - 25.

[82] 杨冬梅，赵黎明，闫凌州. 创新型城市：概念模型与发展模式［J］. 科学学与科学技术管理，2006（8）：97 - 101.

[83] 申文青. 增加创新驱动发展新动力研究［J］. 科学管理研究，2013，31（4）：14 - 17.

[84] 夏天. 创新驱动过程的阶段特征及其对创新型城市建设的启示［J］. 科学学与科学技术管理，2010，31（2）：124 - 129.

[85] 庄志彬. 基于创新驱动的我国制造业转型发展研究［D］. 福州：福建师范大学，2014.

[86] 李俊江，孟勐. 基于创新驱动的美国"再工业化"与中国制造业转型［J］. 科技进步与对策，2016，33（5）：51 - 55.

[87] 孙淑军. 人力资本与经济增长［D］. 沈阳：辽宁大学，2012.

[88] 华猛，邵冰. 私募股权投资基金人力资本特性的经济学分析［J］. 中央财经大学学报，2009（3）：23 - 27.

[89] 张军华. 资本结构、资产结构与企业绩效——基于创业板高新技术中小企业的实证研究［J］. 财会通讯，2011（12）：78 - 80，161.

[90] 周艳菊，邹飞，王宗润. 盈利能力、技术创新能力与资本结构——基于高新技术企业的实证分析［J］. 科研管理，2014（1）：48 - 57.

[91] 龙勇，张合，刘珂. 风险资本与高新技术企业的特殊关系［J］. 科技管理研究，2009（4）：200 - 203.

[92] 曾萍，邓腾智，宋铁波. 社会资本、动态能力与企业创新关系的实证研究［J］. 科研管理，2013（4）：50 - 59.

[93] 崔荣生. 制冷行业供应链上下游合作研发模式选择［D］. 上海：复旦大学，2008.

[94] 杨梅英，王芳，周勇. 高新技术企业研发合作模式选择研究——基于北京市 38 家高新技术企业的实证分析 [J]. 中国软科学，2009（6）：172-177.

[95] 姚潇颖，卫平，李健. 产学研合作模式及其影响因素的异质性研究——基于中国战略新兴产业的微观调查数据 [J]. 科研管理，2017, 261（8）：1-10.

[96] Belderbos R., Carree M., Lokshin B., et al. Inter-temporal Patterns of R&d Collaboration and Innovative Performance [J]. Journal of Technology Transfer, 2015, 40（1）：123-137.

[97] Dahlander L, Gann. D. M. Science Direct - Research Policy：How Open Is Innovation? [J]. Research Policy, 2010, 39（6）：699-709.

[98] 李光泗，沈坤荣. 中国技术引进、自主研发与创新绩效研究 [J]. 财经研究，2011, 37（11）：39-49.

[99] 冯锋，马雷，张雷勇. 外部技术来源视角下我国高技术产业创新绩效研究 [J]. 中国科技论坛，2011（10）：42-48.

[100] 李武威. 技术创新资源投入对高技术企业产品创新绩效影响的实证研究 [J]. 工业技术经济，2013, 32（7）：75-82.

[101] 刘焕鹏，严太华. 我国高技术产业 R&D 能力、技术引进与创新绩效——基于省际动态面板数据模型的实证分析 [J]. 山西财经大学学报，2014, 36（8）：42-49.

[102] 吴延兵，李莉. 自主研发和技术引进对经济绩效的影响——基于时间序列的分析 [J]. 社会科学辑刊，2011（4）：104-108.

[103] 唐盛. 中国高技术产业技术引进、自主研发与技术创新绩效 [D]. 广州：广东外语外贸大学，2016.

[104] Dieter Ernst, Linsu Kim. Global Production Networks, Knowledge Diffusion, and Local Capability Formation [J]. Research Policy, 2002, 31（8）.

[105] 杨德林，周亮，吴贵生. 技术创新研究在中国 [J]. 技术经济，2009, 28（1）：1-10, 41.

[106] Iris Wanzenböck, Thomas Scherngell, Manfred M. Fischer. How do Firm Characteristics Affect Behavioural Additionalities of Public R&D Subsidies? Evidence for the Austrian Transport Sector [J]. Technovation, 2013, 33（2-3）.

[107] 姚洋，章奇. 中国工业企业技术效率分析 [J]. 经济研究，2001（10）：13 – 19，28 – 95.

[108] 杨忠，张骁. 企业国际化程度与绩效关系研究 [J]. 经济研究，2009（2）：32 – 42.

[109] 海本禄，聂鸣. 国际化、创新与企业绩效：基于湖北省的实证研究 [J]. 科研管理，2012，33（4）：1 – 9.

[110] 高照军，蒋耘莛. 内向型创新、国际化与创新绩效的关系研究 [J]. 统计研究，2016，33（11）：8 – 13.

[111] 李梅，余天骄. 研发国际化是否促进了企业创新——基于中国信息技术企业的经验研究 [J]. 管理世界，2016（11）：125 – 140.

[112] 吴航，陈劲，郑小勇. 新兴经济体中企业国际多样化与创新绩效：所有权结构的调节效应 [J]. 科研管理，2014，35（11）：77 – 83.

[113] 高照军. 国际化视角下企业集团对子公司创新绩效的影响研究 [J]. 科学学与科学技术管理，2016，37（8）：116 – 125.

[114] 乔莉. 基于制度视角的国际化程度对企业创新投入的影响研究——来自中国制造业上市公司的实证分析 [J]. 科学管理研究，2014（5）：90 – 93.

[115] 吴剑峰，乔璐，杨震宁. 新兴市场企业的国际化水平、研发管理与技术创新绩效的关系研究 [J]. 国际商务：对外经济贸易大学学报，2016（4）：140 – 151.

[116] 肖鹏，孙玉红. 新常态下我国企业国际化与创新绩效关系研究——基于 100 大跨国公司的数据 [J]. 科技进步与对策，2015（21）：104 – 107.

[117] Capar N. , Chinta R. , Sussan F. The Effects of International Diversification and Firm Resources on Firm Performance Risk [J]. Journal of Management & Strategy, 1923, 6 (1).

[118] Pierre – André Buigues, Lacoste D. , Lavigne S. When Over Internationalized Companies Reduce Their International Footprint [J]. International Business Review, 2015, 24 (6): 1039 – 1047.

[119] Altintas. M. H, Vrontis D. , Kaufmann. H. R, et al. Internationalization, Market Forces and Domestic Sectoral Institutionalization [J]. European Business Review, 2011, 23 (2): 215 – 235.

[120] 黄载曦，龙游宇．高新技术企业人力资本形成机制：以产权实现激励［J］．云南财经大学学报，2011，27（3）：143-147.

[121] 李建军，李丹蒙．创业团队人力资本特征与高新技术企业研发投入——基于我国创业板公司的实证研究［J］．软科学，2015，29（3）：79-83.

[122] 杨晶晶，于意，王华．出口技术结构测度及其影响因素——基于省际面板数据的研究［J］．财贸研究，2013，24（4）：75-82.

[123] 陶卉欣，宫巨宏．人力资本对企业技术创新效率作用的实证分析［J］．东南大学学报（哲学社会科学版），2014，16（s2）：43-45.

[124] 张婷，王立凯．对外开放与自主研发对全要素生产率的影响分析——基于省际面板数据的比较研究［J］．价格理论与实践，2016（3）：140-143.

[125] 余凡，许伟，王平田．人力资本质量、技能溢价与企业全要素生产率——基于中国企业—员工匹配调查（CEES）的实证分析［J］．中南财经政法大学学报，2016，217（4）：104-111.

[126] 杜江，宋跃刚．知识资本、OFDI逆向技术溢出与企业技术创新——基于全球价值链视角［J］．科技管理研究，2015，35（21）：25-30.

[127] 李培楠，赵兰香，万劲波．创新要素对产业创新绩效的影响——基于中国制造业和高技术产业数据的实证分析［J］．科学学研究，2014，32（4）：604-612.

[128] 龙建辉．创新驱动发展的双元路径及其关联机制——基于全要素生产率的实证发现［J］．科技管理研究，2017，37（10）：24-34.

[129] Bartelsman E. , Dobbelaere S. , Peters B. Allocation of Human Capital and Innovation at the Frontier：Firm - level Evidence on Germany and the Netherlands［J］. Zew Discussion Papers，2013，24（5）：875-949.

[130] 卢馨．企业人力资本、R&D与自主创新——基于高新技术上市企业的经验证据［J］．暨南学报（哲学社会科学版），2013，35（1）：104-117.

[131] 周泽将，李艳萍，胡琴．海归高管与企业创新投入：高管持股

的调节作用——基于创业板企业的实证研究［J］. 北京社会科学, 2014 (3): 41 – 51.

[132] 王雪莉, 马琳, 王艳丽. 高管团队职能背景对企业绩效的影响: 以中国信息技术行业上市公司为例［J］. 南开管理评论, 2013, 16 (4): 80 – 93.

[133] Lutz Schneider, Jutta Günther & Bianca Brandenburg. Innovation and Skills From a Sectoral Perspective: A linked Employer-employee Analysis［J］. Economics of Innovation & New Technology, 2010, 19 (2): 185 – 202.

[134] 张梅. 基于 DEA – Tobit 模型高新企业创新绩效评价研究［J］. 求索, 2013 (12): 31 – 33.

[135] 姜秀珍, 顾琴轩, 王莉红, 等. 错误中学习与研发团队创新: 基于人力资本与社会资本视角［J］. 管理世界, 2011 (12): 178 – 179.

[136] 钱晓烨, 迟巍, 黎波. 人力资本对我国区域创新及经济增长的影响——基于空间计量的实证研究［J］. 数量经济技术经济研究, 2010 (4): 107 – 121.

[137] 李光泗, 沈坤荣. 技术能力、技术进步路径与创新绩效研究［J］. 科研管理, 2013, 34 (3): 1 – 6.

[138] 吴伟伟, 刘业鑫, 于渤. 技术管理与技术能力匹配对产品创新的内在影响机制［J］. 管理科学, 2017, 30 (2): 3 – 15.

[139] 罗思平, 于永达. 技术转移、海归与企业技术创新: 基于中国光伏产业的实证研究［J］. 管理世界, 2012 (11): 124 – 132.

[140] Choudhury P. Return Migration and Distributed R&D in Multinationals – A Study Using Micro Data［M］. New York: Social Science Electronic Pablishing, 2010.

[141] 李平, 许家云, 张庆昌. 智力跨国外流有利于中国技术创新吗?［J］. 财经研究, 2013 (2): 113 – 123.

[142] Liu X., Lu J., Filatotchev I., et al. Returnee Entrepreneurs, Knowledge Spillovers and Innovation in High-tech Firms in Emerging Economies［J］. Journal of International Business Studies, 2010, 41 (7): 1183 – 1197.

[143] 杨河清, 陈怡安. 中国海外智力回流影响动因的实证研究——基于动态面板模型的经验分析［J］. 经济经纬, 2013 (3):

86 – 90.

[144] 许爱顺，罗鄂湘．人力资本、薪酬激励和中小企业创新能力的关系研究［J］．科技与管理，2012，14（6）：112 – 117.

[145] 石芝玲，和金生．基于技术能力和网络能力协同的企业开放式创新研究［J］．情报杂志，2011，30（1）：99 – 103.

[146] Chung, Yongjoo, Haansen, et al. Compensation of SNR and Noise Type Mismatch Using an Environmental; Sniffing Based Speech Recognition Solution［J］. Eurasip Journal on Audio Speech & Music Processing, 2013（1）：1 – 14.

[147] 孙凯，柳艳婷，刘晓婷．研发团队知识异质性对知识共享影响研究［J］．情报科学，2016，35（2）：59 – 64.

[148] Rhyne L. C. , Teagarden M. B. , Vandenpanhuyen W. Technology-based Competitive Strategies-the Relationship of Culture Dimension to New Product Innovation［J］. High Technology Management Review, 2002, 13（2）：249 – 277.

[149] 金惠红，薛希鹏，缪煜锭．知识转移视角下产学研合作与创新绩效关系研究［J］．科技进步与对策，2015，32（20）：88 – 95.

[150] 初大智，杨硕，崔世娟．技术合作对创新绩效的影响研究——以广东省制造业为例［J］．中国软科学，2011（8）：155 – 164.

[151] Bishop K. , D'Este P. , Neely A. Gaining From Interactions with Universities: Multiple Methods for Nurturing Absorptive Capacity［J］. Research Policy, 2011, 40（1）：30 – 40.

[152] Park. B. I. Knowledge Transfer Capacity of Multinational Enterprises and Technology Acquisition in International Joint Ventures［J］. International Business Review, 2011, 20（1）：75 – 87.

[153] 戴小勇，成力为．R&D 投入强度对企业绩效影响的门槛效应研究［J］．科学学研究，2013（11）：1708 – 1716，1735.

[154] 段海艳．不同来源金融资本对企业研发投入的影响研究——以中小板上市公司为例［J］．科技进步与对策，2016（14）：88 – 92.

[155] 冉光和，徐鲲，鲁钊阳．金融发展、FDI 对区域创新能力的影响［J］．科研管理，2013（7）：45 – 52.

[156] Shleifer A. , Vishny. R. W. Politicians and Firms［J］. Quarterly

Journal of Economics, 1994 (4): 995 – 1025.

[157] 余明桂, 回雅甫, 潘红波. 政治联系、寻租与地方政府财政补贴有效性 [J]. 经济研究, 2010 (3): 65 – 77.

[158] 黄新建, 黄能丽. 财政政策、政府干预与政府财政补贴有效性分析——来自我国民营上市公司的经验数据 [J]. 会计之友, 2014 (28): 88 – 93.

[159] OECD. Frascati Manual 2015: Guidelines for Collecting and Reporting Data on Research and Experimental Development [M]. Paris: OECD Publishing, 2015.

[160] Scherer. F. M. Firm size, market Structure, Opportunity, and the output of Patented Inventions [J]. The American Economic Review, 1965 (5): 1097 – 1125.

[161] 王红霞, 高山行. 基于资源利用的企业 R&D 投入与创新产出关系的实证研究 [J]. 科学学研究, 2008 (S2): 567 – 572, 517.

[162] 罗明新, 马钦海, 胡彦斌. 政治关联与企业技术创新绩效——研发投资的中介作用研究 [J]. 科学学研究, 2013 (6): 938 – 947.

[163] Fang. E. E. The Effect of Strategic Alliance Knowledge Complimentarily on New Product Innovativeness in China [J]. Organization Science, 2011 (1): 158 – 172.

[164] Ogawa K. Debt, R&D Investment and Technological Progress: A Panel Study of Japanese Manufacturing Firms' Behavior During the 1990s [J]. Journal of the Japanese & International Economies, 2007 (4): 403 – 423.

[165] 王旭. 债权治理、创新激励二元性与企业创新绩效——关系型债权人视角下的实证检验 [J]. 科研管理, 2017 (3): 1 – 10.

[166] 袁玉芳. 资本结构、R&D 投入与公司业绩的相关性研究 [D]. 大连: 东北财经大学, 2016.

[167] 王俊. R&D 补贴对企业 R&D 投入及创新产出影响的实证研究 [J]. 科学学研究, 2010 (9): 1368 – 1374.

[168] Guo D. , Jiang K. Venture Capital Investment and the Performance of Entrepreneurial Firms: Evidence from China [J]. Journal of Corporate Finance, 2013 (22): 375 – 395.

[169] Kortum S. , Lerner J. Assessing the Contribution of Venture Cap-

ital to Innovation [J]. Rand Journal of Economics, 2000 (4): 674 – 692.

[170] 武巧珍. 风险投资支持高新技术产业自主创新的路径分析 [J]. 管理世界, 2009 (7): 174 – 175.

[171] 付雷鸣, 万迪昉, 张雅慧. VC 是更积极的投资者吗? ——来自创业板上市公司创新投入的证据 [J]. 金融研究, 2012 (10): 125 – 138.

[172] 高金鹏, 王赫然, 高鉴. 税收激励、研发投入与企业绩效——基于高新技术企业的实证研究 [J]. 中国科技产业, 2016 (7): 72 – 77.

[173] Hall B., Reenen. J. V. How Effective are Fiscal Incentives for R&D? A Review of the Evidence [J]. Research Policy, 2000 (45): 449 – 469.

[174] 周江华, 李纪珍, 刘子谞, 李子彪. 政府创新政策对企业创新绩效的影响机制 [J]. 技术经济, 2017 (1): 57 – 65.

[175] 刘锦英. 企业规模与创新绩效关系的实证研究——基于中国光电子产业的分析 [J]. 软科学, 2010 (4): 20 – 23.

[176] 陈琨, 周永根, 杨国梁. 企业规模、政府资助强度对产学研创新绩效的影响研究 [J]. 科学管理研究, 2016 (2): 9 – 12.

[177] 孙玉涛, 臧帆. 企业区域内/间研发合作与创新绩效——技术多元化的调节作用 [J]. 科研管理, 2017 (3): 52 – 60.

[178] Davidson. S. R, Brooks. R. D. R&D, Agency Costs and Capital Structure: International Evidence [C]. // Econometric Society 2004 Australasian Meetings. Econometric Society, 2004.

[179] 吕民乐, 王晓虎. 企业资本结构与 R&D 投入——基于汽车制造业上市公司的经验研究 [J]. 中国科技论坛, 2014 (1): 62 – 66.

[180] 黄艺翔, 姚铮. 风险投资对上市公司 R&D 投入的影响——基于政府专项 R&D 补助的视角 [J]. 科学学研究, 2015 (5): 674 – 682, 733.

[181] 焦跃华, 黄永安. 风险投资与公司创新绩效——基于创业板公司的经验分析 [J]. 科技进步与对策, 2014 (10): 84 – 89.

[182] 李子彪, 梁博, 李林琼. 河北省科技金融超市运行发展研究 [J]. 科研管理, 2017 (S1): 46 – 52.

[183] 张倩肖，冯根福．3 种 R&D 溢出与本地企业技术创新：基于我国高技术产业的经验分析 [J]. 中国工业经济，2007（11）：64 - 72.

[184] 魏洁云．论不同技术来源对企业创新绩效的影响 [J]. 商业经济研究，2016（11）：109 - 111.

[185] 刘克寅，宣勇，池仁勇．企业内外部 R&D 战略的互补性与替代性研究——基于中国大中型工业企业的行业数据分析 [J]. 研究与发展管理，2015（6）：1 - 9.

[186] Faems D., Looy. B. V., Debackere K. Interorganizational Collaboration and Innovation：Toward a Portfolio Approach [J]. Journal of Product Innovation Management，2010，22（3）：238 - 250.

[187] 洪俊杰，石丽静．自主研发、地区制度差异与企业创新绩效——来自 371 家创新型企业的经验证据 [J]. 科学学研究，2017，35（2）：310 - 320.

[188] 李励耕．自主研发、技术引进对我国经济增长影响的实证研究 [D]. 重庆：重庆大学，2014.

[189] 刘小鲁．我国创新能力积累的主要途径：R&D，技术引进，还是 FDI？[J]. 经济评论，2011（3）：88 - 96.

[190] 孙早，宋炜．企业 R&D 投入对产业创新绩效的影响——来自中国制造业的经验证据 [J]. 数量经济技术经济研究，2012（4）：49 - 63.

[191] 李光泗，沈坤荣．技术引进方式、吸收能力与创新绩效研究 [J]. 中国科技论坛，2011（11）：15 - 20.

[192] 李姝，刘殿和．技术引进与自主创新：基于工业行业数据的实证分析 [J]. 财经问题研究，2012（6）：21 - 27.

[193] 陈朝月，许治．企业外部技术获取模式与企业创新绩效之间的关系探究 [J]. 科学学与科学技术管理，2018，39（1）：143 - 153.

[194] 傅宇，崔维军，韩硕．合作研发与企业创新绩效——基于世界银行中国企业调查数据的实证分析 [J]. 科学学与科学技术管理，2018，39（1）：98 - 106.

[195] 陈艳，范炳全．中小企业开放式创新能力与创新绩效的关系研究 [J]. 研究与发展管理，2013，25（1）：24 - 35.

[196] 高展军，李垣．企业吸收能力研究阐述 [J]. 科学管理研究，2005（6）：66 - 69.

[197] 陈劲，蒋子军，陈钰芬. 开放式创新视角下企业知识吸收能力影响因素研究 [J]. 浙江大学学报（人文社会科学版），2011，41（5）：71 - 82.

[198] Escribano A. , Fosfuri A. & Tribó J. A. Man-aging External Knowledge Flows：The Moderating Role of Ab-sorptive Capacity [J]. Research Policy, 2009（38）：96 - 105.

[199] 侯广辉，张键国. 企业社会资本能否改善技术创新绩效——基于吸收能力调节作用的实证研究 [J]. 当代财经，2013（2）：74 - 86.

[200] 孙杨，许承明，夏锐. 研发资金投入渠道的差异对科技创新的影响分析——基于偏最小二乘法的实证研究 [J]. 金融研究，2009（9）：165 - 174.

[201] Czarnitzki D. , Hanel P. , Rosa. J. M. Evaluating the Impact of R&D Tax Credits on Innovation：A Micro econometric Study on Ca-nadian Forms [J]. Research Policy, 2011（2）：217 - 229.

[202] 戴晨，刘怡. 税收优惠与财政补贴对企业 R&D 影响的比较分析 [J]. 经济科学，2008（3）：58 - 71.

[203] 江小娟. 吸引外资对推进中国产业技术进步的影响 [J]. 煤炭企业管理，2004（5）：16 - 18.

[204] 梁华，张宗益. 我国本土高技术企业技术创新渠道源研究 [J]. 科研管理，2011，32（6）：26 - 35.

[205] Cohen W. M. & Levinthal D. A. Innovation and Learning：The Two Faces of R&D [J]. Economic Journal, 1989, 99（9）：569 - 596.

[206] Schmidt T. Absorptive Capacity—One Size Fits All? A Firm - level Analysis of Absorptive Capacity for Dif-ferent Kinds of Knowledge [J]. Managerial and Decision Economics, 2010, 31（1）：1 - 18.

[207] 谢子远，黄文军. 非研发创新支出对高技术产业创新绩效的影响研究 [J]. 科研管理，2015，36（10）：1 - 10.

[208] Oyelaran - Oyeyinka B. , Laditan. G. O. A, Esubiyi. A. O. Indus-trial Innovation in Sub - Saharan Africa：The Manufacturing Sector in Nigeria [J]. Research Policy, 1996, 25（7）：1081 - 1096.

[209] Beugelsdijk S. , Cornet M. A Far Friend is Worth More than a Good Neighbour：Proximity and Innovation in a Small Country [J]. Jour-

nal of Management & Governance, 2002, 6 (2): 169 – 188.

[210] Lanjouw. J. O. , Mody A. Innovation and the International Diffusion of Environmentally Responsive Technology [J]. Research Policy, 1996, 25 (4): 549 – 571.

[211] Becheikh N. , Landry R. , Amara N. Lessons from Innovation Empirical Studies in the Manufacturing Sector: A Systematic Review of the Literature from 1993 – 2003 [J]. Technovation, 2009, 26 (5): 644 – 664.

[212] 江静. 公共政策对企业创新支持的绩效——基于直接补贴和税收优惠的比较分析 [J]. 科研管理, 2011, 32 (04): 1 – 8, 50.

[213] 孔淑红. 税收优惠对科技创新促进作用的实证分析——基于省际面板数据的经验分析 [J]. 科技进步与对策, 2010, 27 (24): 32 – 36.

[214] 洪勇, 李英敏. 自主创新的政策传导机制研究 [J]. 科学学研究, 2012, 30 (3): 449 – 457.

[215] 龙静, 刘海建. 政府机构的权力运用方式对中小企业创新绩效的影响——基于企业与政府关系的视角 [J]. 科学学与科学技术管理, 2012, 33 (5): 96 – 105.

[216] Arrow. K. J. Economic Welfare and the Allocation of Resources for Invention [J]. The Rate and Direction of Inventive, 1962, 604 – 626.

[217] Bronzini R. , Piselli P. The Impact of R&D Subsidies on Firm Innovation [J]. Research Policy, 2016, 45 (2): 442 – 457.

[218] 朱平芳, 徐伟民. 政府的科技激励政策对大中型工业企业 R&D 投入及其专利产出的影响——上海市的实证研究 [J]. 经济研究, 2003 (6): 45 – 53, 94.

[219] Petti C. , Rubini L. , Podetti S. Government Support and R&D Investment Effectiveness in Chinese SMEs: A Complex Relationship [J]. Asian Economic Papers, 2017, 16 (1): 201 – 226.

[220] Hall. B. H. R&D Tax Policy during the Eighties: Success of Failure? [J]. Tax Policy and the Economy, 1993 (7): 1 – 35.

[221] Berger P. Explicit and Implicit Effects of the R&D Tax Credit [J]. Journal of A ccounting Research, 1993 (31): 131 – 171.

[222] Beenstock M. Taxation and Incentives in the UK [J]. Lloyds Bank Review, 1979 (134): 1 – 15.

[223] Scherer. F. M. Firm Size, Market Structure, Opportunity and the Output of Patented Innovation [J]. The American Economic Review, 1965, 55 (5): 1097 –1125.

[224] Hausman. J. A, Hall. B. H, Griliches Z. Econometric Models for Count Data with an Application to the Patents R&D Relation ship [J]. Econometrica, 1984, 52 (4): 909 –938.

[225] 高宏伟. 政府补贴对大型国有企业研发的挤出效应研究 [J]. 中国科技论坛, 2011 (8): 15 –20.

[226] 邵传林. 制度环境、产权性质与企业家创新精神——来自中国工业企业的经验证据 [J]. 证券市场导报, 2015 (3): 20 –25, 38.

[227] 刘瑞明. 国有企业、隐性补贴与市场分割: 理论与经验证据 [J]. 管理世界, 2012 (4): 21 –23.

[228] 陆雪玉. 模块化条件下汽车企业合作研发的研究 [D]. 广州: 华南理工大学, 2012.

[229] 王安宇. 合作研发组织模式选择与治理机制研究 [D]. 上海: 复旦大学, 2003.

[230] Chan. P. S, Heide D. Strategic Alliances in Technology: Key Competitive Weapon [J]. SAM Advanced Management Journal, 1993, 58 (4): 34 –37.

[231] Beers C. , Zand F. R&d Cooperation, Partner Diversity, and Innovation Performance: an Empirical Analysis [J]. Journal of Product Innovation Management, 2014, 31 (2): 292.

[232] Zeng. S. X, Xie. X. M, Tam. C. M. Relationship Between Cooperation Networks and Innovation Performance of Smes [J]. Technovation, 2010, 30 (3): 181 –194.

[233] Lin H. Cross-sector Alliances for Corporate Social Responsibility Partner Heterogeneity Moderates Environmental Strategy Outcomes [J]. Journal of Business Ethics, 2012, 110 (2): 219 –229.

[234] Belderbos R. , Carree M. , Lokshin B. Cooperative R&d and Firm Performance [J]. Research Policy, 2004, 33 (10): 1477 –1492.

[235] Arvanitis S. , Kubli U. , Woerter M. University-industry Knowledge and Technology Transfer in Switzerland: What University Scientists Think About Co-operation with Private Enterprises [J]. Research

Policy, 2008, 37 (10): 1865 – 1883.

[236] Cohen. W. M, Nelson. R. R, Walsh. J. P. Links and Impacts: The Influence of Public Research on Industrial R&d [J]. Management Science, 2002, 48 (1): 1 – 23.

[237] Cockburn. I. M, Henderson. R. M. Absorptive Capacity, Coauthoring Behavior, and the Organization of Research in Drug Discovery [J]. Journal of Industrial Economics, 1998, 46 (2): 157.

[238] 裴云龙, 蔡虹, 向希尧. 产学学术合作对企业创新绩效的影响——桥接科学家的中介作用 [J]. 科学学研究, 2011 (12): 1914 – 1920.

[239] Jiang X., Li Y. An Empirical Investigation of Knowledge Management and Innovative Performance: The Case of Alliances [J]. Research Policy, 2009, 38 (2): 358 – 368.

[240] Moodysson J., Coenen L., Asheim B. Explaining Spatial Patterns of Innovation: Analytical and Synthetic Modes of Knowledge Creation in the Medicon Valley Life-science Cluster [J]. Environment & Planning, 2008, 40 (5): 1040 – 1056.

[241] Azagra-caro. J. M, Pardo R., Rama R. Not Searching, but Finding: How Innovation Shapes Perceptions About Universities and Public Research Organisations [J]. Journal of Technology Transfer, 2014, 39 (3): 454 – 471.

[242] 曹霞, 于娟. 产学研合作创新稳定性研究 [J]. 科学学研究, 2015 (5): 741 – 747.

[243] 秦雪征, 尹志锋, 周建波, 等. 国家科技计划与中小型企业创新: 基于匹配模型的分析 [J]. 管理世界, 2012 (4): 70 – 81.

[244] 陈庆江. 政府科技投入能否提高企业技术创新效率? [J]. 经济管理, 2017 (2): 6 – 19.

[245] Hagedoorn J., Link. A. N, Vonortas. N. S. Research Partnerships [J]. Research Policy, 2000, 29 (4): 567 – 586.

[246] Godoe H. Innovation Regimes, R&d and Radical Innovations in Telecommunications [J]. Research Policy, 2000, 29 (9): 1033 – 1046.

[247] Alnuaimi T., Singh J., George G. Not with My Own: Long-term Effects of Cross-country Collaboration on Subsidiary Innovation in

Emerging Economies Versus Advanced Economies [J]. Social Science Electronic Publishing, 2012, 12 (5): 943 – 968.

[248] 王建华. 我国对外研发性项目投资问题研究 [J]. 上海大学学报 (社会科学版), 2001 (4): 70 – 76.

[249] 白让让, 谭诗羽. 研发模式、纵向一体化与自主品牌导入期的创新绩效 [J]. 管理科学, 2016, 29 (4): 70 – 79.

[250] Takeuchi, Hirotaka. The Knowledge-creating Company [M]. Cambridge: Harvard Business Press, 1995.

[251] Lawson B. , Petersen. K. J, Cousins. P. D, et al. Knowledge Sharing in Interorganizational Product Development Teams: The Effect of Formal and Informal Socialization Mechanisms [J]. Journal of Product Innovation Management, 2009, 26 (2): 156 – 172.

[252] Hargadon A. , Sutton. R. I. Technology Brokering and Innovation in a Product Development Firm [J]. Administrative Science Quarterly, 1997, 42 (4): 716 – 749.

[253] Ahuja G. Collaboration Networks, Structural Holes, and Innovation: a Longitudinal Study [J]. Administrative Science Quarterly, 2000, 45 (3): 425 – 455.

[254] Veugelers R. , Cassiman B. R&d Cooperation Between Firms and Universities. Some Empirical Evidence From Belgian Manufacturing [J]. International Journal of Industrial Organization, 2005, 23 (5): 355 – 379.

[255] Eisenhardt. K. M, Schoonhoven. C. B. Resource-based View of Strategic Alliance Formation: Strategic and Social Effects in Entrepreneurial Firms [J]. Informs, 1996, 7 (2): 136 – 150.

[256] 李艳华. 中小企业内、外部知识获取与技术能力提升实证研究 [J]. 管理科学, 2013 (5): 19 – 29.

[257] Cohen. W. M, Levinthal. D. A. Fortune Favors the Prepared Firm [J]. Management Science, 1994, 40 (2): 227 – 251.

[258] Schmiedeberg C. Complementarities of Innovation Activities: An Empirical Analysis of the German Manufacturing Sector [J]. Research Policy, 2008, 37 (9): 1492 – 1503.

[259] Arora A. , Gambardella A. The Changing Technology of Technological Change: General and Abstract Knowledge and the Division of In-

novative Labour [J]. Research Policy, 1994, 23 (5): 523 - 532.

[260] 王朝晖. 企业跨组织研发合作与创新绩效的曲线关系研究: 研发人力资本的中介作用 [J]. 科技与经济, 2017 (6): 81 - 85.

[261] Bougrain F., Haudeville B. Innovation, Collaboration and Smes Internal Research Capacities [J]. Research Policy, 2004, 31 (5): 735 - 747.

[262] Cassiman B., Veugelers R. In Search of Complementarity in Innovation Strategy: Internal R&d and External Knowledge Acquisition [J]. Management Science, 2006, 52 (1): 68 - 82.

[263] Griffith R., Redding S., Reenen. J. V. R&d and Absorptive Capacity: Theory and Empirical Evidence [J]. Scandinavian Journal of Economics, 2003, 105 (1): 99.

[264] Spithoven A., Teirlinck P. Internal Capabilities, Network Resources and Appropriation Mechanisms as Determinants of R&d Outsourcing [J]. Research Policy, 2015, 44 (3): 711 - 725.

[265] 肖丁丁, 朱桂龙. 产学研合作创新效率及其影响因素的实证研究 [J]. 科研管理, 2013 (1): 11 - 18.

[266] Kafouros. M. I, Buckley. P. J, Sharp. J. A, et al. The Role of Internationalization in Explaining Innovation Performance [J]. Technovation, 2008, 28 (1): 63 - 74.

[267] Argyris C., Schön. D. A. Organizational Learning [M]. Oxford: Blackwell Publishers, 1994.

[268] Kim D. The Link between individual and organizational learning [J]. Sloan Management Review, 1998, 35 (1): 41 - 62.

[269] Zahra. S. A, Ireland. R. D, Hitt. M. A. International Expansion by New Venture Firms: International Diversity, Mode of Market Entry, Technological Learning, and Performance [J]. Academy of Management Journal, 2000, 43 (5): 925 - 950.

[270] Bruneel J., Yli - Renko H., Clarysse B. Learning from Experience and Learning From Others: How Congenital and Interorganizational Learning Substitute for Experiential Learning in Young Firm Internationalization [J]. Strategic Entrepreneurship Journal, 2010, 4 (2): 164 - 182.

[271] 于晓宇. 网络能力、技术能力、制度环境与国际创业绩效 [J].

管理科学, 2013, 26 (2): 13 -27.

[272] Manolova. T. S, Manev. I. M, Gyoshev. B. S. In Good Company: The Role of Personal and Inter-firm Networks for New-venture Internationalization in a Transition Economy [J]. Journal of World Business, 2010, 45 (3): 257 -265.

[273] Mihailova I. , Shirokova G. , Laine I. New Venture Internationalization from an Emergent Market: Unexpected Findings from Russia [J]. Journal of East - West Business, 2015, 21 (4): 257 -291.

[274] Grant. R. M. Multinationality and Performance among British Manufacturing Companies [J]. Journal of International Business Studies, 1987, 18 (3): 79 -89.

[275] Errunza. V. R, Senbet. L. W. The Effects of International Operations on the Market Value of the Firm: Theory and Evidence [J]. Journal of Finance, 1981, 36 (2): 439 -440.

[276] Collins. J. M. A Market Performance Comparison of U S Firms Active in Domestic, Developed and Developing Countries [J]. Journal of International Business Studies, 1990, 21 (2): 271 -287.

[277] Denis. D. J, Denis. D. K, Yost K. Global Diversification, Industrial Diversification, and Firm Value [J]. Journal of Finance, 2002, 57 (5): 1951 -1979.

[278] 高照军. 开放式创新模式影响国际化企业创新绩效的实证研究 [J]. 科学管理研究, 2016 (2): 58 -61.

[279] Brock. D. M, Yaffe T. , Dembovsky M. International diversification and performance: A Study of Global Law Firms [J]. Journal of International Management, 2006, 12 (4): 473 -489.

[280] Ruigrok W. , Wagner H. Internationalization and Performance: An Organizational Learning Perspective [J]. Management International Review, 2003, 43 (1): 63 -83.

[281] Capar N. , Kotabe M. The Relationship between International Diversification and Performance in Service Firms [J]. Journal of International Business Studies, 2003, 34 (4): 345 -355.

[282] Contractor. F. J, Kundu. S. K, Hsu. C. C. A Three - Stage Theory of International Expansion: The Link between Multinationality and Performance in the Service Sector [J]. Journal of International Bus-

iness Studies, 2003, 34（1）：5 – 18.

［283］Lu. J. W, Beamish. P. W. International Diversification and Firm Per-
formance：The S – Curve Hypothesis［J］. Academy of Management
Journal, 2004, 47（4）：598 – 609.

［284］曹鑫. 国际化程度与企业绩效关系中企业专有资产的 U 型调
节效应：基于中国上市公司的证据［J］. 学术论坛, 2017, 40
（1）：99 – 104.

［285］海本禄. 国际化进程中的动态能力绩效机制研究［J］. 中国科
技论坛, 2012（11）：78 – 84.

［286］曾德明, 苏亚, 万炜, 等. 国际化程度和企业绩效 M 型曲线关
系研究［J］. 科学学与科学技术管理, 2016, 37（4）：25 – 34.

［287］Wagner J. The Causal Effects of Exports on Firm Size and Labor
Productivity：First Evidence From a Matching Approach［J］. E-
conomics Letters, 2002, 77（2）：287 – 292.

［288］Grossman. G. M, Helpman E. Trade, Knowledge Spillovers and
Growth［J］. European Economic Review, 1991, 35（2 – 3）：
517 – 526.

［289］Liu X. , Buck T. Innovation Performance and Channels for Interna-
tional Technology Spillovers：Evidence From Chinese High-tech In-
dustries［J］. Research Policy, 2007, 36（3）：355 – 366.

［290］李逢春. 出口贸易、技术溢出与企业自主创新［J］. 南京社会
科学, 2013（11）：21 – 26.

［291］佟家栋, 洪倩霖. 贸易崩溃、出口多样化与企业绩效——来自
中国上市公司的经验证据［J］. 经济与管理研究, 2018（2）：
108 – 119.

［292］戴云, 孙永乐. 海归创业者先前经验与创业绩效关系研究［J］.
南京工程学院学报（社会科学版）, 2017, 17（1）：56 – 59.

［293］胡明明, 姚正海, 李霆威. 人力资本、资本结构和企业绩
效——基于高技术服务业上市公司［J］. 中国集体经济, 2017
（28）：88 – 90.

［294］Minin. A. D, Zhang J. An Exploratory Study on International R&D
Strategies of Chinese Companies in Europe［J］. Review of Policy
Research, 2010, 27（4）：433 – 455.

［295］刘凤朝, 默佳鑫, 马荣康. 高管团队海外背景对企业创新绩效

的影响研究 [J]. 管理评论, 2017, 29 (7): 135 – 147.

[296] 钟昌标, 黄远浙, 刘伟. 新兴经济体海外研发对母公司创新影响的研究——基于渐进式创新和颠覆式创新视角 [J]. 南开经济研究, 2014 (6): 91 – 104.

[297] 吴剑峰, 杨震宁, 邱永辉. 国际研发合作的地域广度、资源禀赋与技术创新绩效的关系研究 [J]. 管理学报, 2015, 12 (10): 1487 – 1495.

[298] Lahiri N. Geographic Distribution of R&D Activity: How Does It Affect Innovation Quality? [J]. Academy of Management Journal, 2010, 53 (5): 1194 – 1209.

[299] Cohen. W. M. Absorptive Capacity: A New Perspective on Learning and Innovation [J]. Administrative. Quaterly, 2000.

[300] 汪曲. 技术结构视角下吸收能力与知识溢出效应——基于中国省际 1995—2009 年面板数据的经验研究 [J]. 经济管理, 2012 (9): 12 – 24.

[301] 徐超, 池仁勇. 多维企业家社会资本、企业吸收能力与企业绩效研究 [J]. 科技进步与对策, 2016, 33 (10): 82 – 88.

[302] 余升国. 国际知识溢出与中国高技术产业自主创新 [J]. 工业技术经济, 2017, 36 (6): 41 – 47.

[303] 杨河清, 陈怡安. 海归回流: 知识溢出及门槛效应——基于中国的实证检验 [J]. 人口研究, 2013, 37 (5): 91 – 102.

[304] Ritter T., Gemünden. H. G. Network competence: Its Impact on Innovation Success and Its Antecedents [J]. Journal of Business Research, 2003, 56 (9): 745 – 755.

[305] 曾德明, 苏蕊蕊, 文金艳. 研发投入与企业创新绩效——企业研发团队网络结构调节作用研究 [J]. 科技管理研究, 2015, 35 (18): 71 – 77.

[306] 吴建祖, 肖书锋. 研发投入跳跃对企业绩效影响的实证研究——双元性创新注意力的中介作用 [J]. 科学学研究, 2015, 33 (10): 1538 – 1546.

[307] 武志勇, 李冯坤. 国际化经营、研发投入与企业绩效——基于高新技术上市公司的实证研究 [J]. 财会通讯, 2017 (21): 32 – 36.

[308] 吴先明, 向媛媛. 国际化是否有助于提升后发企业的创新能

力——基于中国上市公司的实证研究 [J]. 国际贸易问题, 2017 (9): 14 – 24.

[309] 刘婧. 国际化战略提升了民营企业价值吗?——基于可视性与研发支出的调节视角 [J]. 财会通讯, 2015 (14): 20 – 23.

[310] Griliches Z. Issues in Assessing the Contribution of Research and Development to Productivity Growth [J]. Bell Journal of Economics, 1979, 10 (1): 92 – 116.

[311] Jaffe, Adam B. Real Effects of Academic Research [J]. American Economic Review, 1989, 79 (5): 957 – 970.

[312] 侯建, 陈恒. 外部知识源化、非研发创新与专利产出——以高技术产业为例 [J]. 科学学研究, 2017, 35 (3): 447 – 458.

图书在版编目（CIP）数据

高新技术企业"六位一体"创新驱动要素体系与路径模式/
李子彪，孙可远著 . —北京：经济科学出版社，2019.7
ISBN 978 - 7 - 5218 - 0697 - 7

Ⅰ.①高⋯　Ⅱ.①李⋯②孙⋯　Ⅲ.①高新技术企业 –
企业创新 – 研究 – 中国　Ⅳ.①F279.244.4

中国版本图书馆 CIP 数据核字（2019）第 142900 号

责任编辑：申先菊　赵　悦
责任校对：王肖楠
版式设计：齐　杰
责任印制：邱　天

高新技术企业"六位一体"创新驱动要素体系与路径模式
李子彪　孙可远　著
经济科学出版社出版、发行　新华书店经销
社址：北京市海淀区阜成路甲 28 号　邮编：100142
总编部电话：010 - 88191217　发行部电话：010 - 88191522
网址：www. esp. com. cn
电子邮件：esp@ esp. com. cn
天猫网店：经济科学出版社旗舰店
网址：http：//jjkxcbs. tmall. com
固安华明印业有限公司印装
710 × 1000　16 开　24.75 印张　300000 字
2019 年 7 月第 1 版　2019 年 7 月第 1 次印刷
ISBN 978 - 7 - 5218 - 0697 - 7　定价：98.00 元
（图书出现印装问题，本社负责调换。电话：010 - 88191510）
（版权所有　侵权必究　打击盗版　举报热线：010 - 88191661
QQ：2242791300　营销中心电话：010 - 88191537
电子邮箱：dbts@ esp. com. cn）